DR. OETKER
MODETORTEN VON A–Z

DR. OETKER
MODETORTEN VON A–Z

Dr. Oetker Verlag

Vorwort

Abkürzungen

EL	=	Esslöffel
TL	=	Teelöffel
Msp.	=	Messerspitze
Pck.	=	Packung/Päckchen
g	=	Gramm
kg	=	Kilogramm
ml	=	Milliliter
l	=	Liter
evtl.	=	eventuell
Fl.	=	Fläschchen
geh.	=	gehäuft
gestr.	=	gestrichen
TK	=	Tiefkühlprodukt
°C	=	Grad Celsius

Kalorien-/Nährwertangaben

E	=	Eiweiß
F	=	Fett
Kh	=	Kohlenhydrate
kcal	=	Kilokalorie
kJ	=	Kilojoule

Hinweise zu den Rezepten

Lesen Sie vor der Zubereitung – besser noch vor dem Einkauf – das Rezept einmal vollständig durch. Oft werden Arbeitsabläufe oder -zusammenhänge dann klarer.

Zutatenliste

Die Zutaten sind in der Reihenfolge ihrer Bearbeitung angegeben.

Arbeitsschritte

Die Arbeitsschritte sind einzeln hervorgehoben, in der Reihenfolge, in der sie von uns ausprobiert wurden.

Backofeneinstellung

Die in den Rezepten angegebenen Backtemperaturen und -zeiten sind Richtwerte, die je nach individueller Hitzeleistung des Backofens über- oder unterschritten werden können. Die Temperaturangaben beziehen sich auf Elektrobacköfen. Die Temperatur-Einstellmöglichkeiten für Gasbacköfen variieren je nach Hersteller, sodass wir keine allgemeingültigen Angaben machen können. Beachten Sie bitte deshalb bei der Einstellung des Backofens die Gebrauchsanleitung des Herstellers.

Zubereitungszeiten

Die Zubereitungszeit ist ein Anhaltswert für die Zeit der Vorbereitung und die eigentliche Zubereitung. Die Backzeiten sind, in der Regel, gesondert ausgewiesen. Bei einigen Rezepten setzt sich die Gesamt-Backzeit aus mehreren Teil-Backzeiten zusammen. Längere Wartezeiten, z. B. Kühl- und Auftauzeiten, sind nicht mit einbezogen.

Vorwort

Endlich ist es da: Dr. Oetker Modetorten A–Z.

Hier finden Sie die beliebtesten Modetorten, die sich über Jahrzehnte bewährt haben, wie die Baileys-Torte, die Holzfällerschnitten oder die Rätseltorte.
Für jeden Anlass und jeden Geschmack finden Sie hier die richtige Modetorte.
Beeindrucken Sie Ihre Gäste z. B. mit der Champagnertorte oder zaubern Sie mit der Froschkönig-Rolle ein Strahlen in Kinderaugen.

Über 200 Modetorten zum Teil überarbeitet, übersichtlich alphabetisch sortiert. Dr. Oetker Modetorten von A–Z ist genau das Richtige für diejenigen, die ein Buch aus der Modetortenreihe verpasst haben, eines ihrer Modetorten-Schätzchen verliehen und es nie wieder gesehen haben. Oder ganz einfach für die nachfolgende Generation der Modetorten-Bäcker(innen).

Alle Rezepte sind von Dr. Oetker geprüft und gut nachvollziehbar beschrieben, sodass sie garantiert gelingen.

A

Abwieger | Einfach

Insgesamt:
E: 103 g, F: 340 g, Kh: 423 g, kJ: 22736, kcal: 5431

Für den Rührteig:

        4 Eier (Größe M = etwa 58 g pro Ei)
          Butter oder Margarine (gleiches Gewicht wie die Eier = 230 g)
          Zucker (gleiches Gewicht wie die Eier = 230 g)
1 Pck. Dr. Oetker Vanillin-Zucker
4 Tropfen Butter-Vanille-, Bittermandel- oder Zitronen-Aroma
          Weizenmehl (gleiches Gewicht wie die Eier = 230 g)
2 gestr. TL Dr. Oetker Backin
          abgezogene, gemahlene Mandeln (gleiches Gewicht wie die Eier = 230 g)

evtl. 2 EL abgezogene, gemahlene Mandeln
evtl. etwas Aprikosenkonfitüre

Zubereitungszeit: 15 Minuten, ohne Abkühlzeit
Backzeit: etwa 50 Minuten

1. Für den Teig Eier aufschlagen und abwiegen. Die übrigen Zutatenmengen richten sich nach dem Gewicht der Eier. Den Backofen vorheizen.
Ober-/Unterhitze: etwa 180 °C
Heißluft: etwa 160 °C

2. Butter oder Margarine mit Handrührgerät mit Rührbesen auf höchster Stufe geschmeidig rühren. Nach und nach Zucker, Vanillin-Zucker und Aroma unterrühren. So lange rühren, bis eine gebundene Masse entstanden ist.

3. Eier nach und nach unterrühren (jedes Ei etwa ½ Minute). Mehl mit Backpulver mischen und in 2 Portionen auf mittlerer Stufe kurz unterrühren. Zuletzt die Mandeln unterrühren. Den Teig in eine Kastenform (25 x 11 cm, gefettet, gemehlt) füllen und glatt streichen. Die Form auf dem Rost in den vorgeheizten Backofen schieben und den Kuchen **etwa 50 Minuten backen.**

4. Den Kuchen nach dem Backen etwa 10 Minuten in der Form abkühlen lassen, dann auf einen Kuchenrost stürzen und erkalten lassen.

5. Nach Belieben Mandeln in einer Pfanne ohne Fett leicht bräunen und auf einem Teller erkalten lassen. Aprikosenkonfitüre erwärmen, den Kuchenrand damit bestreichen und mit den Mandeln bestreuen.

Abwandlung (Foto): Gut abgetropfte Früchte, wie z. B. Ananasstücke (2 in Stücke geschnittene Scheiben Ananas aus der Dose), entsteinte Kirschen oder Mandarinen auf den Teig in die Form legen und mitbacken. Die Mandeln können auch durch gemahlene Haselnusskerne oder Kokosraspel ersetzt werden. Nach Belieben den Kuchen mit Kuvertüre überziehen.

Tipps: Bei einem Abwieger bestimmt man je nach gewünschter Größe des Kuchens die Zutatenmengen selbst. Zu Anfang werden die Eier gewogen, die restlichen Zutaten werden dann entsprechend dem Eiergewicht hinzugegeben. Bei bis zu 4 Eiern verwendet man 1 Päckchen, bei mehr als 5 Eiern 2 Päckchen Vanillin-Zucker. Pro Ei rechnet man ½ gestrichenen Teelöffel Backpulver. Die Teigmenge aus 4 Eiern und den entsprechenden übrigen Zutatenmengen ist ausreichend für eine Kastenform von 25 x 11 cm.

After-Eight-Rolle | Mit Alkohol

Insgesamt:
E: 64 g, F: 284 g, Kh: 434 g, kJ: 20236, kcal: 4836

Für den Biskuitteig:
- 3 Eier (Größe M)
- 3 EL heißes Wasser
- 150 g Zucker
- 1 Pck. Dr. Oetker Vanillin-Zucker
- 100 g Weizenmehl
- 25 g Speisestärke
- 25 g Kakaopulver
- 1 gestr. TL Dr. Oetker Backin

Für die Mintfüllung:
- 750 g Schlagsahne
- 6 Blatt weiße Gelatine
- 100 ml Pfefferminzlikör
- evtl. grüne Speisefarbe
- 1 Pck. (200 g) After Eight® (Minztäfelchen)

Zubereitungszeit: 35 Minuten, ohne Abkühl- und Kühlzeit
Backzeit: etwa 10 Minuten

1. Den Backofen vorheizen.
Ober-/Unterhitze: etwa 200 °C
Heißluft: etwa 180 °C

2. Für den Teig Eier und Wasser in eine Rührschüssel geben und dann mit Handrührgerät mit Rührbesen auf höchster Stufe in 1 Minute schaumig schlagen. Zucker und Vanillin-Zucker mischen, in 1 Minute einstreuen, dann noch etwa 2 Minuten weiterschlagen.

3. Das Mehl mit Speisestärke, Kakao und Backpulver mischen, auf die Eiercreme geben und kurz auf niedrigster Stufe unterrühren. Den Teig auf ein Backblech (30 x 40 cm, gefettet, mit Backpapier belegt) geben und verstreichen. Das Backblech in den vorgeheizten Backofen schieben und den Boden **etwa 10 Minuten backen.**

4. Biskuitplatte sofort nach dem Backen auf ein Stück Backpapier stürzen, das mitgebackene Papier schnell, aber vorsichtig abziehen. Die Platte mit Backpapier von der kürzeren Seite aus aufrollen und erkalten lassen.

5. Für die Füllung Sahne steif schlagen. Die Gelatine nach Packungsanleitung einweichen. Gelatine leicht ausdrücken und in einem kleinen Topf bei schwacher Hitze unter Rühren auflösen. Nach und nach Pfefferminzlikör unterrühren. Gelatine-Likör-Mischung unter die Sahne heben. Nach Belieben 1–2 Tropfen Speisefarbe unterrühren.

6. Minztäfelchen (etwa 8 Stück zum Garnieren beiseitelegen) grob hacken und unter zwei Drittel der Masse heben. Die Biskuitplatte abrollen und mit der Minzsahne bestreichen, dann ohne Backpapier fest aufrollen. Von der restlichen Masse 3 Esslöffel in einen Spritzbeutel mit Lochtülle füllen und die Rolle mit der übrigen Masse bestreichen.

7. Die Rolle mit der Sahnemasse aus dem Spritzbeutel verzieren und mit den beiseitegelegten Minztäfelchen garnieren. Die Rolle etwa 3 Stunden in den Kühlschrank stellen.

Tipp: Die Minztäfelchen vor dem Hacken einige Minuten in das Tiefkühlfach legen.

® Société des Produits Nestlé S.A.

Aida-Torte | Für Gäste – mit Alkohol

Insgesamt:
E: 98 g, F: 353 g, Kh: 657 g, kJ: 26179, kcal: 6257

Für die Füllung:
- 250 g Schlagsahne
- 300 g Zartbitter-Schokolade
  (Kakaoanteil 45–50 %)
- 1 Pck. Dr. Oetker Vanillin-Zucker
- 2 EL Orangenlikör

Für den Nuss-Biskuitteig:
- 2 Eier (Größe M)
- 2 EL heißes Wasser
- 75 g Zucker
- 1 Pck. Dr. Oetker Vanillin-Zucker
- 50 g Weizenmehl
- 50 g Speisestärke
- ½ gestr. TL Dr. Oetker Backin
- 25 g gemahlene Haselnusskerne

Für den Schokoladen-Biskuitteig:
- 2 Eier (Größe M)
- 2 EL heißes Wasser
- 75 g Zucker
- 1 Pck. Dr. Oetker Vanillin-Zucker
- 50 g Weizenmehl
- 50 g Speisestärke
- ½ gestr. TL Dr. Oetker Backin
- 30 g geriebene Zartbitter-Schokolade

Für den Guss:
- 200 g Zartbitter-Schokolade
- 1 EL Speiseöl, z. B. Sonnenblumenöl

Zum Garnieren:
- je 50 g Vollmilch-, Zartbitter- und weiße Schokolade

Zubereitungszeit: 60 Minuten,
ohne Kühl- und Abkühlzeit
Backzeit: etwa 50 Minuten

1. Für die Füllung die Sahne in einem Topf erhitzen. Die Schokolade grob zerkleinern und unter Rühren in der Sahne auflösen. Vanillin-Zucker und Orangenlikör unterrühren. So lange rühren, bis eine cremige Masse entstanden ist. Die Creme in eine Rührschüssel füllen und einige Stunden (am besten über Nacht) in den Kühlschrank stellen.

2. Den Backofen vorheizen.
Ober-/Unterhitze: etwa 180 °C
Heißluft: etwa 160 °C

3. Für den Nuss-Biskuitteig Eier und Wasser mit Handrührgerät mit Rührbesen auf höchster Stufe in 1 Minute schaumig schlagen. Zucker mit Vanillin-Zucker mischen, in 1 Minute einstreuen, dann noch etwa 2 Minuten weiterschlagen. Mehl mit Speisestärke und Backpulver mischen, auf die Eiercreme geben und kurz auf niedrigster Stufe unterrühren. Zuletzt Haselnusskerne kurz unterrühren.

4. Den Teig in eine Springform (Ø 26 cm, Boden gefettet, mit Backpapier belegt) füllen und glatt streichen. Die Form auf dem Rost in den vorgeheizten Backofen schieben und den Teig **etwa 25 Minuten backen.**

5. Den Schoko-Biskuitteig ebenso zubereiten, jedoch statt Haselnusskerne zuletzt Schokolade unterrühren und den Boden ebenso bei gleicher Backofeneinstellung **etwa 25 Minuten backen.** Die Böden nach dem Backen sofort aus der Form lösen, auf einen mit Backpapier belegten Kuchenrost stürzen und erkalten lassen. Anschließend mitgebackenes Backpapier abziehen und jeden Boden einmal waagerecht durchschneiden.

6. Die kalt gestellte Schokocreme cremig aufschlagen. Den unteren Nussboden auf eine Tortenplatte legen, mit einem Drittel der Creme bestreichen und mit dem unteren Schokoladenboden bedecken. Die Hälfte der restlichen Creme daraufstreichen, mit dem oberen Nussboden bedecken, mit der restlichen Creme bestreichen, den oberen Schokoboden darauflegen und leicht andrücken. Torte kurz in den Kühlschrank stellen.

7. Für den Guss Schokolade in Stücke brechen, mit Öl in einem Topf im Wasserbad bei schwacher Hitze unter Rühren schmelzen lassen. Die Torte damit überziehen und den Guss fest werden lassen.

8. Zum Garnieren die Schokoladensorten voneinander getrennt in kleinen Töpfen im Wasserbad bei schwacher Hitze unter Rühren schmelzen lassen, getrennt auf Backpapier streichen und fest werden lassen (nicht kalt stellen). Mit einem Spachtel breite Locken abschaben und vor dem Servieren die Torte mit den Locken garnieren.

Tipp: Für eine alkoholfreie Variante können Sie den Orangenlikör ersatzlos weglassen.

Amarettini-Torte | Mit Alkohol

Insgesamt:
E: 69 g, F: 185 g, Kh: 736 g, kJ: 21027, kcal: 5007

Für den Streuselteig:
- 250 g Weizenmehl
- ½ gestr. TL Dr. Oetker Backin
- 75 g Zucker
- 1 Pck. Dr. Oetker Bourbon-Vanille-Zucker
- 3 Eigelb (Größe M)
- 175 g Butter oder Margarine

Für die Füllung:
- 250 g Amarettini (ital. Mandelmakronen)
- 5 EL Mandellikör
- 2 Gläser Apfelkompott mit Stücken (Einwaage je 360 g)

Für die Baisermasse:
- 3 Eiweiß (Größe M)
- 125 g Zucker

Nach Belieben zum Bestreuen:
- gehobelte Mandeln oder einige Amarettinibrösel

Zubereitungszeit: 30 Minuten, ohne Kühlzeit
Backzeit: etwa 35 Minuten

1. Für den Teig Mehl mit Backpulver mischen und in eine Rührschüssel geben. Zucker, Vanille-Zucker, Eigelb und Butter oder Margarine hinzufügen. Die Zutaten mit Handrührgerät mit Rührbesen zunächst kurz auf niedrigster, dann auf höchster Stufe zu feinen Streuseln verarbeiten. Zwei Drittel der Streusel gleichmäßig in einer Springform (Ø 26 cm, gefettet) verteilen und mit einem Löffel gut zu einem Boden andrücken. Die restlichen Streusel so andrücken, dass ein 2–3 cm hoher Rand entsteht.

2. Den Backofen vorheizen.
Ober-/Unterhitze: etwa 180 °C
Heißluft: etwa 160 °C

3. Für die Füllung Amarettini in einen Gefrierbeutel geben, ihn fest verschließen und die Amarettini mit einer Teigrolle grob zerbröseln. Brösel auf den Streuselteig geben, mit Likör beträufeln und das Apfelkompott darauf verstreichen. Form auf dem Rost in den vorgeheizten Backofen schieben und die Torte **etwa 20 Minuten backen.**

4. Für die Baisermasse Eiweiß mit Handrührgerät mit Rührbesen auf höchster Stufe steif schlagen. Der Eischnee muss so fest sein, dass ein Messerschnitt sichtbar bleibt. Zucker nach und nach unterschlagen. Die Form aus dem Ofen nehmen und auf einen Kuchenrost stellen. Die Baisermasse sofort auf die Äpfel streichen und nach Belieben mit Mandeln oder Amarettini-Bröseln bestreuen. Form wieder in den heißen Backofen schieben und die Torte bei gleicher Backofeneinstellung in **etwa 15 Minuten fertig backen.**

Ameisenkuchen vom Blech
Mit Alkohol

Insgesamt:
E: 110 g, F: 423 g, Kh: 829 g, kJ: 34323, kcal: 8198

Für den Schüttelteig:
- 300 g Butter oder Margarine
- 300 g Weizenmehl
- 3 gestr. TL Dr. Oetker Backin
- 300 g Zucker
- 2 Pck. Dr. Oetker Vanillin-Zucker
- 4 Eier (Größe M)
- 300 ml Eierlikör
- 150 g Zartbitter-Schokostreusel

Für den Guss:
- 200 g weiße Kuvertüre
- 1 EL Speiseöl, z. B. Sonnenblumenöl

Zum Bestreuen:
- Vollmilch- oder Zartbitter-Schokostreusel

Zubereitungszeit: 20 Minuten, ohne Abkühlzeit
Backzeit: etwa 20 Minuten

1. Den Backofen vorheizen.
Ober-/Unterhitze: etwa 180 °C
Heißluft: etwa 160 °C

2. Für den Teig Butter oder Margarine in einem Topf zerlassen und abkühlen lassen. Mehl und Backpulver in einer verschließbaren Schüssel (etwa 3 l) mit Zucker und Vanillin-Zucker mischen. Eier, Eierlikör und flüssige Butter oder Margarine hinzufügen und die Schüssel mit dem Deckel fest verschließen.

3. Schüssel mehrmals kräftig schütteln (insgesamt 15–20 Sekunden), sodass alle Zutaten gut vermischt sind. Schokostreusel hinzugeben und alles mit einem Schneebesen oder Rührlöffel nochmals sorgfältig durchrühren, damit trockene Zutaten vom Rand mit untergerührt werden.

4. Den Teig auf ein Backblech (30 x 40 cm, gefettet, gemehlt) geben und verstreichen. Das Backblech in den vorgeheizten Backofen schieben und den Kuchen **etwa 20 Minuten backen.**

5. Anschließend das Backblech auf einen Kuchenrost stellen und den Kuchen darauf erkalten lassen.

6. Für den Guss Kuvertüre klein hacken und mit Öl in einem kleinen Topf im Wasserbad bei schwacher Hitze unter Rühren schmelzen lassen.

7. Den Kuchen mit gut zwei Drittel von dem Guss bestreichen und mit Schokostreuseln bestreuen. Den restlichen Guss auf ein Stück Backpapier gießen, verstreichen und fest werden lassen.

8. Die Kuvertüre auf dem Backpapier mit einem Spachtel zu Locken schaben und den Kuchen mit den Locken garnieren.

Tipp: Sie können den Ameisenkuchen auch in einer Springform (Ø 26 cm) backen. Dazu einfach die Zutatenmengen halbieren und den Kuchen bei der oben angegebenen Backofentemperatur etwa 30 Minuten backen.

Amicelli-Kirsch-Torte | Für Gäste

Insgesamt:
E: 80 g, F: 355 g, Kh: 400 g, kJ: 21619, kcal: 5166

Für den All-in-Teig:
- 100 g Weizenmehl
- 3 gestr. TL Dr. Oetker Backin
- 100 g gemahlene Haselnusskerne
- 100 g Zucker
- 1 Pck. Dr. Oetker Bourbon-Vanille-Zucker
- 3 Eier (Größe M)
- 100 g weiche Butter oder Margarine

Für den Belag:
- 250 g frische Sauerkirschen
- 2 Blatt weiße Gelatine
- 1 Pck. Amicelli® (212,5 g, Schoko-Gebäckröllchen)
- 150 g Vanillejoghurt
- 500 g Schlagsahne

Zubereitungszeit: 40 Minuten, ohne Abkühl- und Kühlzeit
Backzeit: etwa 25 Minuten

1. Den Backofen vorheizen.
Ober-/Unterhitze: etwa 180 °C
Heißluft: etwa 160 °C

2. Für den All-in-Teig Mehl mit Backpulver in einer Rührschüssel mischen. Restliche Zutaten hinzufügen und alles mit Handrührgerät mit Rührbesen erst kurz auf niedrigster, dann auf höchster Stufe in etwa 2 Minuten zu einem Teig verarbeiten. Teig in eine Springform (Ø 26 cm, Boden gefettet, mit Backpapier belegt) füllen und glatt streichen. Die Form auf dem Rost in den vorgeheizten Backofen schieben und den Boden **etwa 25 Minuten backen.**

3. Den Boden aus der Form lösen, auf einen mit Backpapier belegten Kuchenrost stürzen und erkalten lassen. Mitgebackenes Backpapier abziehen.

4. Für den Belag Sauerkirschen abspülen, trocken tupfen, entstielen und entsteinen. Den Boden auf eine Tortenplatte legen, einen Tortenring darumstellen und die Kirschen auf dem Boden verteilen (einige zum Garnieren beiseitelegen).

5. Die Gelatine nach Packungsanleitung einweichen. 10 Amicelli® kurz in das Gefrierfach legen, dann mit einem Messer zerkleinern. Gelatine leicht ausdrücken und in einem kleinen Topf bei schwacher Hitze unter Rühren auflösen. Aufgelöste Gelatine mit etwa 4 Esslöffeln von dem Joghurt verrühren, dann die Mischung unter den restlichen Joghurt rühren und in den Kühlschrank stellen.

6. Die Sahne steif schlagen, 3 Esslöffel davon abnehmen und in einen Spritzbeutel mit Sterntülle füllen. Restliche Sahne unter die Joghurtmasse rühren und die zerkleinerten Schoko-Gebäckröllchen unterheben. Sahne-Joghurt-Creme glatt auf den Kirschen verstreichen. Die Torte 2–3 Stunden in den Kühlschrank stellen.

7. Den Tortenring lösen und entfernen. Die Oberfläche der Torte mit der Sahne aus dem Spritzbeutel verzieren und mit den restlichen Amicelli® (6 Stück) und Kirschen garnieren. Die Torte bis zum Verzehr in den Kühlschrank stellen.

Tipps: Anstelle von frischen Kirschen können auch Kirschen aus dem Glas (Abtropfgewicht 225 g) verwendet werden. Die Torte kann bereits am Vortag zubereitet werden. Anstelle der Kirschen schmecken auch Preiselbeeren oder Orangenfilets.

® Registered trademark of MARS.

Amrumer Wattwurmkuchen

Mit Alkohol

Insgesamt:
E: 86 g, F: 471 g, Kh: 778 g, kJ: 33434, kcal: 7982

Für den Rührteig:

250 g	Butter oder
	Margarine
200 g	Zucker
1 Pck.	Dr. Oetker Vanillin-Zucker
1 Prise	Salz
4	Eier (Größe M)
250 g	Weizenmehl
50 g	Speisestärke
3 gestr. TL	Dr. Oetker Backin
2 EL	Rum
	Semmelbrösel

Für den dunklen Teig:

2 EL	Kakaopulver
1 EL	Rum

Für die Füllung:

2 Gläser	Sauerkirschen
	(Abtropfgewicht je 370 g)
850 ml	Kirschsaft aus den Gläsern
2 Pck.	Dr. Oetker Pudding-Pulver
	Vanille-Geschmack

Für den Belag:

50 g	Zartbitter-Schokolade
50 g	Schlagsahne
gut 1 EL	Rum
600 g	Schlagsahne
2 Pck.	Dr. Oetker Sahnesteif

Zubereitungszeit: 35 Minuten, ohne Abkühlzeit
Backzeit: 25–30 Minuten

1. Für den Teig Butter oder Margarine mit Handrührgerät mit Rührbesen auf höchster Stufe geschmeidig rühren. Nach und nach Zucker, Vanillin-Zucker und Salz unterrühren. So lange rühren, bis eine gebundene Masse entstanden ist. Eier nach und nach unterrühren (jedes Ei etwa ½ Minute).

2. Mehl mit Speisestärke und Backpulver mischen und in 2 Portionen abwechselnd mit dem Rum auf mittlerer Stufe unterrühren. Gut zwei Drittel des Teiges auf ein Backblech (30 x 40 cm, gefettet, mit Semmelbröseln bestreut) geben und verstreichen.

3. Den Backofen vorheizen.
Ober-/Unterhitze: etwa 180 °C
Heißluft: etwa 160 °C

4. Für den dunklen Teig Kakao und Rum unter den Rest des Teiges rühren. Den dunklen Teig in einen Spritzbeutel mit Lochtülle füllen und etwa 5 cm lange „Wattwürmer" auf den hellen Teig spritzen.

5. Das Backblech in den vorgeheizten Backofen schieben und den Kuchen **25–30 Minuten backen.**

6. Das Backblech auf einen Kuchenrost stellen und den Kuchen darauf erkalten lassen.

7. Für die Füllung Sauerkirschen in einem Sieb abtropfen lassen, dabei den Saft auffangen. 850 ml davon abmessen, evtl. mit Wasser ergänzen.

8. Saft mit Pudding-Pulver in einem Topf verrühren und unter Rühren aufkochen lassen. Dann die Sauerkirschen unterrühren. Die Kirschmasse auf dem Boden verteilen und erkalten lassen.

9. Für den Belag Schokolade grob zerkleinern, 50 g Sahne in einem Topf erwärmen, dann den Topf von der Kochstelle nehmen. Schokolade hinzufügen und alles zu einer glatten Masse verrühren. Rum unterrühren und die Masse erkalten lassen.

10. 600 g Sahne mit Sahnesteif steif schlagen und auf der Sauerkirschmasse verstreichen. Mithilfe eines Teelöffels kleine Vertiefungen in die Sahne drücken. Die Schokoladenmasse in den Sahnevertiefungen verteilen.

Tipps: Anstelle der Sauerkirschen können auch Heidelbeeren oder Preiselbeeren (aus dem Glas) verwendet werden. Für Kinder den Rum im Teig durch 1 Esslöffel Milch ersetzen. Für den Belag 1 Esslöffel Schlagsahne mehr zu der Schokolade geben.

Apfelschnitten | Einfach

Insgesamt:
E: 84 g, F: 342 g, Kh: 656 g, kJ: 26119, kcal: 6243

Für die Streusel:

150 g Zwieback
100 g Kokosraspel
30 g Zucker
150 g Butter oder Margarine

Für den Biskuitteig:

4 Eier (Größe M)
3 EL heißes Wasser
120 g Zucker
1 Pck. Dr. Oetker Vanillin-Zucker
150 g Weizenmehl
2 gestr. TL Dr. Oetker Backin

Für den Belag:

3 Gläser Apfelkompott
(Einwaage je 370 g)

Zum Bestreichen:

400 g Schlagsahne
2 EL gesiebter Puderzucker
1 Pck. Dr. Oetker Sahnesteif

Zum Garnieren und Bestreuen:

1 großer, roter Apfel
25 g Zucker
50 g Kokosraspel

Zubereitungszeit: 50 Minuten, ohne Kühlzeit
Backzeit: etwa 20 Minuten

1. Für die Streusel Zwieback in einen Gefrierbeutel geben, ihn verschließen und den Zwieback mit einer Teigrolle fein zerbröseln.

2. Zwiebackbrösel, Kokosraspel, Zucker und Butter oder Margarine in eine Rührschüssel geben. Die Zutaten mit Handrührgerät mit Rührbesen auf niedrigster Stufe zu feinen Streuseln verarbeiten. Die Streusel auf ein Backblech (30 x 40 cm, gefettet) geben und zu einem Boden andrücken.

3. Den Backofen vorheizen.
Ober-/Unterhitze: etwa 200 °C
Heißluft: etwa 180 °C

4. Für den Biskuitteig Eier und Wasser mit Handrührgerät mit Rührbesen auf höchster Stufe in 1 Minute schaumig schlagen. Zucker und Vanillin-Zucker mischen, in 1 Minute einstreuen, dann noch etwa 2 Minuten weiterschlagen.

5. Mehl mit Backpulver mischen, auf die Eiercreme geben und kurz auf niedrigster Stufe unterrühren. Restliches Mehlgemisch auf die gleiche Weise unterarbeiten.

6. Biskuitteig vorsichtig auf den Streuselteig geben und glatt streichen. Das Backblech in den vorgeheizten Backofen schieben und den Boden **etwa 20 Minuten backen.**

7. Das Backblech auf einen Kuchenrost stellen. Den Kuchen sofort mit einem Holzstäbchen oder Schaschlikspieß dicht an dicht einstechen. Einen Backrahmen um den Kuchen stellen.

8. Für den Belag das Apfelkompott auf den heißen Kuchen geben und glatt streichen. Den Kuchen erkalten lassen.

9. Zum Bestreichen Sahne mit Puderzucker und Sahnesteif steif schlagen. Die Sahne auf das Apfelkompott geben und glatt streichen. Den Kuchen etwa 2 Stunden in den Kühlschrank stellen, dann den Backrahmen lösen und entfernen.

10. Zum Garnieren Apfel abspülen, abtrocknen, vierteln, entkernen und in dünne Spalten schneiden. Zucker in einer großen Pfanne hellbraun karamellisieren lassen. Apfelspalten portionsweise hineingeben und jeweils etwa 2 Minuten von beiden Seiten leicht garen, dann auf einem Teller erkalten lassen.

11. Die Kokosraspel in einer Pfanne ohne Fett bei schwacher Hitze goldbraun rösten und auf einem Teller erkalten lassen. Zum Servieren Apfelspalten auf den Kuchen legen und mit Kokosraspeln bestreuen.

Apfelschorletorte | Für Kinder

Insgesamt:
E: 61 g, F: 317 g, Kh: 486 g, kJ: 21749, kcal: 5195

Für den All-in-Teig:
- 150 g Weizenmehl
- 3 gestr. TL Dr. Oetker Backin
- 150 g Zucker
- 1 Pck. Dr. Oetker Vanillin-Zucker
- 3 Eier (Größe M)
- 150 g weiche Butter oder Margarine

Für die Apfelschorlecreme:
- 750 g Äpfel, z. B. Elstar
- 100 ml Mineralwasser
- 50 g Zucker
- 1 Pck. Dr. Oetker Finesse Geriebene Zitronenschale
- 6 Blatt weiße Gelatine
- 250 g Schmand (Sauerrahm)
- 200 g Schlagsahne
- 1 Pck. Dr. Oetker Vanillin-Zucker

Zum Bestreichen:
- 2 EL Apfelgelee
- 1 EL Wasser

Für den Guss:
- 1 Pck. Tortenguss, klar
- 250 ml (¼ l) Apfelsaft
- 1 EL Zucker

Zum Verzieren und Garnieren:
- 100 g Schlagsahne
- 1 Pck. Dr. Oetker Vanillin-Zucker
- 1 Apfel mit roter Schale
- etwas Zitronensaft

Zubereitungszeit: 40 Minuten, ohne Abkühl- und Kühlzeit
Backzeit: etwa 25 Minuten

1. Den Backofen vorheizen.
Ober-/Unterhitze: etwa 180 °C
Heißluft: etwa 160 °C

2. Für den Teig Mehl und Backpulver in einer Rührschüssel mischen. Restliche Zutaten hinzufügen und alles mit Handrührgerät mit Rührbesen erst kurz auf niedrigster, dann auf höchster Stufe in etwa 2 Minuten zu einem Teig verarbeiten. Den Teig in eine Springform (Ø 26 cm, Boden gefettet, mit Backpapier belegt) füllen und glatt streichen. Die Form auf dem Rost in den vorgeheizten Backofen schieben und den Boden **etwa 25 Minuten backen.**

3. Boden aus der Form lösen, auf einen mit Backpapier belegten Kuchenrost stürzen und den Boden erkalten lassen. Mitgebackenes Backpapier abziehen.

4. Für die Apfelschorlecreme Äpfel schälen, vierteln, entkernen und in sehr kleine Stücke schneiden. Apfelstücke mit Mineralwasser, Zucker und Zitronenschale in einem Topf aufkochen lassen. Gelatine nach Packungsanleitung einweichen, dann leicht ausdrücken und unter die heiße Apfelmasse rühren. Apfelmasse in den Kühlschrank stellen. Schmand unter die kalte Apfelmasse rühren. Sahne mit Vanillin-Zucker steif schlagen und unterheben.

5. Den Boden einmal waagerecht durchschneiden. Den unteren Tortenboden auf eine Tortenplatte legen und einen Tortenring darumstellen. Die Apfelcreme einfüllen und glatt streichen. Den zweiten Boden auflegen und die Torte etwa 2 Stunden in den Kühlschrank stellen.

6. Apfelgelee mit Wasser aufkochen lassen und die Tortenoberfläche damit bestreichen. Für den Guss aus Tortengusspulver, Apfelsaft und Zucker nach Packungsanleitung einen Guss zubereiten. Guss auf der Tortenoberfläche verteilen und fest werden lassen.

7. Den Tortenring lösen und entfernen. Sahne und Vanillin-Zucker steif schlagen, in einen Spritzbeutel mit Sterntülle füllen und die Oberfläche der Torte damit verzieren. Den Apfel abspülen, abtrocknen und das Kerngehäuse ausstechen. Den Apfel in Scheiben schneiden, mit Zitronensaft bestreichen und auf die Sahnetupfen legen.

Tipp: Anstelle von Schmand kann auch Vanillejoghurt verwendet werden.

A

Aprikosen-Joghurt-Schnitten
Fruchtig

Insgesamt:
E: 104 g, F: 391 g, Kh: 739 g, kJ: 29683, kcal: 7095

Für den Rührteig:
- 200 g Butter oder Margarine
- 200 g Zucker
- 1 Pck. Dr. Oetker Vanillin-Zucker
- 1 Prise Salz
- 3 Eier (Größe M)
- 200 g Weizenmehl
- 3 gestr. TL Dr. Oetker Backin

Zum Bestreichen:
- 2–3 EL Aprikosenkonfitüre

Für den Belag:
- 8 Blatt weiße Gelatine
- 500 g Joghurt
- 300 g saure Sahne
- 100 g gesiebter Puderzucker
- 1 Pck. Dr. Oetker Finesse Geriebene Zitronenschale
- 500 g Schlagsahne
- 2 kleine Dosen Aprikosenhälften (Abtropfgewicht je 240 g)

Für den Guss:
- 2 Pck. Tortenguss, klar
- 500 ml (1/2 l) Aprikosensaft aus den Dosen
- 20 g Zucker

Zubereitungszeit: 50 Minuten, ohne Abkühl- und Kühlzeit
Backzeit: etwa 20 Minuten

1. Den Backofen vorheizen.
Ober-/Unterhitze: etwa 180 °C
Heißluft: etwa 160 °C

2. Für den Teig Butter oder Margarine mit Handrührgerät mit Rührbesen auf höchster Stufe geschmeidig rühren. Nach und nach Zucker, Vanillin-Zucker und Salz unterrühren. So lange rühren, bis eine gebundene Masse entstanden ist.

3. Eier nach und nach unterrühren (jedes Ei etwa 1/2 Minute). Mehl mit Backpulver mischen und in 2 Portionen auf mittlerer Stufe kurz unterrühren. Teig auf ein Backblech (30 x 40 cm, gefettet, mit Backpapier belegt) geben und glatt streichen. Das Backblech in den vorgeheizten Backofen schieben und den Boden **etwa 20 Minuten backen.**

4. Das Backblech auf einen Kuchenrost stellen und den Boden darauf etwas abkühlen lassen. Einen Backrahmen um den Boden stellen und den Boden mit Aprikosenkonfitüre bestreichen.

5. Für den Belag Gelatine nach Packungsanleitung einweichen. Joghurt mit saurer Sahne, Puderzucker und Zitronenschale verrühren. Gelatine leicht ausdrücken und in einem kleinen Topf bei schwacher Hitze unter Rühren auflösen. Aufgelöste Gelatine erst mit etwa 4 Esslöffeln von der Joghurtmasse verrühren, dann die Mischung unter die restliche Joghurtmasse rühren. Masse in den Kühlschrank stellen.

6. Sobald die Masse beginnt dicklich zu werden, Sahne steif schlagen und unterheben. Joghurtcreme auf dem Boden verstreichen und danach den Kuchen 1–2 Stunden in den Kühlschrank stellen.

7. Aprikosen in einem Sieb abtropfen lassen, den Saft dabei auffangen und 500 ml (1/2 l) abmessen, evtl. mit Wasser ergänzen. Die Aprikosen auf der Joghurtcreme verteilen.

8. Den Guss nach Packungsanleitung aus Tortengusspulver, Saft und Zucker zubereiten, vorsichtig über die Aprikosen gießen und den Kuchen bis zum Servieren in den Kühlschrank stellen. Anschließend den Backrahmen vorsichtig lösen und entfernen.

Aprikosen-Kokoskonfekt-Torte

Für Gäste

Insgesamt:
E: 134 g, F: 733 g, Kh: 558 g, kJ: 39156, kcal: 9350

Für den Rührteig:
200 g gemahlene Haselnusskerne
350 g Butter oder Margarine
200 g Zucker
5 Eier (Größe M)
250 g Weizenmehl
2 gestr. TL Dr. Oetker Backin

Zum Bestreichen:
2 EL Aprikosenkonfitüre

Für die Füllung:
7 Blatt weiße Gelatine
1 Dose Aprikosenhälften
(Abtropfgewicht 240 g)
1 Dose Mandarinen
(Abtropfgewicht 175 g)
100 ml Obstsaft aus der Dose
250 g Schlagsahne

Zum Bestreichen:
3 Blatt weiße Gelatine
400 g Schlagsahne
1 EL Zucker

Zum Bestreuen und Garnieren:
75 g Kokosraspel
einige Kokoskonfektkugeln

Zubereitungszeit: 70 Minuten,
ohne Abkühl- und Kühlzeit
Backzeit: etwa 50 Minuten

1. Den Backofen vorheizen.
Ober-/Unterhitze: etwa 160 °C
Heißluft: etwa 140 °C

2. Für den Teig Haselnusskerne in einer Pfanne ohne Fett leicht bräunen und auf einem Teller erkalten lassen. Butter oder Margarine mit Handrührgerät mit Rührbesen auf höchster Stufe geschmeidig rühren.

Nach und nach Zucker unterrühren. So lange rühren, bis eine gebundene Masse entstanden ist. Eier nach und nach unterrühren (jedes Ei etwa ½ Minute).

3. Mehl mit Backpulver mischen und in 2 Portionen auf mittlerer Stufe unterrühren. Zuletzt die Haselnusskerne unterheben. Den Teig in eine Springform (Ø 26 cm, Boden gefettet) füllen und glatt streichen. Die Form auf dem Rost in den vorgeheizten Backofen schieben und den Boden **etwa 50 Minuten backen.**

4. Den Boden aus der Springform lösen, auf einen mit Backpapier belegten Kuchenrost stürzen und erkalten lassen. Anschließend den Boden einmal waagerecht durchschneiden und den unteren Boden mit Aprikosenkonfitüre bestreichen. Aus dem oberen Boden einen Kreis von gut 20 cm Durchmesser ausschneiden und beiseitelegen. Den Rand auf den bestrichenen Boden legen.

5. Für die Füllung Gelatine nach Packungsanleitung einweichen. Aprikosen und Mandarinen in jeweils einem Sieb gut abtropfen lassen, den Saft dabei auffangen und 100 ml abmessen. Das Obst pürieren. Die Püreemasse mit dem abgemessenen Obstsaft verrühren. Gelatine leicht ausdrücken und in einem kleinen Topf bei schwacher Hitze unter Rühren auflösen. Die aufgelöste Gelatine mit etwa 4 Esslöffeln von dem Fruchtpüree verrühren, dann die Mischung unter das restliche Püree rühren und in den Kühlschrank stellen.

6. Sobald das Fruchtpüree beginnt dicklich zu werden, Sahne steif schlagen und unterheben. 3 Esslöffel Fruchtcreme abnehmen und beiseitestellen. Dann die restliche Fruchtcreme in den ausgeschnittenen Rand füllen, glatt streichen und in den Kühlschrank stellen. Den inneren Kreis des oberen Bodens einmal waagerecht durchschneiden, den unteren Teil davon mit der restlichen Fruchtmasse bestreichen. Den oberen Teil des Kreises darauflegen, in den Kühlschrank stellen.

7. Zum Bestreichen Gelatine nach Packungsanleitung einweichen. Sahne mit Zucker steif schlagen. Gelatine wie in Punkt 5 auflösen, mit etwa 4 Esslöffeln von der Sahne verrühren, dann die Mischung unter die restliche Sahne rühren. 4 Esslöffel davon in einen Spritzbeutel mit Sterntülle füllen.

A

8. Die große Torte (Ø 26 cm) bis zum Ring und die kleine Torte (Ø 20 cm) vollständig mit der Sahne einstreichen. Die kleine Torte auf die große Torte setzen und die gesamte Torte mit Kokosraspeln bestreuen.

Die Torte anschließend mit der Sahne aus dem Spritzbeutel ganz nach Belieben verzieren, mit Kokoskonfekt garnieren und bis zum Servieren in den Kühlschrank stellen.

Aranca-Mandarinen-Torte | Beliebt

Insgesamt:
E: 72 g, F: 226 g, Kh: 478 g, kJ: 18113, kcal: 4317

Für den Biskuitteig:
- 3 Eier (Größe M)
- 3 EL heißes Wasser
- 125 g Zucker
- 1 Pck. Dr. Oetker Vanillin-Zucker
- 100 g Weizenmehl
- 1 gestr. TL Dr. Oetker Backin
- 75 g abgezogene, gemahlene Mandeln

Für die Füllung:
- 2 Dosen Mandarinen (Abtropfgewicht je 175 g)
- 2 Pck. Aranca Mandarinen-Geschmack (Dessertpulver)
- 300 ml Mandarinensaft aus den Dosen
- 500 g Schlagsahne
- 1 Pck. Dr. Oetker Sahnesteif
- 1 Pck. Dr. Oetker Vanillin-Zucker

Zum Verzieren:
- evtl. Schokoladen-Ornamente

Zubereitungszeit: 40 Minuten, ohne Abkühlzeit
Backzeit: 25–30 Minuten

1. Den Backofen vorheizen.
Ober-/Unterhitze: etwa 180 °C
Heißluft: etwa 160 °C

2. Für den Teig Eier und Wasser mit Handrührgerät mit Rührbesen auf höchster Stufe in 1 Minute schaumig schlagen. Zucker und Vanillin-Zucker mischen, in 1 Minute einstreuen, dann noch etwa 2 Minuten weiterschlagen.

3. Mehl mit Backpulver mischen, auf die Eiercreme geben und kurz auf niedrigster Stufe unterrühren. Zuletzt Mandeln unterrühren. Den Teig in eine Springform (Ø 26 cm, Boden gefettet, mit Backpapier belegt) füllen und glatt streichen. Die Form auf dem Rost in den vorgeheizten Backofen schieben und den Boden sofort **25–30 Minuten backen.**

4. Den Tortenboden aus der Form lösen, auf einen mit Backpapier belegten Kuchenrost stürzen und erkalten lassen. Mitgebackenes Backpapier abziehen und den Boden einmal waagerecht durchschneiden.

5. Für die Füllung Mandarinen in einem Sieb abtropfen lassen, den Saft dabei auffangen und 300 ml davon abmessen, evtl. mit Wasser ergänzen. Dann Dessertpulver nach Packungsanleitung, aber nur mit der Mandarinensaft-Wasser-Mischung zubereiten.

6. Sahne mit Sahnesteif und Vanillin-Zucker steif schlagen und unter die Dessertcreme rühren. Ein Viertel der Creme auf dem unteren Boden verstreichen, mit den Mandarinen (einige zum Garnieren beiseitelegen) belegen, mit einem Drittel der restlichen Creme bestreichen und mit dem oberen Boden bedecken.

7. Tortenoberfläche und -rand mit der Hälfte der restlichen Creme bestreichen. Die restliche Creme portionsweise in einen Spritzbeutel mit Lochtülle füllen und die Tortenoberfläche damit verzieren. Torte mit den beiseitegelegten Mandarinen oder nach Belieben mit Schoko-Ornamenten verzieren. Die Torte bis zum Verzehr in den Kühlschrank stellen.

Tipp: Bestreuen Sie den Tortenrand mit 2–3 Esslöffeln abgezogenen, gemahlenen Mandeln.

Arme-Ritter-Torte | Beliebt

Insgesamt:
E: 85 g, F: 236 g, Kh: 414 g, kJ: 18022, kcal: 4303

Für den Rührteig:
- 125 g Butter oder Margarine
- 50 g brauner Zucker (Rohrzucker)
- 1 Pck. Dr. Oetker Vanillin-Zucker
- 100 g Ahornsirup
- 3 Eier (Größe M)
- 200 g Weizenmehl
- 2 gestr. TL Dr. Oetker Backin
- 3–4 EL Milch
- 75 g abgezogene, gemahlene Mandeln

Für die Füllung:
- 4 mittelgroße Äpfel
- 1 EL Zitronensaft

Für den Belag:
- 125 ml (1/8 l) Milch
- 1 Ei (Größe M)
- 1–2 EL Zucker
- 2 Scheiben altbackenes Toastbrot oder 1 Brötchen (Semmel)
- 25 g abgezogene, gemahlene Mandeln
- 50 g Butter

Zum Bestäuben:
- 30 g Puderzucker

Zubereitungszeit: 45 Minuten, ohne Abkühlzeit
Backzeit: etwa 50 Minuten

1. Für den Teig Butter oder Margarine mit Handrührgerät mit Rührbesen auf höchster Stufe geschmeidig rühren. Nach und nach Zucker, Vanillin-Zucker und Sirup unterrühren. So lange rühren, bis eine gebundene Masse entstanden ist.

2. Eier nach und nach unterrühren (jedes Ei etwa 1/2 Minute). Mehl mit Backpulver mischen und in 2 Portionen abwechselnd mit Milch und Mandeln auf mittlerer Stufe unterrühren. Die Hälfte des Teiges in eine Springform (Ø 26 cm, Boden gefettet) füllen und glatt streichen.

3. Den Backofen vorheizen.
Ober-/Unterhitze: etwa 180 °C
Heißluft: etwa 160 °C

4. Für die Füllung Äpfel schälen, mit einem Apfelausstecher das Kerngehäuse ausstechen. Äpfel in etwa 1 cm dicke Ringe schneiden und mit dem Zitronensaft beträufeln. Apfelringe dachziegelartig auf den Teig legen. Restlichen Teig darauf verstreichen.

5. Für den Belag Milch, Eier und Zucker gut verrühren. Toastbrot oder Brötchen darin einweichen. Toast- oder Brötchenscheiben in je 4 Dreiecke schneiden. Dreiecke auf dem Teig verteilen und mit Mandeln bestreuen. Butter in Flöckchen daraufsetzen. Die Form auf dem Rost in den vorgeheizten Backofen schieben und die Torte **etwa 50 Minuten backen.**

6. Die Torte aus der Form lösen und auf einem Kuchenrost erkalten lassen. Zum Servieren die Tortenoberfläche dick mit Puderzucker bestäuben.

Tipp: Die erkaltete Torte mit etwas Ahornsirup beträufeln.

Baileys-Baiser-Torte | Mit Alkohol

Insgesamt:
E: 47 g, F: 338 g, Kh: 407 g, kJ: 21914, kcal: 5237

Für den Rührteig:
- 50 g Kokosraspel
- 125 g Butter oder Margarine
- 100 g Zucker
- 2 Eier (Größe M)
- 75 g Weizenmehl
- 75 g Speisestärke
- 1 gestr. TL Dr. Oetker Backin
- 100 g dunkle Kuchenglasur
- 150 ml Baileys (Original Irish Cream Likör)

Für den Belag:
- 500 g Schlagsahne
- 2 Pck. Dr. Oetker Sahnesteif
- 3 große Baiserschalen (je 30 g, vom Bäcker)

Zubereitungszeit: 40 Minuten, ohne Abkühlzeit
Backzeit: 25–30 Minuten

1. Für den Teig Kokosraspel in einer Pfanne ohne Fett leicht bräunen und auf einem Teller erkalten lassen.

2. Den Backofen vorheizen.
Ober-/Unterhitze: etwa 180 °C
Heißluft: etwa 160 °C

3. Die Butter oder Margarine mit Handrührgerät mit Rührbesen auf höchster Stufe geschmeidig rühren. Nach und nach Zucker unterrühren. So lange rühren, bis eine gebundene Masse entstanden ist. Eier nach und nach unterrühren (jedes Ei etwa 1/2 Minute).

4. Mehl mit Speisestärke und Backpulver mischen und auf mittlerer Stufe kurz unterrühren. Kokosraspel (1 Esslöffel zum Bestreuen beiseitelegen) unterrühren. Den Teig in eine Springform (Ø 26 cm, Boden gefettet) füllen und glatt streichen. Die Form auf dem Rost in den vorgeheizten Backofen schieben und den Boden **25–30 Minuten backen.**

5. Die Form auf einen Kuchenrost stellen und den Kuchen darin erkalten lassen. Den Kuchen aus der Form lösen und auf einen mit Backpapier belegten Kuchenrost stürzen.

6. Die Kuchenglasur nach Packungsanleitung im heißen Wasserbad schmelzen lassen. Die Unterseite des Bodens damit bestreichen und die Glasur fest werden lassen.

7. Den Boden mit der Schokoladenseite nach unten auf eine Tortenplatte legen. Die Oberseite mehrmals mit einer Gabel einstechen und mit dem Likör beträufeln.

8. Für den Belag Sahne mit Sahnesteif steif schlagen und in einen Spritzbeutel mit großer Sterntülle füllen. Sahne dicht an dicht auf den Boden spritzen. Die Baiserschalen grob zerkleinern und auf der Sahne verteilen.

9. Die Torte mit den beiseitegelegten Kokosraspeln bestreut servieren.

Baileys-Espresso-Schnitten
Mit Alkohol – einfach

Insgesamt:
E: 47 g, F: 218 g, Kh: 371 g, kJ: 16474, kcal: 3931

    1 Pck. Wiener Boden, dunkel
              (400 g, 3 Böden, Ø je 24 cm)

Zum Beträufeln:
    6 EL Baileys
          (Original Irish Cream Likör)
    6 EL kalter Espresso

Für die Creme:
    250 g Mascarpone (ital. Frischkäse)
    2 Pck. Dr. Oetker Bourbon-
           Vanille-Zucker
    4 EL Baileys
          (Original Irish Cream Likör)
    250 g Schlagsahne
    1 Pck. Dr. Oetker Sahnesteif

Zum Bestäuben:
    2 TL Kakaopulver

Zum Garnieren:
    30 g Schoko-Mokkabohnen

Zubereitungszeit: 30 Minuten,
ohne Kühl- und Durchziehzeit

1. Aus jedem Biskuitboden ein Quadrat von etwa 16 x 16 cm ausschneiden. Aus den Biskuitresten Herzen ausstechen und beiseitelegen.

2. Einen Boden auf eine Tortenplatte legen. Likör mit Espresso verrühren und den Boden mit einem Drittel der Likör-Espresso-Mischung beträufeln.

3. Für die Creme Mascarpone mit Vanille-Zucker und Likör gut verrühren. Sahne mit Sahnesteif steif schlagen und unterheben.

4. Ein Drittel der Sahnecreme auf dem unteren Biskuitboden verstreichen und mit einem zweiten Boden bedecken. Diesen mit einem weiteren Drittel der Likör-Espresso-Mischung beträufeln und mit einem Drittel der Sahnecreme bestreichen. Dritten Boden auflegen, diesen mit der restlichen Likör-Espresso-Mischung beträufeln und mit der restlichen Sahnecreme bestreichen.

5. Kuchen in den Kühlschrank stellen und mindestens 2 Stunden durchziehen lassen.

6. Zum Bestäuben die Kuchenoberfläche nach Belieben mit einer Gitterschablone belegen und mit Kakao bestäuben. Die Schablone vorsichtig abheben. Den Kuchen mit Mokkabohnen und den beiseitegelegten Herzen garnieren und anschließend den Kuchen in etwa 10 Schnitten schneiden.

Tipp: Wenn Sie keine Espressomaschine haben, können Sie den Espresso auch aus löslichem Pulver zubereiten oder den Espresso durch starken Kaffee ersetzen.

Baileys-Torte | Mit Alkohol – beliebt

Insgesamt:
E: 96 g, F: 354 g, Kh: 400 g, kJ: 24023, kcal: 5739

Für den Biskuitteig:
- 50 g Zartbitter-Schokolade
- 4 Eier (Größe M)
- 150 g Zucker
- 1 Pck. Dr. Oetker Vanillin-Zucker
- 100 g Weizenmehl
- 1 gestr. TL Dr. Oetker Backin
- 150 g gemahlene Haselnusskerne

Für die Füllung:
- 1 Pck. gemahlene Gelatine, weiß
- 4 EL kaltes Wasser
- 200 ml Baileys (Original Irish Cream Likör)
- 600 g Schlagsahne
- 20 g Zucker
- 1 Pck. Dr. Oetker Vanillin-Zucker
- 50–75 ml Baileys (Original Irish Cream Likör)
- 50 g gehackte, geröstete Haselnusskerne

Zubereitungszeit: 45 Minuten, ohne Abkühlzeit
Backzeit: etwa 35 Minuten

1. Den Backofen vorheizen.
Ober-/Unterhitze: etwa 180 °C
Heißluft: etwa 160 °C

2. Für den Teig Schokolade grob reiben oder fein hacken. Eier mit Handrührgerät mit Rührbesen auf höchster Stufe in 1 Minute schaumig schlagen. Den Zucker mit Vanillin-Zucker mischen, in 1 Minute einstreuen, dann noch etwa 2 Minuten weiterschlagen.

3. Mehl mit Backpulver mischen, auf die Eiercreme geben und kurz auf niedrigster Stufe unterrühren. Zuletzt Haselnusskerne und Schokolade unterheben.

4. Den Teig in eine Springform (Ø 26 cm, Boden gefettet, mit Backpapier belegt) füllen und glatt streichen. Die Form auf dem Rost in den vorgeheizten Backofen schieben und dann den Boden sofort **etwa 35 Minuten backen.**

5. Den Boden aus der Form lösen, auf einen mit Backpapier belegten Kuchenrost stürzen und erkalten lassen. Anschließend mitgebackenes Backpapier abziehen und den Boden zweimal waagerecht durchschneiden.

6. Für die Füllung Gelatine mit Wasser in einem kleinen Topf nach Packungsanleitung anrühren und quellen lassen. Dann Gelatine bei schwacher Hitze unter Rühren auflösen. Aufgelöste Gelatine nach und nach mit dem Likör verrühren.

7. Sahne mit Zucker und Vanillin-Zucker steif schlagen und unter die Likörmischung rühren. Ein Drittel der Likörcreme auf den unteren Boden streichen und mit dem mittleren Boden bedecken. Den Boden mit Likör tränken, mit der Hälfte der restlichen Likörcreme bestreichen und mit dem oberen Boden bedecken.

8. Tortenrand und -oberfläche mit der restlichen Creme bestreichen. Die Tortenoberfläche mit Haselnusskernen garnieren. Die Torte etwa 2 Stunden in den Kühlschrank stellen.

Banana-Split-Torte | Für Kinder

Insgesamt:
E: 101 g, F: 388 g, Kh: 478 g, kJ: 25059, kcal: 5989

Für den All-in-Teig:
- 100 g Weizenmehl
- 2 gestr. TL Dr. Oetker Backin
- 100 g gemahlene Haselnusskerne
- 150 g Zucker
- 1 Pck. Dr. Oetker Vanillin-Zucker
- 4 Eier (Größe M)
- 150 g weiche Butter oder Margarine

Für den Belag:
- 6 Blatt weiße Gelatine
- 2 Bananen
- 300 ml Bananen-Milchmischgetränk (aus dem Kühlregal)
- 500 g Schlagsahne
- 1 Pck. Dr. Oetker Vanillin-Zucker
- 50 g Zartbitter-Raspelschokolade

Zum Garnieren:
- Gelee-Bananen

Zubereitungszeit: 30 Minuten, ohne Abkühl- und Kühlzeit
Backzeit: etwa 25 Minuten

1. Den Backofen vorheizen.
Ober-/Unterhitze: etwa 180 °C
Heißluft: etwa 160 °C

2. Für den Teig das Mehl und das Backpulver in einer Rührschüssel mischen. Restliche Zutaten hinzufügen und alles mit Handrührgerät mit Rührbesen zunächst kurz auf niedrigster, dann auf höchster Stufe in etwa 2 Minuten zu einem Teig verarbeiten. Teig in eine Springform (Ø 26 cm, Boden gefettet) füllen und glatt streichen. Die Form auf dem Rost in den vorgeheizten Backofen schieben und den Boden **etwa 25 Minuten backen.**

3. Boden aus der Springform lösen, auf einen mit Backpapier belegten Kuchenrost stürzen und erkalten lassen.

4. Für den Belag Gelatine nach Packungsanleitung einweichen. Den Boden auf eine Tortenplatte legen und einen Tortenring darumstellen. Bananen schälen, in etwa 1 cm dicke Scheiben schneiden und auf dem Tortenboden verteilen, den Rand dabei frei lassen.

5. Gelatine leicht ausdrücken und in einem kleinen Topf bei schwacher Hitze unter Rühren auflösen. Die aufgelöste Gelatine erst mit etwa 4 Esslöffeln von dem Milchmischgetränk verrühren, dann die Mischung unter das restliche Milchmischgetränk rühren. Sahne mit Vanillin-Zucker steif schlagen. Ein Viertel davon in einen Spritzbeutel mit Lochtülle füllen, die restliche Sahne mit der Raspelschokolade unter die Bananenmilch-Gelatine-Masse heben. Die Bananenmilchcreme auf den Bananen verstreichen.

6. Die Oberfläche der Torte mit der Sahne aus dem Spritzbeutel verzieren und die Torte mindestens 2 Stunden in den Kühlschrank stellen. Kurz vor dem Servieren die Torte mit Gelee-Bananen garnieren.

Batida-de-Côco-Kuchen

Mit Alkohol – beliebt

Insgesamt:
E: 77 g, F: 423 g, Kh: 481 g, kJ: 26023, kcal: 6218

Für den Rührteig:

150 g	Butter oder Margarine
150 g	Zucker
1 Pck.	Dr. Oetker Vanillin-Zucker
2–3 Tropfen	Rum-Aroma
2	Eier (Größe M)
2	Eigelb (Größe M)
150 g	Weizenmehl
20 g	Kakaopulver
2 gestr. TL	Dr. Oetker Backin
3 EL	Milch

Für die Kokosmasse:

2	Eiweiß (Größe M)
100 g	Puderzucker
175 g	Kokosraspel
4 EL	Batida de Côco (Kokos-Likör)

Für die Füllung:

2	Bananen (etwa 300 g)
1 EL	Zitronensaft
4 Blatt	weiße Gelatine
500 g	Schlagsahne
2 Pck.	Dr. Oetker Vanillin-Zucker
3–4 EL	Batida de Côco (Kokos-Likör)

etwas Zitronensaft

Zubereitungszeit: 60 Minuten,
ohne Abkühl- und Kühlzeit
Backzeit: etwa 60 Minuten

1. Für den Rührteig die Butter oder Margarine mit Handrührgerät mit Rührbesen auf höchster Stufe geschmeidig rühren. Nach und nach Zucker, Vanillin-Zucker und Aroma unterrühren. So lange rühren, bis eine gebundene Masse entstanden ist. Eier und Eigelb nach und nach unterrühren (jedes Ei und Eigelb etwa ½ Minute). Mehl mit Kakao und Backpulver mischen und in 2 Portionen abwechselnd mit der Milch auf mittlerer Stufe unterrühren.

2. Den Backofen vorheizen.
Ober-/Unterhitze: etwa 180 °C
Heißluft: etwa 160 °C

3. Für die Kokosmasse Eiweiß mit Handrührgerät mit Rührbesen auf höchster Stufe steif schlagen. Der Eischnee muss so fest sein, dass ein Messerschnitt sichtbar bleibt. Puderzucker sieben, nach und nach kurz unterrühren. Kokosraspel und Likör unter die Eiweißmasse heben. Gut ein Drittel des Teiges in eine Kastenform (25 x 11 cm, gefettet, mit Backpapier ausgelegt) füllen und glatt streichen. Die Kokosmasse vorsichtig daraufgeben, glatt streichen, mit dem restlichen Teig bedecken und wieder glatt streichen. Die Form auf dem Rost in den vorgeheizten Backofen schieben und den Kuchen **etwa 60 Minuten backen.**

4. Nach etwa 20 Minuten Backzeit den Kuchen mit einem scharfen Messer etwa 2 cm tief der Länge nach einschneiden und weiterbacken. Gebäck nach dem Backen noch 10 Minuten in der Form auf einem Kuchenrost abkühlen lassen, dann mithilfe des Backpapiers aus der Form heben und auf einem Kuchenrost erkalten lassen. Backpapier lösen und das Gebäck zweimal der Länge nach senkrecht durchschneiden.

5. Für die Füllung Bananen schälen. 1 ½ Bananen erst vierteln, dann sehr klein schneiden und mit etwas Zitronensaft beträufeln. Restliche halbe Banane in Frischhaltefolie verpacken und zum Garnieren beiseitelegen. Gelatine nach Packungsanleitung einweichen. Sahne mit Vanillin-Zucker steif schlagen. Gelatine leicht ausdrücken und in einem kleinen Topf bei schwacher Hitze unter Rühren auflösen. Aufgelöste Gelatine zunächst mit dem Likör verrühren, dann die Mischung unter die Sahne rühren. Gut die Hälfte davon in einen Spritzbeutel mit Sterntülle füllen.

6. Unter die restliche Sahnemasse die Bananenstücke heben und je die Hälfte der Bananenfüllung auf die beiden Seitenteile des Kuchens streichen. Kuchen wieder zusammensetzen und leicht andrücken. Die Gebäckoberfläche dick mit der Sahne aus dem Spritzbeutel verzieren und mit dem Rest aus dem Spritzbeutel die Seiten bestreichen. Kuchen etwa 2 Stunden in den Kühlschrank stellen.

7. Zum Garnieren restliche halbe Banane in Scheiben schneiden und mit etwas Zitronensaft bestreichen. Die Torte vor dem Servieren damit garnieren.

Tipp: Den Kuchenboden sollten Sie am besten 1 Tag vor dem Füllen backen. Dann lässt er sich besser schneiden.

Bellini-Rolle | Mit Alkohol

Insgesamt:
E: 75 g, F: 164 g, Kh: 335 g, kJ: 13769, kcal: 3283

Für den Biskuitteig:

4 Eier (Größe M)
1 Eigelb (Größe M)
75 g Zucker
1 Pck. Dr. Oetker Finesse
Bourbon-Vanille-Aroma
75 g Weizenmehl
15 g Speisestärke
½ gestr. TL Dr. Oetker Backin
50 g gehobelte Mandeln

Für die Füllung:

2 Blatt weiße Gelatine
1 kleine
Dose Pfirsichhälften
(Abtropfgewicht 250 g)
2 EL Pfirsichlikör oder
Pfirsichsaft aus der Dose
1 Pck. Aranca Zitronen-Geschmack
(Dessertpulver)
200 ml Sekt oder Prosecco
150 g Joghurt
250 g Schlagsahne
1 Pck. Dr. Oetker Sahnesteif

Zum Garnieren und Verzieren:

1 reifer Pfirsich
Zitronensaft
50 g weiße Kuvertüre
1 TL Speiseöl,
z. B. Sonnenblumenöl

Zubereitungszeit: 40 Minuten,
ohne Abkühl- und Kühlzeit
Backzeit: 8–10 Minuten

1. Den Backofen vorheizen.
Ober-/Unterhitze: etwa 200 °C
Heißluft: etwa 180 °C

2. Für den Teig Eier und Eigelb mit Handrührgerät mit Rührbesen auf höchster Stufe in 1 Minute schaumig schlagen. Zucker in 1 Minute einstreuen, dann noch etwa 2 Minuten weiterschlagen. Aroma kurz unterrühren.

3. Mehl mit Speisestärke und Backpulver mischen, auf die Eiercreme geben und kurz auf niedrigster Stufe unterrühren. Dann den Teig auf ein Backblech (30 x 40 cm, gefettet, mit Backpapier belegt) geben und glatt streichen. Die Teigoberfläche mit Mandeln bestreuen. Das Backblech in den vorgeheizten Backofen schieben und den Boden **8–10 Minuten backen.**

4. Nach dem Backen Gebäckrand mithilfe eines Messers lösen und die Platte auf ein mit wenig Zucker bestreutes Backpapier stürzen. Mitgebackenes Backpapier abziehen und die Platte erkalten lassen.

5. Für die Füllung Gelatine nach Packungsanleitung einweichen. Pfirsiche in einem Sieb abtropfen lassen, etwas Saft dabei auffangen und die Pfirsiche mit Likör oder Saft pürieren. Gelatine leicht ausdrücken und in einem kleinen Topf bei schwacher Hitze unter Rühren auflösen. Aufgelöste Gelatine zunächst mit etwa 4 Esslöffeln von dem Püree verrühren, dann die Mischung unter das restliche Püree rühren. Masse in den Kühlschrank stellen.

6. Das Dessertpulver mit Sekt oder Prosecco nach Packungsanleitung zubereiten und Joghurt unterrühren. Sahne mit Sahnesteif steif schlagen und unterheben. Creme auf die erkaltete Gebäckplatte streichen, Pfirsichpüree daraufklecksen und mit einem Löffel etwas in die Creme einarbeiten. Die Platte von der längeren Seite aus aufrollen und die Rolle etwa 2 Stunden in den Kühlschrank stellen.

7. Zum Garnieren Pfirsich abspülen, abtrocknen, halbieren und den Stein entfernen. Die Hälften in schmale Spalten schneiden, auf die Rolle legen und mit etwas Zitronensaft bestreichen.

8. Zum Verzieren Kuvertüre grob hacken, mit Öl in einem Topf im Wasserbad bei schwacher Hitze unter Rühren schmelzen lassen und in einen kleinen Gefrierbeutel oder ein Papiertütchen füllen. Eine kleine Ecke abschneiden, die Rolle mit der Kuvertüre besprenkeln.

Berliner Luft mit Dickmilch

Raffiniert – mit Alkohol

Insgesamt:
E: 125 g, F: 445 g, Kh: 692 g, kJ: 31866, kcal: 7611

Für den Rührteig:
200 g Butter oder Margarine
200 g Zucker
1 Pck. Dr. Oetker Bourbon-
Vanille-Zucker
6 Eigelb (Größe M)
200 g Weizenmehl
2 gestr. TL Dr. Oetker Backin

Für den Belag:
6 Eiweiß (Größe M)
150 g gehobelte oder gehackte
Haselnusskerne
50 g Zucker

Für die Apfelfüllung:
1 kg Äpfel, z. B. Cox Orange
150 ml Weißwein
150 ml Apfelsaft
50 g Zucker
30 g Speisestärke

Für die Dickmilchfüllung:
6 Blatt weiße Gelatine
500 g Dickmilch
30 g Zucker
1 Pck. Dr. Oetker Finesse
Geriebene Zitronenschale
400 g Schlagsahne

Zum Bestreuen und Garnieren:
gesiebter Puderzucker
einige Baby-Äpfel (aus der Dose)

Zubereitungszeit: 45 Minuten,
ohne Abkühl- und Kühlzeit
Backzeit: etwa 25 Minuten je Backblech

1. Den Backofen vorheizen.
Ober-/Unterhitze: etwa 180 °C
Heißluft: etwa 160 °C

2. Für den Rührteig die Butter oder Margarine mit Handrührgerät mit Rührbesen auf höchster Stufe geschmeidig rühren. Nach und nach Zucker und Vanille-Zucker unterrühren. So lange rühren, bis eine gebundene Masse entstanden ist. Eigelb nach und nach unterrühren. Mehl und Backpulver mischen und kurz auf mittlerer Stufe unterrühren. Zwei Drittel des Teiges auf ein Backblech (30 x 40 cm, gefettet, mit Backpapier belegt) geben und glatt streichen. Restlichen Teig nur auf die Hälfte (20 x 30 cm) eines anderen Backbleches (30 x 40 cm, gefettet, mit Backpapier belegt) geben und glatt streichen.

3. Für den Belag Eiweiß steif schlagen. Den Teig auf beiden Backblechen gleichmäßig damit bestreichen und mit Haselnusskernen und Zucker bestreuen. Die Backbleche nacheinander (bei Heißluft zusammen) in den vorgeheizten Backofen schieben und jeden Boden **etwa 25 Minuten backen.**

4. Die große Gebäckplatte sofort nach dem Backen senkrecht halbieren, alle Gebäckplatten mit dem Backpapier vom Backblech nehmen, mit einem langen Messer vom Backpapier lösen und erkalten lassen.

5. Für die Apfelfüllung Äpfel schälen, vierteln, das Kerngehäuse entfernen und Äpfel in feine Würfel schneiden. Mit Wein, Saft und Zucker in einen Topf geben und gar dünsten. Speisestärke mit etwas Wasser anrühren, zur Apfelmasse geben und kurz aufkochen lassen. Apfelmasse erkalten lassen.

6. Für die Dickmilchfüllung Gelatine nach Packungs-anleitung einweichen. Dickmilch mit Zucker und Zitronenschale verrühren. Gelatine leicht ausdrücken und in einem kleinen Topf bei schwacher Hitze unter Rühren auflösen. Aufgelöste Gelatine zunächst mit etwa 4 Esslöffeln von der Dickmilchmasse verrühren, dann die Mischung unter die restliche Dickmilch-masse rühren. Masse in den Kühlschrank stellen. Sobald die Masse beginnt dicklich zu werden, Sahne steif schlagen und unterheben.

7. Eine Gebäckplatte auf eine Tortenplatte legen und mit der Hälfte der Apfelmasse bestreichen, dann die Hälfte der Dickmilchcreme daraufstreichen und mit der zweiten Gebäckplatte bedecken. Platte wiederum

mit Apfelmasse und Dickmilchcreme bestreichen und mit der dritten Platte bedecken, leicht andrücken und etwa 2 Stunden in den Kühlschrank stellen.

8. Vor dem Servieren den Kuchen mithilfe eines elektrischen Messers in Stücke schneiden, mit Puderzucker bestreuen und mit Baby-Äpfeln garnieren.

Blondes Blech | Mit Alkohol – für Gäste

Insgesamt:
E: 121 g, F: 644 g, Kh: 487 g, kJ: 35042, kcal: 8372

Für den Rührteig:
- 200 g Butter oder Margarine
- 200 g Zucker
- 1 Pck. Dr. Oetker Vanillin-Zucker
- 3 Tropfen Rum-Aroma
- 1 Prise Salz
- 8 Eigelb (Größe M)
- 50 g gehackte Haselnusskerne
- 300 g gemahlene Haselnusskerne
- 1 gestr. TL Dr. Oetker Backin
- 100 g Zartbitter-Raspelschokolade
- 8 Eiweiß (Größe M)

Für den Belag:
- 1 Glas Wild-Preiselbeeren (Einwaage 210 g)
- 500–600 g Schlagsahne
- 1 Pck. Dr. Oetker Vanillin-Zucker
- 2 Pck. Dr. Oetker Sahnesteif
- 100 ml Eierlikör
- 1 Pck. Saucenpulver Vanille-Geschmack (ohne Kochen)

Zubereitungszeit: 40 Minuten, ohne Abkühlzeit
Backzeit: etwa 30 Minuten

1. Den Backofen vorheizen.
Ober-/Unterhitze: etwa 180 °C
Heißluft: etwa 160 °C

2. Für den Rührteig die Butter oder Margarine mit Handrührgerät mit Rührbesen auf höchster Stufe geschmeidig rühren. Nach und nach Zucker und Vanillin-Zucker unterrühren. So lange rühren, bis eine gebundene Masse entstanden ist. Rum-Aroma und Salz unterrühren.

3. Eigelb nach und nach unterrühren. Haselnusskerne mit Backpulver mischen und mit Raspelschokolade in 2 Portionen unterrühren.

4. Eiweiß steif schlagen und unterheben. Teig auf ein Backblech (30 x 40 cm, gefettet) geben und verstreichen. Backblech in den vorgeheizten Backofen schieben und den Teig **etwa 30 Minuten backen.**

5. Für den Belag sofort nach dem Backen die Preiselbeeren auf dem heißen Boden verstreichen. Das Backblech auf einen Kuchenrost stellen und den Kuchen darauf erkalten lassen.

6. Sahne mit Vanillin-Zucker und Sahnesteif steif schlagen. Sahne auf dem Kuchen verstreichen und mit einem Teelöffel Spitzen hochziehen. Eierlikör mit Saucenpulver mit einem Schneebesen verrühren und diagonal über den Kuchen sprenkeln.

Abwandlung: Der Kuchen schmeckt auch sehr gut mit frischen Himbeeren.

Tipp: Der Boden kann sehr gut am Vortag zubereitet und ohne Eierlikör auch eingefroren werden.

Blubberkuchen | Für Kinder

Insgesamt:
E: 122 g, F: 372 g, Kh: 674 g, kJ: 28310, kcal: 6770

Für den Schüttelteig:
- 300 g Weizenmehl
- 3 gestr. TL Dr. Oetker Backin
- 200 g Zucker
- 1 Pck. Dr. Oetker Vanillin-Zucker
- 1 Pck. Dr. Oetker Finesse Geriebene Zitronenschale
- 4 Eier (Größe M)
- 150 ml Speiseöl, z. B. Sonnenblumenöl
- 150 ml Mineralwasser

Für den Belag:
- 300 g Himbeeren
- 8 Blatt weiße Gelatine
- 1 kg Dickmilch
- Saft von 1 Zitrone
- 75 g Zucker
- 1 Pck. Dr. Oetker Vanillin-Zucker
- 500 g Schlagsahne

Für den Guss:
- 2 Pck. Tortenguss, rot
- 500 ml (½ l) Flüssigkeit, z. B. Himbeersaft, Apfelsaft oder Wasser
- 30 g Zucker

Zubereitungszeit: 40 Minuten, ohne Abkühl- und Kühlzeit
Backzeit: etwa 20 Minuten

1. Den Backofen vorheizen.
Ober-/Unterhitze: etwa 180 °C
Heißluft: etwa 160 °C

2. Für den Teig Mehl mit Backpulver in einer verschließbaren Schüssel (etwa 3 l) mit Zucker, Vanillin-Zucker und Zitronenschale mischen. Eier, Öl und Mineralwasser hinzufügen und die Schüssel mit dem Deckel fest verschließen. Die Schüssel mehrmals kräftig schütteln (insgesamt 15–30 Sekunden), sodass alle Zutaten gut vermischt sind.

3. Alles mit einem Schneebesen oder Rührlöffel nochmals sorgfältig durchrühren, damit trockene Zutaten vom Rand mit untergerührt werden. Den Teig in eine Fettpfanne (30 x 40 cm, gefettet, gemehlt) füllen und glatt streichen. Fettpfanne in den vorgeheizten Backofen schieben, den Teig **etwa 20 Minuten backen.**

4. Die Fettpfanne auf einen Kuchenrost stellen und den Boden darauf erkalten lassen.

5. Für den Belag Himbeeren verlesen, evtl. abspülen und trocken tupfen. Himbeeren auf dem Gebäck verteilen. Gelatine nach Packungsanleitung einweichen. Dickmilch mit Zitronensaft, Zucker und Vanillin-Zucker in einer Schüssel verrühren. Gelatine leicht ausdrücken und in einem kleinen Topf bei schwacher Hitze unter Rühren auflösen. Aufgelöste Gelatine zunächst mit etwa 4 Esslöffeln von der Dickmilchmasse verrühren, dann die Mischung unter die restliche Dickmilchmasse rühren. Masse in den Kühlschrank stellen. Sobald die Masse beginnt dicklich zu werden, Sahne steif schlagen und unterheben. Dickmilchcreme auf den Himbeeren verstreichen und den Kuchen etwa 30 Minuten in den Kühlschrank stellen.

6. Für den Guss Tortengusspulver, Flüssigkeit und Zucker nach Packungsanleitung zubereiten. Guss sofort heiß auf der Dickmilchcreme verteilen, sodass die Creme etwas angelöst wird, dabei evtl. den Guss mit einem Löffel leicht eindrücken. Den Kuchen noch etwa 1 Stunde in den Kühlschrank stellen.

Bounty-Aprikosen-Tarte
Schnell zubereitet

Insgesamt:
E: 77 g, F: 263 g, Kh: 571 g, kJ: 20772, kcal: 4959

Für den Knetteig:
- 200 g Weizenmehl
- 1 Prise Salz
- 125 g Butter
- 1 Ei (Größe M)
- 50 g Zucker

Für die Füllung:
- 1 kleine Dose Aprikosenhälften (Abtropfgewicht 250 g)
- 6 Riegel Bounty® (je etwa 30 g)
- 1 kleine Dose Kokosmilch ohne Zucker (160 ml)
- 3 Eier (Größe M)
- 1 EL Zucker

Für den Belag:
- 150 g Weizenmehl
- 100 g Zucker
- 1 Pck. Dr. Oetker Vanillin-Zucker
- 100 g weiche Butter

evtl. Puderzucker

Zubereitungszeit: 35 Minuten, ohne Kühlzeit
Backzeit: etwa 50 Minuten

1. Für den Teig Mehl in eine Rührschüssel geben. Restliche Zutaten hinzufügen und mit Handrührgerät mit Knethaken zunächst kurz auf niedrigster, dann auf höchster Stufe gut durcharbeiten. Anschließend den Teig auf der leicht bemehlten Arbeitsfläche kurz verkneten. Sollte er kleben, ihn in Frischhaltefolie gewickelt eine Zeit lang kalt stellen.

2. Den Backofen vorheizen.
Ober-/Unterhitze: etwa 180 °C
Heißluft: etwa 160 °C

3. Anschließend den Teig zu einer runden Platte (Ø etwa 30 cm) ausrollen, in eine Tarteform (Ø 28 cm, gefettet) geben und so andrücken, dass ein etwa 2 cm hoher Rand entsteht. Den Boden mit einer Gabel mehrmals einstechen.

4. Für die Füllung Aprikosen in einem Sieb gut abtropfen lassen und auf dem Teigboden verteilen. Bounty®-Riegel in kleine Stücke schneiden. Kokosmilch mit Eiern, Zucker und Bounty®-Stücken gut verrühren und die Masse auf den Aprikosen in der Tarteform verteilen.

5. Für den Belag das Mehl in eine Schüssel geben. Zucker, Vanillin-Zucker und Butter hinzufügen und die Zutaten mit Handrührgerät mit Rührbesen zu feinen Streuseln verarbeiten. Streusel auf der Füllung verteilen. Die Form auf dem Rost in den vorgeheizten Backofen schieben und die Tarte **etwa 50 Minuten backen.**

6. Die Tarte in der Form auf einem Kuchenrost erkalten lassen und nach Belieben mit Puderzucker bestäuben.

® Registered trademark of MARS.

Bounty-Torte | Beliebt

Insgesamt:
E: 86 g, F: 438 g, Kh: 686 g, kJ: 30573, kcal: 7322

Für den Rührteig:
- 175 g Butter oder Margarine
- 150 g Zucker
- 1 Pck. Dr. Oetker Vanillin-Zucker
- 3 Eier (Größe M)
- 300 g Weizenmehl
- 2 TL Dr. Oetker Backin
- 20–25 Riegel Bounty® (je etwa 30 g)

Zum Tränken:
- 4 EL Ananassaft

Zum Verzieren und Garnieren:
- 400–500 g Schlagsahne
- 3 Pck. Dr. Oetker Sahnesteif
- 4 EL Zucker
- 2 Pck. Dr. Oetker Vanillin-Zucker
- 250 g Schmand (Sauerrahm) oder Crème fraîche
- 3–5 Riegel Bounty® (je etwa 30 g)

Zubereitungszeit: 40 Minuten, ohne Abkühl- und Kühlzeit
Backzeit: 40–45 Minuten

1. Den Backofen vorheizen.
Ober-/Unterhitze: etwa 180 °C
Heißluft: etwa 160 °C

2. Für den Teig Butter oder Margarine mit Handrührgerät mit Rührbesen auf höchster Stufe geschmeidig rühren. Nach und nach Zucker und Vanillin-Zucker unterrühren. So lange rühren, bis eine gebundene Masse entstanden ist. Eier nach und nach unterrühren (jedes Ei etwa ½ Minute).

3. Mehl mit Backpulver mischen und in 2 Portionen auf mittlerer Stufe kurz unterrühren. Zwei Drittel des Teiges in eine Springform (Ø 26 cm, gefettet) füllen und glatt streichen. Die Bounty®-Riegel kranzförmig auf dem Teig verteilen, restlichen Teig daraufgeben und verstreichen. Die Form auf dem Rost in den vorgeheizten Backofen schieben und dann den Boden **40–45 Minuten backen**.

4. Den Boden aus der Form lösen, auf einen mit Backpapier belegten Kuchenrost stürzen und erkalten lassen. Den erkalteten Boden mit Ananassaft tränken.

5. Sahne mit Sahnesteif, Zucker und Vanillin-Zucker steif schlagen. Schmand oder Crème fraîche kurz unterrühren und die Creme portionsweise in einen Spritzbeutel füllen. Die Tortenoberfläche damit verzieren und die Torte etwa 1 Stunde in den Kühlschrank stellen.

6. Die Torte vor dem Servieren mit zerkleinerten Bounty®-Riegeln garnieren.

Tipps: Statt mit Ananassaft kann der Tortenboden auch mit Orangensaft getränkt werden. Sie können auch Tortenoberfläche und -rand mit einem Teil der Sahne-Schmand-Creme bestreichen und die Oberfläche mit der restlichen Creme und den Bounty®-Riegeln verzieren und garnieren.

® Registered trademark of MARS.

Briketts à la Mamma | Gut vorzubereiten

Insgesamt:
E: 164 g, F: 800 g, Kh: 1065 g, kJ: 51885, kcal: 12393

Für den Rührteig:
150 ml Speiseöl, z. B. Rapsöl
400 g Zucker
6 Eier (Größe M)
400 g Weizenmehl
1 Pck. Dr. Oetker Backin
150 ml Milch

Für den Guss und zum Bestreuen:
400 g Zartbitter-Schokolade
500 ml (½ l) Milch
130 g Zucker
250 g Butter
400 g Kokosraspel

Zubereitungszeit: 70 Minuten, ohne Abkühlzeit
Backzeit: etwa 30 Minuten

1. Den Backofen vorheizen.
Ober-/Unterhitze: etwa 180 °C
Heißluft: etwa 160 °C

2. Für den Teig Öl und Zucker in eine Rührschüssel geben und mit Handrührgerät mit Rührbesen verrühren. Eier nach und nach unterrühren (jedes Ei etwa ½ Minute).

3. Mehl mit Backpulver mischen und in 2 Portionen abwechselnd mit der Milch auf mittlerer Stufe unterrühren (nur so viel Milch verwenden, dass der Teig schwerreißend vom Löffel fällt). Teig in eine Fettpfanne (30 x 40 cm, gefettet) geben und glatt streichen. Die Fettpfanne in den vorgeheizten Backofen schieben und den Kuchen **etwa 30 Minuten backen.**

4. Fettpfanne auf einen Kuchenrost stellen und das Gebäck darauf erkalten lassen.

5. Für den Guss Schokolade sehr klein hacken. Milch in einem Topf zum Kochen bringen, dann vom Herd nehmen. Schokolade zugeben und so lange rühren, bis sie sich vollständig gelöst hat. Zucker und Butter ebenfalls in die warme Masse rühren und auflösen.

6. Gebäckplatte in Rechtecke von etwa 5 x 5 cm schneiden. Die „Briketts" mit dem Schokoladenguss übergießen und mit Kokosraspeln bestreuen.

Tipp: Briketts bleiben, wenn sie vollständig mit Guss überzogen sind, etwa 1 Woche frisch.

Butterkekskuchen mit Stachelbeeren | Gut vorzubereiten

Insgesamt:
E: 81 g, F: 323 g, Kh: 694 g, kJ: 25984, kcal: 6213

Für den Biskuitteig:
- 4 Eier (Größe M)
- 125 g Zucker
- 1 Pck. Dr. Oetker Vanillin-Zucker
- 100 g Weizenmehl
- 1 Pck. Dr. Oetker Pudding-Pulver Vanille-Geschmack
- 2 gestr. TL Dr. Oetker Backin

Für den Belag:
- 2 Gläser Stachelbeeren (Abtropfgewicht je 390 g)
- 600 ml Stachelbeersaft aus den Gläsern
- 2 Pck. Dr. Oetker Pudding-Pulver Vanille-Geschmack
- 750 g Schlagsahne
- 3 Pck. Dr. Oetker Sahnesteif
- 3 Pck. Dr. Oetker Vanillin-Zucker
- etwa 32 Butterkekse

Für den Guss:
- 100 g Zartbitter-Schokolade
- 1 EL Speiseöl, z. B. Rapsöl
- 25 g gehackte Pistazien

Zubereitungszeit: 50 Minuten, ohne Abkühlzeit
Backzeit: etwa 12 Minuten

1. Den Backofen vorheizen.
Ober-/Unterhitze: etwa 200 °C
Heißluft: etwa 180 °C

2. Für den Teig Eier mit Handrührgerät mit Rührbesen auf höchster Stufe in 1 Minute schaumig schlagen. Zucker mit Vanillin-Zucker mischen, in 1 Minute einstreuen, dann noch etwa 2 Minuten weiterschlagen. Mehl, Pudding-Pulver und Backpulver mischen, auf die Eiercreme geben und kurz auf niedrigster Stufe unterrühren.

3. Einen Backrahmen auf ein Backblech (30 x 40 cm, gefettet, gemehlt) stellen, den Teig auf das Backblech geben und verstreichen. Das Backblech in den vorgeheizten Backofen schieben und den Boden sofort **etwa 12 Minuten backen.**

4. Das Backblech auf einen Kuchenrost stellen, die Biskuitplatte mit dem Backrahmen darauf erkalten lassen.

5. Für den Belag Stachelbeeren in einem Sieb abtropfen lassen, den Saft dabei auffangen und 600 ml davon abmessen, evtl. mit Wasser ergänzen. Dann das Pudding-Pulver mit etwas Stachelbeersaft in einem kleinen Topf anrühren, dann den restlichen Saft hinzufügen. Alles unter Rühren zum Kochen bringen und gut aufkochen lassen. Die Stachelbeeren sofort unterheben, die Masse auf der Biskuitplatte verstreichen und abkühlen lassen.

6. Die Sahne mit Sahnesteif und Vanillin-Zucker steif schlagen und auf der Stachelbeermasse verstreichen. Die Butterkekse nebeneinander darauflegen.

7. Für den Guss Schokolade in Stücke brechen, mit dem Öl in einem kleinen Topf im Wasserbad bei schwacher Hitze schmelzen lassen. Auf jeden Keks einen dicken Klecks von dem Guss geben und mit Pistazien bestreuen.

Cappuccino-Joghurt-Torte
Raffiniert

Insgesamt:
E: 76 g, F: 228 g, Kh: 475 g, kJ: 18256, kcal: 4364

Für den Biskuitteig:

        3 Eier (Größe M)
3–4 EL heißes Wasser
125 g Zucker
1 Pck. Dr. Oetker Vanillin-Zucker
60 g Weizenmehl
60 g Speisestärke
1 gestr. TL Dr. Oetker Backin

Für die Füllung:

        2 Pck.
(je 10 g) Instant-Cappuccino-Pulver
3 EL heißes Wasser
9 Blatt weiße Gelatine
500 g Joghurt
150 g Zucker
500 g Schlagsahne

100 g Mokka-Sahne-Schokolade
        (hell und dunkel gestreift)

Zubereitungszeit: 60 Minuten,
ohne Abkühl- und Kühlzeit
Backzeit: etwa 30 Minuten

1. Den Backofen vorheizen.
Ober-/Unterhitze: etwa 180 °C
Heißluft: etwa 160 °C

2. Für den Teig Eier und Wasser mit Handrührgerät mit Rührbesen auf höchster Stufe in 1 Minute schaumig schlagen. Zucker mit Vanillin-Zucker mischen, in 1 Minute einstreuen, dann noch etwa 2 Minuten weiterschlagen.

3. Mehl, Speisestärke und Backpulver mischen, auf die Eiercreme geben und kurz auf niedrigster Stufe unterrühren.

4. Den Teig in eine Springform (Ø 26 cm, Boden gefettet, mit Backpapier belegt) füllen und glatt strei-

chen. Die Form auf dem Rost in den vorgeheizten Backofen schieben und den Boden sofort **etwa 30 Minuten backen.**

5. Den Boden aus der Form lösen, auf einen mit Backpapier belegten Kuchenrost stürzen und abkühlen lassen. Mitgebackenes Backpapier abziehen.

6. Den erkalteten Boden einmal waagerecht durchschneiden. Den unteren Boden auf eine mit Tortenspitze oder Backpapier belegte Tortenplatte stellen und den gesäuberten Springformrand oder einen Tortenring darumstellen.

7. Für die Füllung das Cappuccino-Pulver mit dem Wasser verrühren und erkalten lassen. Gelatine nach Packungsanleitung einweichen. Joghurt mit Zucker und Cappuccino verrühren. Die Gelatine leicht ausdrücken und in einem kleinen Topf bei schwacher Hitze unter Rühren auflösen. Aufgelöste Gelatine zunächst mit etwa 4 Esslöffeln von der Joghurtmasse verrühren, dann die Mischung unter die restliche Joghurtmasse rühren. Masse in den Kühlschrank stellen.

8. Sobald die Masse beginnt dicklich zu werden, Sahne steif schlagen und unterheben. Die Hälfte der Joghurt-Cappuccino-Creme auf dem unteren Boden verstreichen, den oberen Boden darauflegen, die restliche Joghurt-Cappuccino-Creme darauf verstreichen und etwas wellenförmig verzieren. Die Torte etwa 2 Stunden im Kühlschrank fest werden lassen.

9. Den Springformrand oder Tortenring lösen und entfernen. Die Hälfte der Schokolade reiben, die restliche Schokolade mit einem Sparschäler oder einem kleinen Messer zu Röllchen schaben. Den Tortenrand mit geriebener Schokolade bestreuen.

10. Die Tortenoberfläche mithilfe von Papierstreifen mit der restlichen geriebenen Schokolade und der geschabten Schokolade garnieren.

Tipps: Für Kinder anstelle des Cappuccino-Pulvers 1 Päckchen (25 g) Trinkschokolade mit Wasser verrühren. Statt Mokka-Sahne-Schokolade Vollmilch-Schokolade verwenden.

Cappuccino-Tupfen-Torte | Einfach

Insgesamt:
E: 50 g, F: 258 g, Kh: 338 g, kJ: 16758, kcal: 4005

Für den All-in-Teig:
- 100 g Weizenmehl
- 25 g Speisestärke
- 3 gestr. TL Dr. Oetker Backin
- 125 g Zucker
- 1 Pck. Dr. Oetker Vanillin-Zucker
- 1 Prise Salz
- 125 g weiche Butter oder Margarine
- 3 Eier (Größe M)
- 1 Pck. Dr. Oetker Finesse Orangenschalen-Aroma

Für den Belag:
- 1 Dose Mandarinen (Abtropfgewicht 175 g)
- 400 g Schlagsahne
- 2 Pck. Dr. Oetker Sahnesteif
- 2 Pck. Dr. Oetker Vanillin-Zucker
- 2 Pck. (je 10 g) Instant-Cappuccino-Pulver

Zum Garnieren und Bestäuben:
- 30 g Zartbitter-Schokolade
- etwas Kakaopulver

Zubereitungszeit: 35 Minuten, ohne Abkühl- und Kühlzeit
Backzeit: etwa 30 Minuten

1. Den Backofen vorheizen.
Ober-/Unterhitze: etwa 170 °C
Heißluft: etwa 150 °C

2. Für den Teig Mehl mit Speisestärke und Backpulver in einer Rührschüssel mischen. Restliche Zutaten hinzufügen und alles mit Handrührgerät mit Rührbesen zunächst kurz auf niedrigster, dann auf höchster Stufe in etwa 2 Minuten zu einem Teig verarbeiten.

3. Den Teig in eine Springform (Ø 26 cm, Boden gefettet, mit Backpapier belegt) füllen und glatt streichen. Die Form auf dem Rost in den vorgeheizten Backofen schieben und den Boden **etwa 30 Minuten backen.**

4. Den Boden aus der Form lösen, auf einen mit Backpapier belegten Kuchenrost stürzen und erkalten lassen. Anschließend mitgebackenes Backpapier abziehen.

5. Für den Belag Mandarinen in einem Sieb gut abtropfen lassen. Sahne zunächst 1 Minute schlagen. Sahnesteif, Vanillin-Zucker und Cappuccino-Pulver mischen, dazugeben und die Sahne steif schlagen.

6. Die Cappuccino-Sahne in einen Spritzbeutel mit einer großen glatten Tülle füllen und in Tupfen dicht an dicht kreisförmig auf den Boden spritzen. Die Mandarinen darauf verteilen und die Torte etwa 30 Minuten in den Kühlschrank stellen.

7. Die Schokolade in Stücke brechen und in einem kleinen Topf im Wasserbad unter Rühren schmelzen lassen. Die Schokolade in einen Gefrierbeutel füllen, eine kleine Ecke abschneiden und die Torte mit der Schokolade garnieren (oder die Schokolade mit einem Teelöffel auf die Torte sprenkeln). Torte kurz vor dem Servieren mit Kakaopulver bestäuben.

Tipp: Den Boden nach Belieben mit in heißem Wasser angerührtem Cappuccino-Pulver tränken.

Champagnertorte | Mit Alkohol – für Gäste

Insgesamt:
E: 94 g, F: 283 g, Kh: 656 g, kJ: 23938, kcal: 5720

Für den Knetteig:
- 100 g Weizenmehl
- 40 g Puderzucker
- 1 Eigelb (Größe M)
- 50 g weiche Butter

Für den Biskuitteig:
- 50 g Butter
- 4 Eier (Größe M)
- 150 g Zucker
- abgeriebene Schale von
- 1 Bio-Zitrone (unbehandelt, ungewachst)
- 100 g Weizenmehl
- 100 g Speisestärke
- ½ gestr. TL Dr. Oetker Backin

Für die Füllung:
- 2 EL Himbeergelee
- 6 Blatt weiße Gelatine
- 2 Eier (Größe M)
- 50 g Zucker
- 125 ml (⅛ l) Champagner
- abgeriebene Schale und Saft von
- 1 Bio-Zitrone (unbehandelt, ungewachst)
- 200 g Schlagsahne

Zum Garnieren:
- 200 g Schlagsahne
- 1 Pck. Dr. Oetker Sahnesteif
- 75 g weiße Kuvertüre
- 75 g Baiser
- 100 g frische oder TK-Himbeeren
- 1 TL gesiebter Puderzucker

Zubereitungszeit: 60 Minuten, ohne Kühl- und Abkühlzeit
Backzeit: etwa 40 Minuten

1. Für den Knetteig Mehl mit Puderzucker mischen und in eine Rührschüssel geben. Eigelb und Butter hinzufügen. Die Zutaten mit Handrührgerät mit Knethaken zunächst kurz auf niedrigster, dann auf höchster Stufe gut durcharbeiten.

2. Anschließend den Teig auf der leicht bemehlten Arbeitsfläche kurz verkneten. Teig in Frischhaltefolie gewickelt etwa 30 Minuten in den Kühlschrank stellen.

3. Inzwischen den Backofen vorheizen.
Ober-/Unterhitze: etwa 180 °C
Heißluft: etwa 160 °C

4. Für den Biskuitteig Butter zerlassen und abkühlen lassen. Eier mit Handrührgerät mit Rührbesen auf höchster Stufe in 1 Minute schaumig schlagen. Zucker mit Zitronenschale mischen, in 1 Minute einstreuen, dann noch etwa 2 Minuten weiterschlagen.

5. Mehl mit Speisestärke und Backpulver mischen, die Hälfte davon auf die Eiercreme geben und kurz auf niedrigster Stufe unterrühren. Restliches Mehlgemisch auf die gleiche Weise unterarbeiten. Zuletzt die zerlassene Butter kurz unterrühren.

6. Den Biskuitteig in eine Springform (Ø 26 cm, Boden gefettet, mit Backpapier belegt) füllen und glatt streichen. Die Form auf dem Rost in den vorgeheizten Backofen schieben und den Boden **25–30 Minuten backen.**

7. Den Biskuitboden aus der Form lösen, auf einen mit Backpapier belegten Kuchenrost stürzen und den Boden erkalten lassen. Anschließend mitgebackenes Backpapier abziehen. Die Backofentemperatur **um 20 °C auf Ober-/Unterhitze etwa 200 °C, Heißluft etwa 180 °C erhöhen.**

8. Den Knetteig auf einem Springformboden (Ø 26 cm, gefettet) ausrollen und mehrmals mit einer Gabel einstechen, den Springformrand darumlegen. Die Form auf dem Rost in den heißen Backofen schieben und den Boden **10–15 Minuten backen.**

9. Die Form auf einen Kuchenrost stellen und den Knetteigboden sofort vom Springformboden lösen, aber darauf erkalten lassen. Knetteigboden anschließend auf eine Tortenplatte legen.

10. Für die Füllung das Himbeergelee leicht erwärmen und gleichmäßig auf dem Knetteigboden verstreichen. Den Biskuitboden einmal waagerecht durchschneiden und den unteren Boden auf den Knetteigboden legen. Einen Tortenring oder den gesäuberten Springformrand um die Böden legen.

11. Die Gelatine nach Packungsanleitung einweichen. Eier mit Zucker in einer Edelstahlschüssel im heißen Wasserbad bei mittlerer Hitze mit Handrührgerät mit Rührbesen aufschlagen, bis eine cremige Masse entstanden ist. Gelatine leicht ausdrücken und in einem kleinen Topf bei schwacher Hitze unter Rühren auflösen. Aufgelöste Gelatine zunächst unter die Eiermasse rühren und die Schüssel aus dem Wasserbad nehmen. Champagner, Zitronenschale und -saft unterrühren und die Masse unter Rühren erkalten lassen.

12. Sobald die Champagnermasse beginnt dicklich zu werden, Sahne steif schlagen und unter die Masse heben. Die Hälfte der Champagnercreme auf dem Biskuitboden verstreichen, den zweiten Boden darauflegen und die restliche Creme daraufstreichen. Die Champagnertorte 1–2 Stunden in den Kühlschrank stellen, dann den Tortenring oder Springformrand entfernen.

13. Zum Garnieren Sahne mit Sahnesteif steif schlagen. Tortenoberfläche und -rand damit bestreichen. Die Kuvertüre mit einem Sparschäler in Späne schneiden und den Tortenrand damit bestreuen (etwas von den Spänen beiseitestellen). Baiser zerbröseln und auf der Tortenoberfläche verteilen, die beiseitegestellten Kuvertürespäne dazwischenstreuen.

14. Die Himbeeren verlesen, evtl. abspülen und abtropfen lassen (TK-Himbeeren in einem Sieb auftauen und abtropfen lassen). Die Himbeeren auf der Torte verteilen und die Torte kurz vor dem Servieren mit Puderzucker bestreuen.

Choco Crossies Torte | Für Kinder

Insgesamt:
E: 73 g, F: 267 g, Kh: 388 g, kJ: 18325, kcal: 4379

Für den Biskuitteig:

2 Eier (Größe M)
2 EL heißes Wasser
80 g Zucker
1 Pck. Dr. Oetker Vanillin-Zucker
80 g Weizenmehl
½ gestr. TL Dr. Oetker Backin

Für den Rührteig:

50 g Butter oder Margarine
50 g Zucker
1 Pck. Dr. Oetker Vanillin-Zucker
2 Eier (Größe M)
70 g Weizenmehl
1 Msp. Dr. Oetker Backin

Für den Belag:

50 g Choco Crossies® Classic
(Knusperpralinen)
20 g Cornflakes

Für die Füllung:

500 g Schlagsahne
2 Pck. Dr. Oetker Sahnesteif
1 Pck. Dr. Oetker Vanillin-Zucker
80 g Choco Crossies® Classic
(Knusperpralinen)

Zum Garnieren:

12 Choco Crossies® Classic
(Knusperpralinen)

Zubereitungszeit: 30 Minuten, ohne Abkühlzeit
Backzeit: etwa 50 Minuten

1. Den Backofen vorheizen.
Ober-/Unterhitze: etwa 180 °C
Heißluft: etwa 160 °C

2. Für den Biskuitteig die Eier und Wasser mit Handrührgerät mit Rührbesen auf höchster Stufe in 1 Minute schaumig schlagen. Zucker mit Vanillin-Zucker mischen, in 1 Minute einstreuen, dann noch etwa 2 Minuten weiterschlagen.

3. Mehl mit Backpulver mischen, auf die Eiercreme geben und kurz auf niedrigster Stufe unterrühren. Den Teig in eine Springform (Ø 26 cm, Boden gefettet, mit Backpapier belegt) füllen und glatt streichen. Die Form auf dem Rost in den vorgeheizten Backofen schieben und den Boden sofort **etwa 25 Minuten backen.**

4. Den Boden aus der Form lösen, auf einen mit Backpapier belegten Kuchenrost stürzen und erkalten lassen. Anschließend mitgebackenes Backpapier abziehen.

5. Für den Rührteig die Butter oder Margarine mit Handrührgerät mit Rührbesen auf höchster Stufe geschmeidig rühren. Nach und nach Zucker und Vanillin-Zucker unterrühren. So lange rühren, bis eine gebundene Masse entstanden ist. Eier nach und nach unterrühren (jedes Ei etwa ½ Minute).

6. Mehl mit Backpulver mischen und auf mittlerer Stufe kurz unterrühren. Den Teig in eine Springform (Ø 26 cm, Boden gefettet) füllen und glatt streichen.

7. Für den Belag Knusperpralinen grob zerkleinern, mit den Cornflakes mischen und auf den Teig streuen. Die Form auf dem Rost in den heißen Backofen schieben und den Boden bei gleicher Backofentemperatur **etwa 25 Minuten backen.**

8. Danach den Boden aus der Form lösen, sofort in 12 Tortenstücke schneiden und erkalten lassen.

9. Für die Füllung Sahne mit Sahnesteif und Vanillin-Zucker steif schlagen. Knusperpralinen fein zerkleinern und unterheben.

10. Gut 2 Esslöffel von der Sahnemasse in einen Spritzbeutel mit großer Lochtülle füllen. Die restliche Sahnemasse auf dem Biskuitboden verstreichen und mit den Gebäckstücken belegen. Die Torte mit der Sahne aus dem Spritzbeutel verzieren und mit den Knusperpralinen garnieren.

® Société des Produits Nestlé S.A.

Chocolate Chip-Kuchen, gefüllt

Für Kinder

Insgesamt:
E: 84 g, F: 329 g, Kh: 573 g, kJ: 23353, kcal: 5577

Zum Vorbereiten:
- 100 g weiße Schokolade
- 100 g Zartbitter-Schokolade

Für den Rührteig:
- 120 g Butter
- oder Margarine
- 100 g Zucker
- 1 Pck. Dr. Oetker Vanillin-Zucker
- 3 Eier (Größe M)
- 250 g Weizenmehl
- 50 g Speisestärke
- 2 gestr. TL Dr. Oetker Backin
- 3 EL Milch

Für die Schokobuttercreme:
- 40 g Speisestärke
- 40 g Kakaopulver
- 60 g Zucker
- 350 ml Milch
- 130 g weiche Butter

Nach Belieben:
- geschabte weiße Schokolade

Zubereitungszeit: 60 Minuten, ohne Abkühlzeit
Backzeit: etwa 50 Minuten

1. Zum Vorbereiten je 60 g weiße und Zartbitter-Schokolade grob hacken. Restliche Schokolade für die Füllung beiseitelegen.

2. Den Backofen vorheizen.
Ober-/Unterhitze: etwa 180 °C
Heißluft: etwa 160 °C

3. Für den Teig Butter oder Margarine mit Handrührgerät mit Rührbesen auf höchster Stufe geschmeidig rühren. Nach und nach Zucker und Vanillin-Zucker unterrühren. So lange rühren, bis eine gebundene Masse entstanden ist. Eier nach und nach unterrühren

(jedes Ei etwa ½ Minute). Mehl mit Speisestärke und Backpulver mischen und in 2 Portionen abwechselnd mit der Milch kurz auf mittlerer Stufe unterrühren. Gehackte Schokolade unterrühren.

4. Den Teig in eine Kastenform (25 x 11 cm, gefettet) geben und glatt streichen. Die Form auf dem Rost in den vorgeheizten Backofen schieben und den Kuchen **etwa 50 Minuten backen.**

5. Kuchen etwa 10 Minuten in der Form auf einem Kuchenrost abkühlen lassen, dann vorsichtig aus der Form lösen und auf einen Kuchenrost stürzen. Kuchen wieder umdrehen und erkalten lassen.

6. Für die Schokobuttercreme Speisestärke mit dem Kakao mischen, sieben und mit dem Zucker mischen. 75 ml von der Milch hinzugießen und glatt rühren. Beiseitegestellte Schokolade grob hacken. Schokolade mit der restlichen Milch in einem Topf unter Rühren erwärmen, bis die Schokolade geschmolzen ist. Die Schokoladenmilch kurz aufkochen lassen. Angerührte Speisestärke hinzugeben und unter ständigem Rühren etwa 1 Minute aufkochen lassen.

7. Die Schokomasse in eine Schüssel geben und sofort mit Frischhaltefolie belegen, damit sich keine Haut bildet. Schokopudding erkalten lassen (nicht in den Kühlschrank stellen).

8. Dann Butter mit Handrührgerät mit Rührbesen auf höchster Stufe geschmeidig rühren. Pudding esslöffelweise unterrühren, dabei darauf achten, das Butter und Pudding Zimmertemperatur haben, da die Creme sonst gerinnt.

9. Den Kuchen zweimal waagerecht durchschneiden. Den unteren Boden auf eine Platte legen und mit einem Viertel der Schokobuttercreme bestreichen. Den mittleren Boden darauflegen und mit einem Drittel der restlichen Schokobuttercreme bestreichen. Letzten Boden auflegen und leicht andrücken.

10. Kuchenoberfläche und -rand mit der restlichen Schokobuttercreme bestreichen. Nach Belieben Schokoladenspäne auf den Kuchen streuen. Den Kuchen etwa 1 Stunde in den Kühlschrank stellen.

Cinderella-Torte I
Fruchtig

Insgesamt:
E: 88 g, F: 344 g, Kh: 461 g, kJ: 22696, kcal: 5424

Für den Rührteig:
175 g Butter oder
         Margarine
150 g Zucker
1 Pck. Dr. Oetker Vanillin-
         Zucker
     3 Eier (Größe M)
  2 EL Orangensaft
175 g Weizenmehl
½ gestr. TL Dr. Oetker Backin

Zum Bestreuen:
60 g Kokosraspel

Für die Füllung:
8 Blatt weiße Gelatine
500 ml (½ l) Himbeermilch
         (aus dem Kühlregal)
25 g Zucker
200 g Schlagsahne

Zum Verzieren und Garnieren:
200 g Schlagsahne
1 Pck. Dr. Oetker Vanillin-Zucker
150 g Himbeeren
etwas Puderzucker

Zubereitungszeit: 75 Minuten,
ohne Abkühl- und Kühlzeit
Backzeit: etwa 15 Minuten je Backblech

1. Für den Teig Butter oder Margarine mit Handrührgerät mit Rührbesen auf höchster Stufe geschmeidig rühren. Nach und nach Zucker und Vanillin-Zucker unterrühren. So lange rühren, bis eine gebundene Masse entstanden ist.

2. Eier nach und nach unterrühren (jedes Ei etwa ½ Minute). Saft dazugeben und verrühren. Mehl mit Backpulver mischen und auf mittlerer Stufe kurz unterrühren.

3. Den Backofen vorheizen.
Ober-/Unterhitze: etwa 180 °C
Heißluft: etwa 160 °C

4. Dann auf 4 Backpapierbögen jeweils einen Kreis (Ø 26 cm) zeichnen, auf jedem Kreis ein Viertel des Teiges verstreichen und mit den Kokosraspeln bestreuen. Die Backpapierbögen auf Backbleche ziehen und nacheinander (bei Heißluft zusammen) in den vorgeheizten Backofen schieben. Jeden Boden **etwa 15 Minuten backen.**

5. Einen Boden sofort nach dem Backen in 12 Tortenstücke schneiden, diese nochmals vorsichtig, aber schnell halbieren. Alle Böden auf dem Backblech auf Kuchenrosten erkalten lassen.

6. Für die Füllung Gelatine nach Packungsanleitung einweichen. Die Himbeermilch mit Zucker verrühren. Die Gelatine leicht ausdrücken und in einem kleinen Topf bei schwacher Hitze unter Rühren auflösen. Die aufgelöste Gelatine zunächst mit etwa 4 Esslöffeln von der Himbeermilch verrühren, dann die Mischung unter die restliche Milch rühren. Sobald die Masse beginnt dicklich zu werden, Sahne steif schlagen und unterheben.

7. Einen Boden auf eine Tortenplatte legen, die Hälfte der Himbeercreme daraufstreichen und den zweiten Boden auflegen. Restliche Creme darauf verstreichen und den dritten Boden auflegen. Die Torte etwa 30 Minuten in den Kühlschrank stellen.

8. Zum Verzieren und Garnieren Sahne mit Vanillin-Zucker steif schlagen und in einen Spritzbeutel mit großer Stern- oder Lochtülle füllen. 12 längliche Tupfen an den Rand der Tortenoberfläche spritzen und je 2 vorgeschnittene Tortenstücke über einem Tupfen zusammensetzen. Die Torte bis zum Servieren in den Kühlschrank stellen.

9. Kurz vor dem Servieren die Torte mit verlesenen Himbeeren garnieren und anschließend mit Puderzucker bestäuben.

Tipp: Die Torte kann auch mit anderen Fruchtmilchsorten zubereitet werden.

Coca-Cola Kuchen* | Einfach

Insgesamt:
E: 48 g, F: 212 g, Kh: 750 g, kJ: 21654, kcal: 5171

Für den All-in-Teig:
- 150 g Weizenmehl
- 1 gestr. TL Dr. Oetker Backin
- 200 g Zucker
- 100 g weiche Butter oder Margarine
- 2 EL Kakaopulver
- 75 ml Coca-Cola
- 75 ml Buttermilch
- 2 Eier (Größe M)
- 4–5 Tropfen Butter-Vanille-Aroma

Für den Guss:
- 50 g Butter
- 1 1/2 EL Kakaopulver
- 100 ml Coca-Cola
- 400 g gesiebter Puderzucker

- 100 g Pekannusskerne

Zubereitungszeit: 40 Minuten
Backzeit: 25–30 Minuten

1. Den Backofen vorheizen.
Ober-/Unterhitze: etwa 180 °C
Heißluft: etwa 160 °C

2. Für den Teig Mehl mit Backpulver in einer Rührschüssel mischen. Restliche Zutaten hinzufügen und mit Handrührgerät mit Rührbesen erst kurz auf niedrigster, dann auf höchster Stufe in etwa 2 Minuten zu einem Teig verarbeiten.

3. Einen Backrahmen (etwa 20 x 20 cm) auf ein Backblech (gefettet, mit Backpapier belegt) stellen. Den Teig hineingeben und glatt streichen. Das Backblech in den vorgeheizten Backofen schieben und den Teig **25–30 Minuten backen.**

4. Backrahmen entfernen, den Kuchen auf einen mit Backpapier belegten Kuchenrost stürzen und mitgebackenes Backpapier abziehen. Sofort den Guss zubereiten.

5. Für den Guss Butter mit Kakao und Coca-Cola in einem Topf zum Kochen bringen, kurz etwas einkochen lassen, dann den Topf von der Kochstelle nehmen. Puderzucker unterrühren.

6. Den heißen Guss auf den warmen Kuchen geben, etwas verteilen und den Kuchen mit gehackten Pekannusskernen bestreuen.

* Rezept nicht durch Coca-Cola autorisiert.

CocoCabana-Torte | Fruchtig – mit Alkohol

Insgesamt:
E: 66 g, F: 369 g, Kh: 457 g, kJ: 23917, kcal: 5697

Für den Knetteig:
- 200 g Weizenmehl
- 75 g Kokosraspel
- 50 g Zucker
- 150 g Butter oder Margarine
- 2 EL Kokoslikör oder Ananassaft

Für den Belag:
- 1 Dose Ananasstücke (Abtropfgewicht 340 g)
- 500 g Schlagsahne
- 6 Blatt weiße Gelatine
- 150 ml Ananassaft aus der Dose
- 50 ml Kokoslikör
- 250 g Ananasjoghurt

Zum Garnieren:
1 Pck. (125 g) CocoCabana Schaumküsse (von Dickmann)
Papier-Eisschirmchen

Zubereitungszeit: 35 Minuten, ohne Abkühl- und Kühlzeit
Backzeit: etwa 15 Minuten

1. Den Backofen vorheizen.
Ober-/Unterhitze: etwa 200 °C
Heißluft: etwa 180 °C

2. Für den Teig Mehl in eine Rührschüssel geben. Restliche Zutaten hinzufügen und mit Handrührgerät mit Knethaken zunächst kurz auf niedrigster, dann auf höchster Stufe zu einem Teig verarbeiten. Danach den Teig auf der leicht bemehlten Arbeitsfläche kurz verkneten. Sollte er kleben, ihn in Frischhaltefolie gewickelt eine Zeit lang kalt stellen.

3. Teig auf einem Backblech (30 x 40 cm, gefettet, mit Backpapier belegt) zu einem Rechteck (etwa 25 x 30 cm) ausrollen und mehrmals mit einer Gabel einstechen. Das Backblech in den vorgeheizten Backofen schieben und den Boden **etwa 15 Minuten backen**.

4. Den Boden nach dem Backen mit dem Backpapier auf einen Kuchenrost ziehen und erkalten lassen.

5. Für den Belag Ananas in einem Sieb abtropfen lassen, den Saft dabei auffangen und 150 ml davon abmessen, evtl. mit Wasser ergänzen. Ananasstücke klein schneiden (einige Stücke zum Garnieren beiseitestellen).

6. Sahne steif schlagen. Die Gelatine nach Packungsanleitung einweichen. Abgemessenen Ananassaft in einem Topf erwärmen. Gelatine leicht ausdrücken und darin unter Rühren auflösen. Likör und Joghurt verrühren. Gelatineflüssigkeit zunächst mit etwa 4 Esslöffeln von der Joghurtmasse verrühren, dann die Mischung unter die restliche Joghurtmasse rühren. Zuletzt Sahne und Ananasstücke unterheben.

7. Tortenboden auf eine Platte legen, einen Backrahmen darumstellen. Joghurtcreme einfüllen, glatt streichen und mit einem Tortengarnierkamm verzieren. Die Torte 2–3 Stunden in den Kühlschrank stellen.

8. Vor dem Servieren den Backrahmen lösen und entfernen. Torte mit CocoCabana, Schirmchen und beiseitegelegten Ananasstücken garnieren.

Cornflakes-Beeren-Torte
Einfach – ohne zu backen

Insgesamt:
E: 67 g, F: 205 g, Kh: 301 g, kJ: 14431, kcal: 3451

Für den Boden:
- 100 g Cornflakes
- 75 g Löffelbiskuits
- 50 g gehobelte Mandeln
- 125 g Butter

Für den Belag:
- 8 Blatt weiße Gelatine
- 500 g Joghurt
- 75 g Zucker
- 50 ml Zitronensaft
- 200 g Schlagsahne
- 250 g gemischte Beerenfrüchte, z. B. Himbeeren, Brombeeren und Heidelbeeren

Zum Garnieren:
- 150 g gemischte Beerenfrüchte
- 30 g Cornflakes
- evtl. etwas Puderzucker

Zubereitungszeit: 35 Minuten, ohne Abkühl- und Kühlzeit

1. Für den Boden Cornflakes und Löffelbiskuits jeweils in einen Gefrierbeutel geben. Die Beutel verschließen, die Cornflakes und Löffelbiskuits mit einer Teigrolle etwas zerbröseln. Brösel zusammen mit den Mandeln in eine Rührschüssel geben. Butter zerlassen und etwas abkühlen lassen. Butter zu den Bröseln geben und gut vermischen.

2. Einen Springformrand (Ø 26 cm) auf eine mit Tortenspitze oder Backpapier belegte Tortenplatte stellen. Mischung darin verteilen und mithilfe eines Löffels gut zu einem Boden andrücken. Den Boden in den Kühlschrank stellen.

3. Für den Belag Gelatine nach Packungsanleitung einweichen. Joghurt mit Zucker und Zitronensaft verrühren. Gelatine leicht ausdrücken und in einem kleinen Topf bei schwacher Hitze unter Rühren auflösen. Aufgelöste Gelatine zunächst mit etwa 4 Esslöffeln von der Joghurtmasse verrühren, dann die Mischung unter die restliche Joghurtmasse rühren. Die Masse in den Kühlschrank stellen.

4. Sobald die Masse beginnt dicklich zu werden, Sahne steif schlagen und unterheben. Beerenfrüchte verlesen, evtl. abspülen, trocken tupfen und ebenfalls unterheben. Beerensahne auf den Cornflakesboden geben und glatt streichen. Die Torte 2–3 Stunden in den Kühlschrank stellen.

5. Zum Garnieren Springformrand lösen und entfernen. Die Tortenoberfläche mit vorbereiteten Beeren und Cornflakes garnieren und nach Belieben mit etwas Puderzucker bestäuben.

Tipps: Die Torte schmeckt auch mit Waldfruchtjoghurt. Sie können auch nur eine Beerensorte verwenden, z. B. Himbeeren. Der Mandelgeschmack wird intensiver, wenn die Mandeln kurz in einer Pfanne ohne Fett gebräunt werden. Die Mandeln können auch durch Löffelbiskuitbrösel ersetzt werden.

Crème-fraîche-Torte
Einfach – ohne zu backen

Insgesamt:
E: 51 g, F: 238 g, Kh: 277 g, kJ: 14648, kcal: 3505

Für den Knusperboden:
- 200 g Löffelbiskuits oder Vitalis Knusper Flakes
- 75 g Butter

Für den Belag:
- 2 Pck. Mousse à la Vanille (Dessertpulver)
- 400 ml Milch
- 2 Becher (je 150 g) Crème fraîche
- etwa 150 g vorbereitete Früchte, z. B. Erdbeeren, Weintrauben, Aprikosen

Zubereitungszeit: 30 Minuten, ohne Kühlzeit

1. Für den Knusperboden Löffelbiskuits oder Knusper Flakes in einen Gefrierbeutel geben, ihn verschließen und Biskuits oder Knusper Flakes mit einer Teigrolle zerbröseln. Butter zerlassen, zu den Bröseln geben und gut verrühren.

2. Dann einen Springformrand (Ø 26 cm) auf eine mit Backpapier oder Tortenspitze belegte Tortenplatte stellen. Die Bröselmasse darin verteilen und mithilfe eines Esslöffels gut zu einem Boden andrücken. Den Boden in den Kühlschrank stellen.

3. Für den Belag beide Päckchen Dessertpulver nach Packungsanleitung, aber nur mit insgesamt 400 ml Milch zubereiten. Crème fraîche unterrühren. Die Mousse auf dem Knusperboden verteilen und glatt streichen. Mit der runden Seite eines Teelöffels Vertiefungen eindrücken und mit den vorbereiteten Früchten garnieren.

4. Die Torte 2–3 Stunden in den Kühlschrank stellen. Dann den Springformrand lösen, entfernen und die Torte servieren.

Tipps: Die Torte schmeckt frisch zubereitet am besten. Statt frischer Früchte eignen sich auch abgetropfte Kirschen aus dem Glas oder Mandarinen aus der Dose.

Daim Walnusstorte | Raffiniert

Insgesamt:
E: 96 g, F: 314 g, Kh: 494 g, kJ: 22481, kcal: 5372

Für den Biskuitteig:
- 5 Eigelb (Größe M)
- 5 EL heißes Wasser
- 175 g Zucker
- 5 Eiweiß (Größe M)
- 1 Prise Salz
- 150 g Weizenmehl
- 2 gestr. TL Dr. Oetker Backin
- 100 g gehackte Walnusskerne

Für die Füllung:
- 4 Blatt weiße Gelatine
- 400 g Schlagsahne
- 4 Riegel Daim® (je 28 g)
- 2 EL Orangenmarmelade
- 4 EL gemahlene Riegel Daim®

Zum Verzieren und Garnieren:
- 200 g Schlagsahne
- 1 Pck. Dr. Oetker Sahnesteif
- 2 Riegel Daim® (je 28 g)
- 8 Walnusskernhälften

Zubereitungszeit: 60 Minuten, ohne Kühlzeit
Backzeit: etwa 30 Minuten

1. Den Backofen vorheizen.
Ober-/Unterhitze: etwa 180 °C
Heißluft: etwa 160 °C

2. Für den Biskuitteig Eigelb mit Wasser und Zucker mit Handrührgerät mit Rührbesen auf höchster Stufe schaumig schlagen. Eiweiß mit Salz mit Handrührgerät mit Rührbesen auf höchster Stufe steif schlagen. Der Schnee muss so fest sein, dass ein Messerschnitt sichtbar bleibt. Eischnee unterheben.

3. Mehl mit Backpulver mischen, auf die Eiercreme geben und kurz auf niedrigster Stufe unterrühren. Zuletzt die Walnusskerne unterrühren. Den Teig in eine Springform (Ø 26 cm, Boden gefettet, mit Backpapier belegt) füllen und glatt streichen. Die Form auf dem Rost in den vorgeheizten Backofen schieben und den Teig sofort **etwa 30 Minuten backen.**

4. Den Boden aus der Form lösen, auf einen Kuchenrost stürzen und erkalten lassen. Anschließend mitgebackenes Backpapier abziehen und den Boden zweimal waagerecht durchschneiden.

5. Für die Füllung Gelatine nach Packungsanleitung einweichen. Sahne fast steif schlagen. Gelatine leicht ausdrücken und in einem kleinen Topf bei schwacher Hitze unter Rühren auflösen. Lauwarme, aufgelöste Gelatine unter Rühren auf einmal in die Sahne geben und die Sahne vollkommen steif schlagen.

6. Die Riegel hacken und unter die Sahnemasse heben. Den unteren Biskuitboden mit der Hälfte der Riegel-Sahne bestreichen, den zweiten Boden darauflegen, etwas andrücken und mit der restlichen Riegel-Sahne bestreichen. Den dritten Boden darauflegen und etwas andrücken.

7. Orangenmarmelade durch ein Sieb streichen und auf dem oberen Boden verstreichen. Mit den gemahlenen Riegeln bestreuen und mit einem Löffel etwas andrücken. Die Torte in 16 Stücke teilen.

8. Sahne mit Sahnesteif steif schlagen. Den Rand der Torte mit etwas von der Sahne bestreichen. Die restliche Sahne in einen Spritzbeutel füllen und die Tortenoberfläche damit verzieren. Die Torte mit geviertelten Riegeln und Walnusskernhälften garnieren. Die Torte 2–3 Stunden in den Kühlschrank stellen.

® Société des Produits Nestlé S.A.

Diplomatentorte | Raffiniert – mit Alkohol

Insgesamt:
E: 65 g, F: 291 g, Kh: 465 g, kJ: 20804, kcal: 4967

Zum Vorbereiten:
  4 quadrati-
sche Platten TK-Blätterteig (je 45 g)

Für die Puddingcreme:
  2 Pck. Dr. Oetker Pudding-Pulver
           Vanille-Geschmack
  100 g Zucker
  250 g Schlagsahne
  400 ml Milch
  3–4 EL Rum
  250 g Schlagsahne
  1 Pck. Dr. Oetker Sahnesteif

  100 g Löffelbiskuits
  3 EL Rum
         Puderzucker
  etwa 25 g geschabte Schokolade

Zubereitungszeit: 30 Minuten,
ohne Auftau-, Abkühl- und Kühlzeit
Backzeit: etwa 15 Minuten

1. Zum Vorbereiten Blätterteigplatten nebeneinander auf die Arbeitsfläche legen und nach Packungsanleitung auftauen lassen. Den Backofen vorheizen.
Ober-/Unterhitze: etwa 200 °C
Heißluft: etwa 180 °C

2. Die Blätterteigplatten aufeinanderlegen und auf der leicht bemehlten Arbeitsplatte zu einem Quadrat ausrollen. Die Teigplatte auf ein Backblech (30 x 40 cm, mit Backpapier belegt) legen. Die Platte mehrmals mit einer Gabel einstechen. Das Backblech in den vorgeheizten Backofen schieben und die Blätterteigplatte **etwa 15 Minuten backen.**

3. Die Blätterteigplatte vom Backpapier lösen und auf einem Kuchenrost erkalten lassen.

4. Für die Puddingcreme Pudding-Pulver mit Zucker mischen und mit der Sahne verrühren. Die Milch zum Kochen bringen, das angerührte Pudding-Pulver unter Rühren hinzufügen und einmal aufkochen lassen.

5. Den Pudding mit Frischhaltefolie zudecken und erkalten lassen. Den erkalteten Pudding durchrühren und den Rum unterrühren. Sahne mit Sahnesteif steif schlagen und unterheben.

6. Die Blätterteigplatte einmal senkrecht halbieren. Die eine Hälfte auf eine Tortenplatte legen und die Hälfte der Puddingcreme darauf verstreichen. Die Löffelbiskuits darauflegen, mit Rum bestreichen und die restliche Creme darauf verteilen. Die obere Blätterteigplatte darauflegen und leicht andrücken. Die Torte 1–2 Stunden in den Kühlschrank stellen.

7. Die Torte vor dem Servieren mit Puderzucker bestäuben und mit Schokolade bestreuen.

Tipp: Die obere Blätterteigplatte vor dem Auflegen mit einem Sägemesser in 12 Stücke schneiden.

Donauwellen, beschwipst |

Mit Alkohol

Insgesamt:
E: 115 g, F: 611 g, Kh: 997 g, kJ: 43500,
kcal: 10384

Für den Rührteig:

2 Gläser	Sauerkirschen (Abtropfgewicht je 350 g)
250 g	Butter oder Margarine
200 g	Zucker
1 Pck.	Dr. Oetker Vanillin-Zucker
1 Prise	Salz
5	Eier (Größe M)
320 g	Weizenmehl
3 gestr. TL	Dr. Oetker Backin
5 EL	Kirschwasser
20 g	Kakaopulver

Für die Buttercreme:

1 Pck.	Gala Pudding-Pulver Schokoladen-Geschmack
100 g	Zucker
400 ml	Milch
250 g	weiche Butter
2 EL	Kirschwasser

Für den Guss und zum Garnieren:

200 g	weiße Schokolade
2 EL	Speiseöl, z. B. Sonnenblumenöl
etwa 250 g	Kirsch-Alkohol-Pralinen

Zubereitungszeit: 50 Minuten,
ohne Abkühl- und Kühlzeit
Backzeit: etwa 40 Minuten

1. Den Backofen vorheizen.
Ober-/Unterhitze: etwa 180 °C
Heißluft: etwa 160 °C

2. Für den Teig Kirschen in einem Sieb gut abtropfen lassen. Butter oder Margarine mit Handrührgerät mit Rührbesen auf höchster Stufe geschmeidig rühren. Nach und nach Zucker, Vanillin-Zucker und Salz unterrühren. So lange rühren, bis eine gebundene Masse entstanden ist.

3. Eier nach und nach unterrühren (jedes Ei etwa ½ Minute). Mehl mit Backpulver mischen und in 2 Portionen abwechselnd mit 2 Esslöffeln von dem Kirschwasser auf mittlerer Stufe unterrühren. Knapp ein Drittel des Teiges in eine zweite Schüssel geben. Kakao sieben und mit den restlichen 3 Esslöffeln Kirschwasser unter die größere Teigmenge rühren. Einen Backrahmen (30 x 30 cm) auf ein Backblech (30 x 40 cm, gefettet) stellen und den dunklen Teig darin verstreichen.

4. Den hellen Teig gleichmäßig auf dem dunklen Teig verteilen und glatt streichen. Die Kirschen kurz auf Küchenpapier legen und abtropfen lassen, anschließend auf dem hellen Teig verteilen und mit einem Löffel etwas in den Teig drücken. Das Backblech in den vorgeheizten Backofen schieben und den Teig **etwa 40 Minuten backen.**

5. Das Gebäck im Backrahmen auf dem Backblech auf einen Kuchenrost stellen und erkalten lassen.

6. Für die Buttercreme aus Pudding-Pulver, Zucker und Milch nach Packungsanleitung, aber mit nur 400 ml Milch einen Pudding zubereiten. Frischhaltefolie direkt auf den Pudding legen, damit sich keine Haut bildet, und den Pudding bei Zimmertemperatur erkalten lassen.

7. Butter mit Handrührgerät mit Rührbesen geschmeidig rühren und den nochmals durchgerührten Pudding esslöffelweise unterrühren. Dabei darauf achten, dass Butter und Pudding Zimmertemperatur haben, da die Buttercreme sonst gerinnt. Zuletzt Kirschwasser unterrühren. Die Gebäckplatte gleichmäßig mit der Buttercreme bestreichen und etwa 1 Stunde in den Kühlschrank stellen.

8. Für den Guss Schokolade grob zerkleinern und mit Öl in einem Topf im Wasserbad bei schwacher Hitze unter Rühren schmelzen lassen. Den Guss auf der fest gewordenen Buttercreme verstreichen und mithilfe eines Tortenkamms verzieren. Sofort die Kirsch-Alkohol-Pralinen auf die noch nicht fest gewordene Schokolade setzen. Den Kuchen nochmals mindestens 1 Stunde in den Kühlschrank stellen. Vor dem Servieren den Backrahmen lösen und entfernen.

Donauwellen, saure

Gut vorzubereiten

Insgesamt:
E: 189 g, F: 449 g, Kh: 806 g, kJ: 34741, kcal: 8295

Für den Rührteig:

200 g Butter oder
Margarine
200 g Zucker
1 Pck. Dr. Oetker Vanillin-Zucker
1 Prise Salz
6 Eier (Größe M)
225 g Weizenmehl
1 EL Kakaopulver
2 gestr. TL Dr. Oetker Backin
2 EL Milch

2 Gläser Sauerkirschen
(Abtropfgewicht je 370 g)

Für die Quarkmasse:

8 Blatt weiße Gelatine
750 g Speisequark
150 g Zucker
3–4 EL Zitronensaft
500 g Schlagsahne

Für den Guss:

6 Blatt rote Gelatine
500 ml ($\frac{1}{2}$ l) Kirschsaft aus den Gläsern
50 g Zucker

Zubereitungszeit: 75 Minuten,
ohne Abkühl- und Kühlzeit
Backzeit: etwa 25 Minuten

1. Den Backofen vorheizen.
Ober-/Unterhitze: etwa 180 °C
Heißluft: etwa 160 °C

2. Für den Teig Butter oder Margarine mit Handrühr-gerät mit Rührbesen auf höchster Stufe geschmeidig rühren. Nach und nach Zucker, Vanillin-Zucker und Salz unterrühren. So lange rühren, bis eine gebun-dene Masse entstanden ist. Eier nach und nach unter-rühren (jedes Ei etwa $\frac{1}{2}$ Minute).

3. Mehl mit Kakao und Backpulver mischen und in 2 Portionen abwechselnd mit der Milch auf mittlerer Stufe kurz unterrühren. Den Teig auf ein Backblech (30 x 40 cm, gefettet) geben und verstreichen.

4. Die Kirschen in einem Sieb gut abtropfen lassen, dabei den Saft auffangen und 500 ml ($\frac{1}{2}$ l) für den Guss abmessen, evtl. mit Wasser ergänzen. Die Kirschen gleichmäßig auf dem Teig verteilen. Das Backblech in den vorgeheizten Backofen schieben und den Boden **etwa 25 Minuten backen.**

5. Das Backblech auf einen Kuchenrost stellen und den Boden darauf erkalten lassen. Einen Backrahmen darumstellen.

6. Für die Quarkmasse Gelatine nach Packungsan-leitung einweichen. Quark mit Zucker und Zitronen-saft verrühren. Die Gelatine leicht ausdrücken und in einem kleinen Topf bei schwacher Hitze unter Rühren auflösen. Aufgelöste Gelatine zuerst mit etwa 4 Ess-löffeln von der Quarkmasse verrühren, danach die Mischung unter die restliche Quarkmasse rühren.

7. Die Masse in den Kühlschrank stellen. Sobald die Masse beginnt dicklich zu werden, Sahne steif schla-gen und unterheben.

8. Die Quarkcreme auf dem erkalteten Boden ver-teilen, glatt streichen und etwa 1 Stunde in den Kühlschrank stellen.

9. Für den Guss Gelatine nach Packungsanleitung einweichen. Kirschsaft mit dem Zucker gut verrüh-ren. Gelatine wie unter Punkt 6 auflösen. Aufgelöste Gelatine zuerst mit etwa 4 Esslöffeln von dem Saft verrühren, dann die Mischung unter den restlichen Saft rühren.

10. Gelatineflüssigkeit in den Kühlschrank stellen. Sobald die Flüssigkeit beginnt dicklich zu werden, diese auf der Quarkmasse verteilen und fest werden lassen. Zum Servieren den Backrahmen vorsichtig mithilfe eines Messers lösen und entfernen.

Tipp: Statt Zitronensaft können Sie auch Orangensaft verwenden.

Doppeldeckertorte mit Himbeeren
Für Gäste

Insgesamt:
E: 66 g, F: 152 g, Kh: 318 g, kJ: 12555, kcal: 2999

Für den Schüttelteig:
- 100 g Butter oder Margarine
- 120 g Weizenmehl
- 1 gestr. TL Dr. Oetker Backin
- 80 g Zucker
- 40 g fein gehackte Blockschokolade
- 2 Eier (Größe M)
- 3 EL Milch

Für die Quarkmasse:
- 70 g Zucker
- etwas geriebene Schale von 1 Bio-Zitrone (unbehandelt, ungewachst)
- 30 g Hartweizengrieß
- 4 EL Schlagsahne
- 250 g Speisequark (40 % Fett)

Zum Belegen:
- 100 g TK-Himbeeren

Zum Bestreuen:
- Puder- oder Hagelzucker

Zubereitungszeit: 40 Minuten, ohne Abkühlzeit
Backzeit: 45–50 Minuten

1. Den Backofen vorheizen.
Ober-/Unterhitze: etwa 180 °C
Heißluft: etwa 160 °C

2. Für den Teig Butter oder Margarine in einem kleinen Topf zerlassen und abkühlen lassen. Mehl mit Backpulver in einer verschließbaren Schüssel (etwa 3 l) mit Zucker und Schokolade mischen. Eier, Butter oder Margarine und Milch hinzufügen, Schüssel mit dem Deckel fest verschließen. Schüssel mehrmals kräftig schütteln (insgesamt 15–30 Sekunden), sodass alle Zutaten gut vermischt sind. Alles mit einem Schneebesen oder Rührlöffel nochmals sorgfältig durchrühren, damit trockene Zutaten vom Rand mit untergerührt werden.

3. Teig in eine Springform (Ø 20 cm, Boden gefettet) füllen und glatt streichen. Die Form auf dem Rost in den vorgeheizten Backofen schieben und den Boden **20–25 Minuten vorbacken.**

4. Für die Quarkmasse Zucker, Zitronenschale, Grieß, Sahne und Quark in eine Rührschüssel geben und mit Handrührgerät mit Rührbesen gut verrühren.

5. Den Kuchen auf einen Kuchenrost stellen und die Quarkmasse auf dem vorgebackenen Kuchen verteilen. Himbeeren darauflegen und leicht andrücken. Kuchen wieder auf dem Rost in den heißen Backofen schieben und bei gleicher Backofeneinstellung in **etwa 25 Minuten fertig backen.**

6. Den Kuchen etwa 10 Minuten in der Form stehen lassen, dann aus der Form lösen und auf einem Kuchenrost erkalten lassen. Kuchen vor dem Servieren mit Puder- oder Hagelzucker bestreuen.

Doppelkekstorte

Gut vorzubereiten – mit Alkohol – ohne zu backen

Insgesamt:
E: 58 g, F: 221 g, Kh: 389 g, kJ: 16517, kcal: 3945

Für die Creme:
- 100 g Kokosfett
- 150 g weiße Schokolade
- 2 Eier (Größe M)
- 100 g gesiebter Puderzucker
- 1 EL Weinbrand

etwa 21 schokoladengefüllte Doppelkekse (Ø etwa 6 cm)
Kakaopulver

Zubereitungszeit: 30 Minuten, ohne Abkühl- und Kühlzeit

1. Für die Creme das Kokosfett in einem kleinen Topf zerlassen und abkühlen lassen.

2. Die Schokolade grob zerkleinern und in einem kleinen Topf im Wasserbad bei schwacher Hitze unter Rühren schmelzen.

3. Eier, Puderzucker und Weinbrand mit Handrührgerät mit Rührbesen zu einer schaumigen Masse aufschlagen. Nach und nach Kokosfett und Schokolade unterziehen.

4. Den Boden einer Springform (Ø 20 cm) mit Backpapier belegen. Boden mit etwa 7 Keksen auslegen, etwas von der Creme daraufstreichen. Anschließend die Kekse und die Creme abwechselnd in die Springform schichten (die letzte Schicht sollte aus Keksen bestehen).

5. Die Torte mit Backpapier zudecken und etwa 4 Stunden im Kühlschrank fest werden lassen.

6. Die Torte aus der Form lösen und das Backpapier abziehen. Die Torte auf eine Tortenplatte legen und mit Kakao bestäubt servieren.

Eierlikörtorte | Mit Alkohol – für Gäste

Insgesamt:
E: 98 g, F: 400 g, Kh: 242 g, kJ: 22732, kcal: 5432

Für den Rührteig:
- 80 g Butter oder Margarine
- 80 g Zucker
- 1 Pck. Dr. Oetker Vanillin-Zucker
- 4 Eigelb (Größe M)
- 200 g abgezogene, gemahlene Mandeln
- 1 TL Dr. Oetker Backin
- 100 g Zartbitter-Raspelschokolade
- 2 EL Eierlikör
- 4 Eiweiß (Größe M)

Für den Belag:
- 500 g Schlagsahne
- 2 Pck. Dr. Oetker Sahnesteif
- 1 Pck. Dr. Oetker Vanillin-Zucker
- 125 ml (1/8 l) Eierlikör
- etwas Zartbitter-Raspelschokolade

Zubereitungszeit: 40 Minuten, ohne Abkühl- und Kühlzeit
Backzeit: etwa 35 Minuten

1. Den Backofen vorheizen.
Ober-/Unterhitze: etwa 180 °C
Heißluft: etwa 160 °C

2. Für den Rührteig Butter oder Margarine mit Handrührgerät mit Rührbesen auf höchster Stufe geschmeidig rühren. Nach und nach Zucker und Vanillin-Zucker unterrühren. So lange rühren, bis eine gebundene Masse entstanden ist. Eigelb nach und nach unterrühren.

3. Mandeln mit Backpulver und Raspelschokolade mischen und in 2 Portionen abwechselnd mit dem Eierlikör auf mittlerer Stufe kurz unterrühren. Eiweiß steif schlagen und vorsichtig unterheben.

4. Den Teig in eine Springform (Ø 26 cm, Boden gefettet, mit Backpapier belegt) füllen und glatt streichen. Die Form auf dem Rost in den vorgeheizten Backofen schieben und den Boden **etwa 35 Minuten backen**.

5. Den Boden aus der Form lösen, auf einen mit Backpapier belegten Kuchenrost stürzen und erkalten lassen. Mitgebackenes Backpapier abziehen.

6. Für den Belag die Sahne mit Sahnesteif und Vanillin-Zucker steif schlagen. Zwei Drittel davon auf Tortenoberfläche und -rand verstreichen. Nach Belieben den Tortenrand mit einem Tortenkamm verzieren. Die restliche Sahne in einen Spritzbeutel mit Sterntülle füllen und Sahnetuffs auf den Rand der Tortenoberfläche spritzen.

7. Den Eierlikör auf die Tortenmitte geben und vorsichtig verstreichen. Die Torte mit Raspelschokolade bestreuen, etwa 1 Stunde in den Kühlschrank stellen.

Tipp: Der Kuchen wird saftiger, wenn Sie 5 Esslöffel Wild-Preiselbeeren (aus dem Glas) auf den Tortenboden streichen.

Eierlikör-Trüffel-Torte
Mit Alkohol – ohne zu backen

Insgesamt:
E: 56 g, F: 252 g, Kh: 351 g, kJ: 17022, kcal: 4068

Für die Trüffelcreme:
- 200 g weiße Kuvertüre
- 250 g Schlagsahne
- 1 Pck. Dr. Oetker Sahnesteif
- 1 heller Biskuitboden (Ø 26 cm, vom Bäcker)

Zum Verzieren:
- 250 g Schlagsahne
- 1/2 Pck. Dr. Oetker Sahnesteif
- 7 EL Eierlikör
- 30 g weiße Kuvertüre

Zubereitungszeit: 30 Minuten, ohne Kühlzeit

1. Für die Trüffelcreme die Kuvertüre grob zerkleinern und mit der Sahne in einem Topf unter Rühren schmelzen lassen. Die Masse in eine Rührschüssel füllen und einige Stunden (am besten über Nacht) in den Kühlschrank stellen.

2. Den Boden einmal waagerecht durchschneiden und den unteren Boden auf eine Tortenplatte legen. Die Kuvertüre-Sahne mit Handrührgerät mit Rührbesen mit Sahnesteif steif schlagen. Gut die Hälfte davon auf dem unteren Boden verstreichen. Den oberen Boden darauflegen und die Oberfläche mit der restlichen Trüffelcreme bestreichen.

3. Zum Verzieren Sahne mit Sahnesteif steif schlagen. Tortenrand und -oberfläche damit bestreichen und mithilfe eines Teelöffels kleine Vertiefungen in die Oberfläche drücken. Den Eierlikör darin verteilen. Mit einer Gabel Muster in den Tortenrand ziehen und die Torte in den Kühlschrank stellen.

4. Kuvertüre in einem kleinen Topf im Wasserbad bei schwacher Hitze unter Rühren schmelzen lassen. Geschmolzene Kuvertüre auf eine Platte streichen und fest werden lassen. Kuvertüre mit einem Spachtel zu Locken schaben und die Torte damit garnieren.

Abwandlung: Für eine Mozart-Trüffel-Torte einen dunklen Biskuitboden (evtl. beim Bäcker vorbestellen) verwenden. Die Trüffelcreme dann mit Vollmilch- oder Zartbitter-Kuvertüre zubereiten und den Eierlikör gegen einen Schokoladenlikör austauschen.

Eierlikörwellen | Mit Alkohol

Insgesamt:
E: 112 g, F: 511 g, Kh: 408 g, kJ: 28284, kcal: 6753

Zum Vorbereiten:
- 125 g Zartbitter-Schokolade
- 500 g Schlagsahne

Für den Biskuitteig:
- 6 Eier (Größe M)
- 3 EL heißes Wasser
- 150 g Zucker
- 1 Pck. Dr. Oetker Vanillin-Zucker
- 1 Prise Salz
- 1/2 TL gemahlener Zimt
- 2 geh. EL Weizenmehl
- 1 gestr. TL Dr. Oetker Backin
- 250 g gemahlene Haselnusskerne

Für die Füllung:
- 1 Pck. Dr. Oetker Sahnesteif

Für den Belag:
- 250 g Schlagsahne
- 1 Pck. Dr. Oetker Sahnesteif
- 1 Pck. Dr. Oetker Vanillin-Zucker
- etwa 100 ml Eierlikör
- 1 Pck. Chocolait Chips® Classic (Knusperpralinen)

Zubereitungszeit: 50 Minuten, ohne Kühlzeit
Backzeit: 20–25 Minuten

1. Zum Vorbereiten Schokolade in Stücke brechen. Sahne in einem Topf unter Rühren erwärmen und die Schokolade darin unter Rühren schmelzen lassen. Die Schokosahne in eine Rührschüssel füllen, mit Frischhaltefolie zudecken und über Nacht in den Kühlschrank stellen.

2. Den Backofen vorheizen.
Ober-/Unterhitze: etwa 200 °C
Heißluft: etwa 180 °C

3. Für den Teig Eier und Wasser mit Handrührgerät mit Rührbesen auf höchster Stufe in 1 Minute schaumig schlagen. Zucker mit Vanillin-Zucker und Salz mischen, in 1 Minute einstreuen, dann noch etwa 2 Minuten schlagen. Zimt mit Mehl und Backpulver mischen, auf die Eiercreme geben und kurz auf niedrigster Stufe unterrühren. Zuletzt Haselnusskerne unterheben.

4. Den Teig auf ein Backblech (30 x 40 cm, gefettet, mit Backpapier belegt) geben und glatt streichen. Das Backblech in den vorgeheizten Backofen schieben und den Boden **20–25 Minuten backen.**

5. Die Biskuitplatte nach dem Backen auf mit Zucker bestreutes Backpapier stürzen und die Biskuitplatte erkalten lassen. Anschließend mitgebackenes Backpapier abziehen, den Boden senkrecht halbieren und eine Hälfte auf eine Kuchenplatte legen. Einen Backrahmen darumstellen.

6. Für die Füllung die vorbereitete Schokosahne mit Sahnesteif steif schlagen und auf der unteren Biskuithälfte gleichmäßig verstreichen. Die zweite Biskuithälfte darauflegen und etwas andrücken. Kuchen etwa 1 Stunde in den Kühlschrank stellen, dann den Backrahmen lösen und entfernen.

7. Für den Belag Sahne mit Sahnesteif und Vanillin-Zucker steif schlagen. Die Kuchenoberfläche mit der Sahne bestreichen und mit einem Tortengarnierkamm wellenartig verzieren.

8. Den Eierlikör in einen Gefrierbeutel füllen und eine kleine Spitze davon abschneiden. Den Eierlikör in die Wellen spritzen. Die Knusperpralinen auf der Kuchenoberfläche verteilen. Kuchen bis zum Servieren in den Kühlschrank stellen.

® Société des Produits Nestlé S. A.

Erdbeer-Cappuccino-Torte
Beliebt – ohne zu backen

Insgesamt:
E: 56 g, F: 360 g, Kh: 303 g, kJ: 19854, kcal: 4739

Für den Boden:
    150 g Löffelbiskuits
    125 g Butter

Für die Creme:
    250 g Erdbeeren
    4 Blatt weiße Gelatine
    250 g Mascarpone (ital. Frischkäse)
    2 Pck.
    (je 10 g) Instant-Cappuccino-Pulver
    50 g Zucker
    1 Pck. Dr. Oetker Vanillin-Zucker
    400 g Schlagsahne

Zum Garnieren:
    500 g Erdbeeren
    1 Pck. Tortenguss, klar
    250 ml (1/4 l) Apfelsaft oder Wasser
    30 g Zucker
    evtl. etwas weiße Kuvertüre

Zubereitungszeit: 40 Minuten, ohne Kühlzeit

1. Für den Boden Löffelbiskuits in einen Gefrierbeutel geben, ihn verschließen und die Biskuits mit einer Teigrolle fein zerbröseln. Die Brösel in eine Schüssel geben. Butter zerlassen, zu den Bröseln geben und gut vermischen. Einen Springformrand (Ø 26 cm) auf eine mit Tortenspitze oder Backpapier belegte Tortenplatte stellen. Die Masse gleichmäßig darin verteilen und mithilfe eines Löffels gut zu einem Boden andrücken.

2. Für die Creme Erdbeeren abspülen, abtropfen lassen, entstielen und in sehr kleine Stücke schneiden. Gelatine nach Packungsanleitung einweichen. Mascarpone mit Cappuccino-Pulver, Zucker und Vanillin-Zucker in einer Schüssel verrühren. Gelatine leicht ausdrücken und in einem kleinen Topf bei schwacher Hitze unter Rühren auflösen. Aufgelöste Gelatine zunächst mit etwa 4 Esslöffeln von der Mascarponemasse verrühren, dann die Mischung unter die restliche Mascarponemasse rühren. Masse in den Kühlschrank stellen.

3. Sobald die Masse beginnt dicklich zu werden, Sahne steif schlagen und unterheben. Erdbeerstücke zuletzt unterheben. Die Mascarponecreme auf dem Boden in der Springform verstreichen und die Torte 2–3 Stunden in den Kühlschrank stellen.

4. Zum Garnieren Erdbeeren abspülen, abtropfen lassen, entstielen und in Scheiben schneiden. Die Scheiben dachziegelartig auf die Tortenoberfläche legen. Aus Tortengusspulver, Saft oder Wasser und Zucker nach Packungsanleitung einen Guss zubereiten und mit einem Pinsel auf den Erdbeeren verteilen. Den Guss fest werden lassen. Den Springformrand lösen und entfernen. Nach Belieben Kuvertüre mit einem Messer vom Block abschaben und die Späne an den Rand andrücken.

Tipp: Die Torte schmeckt am besten frisch.

Erdbeer-Joghurtriegel-Torte
Für Kinder

Insgesamt:
E: 35 g, F: 244 g, Kh: 316 g, kJ: 15668, kcal: 3746

Für die Füllung:
- 400 g Schlagsahne
- 200 g Erdbeer-Joghurt-Schokoriegel
- 250 g Erdbeeren
- 2 Pck. Dr. Oetker Sahnesteif
- 150 g Joghurt
- 30 g weiße Schokolade

Für die Böden:
- 300 g TK-Blätterteig

Zubereitungszeit: 30 Minuten, ohne Kühl-, Auftau- und Abkühlzeit
Backzeit: 10–12 Minuten je Backblech

1. Für die Füllung Sahne in einem Topf erwärmen. Schokoriegel (3 Stück zum Verzieren in den Kühlschrank beiseitelegen) grob hacken und in der Sahne unter Rühren schmelzen lassen. Die Masse in eine Rührschüssel füllen und mehrere Stunden (am besten über Nacht) in den Kühlschrank stellen.

2. Für die Böden die Blätterteigplatten nach Packungsanleitung zugedeckt nebeneinander auftauen lassen.

3. Den Backofen vorheizen.
Ober-/Unterhitze: etwa 220 °C
Heißluft: etwa 200 °C

4. Die Teigplatten aufeinanderlegen und ausrollen. 2 Böden (Ø 24 cm) daraus ausschneiden. Böden auf ein Backblech (30 x 40 cm, mit Backpapier belegt) legen und mehrmals mit einer Gabel einstechen.

5. Restlichen Teig zusammenlegen (nicht verkneten), zu einer runden Platte (Ø 20 cm) ausrollen und in 8 Tortenstücke schneiden. Stücke ebenfalls auf ein mit Backpapier belegtes Backblech legen und mehrmals mit einer Gabel einstechen. Backbleche nacheinander (bei Heißluft zusammen) in den vorgeheizten Backofen schieben und jeden Boden **10–12 Minuten backen.**

6. Böden und Tortenstücke mit Backpapier auf einen Kuchenrost ziehen und erkalten lassen. Erdbeeren abspülen, abtrocknen, entstielen und halbieren.

7. Einen Blätterteigboden auf eine Tortenplatte legen. Die erkaltete Schokosahne mit Sahnesteif mit Handrührgerät mit Rührbesen steif schlagen. Joghurt kurz unterrühren.

8. Die Hälfte der Schokocreme auf dem Blätterteigboden verstreichen und mit zwei Dritteln der Erdbeeren belegen, dabei die Früchte leicht in die Creme drücken. Zweiten Boden auflegen und vorsichtig andrücken. Restliche Schokocreme auf dem Boden verstreichen, restliche Erdbeeren an den Rand des Bodens auf die Creme legen. Torte etwa 2 Stunden in den Kühlschrank stellen.

9. Die beiseitegelegten Riegel fein hacken. Weiße Schokolade in einem kleinen Topf im Wasserbad bei schwacher Hitze unter Rühren schmelzen lassen, über die Mini-Tortenstücke sprenkeln und sofort mit den gehackten Riegeln bestreuen. Schokolade fest werden lassen und die Torte mit den Tortenstücken belegen.

Tipps: Die Torte schmeckt frisch am besten. Sie lässt sich gut mit einem elektrischen Messer schneiden.

Erdbeer-Käfer-Torte | Für Kinder

Insgesamt:
E: 75 g, F: 347 g, Kh: 338 g, kJ: 20712, kcal: 4948

Für den Schüttelteig:
- 150 g Butter oder Margarine
- 150 g Weizenmehl
- 3 gestr. TL Dr. Oetker Backin
- 1 Pck. Saucenpulver Vanille-Geschmack (ohne Kochen)
- 100 g Zucker
- 4 Eier (Größe M)

Für den Belag:
- 250 g frische oder TK-Erdbeeren
- 1 EL Zucker
- 1 Pck. Tortenguss, rot

Für die Mohnsahne:
- 500 g Schlagsahne
- 1 Pck. Dr. Oetker Sahnesteif
- 1 Pck. Dr. Oetker Finesse Bourbon-Vanille-Aroma
- 2 TL gesiebter Puderzucker
- 2–3 EL Mohnsamen

- 250 g Erdbeeren
- 50 g Zartbitter-Kuvertüre

Zubereitungszeit: 60 Minuten, ohne Abkühl- und Kühlzeit
Backzeit: etwa 30 Minuten

1. Den Backofen vorheizen.
Ober-/Unterhitze: etwa 180 °C
Heißluft: etwa 160 °C

2. Für den Teig Butter oder Margarine zerlassen und abkühlen lassen. Mehl mit Backpulver und Saucenpulver in einer verschließbaren Schüssel (etwa 3 l) mit Zucker mischen. Eier und zerlassene Butter oder Margarine hinzufügen. Schüssel mit dem Deckel fest verschließen.

3. Schüssel mehrmals kräftig schütteln (insgesamt 15–30 Sekunden), sodass alle Zutaten gut vermischt sind. Alles mit einem Schneebesen oder Rührlöffel nochmals sorgfältig durchrühren, damit trockene Zutaten vom Rand mit untergerührt werden.

4. Den Teig in eine Springform (Ø 26 cm, Boden gefettet, mit Backpapier belegt) füllen und glatt streichen. Die Form auf dem Rost in den vorgeheizten Backofen schieben, Boden **etwa 30 Minuten backen.**

5. Den Boden aus der Form lösen und auf einem mit Backpapier belegten Kuchenrost erkalten lassen. Anschließend mitgebackenes Backpapier abziehen.

6. Für den Belag Erdbeeren abspülen, abtropfen lassen, entstielen (TK-Erdbeeren auftauen lassen) und pürieren. Erdbeerpüree in einen Topf geben, mit dem Zucker und Tortengusspulver verrühren, unter Rühren einmal aufkochen lassen. Die Erdbeermasse auf dem Tortenboden verteilen, in den Kühlschrank stellen.

7. Für die Mohnsahne Sahne mit Sahnesteif, Aroma und Puderzucker steif schlagen. Mohn unterheben. Die Mohnsahne in einen Spritzbeutel mit Lochtülle füllen. Sahnetuffs auf die Erdbeermasse spritzen.

8. Zum Garnieren Erdbeeren abspülen, abtropfen lassen und entstielen. Große Erdbeeren halbieren. Zum Verzieren Kuvertüre in kleine Stücke hacken, in einem kleinen Topf im Wasserbad bei schwacher Hitze unter Rühren schmelzen lassen, in einen kleinen Gefrierbeutel füllen und eine kleine Ecke abschneiden. Augen und Flügel auf die Erdbeerhälften spritzen. Diese „Käfer" auf die Sahnetuffs legen.

Erdbeer-Knuspertorte I
Schnell zubereitet – ohne zu backen

Insgesamt:
E: 49 g, F: 208 g, Kh: 253 g, kJ: 13091, kcal: 3126

Für den Tortenboden:
- 250 g weiße Kuvertüre
- 100 g Cornflakes
- 100 g gehobelte Mandeln

Für den Belag:
- 750 g Erdbeeren
- 250 g Schlagsahne
- 1 Pck. Dr. Oetker Sahnesteif
- 1 Pck. Dr. Oetker Vanillin-Zucker

Zubereitungszeit: 30 Minuten, ohne Kühlzeit

1. Für den Tortenboden die Kuvertüre in einem kleinen Topf im Wasserbad bei schwacher Hitze unter Rühren schmelzen lassen. Cornflakes und Mandeln unterrühren.

2. Einen Springformrand (Ø 26 cm) auf eine mit Tortenspitze oder Backpapier belegte Tortenplatte stellen. Drei Viertel der Masse darin verteilen und mit einem Löffel gut zu einem Boden andrücken.

3. Die restliche Masse in 12 Häufchen auf Backpapier setzen, beides in den Kühlschrank stellen und fest werden lassen.

4. Für den Belag Erdbeeren (einige Erdbeeren zum Garnieren beiseitelegen) abspülen, abtropfen lassen, entstielen und halbieren. Die Erdbeeren auf dem Boden verteilen. Anschließend Springformrand lösen und entfernen.

5. Sahne mit Sahnesteif und Vanillin-Zucker steif schlagen und auf den Erdbeeren verteilen.

6. Die Torte mit den beiseitegelegten Erdbeeren und den Cornflakeshäufchen garnieren.

Tipp: Anstelle der Erdbeeren Himbeeren oder Brombeeren verwenden.

Erdbeer-Tiramisu-Torte

Einfach – ohne zu backen

Insgesamt:
E: 73 g, F: 354 g, Kh: 256 g, kJ: 19266, kcal: 4597

Für den Boden:
- 150 g Cantuccini mit Schokolade (ital. Mandelgebäck)
- 100 g Butter

Für den Belag:
- 250 g Mascarpone (ital. Frischkäse)
- 250 g Magerquark
- 50 g Zucker
- 1 Pck. Dr. Oetker Vanillin-Zucker
- 250 g Schlagsahne
- 1 Pck. Dr. Oetker Sahnesteif
- 250 g Erdbeeren
- 50 g Cantuccini mit Schokolade (ital. Mandelgebäck)

Zum Verzieren und Garnieren:
- 100 g Schlagsahne
- einige vorbereitete Erdbeeren (mit Grün)
- Zitronenmelisse

Zubereitungszeit: 35 Minuten, ohne Kühlzeit

1. Für den Boden Cantuccini in einen Gefrierbeutel geben, ihn verschließen und die Cantuccini mit einer Teigrolle fein zerbröseln. Brösel in eine Schüssel geben. Butter zerlassen, zu den Bröseln geben und gut vermischen.

2. Einen Springformrand (Ø 24 cm) auf eine mit Tortenspitze oder Backpapier belegte Tortenplatte stellen und die Bröselmasse darin verteilen. Die Masse gut mit einem Löffel zu einem Boden andrücken und in den Kühlschrank stellen.

3. Für den Belag Mascarpone mit Quark, Zucker und Vanillin-Zucker verrühren. Sahne mit Sahnesteif steif schlagen und unterheben. Ein Viertel der Creme auf den Boden geben und verstreichen.

4. Erdbeeren abspülen, abtropfen lassen, entstielen und evtl. halbieren (3 große Erdbeeren beiseitelegen). Erdbeeren auf der Creme verteilen.

5. Cantuccini zerkleinern, auf die Erdbeeren streuen. Restliche Creme darüberstreichen und mit einem Teelöffel Vertiefungen eindrücken.

6. Beiseitegelegte Erdbeeren pürieren, in einen kleinen Gefrierbeutel füllen und eine kleine Ecke abschneiden. Die Torte fein mit dem Püree besprenkeln.

7. Sahne steif schlagen, einen Ring aus Tuffs auf die Torte spritzen und mit halbierten Erdbeeren (mit Grün) und Zitronenmelisse bestreuen. Die Torte 2–3 Stunden in den Kühlschrank stellen und den Springformrand lösen und entfernen.

Erdnussrolle „Mr. Tom"
Schnell zubereitet

Insgesamt:
E: 126 g, F: 387 g, Kh: 377 g, kJ: 23019, kcal: 5494

Für den Biskuitteig:
- 3 Eier (Größe M)
- 1 Eigelb (Größe M)
- 100 g Zucker
- 1 Pck. Dr. Oetker Vanillin-Zucker
- 100 g Weizenmehl
- 10 g Kakaopulver
- 1 gestr. TL Dr. Oetker Backin
- 1 EL Milch

Für die Füllung:
- 200 g ungesalzene, geröstete Erdnusskerne
- 25 g Butter
- 50 g Zucker
- 1 Pck. Dr. Oetker Vanillin-Zucker
- 75 g Schlagsahne
- 1 Pck. Paradiescreme Schokoladen-Geschmack (Dessertpulver)
- 300 g Schlagsahne

- 225 g Schlagsahne
- 1 Pck. Dr. Oetker Vanillin-Zucker
- ½ Pck. (125 g) Mr. Tom Mini Erdnussriegel

Zubereitungszeit: 40 Minuten, ohne Abkühlzeit
Backzeit: etwa 10 Minuten

1. Den Backofen vorheizen.
Ober-/Unterhitze: etwa 200 °C
Heißluft: etwa 180 °C

2. Für den Teig Eier und Eigelb mit Handrührgerät mit Rührbesen auf höchster Stufe in 1 Minute schaumig schlagen. Zucker und Vanillin-Zucker mischen, in 1 Minute einstreuen, dann noch etwa 2 Minuten weiterschlagen.

3. Mehl mit Kakao und Backpulver mischen, auf die Eiercreme geben und mit der Milch kurz auf niedrigster Stufe unterrühren. Den Teig auf ein Backblech (30 x 40 cm, gefettet, mit Backpapier belegt) geben und glatt streichen. Dann das Backblech in den vorgeheizten Backofen schieben und die Biskuitplatte **etwa 10 Minuten backen.**

4. Biskuit sofort nach dem Backen vorsichtig am Rand lösen und direkt auf die Arbeitsfläche stürzen, damit sich beim Aufrollen die Backhaut löst. Mitgebackenes Backpapier nicht abziehen, Gebäck erkalten lassen.

5. Für die Füllung die Erdnusskerne fein hacken, mit Butter, Zucker, Vanillin-Zucker und 75 g Schlagsahne in einem kleinen Topf aufkochen und 2–3 Minuten einkochen lassen. Backpapier von der Biskuitplatte abziehen und die Biskuitplatte von der Arbeitsfläche lösen, sodass die Backhaut entfernt wird. Die Erdnussmasse auf die erkaltete Biskuitplatte streichen. Paradiescreme mit 300 g Sahne nach Packungsanleitung aufschlagen und ebenfalls auf der Biskuitplatte verstreichen. Biskuitplatte von der längeren Seite aus aufrollen.

6. Sahne mit Vanillin-Zucker steif schlagen und die Biskuitrolle damit bestreichen. 2–3 Mr. Tom Mini hacken und auf die Oberfläche der Rolle streuen, die restlichen Erdnussriegel diagonal halbieren und dekorativ auf die Rolle legen. Die Torte bis zum Servieren in den Kühlschrank stellen.

Erfrischungsstäbchen-Torte

Für Kinder

Insgesamt:
E: 140 g, F: 272 g, Kh: 550 g, kJ: 23077, kcal: 5514

Zum Vorbereiten:
1 Pck. (75 g) Erfrischungsstäbchen mit Zitronen- und Orangengeschmack

Für den Schüttelteig:
100 g Butter oder Margarine
150 g Weizenmehl
30 g Kakaopulver
3 gestr. TL Dr. Oetker Backin
150 g Zucker
3 Eier (Größe M)

Für die Füllung und den Belag:
4 Blatt weiße Gelatine
250 g Zitronenjoghurt
500 g Magerquark
50 g Zucker
200 g Schlagsahne
2 Pck.
(je 75 g) Erfrischungsstäbchen mit Zitronen- und Orangengeschmack

Zum Verzieren und Garnieren:
250 g Schlagsahne
½ Zitrone
einige Mandarinenfilets

Zubereitungszeit: 50 Minuten,
ohne Abkühl- und Kühlzeit
Backzeit: etwa 15 Minuten

1. Zum Vorbereiten Erfrischungsstäbchen fein hacken.

2. Den Backofen vorheizen.
Ober-/Unterhitze: etwa 180 °C
Heißluft: etwa 160 °C

3. Für den Teig Butter oder Margarine zerlassen und abkühlen lassen. Mehl mit Kakao und Backpulver in

einer verschließbaren Schüssel (etwa 3 l) mischen. Restliche Zutaten, zerlassene Butter oder Margarine und gehackte Erfrischungsstäbchen hinzufügen. Die Schüssel mit einem Deckel fest verschließen und mehrmals kräftig schütteln (insgesamt 15–30 Sekunden), sodass alle Zutaten gut vermischt sind.

4. Alles mit einem Schneebesen oder Rührlöffel nochmals sorgfältig durchrühren, damit trockene Zutaten vom Rand mit untergerührt werden. Teig auf ein Backblech (30 x 40 cm, gefettet, mit Backpapier belegt) geben und glatt streichen. Das Backblech in den vorgeheizten Backofen schieben und den Boden **etwa 15 Minuten backen.**

5. Gebäckplatte sofort nach dem Backen vom Rand lösen und auf eine mit Backpapier belegte Arbeitsfläche stürzen. Die Gebäckplatte erkalten lassen und mitgebackenes Backpapier abziehen.

6. Für Füllung und Belag Gelatine nach Packungsanleitung einweichen. Joghurt mit Quark und Zucker verrühren. Gelatine leicht ausdrücken und in einem kleinen Topf bei schwacher Hitze unter Rühren auflösen (nicht kochen). Aufgelöste Gelatine zunächst mit etwa 4 Esslöffeln von der Joghurt-Quark-Masse verrühren, dann die Mischung unter die restliche Joghurt-Quark-Masse rühren. Masse in den Kühlschrank stellen. Sobald die Masse beginnt dicklich zu werden, Sahne steif schlagen und unterheben. Erfrischungsstäbchen (einige zum Garnieren beiseitelegen) fein hacken und ebenfalls unterheben.

7. Gebäckplatte halbieren, sodass 2 Rechtecke (etwa 20 x 30 cm) entstehen. Einen Boden auf eine Tortenplatte legen und einen Backrahmen darumstellen. Gut die Hälfte der Joghurt-Quark-Creme auf den Boden streichen, zweiten Boden darauflegen und leicht andrücken. Restliche Creme auf der Tortenoberfläche verstreichen und die Torte etwa 2 Stunden in den Kühlschrank stellen.

8. Zum Verzieren und Garnieren Backrahmen lösen und entfernen. Sahne steif schlagen, in einen Spritzbeutel mit Sterntülle füllen und Tuffs auf die Oberfläche spritzen. Restliche Sahne dünn am Rand verstreichen.

9. Zitronenhälfte mit einem Messer so schälen, dass die weiße Haut mitentfernt wird. Zitronenhälfte in dünne Scheiben schneiden, vierteln und anschließend mit den Mandarinenfilets und den beiseitegelegten Erfrischungsstäbchen dekorativ auf die Tuffs legen.

Erna-Sack-Torte | Mit Alkohol

Insgesamt:
E: 32 g, F: 110 g, Kh: 317 g, kJ: 10187, kcal: 2430

Für den Baiserboden:
- 3 Eiweiß (Größe M)
- 150 g Zucker
- 1 TL Zitronensaft
- 1 EL Zucker

Für die Füllung:
- 3 Eigelb (Größe M)
- 75 g Zucker
- abgeriebene Schale von ½ Bio-Zitrone (unbehandelt, ungewachst)
- 50 ml Zitronensaft
- 25 g Speisestärke
- 100 ml Weißwein

Für den Belag:
- 250 g Schlagsahne
- 1 Pck. Dr. Oetker Sahnesteif
- 1 Pck. Dr. Oetker Vanillin-Zucker
- etwas Kirschgrütze (aus dem Kühlregal)
- etwa 20 g gehobelte Mandeln

Zubereitungszeit: 35 Minuten, ohne Abkühl- und Kühlzeit
Trockenzeit: etwa 2 Stunden

1. Den Backofen vorheizen.
Ober-/Unterhitze: etwa 100 °C
Heißluft: etwa 80 °C

2. Für den Baiserboden Eiweiß mit Handrührgerät mit Rührbesen auf höchster Stufe steif schlagen. Der Schnee muss so fest sein, dass ein Messerschnitt sichtbar bleibt. Zucker nach und nach unterschlagen, Zitronensaft unterrühren. Baisermasse in eine Springform (Ø 26 cm, Boden gefettet, mit Backpapier belegt, Rand gefettet, gemehlt) geben, glatt streichen und mit Zucker bestreuen. Die Form auf dem Rost in den vorgeheizten Backofen schieben und die Baisermasse **etwa 2 Stunden trocknen lassen.**

3. Boden aus der Form lösen, auf einen mit Backpapier belegten Kuchenrost stürzen und erkalten lassen. Anschließend mitgebackenes Backpapier abziehen.

4. Für die Füllung Eigelb mit Zucker, Zitronenschale, -saft und Speisestärke in einem Topf verrühren. Wein hinzufügen und die Masse unter Rühren zum Kochen bringen. Topf von der Kochstelle nehmen und die Creme erkalten lassen, dabei gelegentlich umrühren. Die Creme auf den Boden geben und glatt streichen.

5. Für den Belag Sahne mit Sahnesteif und Vanillin-Zucker steif schlagen, in einen Spritzbeutel mit Sterntülle füllen und dicht aneinander Kreise auf die Oberfläche spritzen. Kirschgrütze zwischen die Kreise füllen, Torte mit Mandeln bestreuen und danach etwa 30 Minuten in den Kühlschrank stellen. Torte bald verzehren.

Fanta Fantastisch-Schnitten*
Fruchtig

Insgesamt:
E: 84 g, F: 283 g, Kh: 517 g, kJ: 20994, kcal: 5006

Für den Biskuitteig:
- 4 Eier (Größe M)
- 2 EL heißes Wasser
- 100 g Zucker
- 1 Pck. Dr. Oetker Vanillin-Zucker
- 100 g Weizenmehl
- 50 g Speisestärke
- 1 gestr. TL Dr. Oetker Backin

Für den Belag:
- 2 Pck. Aranca Zitronen-Geschmack (Dessertpulver)
- 300 ml Fanta Orange (Limonade)
- 400 g Schlagsahne
- 600 g frische, gemischte Beeren, z. B. Erdbeeren, Himbeeren, Brombeeren

Zum Garnieren:
- 6 Blatt weiße Gelatine
- 500 ml (½ l) Fanta Orange (Limonade)
- 400 g Schlagsahne
- 2 Pck. Dr. Oetker Sahnesteif

Zubereitungszeit: 65 Minuten, ohne Abkühl- und Kühlzeit
Backzeit: etwa 15 Minuten

1. Den Backofen vorheizen.
Ober-/Unterhitze: etwa 200 °C
Heißluft: etwa 180 °C

2. Für den Teig Eier und Wasser mit Handrührgerät mit Rührbesen auf höchster Stufe in 1 Minute schaumig schlagen. Zucker und Vanillin-Zucker mischen, in 1 Minute einstreuen, dann noch etwa 2 Minuten weiterschlagen. Mehl mit Speisestärke und Backpulver mischen, auf die Eiercreme geben und auf niedrigster Stufe kurz unterrühren.

3. Den Teig auf ein Backblech (30 x 40 cm, gefettet, gemehlt) geben und glatt streichen. Das Backblech in den vorgeheizten Backofen schieben und den Boden **etwa 15 Minuten backen.**

4. Das Backblech auf einen Kuchenrost stellen und die Biskuitplatte darauf erkalten lassen. Anschließend einen Backrahmen darumstellen.

5. Für den Belag Dessertpulver nach Packungsanleitung, jedoch nur mit der Limonade ohne Joghurt zubereiten. Sahne steif schlagen und unterheben. Die Creme in den Kühlschrank stellen.

6. Beeren verlesen, abspülen, trocken tupfen und entstielen. Die Hälfte der Creme auf der Biskuitplatte verstreichen. Vorbereitete Beeren darauf verteilen. Restliche Creme auf den Beeren verstreichen. Den Kuchen 2–3 Stunden in den Kühlschrank stellen.

7. Zum Garnieren inzwischen Gelatine nach Packungsanleitung einweichen. Gelatine leicht ausdrücken und mit 3 Esslöffeln von der Limonade in einem Topf bei schwacher Hitze unter Rühren auflösen. Dann die Mischung unter die restliche Limonade rühren. Die Flüssigkeit in eine flache Schüssel füllen und in den Kühlschrank stellen, bis sie fest geworden ist.

8. Sahne mit Sahnesteif steif schlagen, in einen Spritzbeutel mit Lochtülle füllen und ein großes Gittermuster auf die Kuchenoberfläche spritzen. Backrahmen lösen und entfernen. Limonaden-Gelee aus der Schüssel stürzen und in Würfel schneiden. Geleewürfel in den Zwischenräumen des Sahnegitters verteilen. Kuchen in Schnitten schneiden und bis zum Servieren in den Kühlschrank stellen.

* Rezept nicht durch Coca-Cola autorisiert.

Fanta Limetten-Torte* | Erfrischend

Insgesamt:
E: 56 g, F: 100 g, Kh: 479 g, kJ: 12891, kcal: 3080

Für den Puddingbelag:

4	Bio-Limetten (unbehandelt, ungewachst)
1 Pck.	Dr. Oetker Pudding-Pulver Vanille-Geschmack
100 g	Zucker
250 ml (¼ l)	Fanta Limette (Limonade)
100 ml	Wasser

Für den All-in-Teig:

125 g	Weizenmehl
2 gestr. TL	Dr. Oetker Backin
80 g	Zucker
1 Pck.	Dr. Oetker Vanillin-Zucker
1 Pck.	Dr. Oetker Finesse Geriebene Zitronenschale
2	Eier (Größe M)
60 ml	Speiseöl, z. B. Sonnenblumenöl
60 ml	Fanta Limette (Limonade)

Für den Dickmilchbelag:

6 Blatt	weiße Gelatine
500 g	Dickmilch
100 g	Zucker
1 Pck.	Dr. Oetker Vanillin-Zucker

Zubereitungszeit: 70 Minuten, ohne Kühlzeit
Backzeit: etwa 15 Minuten

1. Für den Puddingbelag 1 Limette heiß abwaschen, trocken reiben und mit einem Zestenreißer schälen (oder mit einem scharfen Messer dünn schälen und die Schale in sehr feine Streifen schneiden). Schale beiseitestellen. Die geschälte Limette in dünne Scheiben schneiden und zum Garnieren beiseitestellen.

2. Den Backofen vorheizen.
Ober-/Unterhitze: etwa 180 °C
Heißluft: etwa 160 °C

3. Die restlichen 3 Limetten mit einem scharfen Messer so schälen, dass die weiße Haut mitentfernt

wird. Die Filets herausschneiden. Pudding-Pulver nach Packungsanleitung, aber mit den hier angegebenen Zutaten zubereiten. Den Pudding in eine Rührschüssel geben, Limettenfilets unterheben und den Pudding 2–3 Stunden in den Kühlschrank stellen.

4. Für den Teig Mehl mit Backpulver in einer Rührschüssel mischen. Restliche Zutaten hinzufügen und alles mit Handrührgerät mit Rührbesen auf höchster Stufe in etwa 2 Minuten zu einem Teig verarbeiten. Teig in eine Springform (Ø 26 cm, Boden gefettet, mit Backpapier belegt) füllen und glatt streichen. Die Form auf dem Rost in den vorgeheizten Backofen schieben und den Boden **etwa 15 Minuten backen.**

5. Boden aus der Form lösen, auf einen mit Backpapier belegten Kuchenrost stürzen und erkalten lassen. Mitgebackenes Backpapier abziehen.

6. Für den Dickmilchbelag Gelatine nach Packungsanleitung einweichen. Dickmilch mit Zucker und Vanillin-Zucker verrühren. Gelatine leicht ausdrücken und in einem kleinen Topf bei schwacher Hitze unter Rühren auflösen. Aufgelöste Gelatine zunächst mit etwa 4 Esslöffeln von der Dickmilchmasse verrühren, dann die Mischung unter die restliche Dickmilchmasse rühren, in den Kühlschrank stellen.

7. Den erkalteten Boden auf eine Tortenplatte legen und den gesäuberten Springformrand oder einen Tortenring darumstellen. Den erkalteten Pudding durchrühren, in einen Gefrierbeutel füllen, diesen verschließen und eine kleine Ecke abschneiden. Den Pudding spiralförmig auf den Boden spritzen, dabei am Rand etwa 1,5 cm frei lassen.

8. Sobald die Dickmilchmasse beginnt dicklich zu werden, die Masse vorsichtig über die Puddingspiralen gießen und bis zum Rand verstreichen. Torte mit Limettenzesten und Limettenscheiben garnieren und etwa 3 Stunden in den Kühlschrank stellen. Springformrand oder Tortenring lösen und entfernen.

Tipp: Den Puddingbelag können Sie gut am Vortag zubereiten und über Nacht in den Kühlschrank stellen.

* Rezept nicht durch Coca-Cola autorisiert.

Fanta Schnitten mit Pfirsichschmand* | Einfach

Insgesamt:
E: 88 g, F: 491 g, Kh: 774 g, kJ: 33993, kcal: 8126

Für den Teig:
- 4 Eier (Größe M)
- 250 g Zucker
- 1 Pck. Dr. Oetker Vanillin-Zucker
- 125 ml (⅛ l) Speiseöl, z. B. Sonnenblumenöl
- 150 ml Fanta Orange (Limonade)
- 250 g Weizenmehl
- 3 gestr. TL Dr. Oetker Backin

Für den Belag:
- 2 Dosen Pfirsichhälften (Abtropfgewicht je 500 g)
- 600 g Schlagsahne
- 3 Pck. Dr. Oetker Sahnesteif
- 5 Pck. Dr. Oetker Vanillin-Zucker
- 500 g Schmand (Sauerrahm)

Zum Bestreuen:
- Zucker
- Zimt

Zubereitungszeit: 35 Minuten, ohne Abkühlzeit
Backzeit: etwa 25 Minuten

1. Den Backofen vorheizen.
Ober-/Unterhitze: etwa 180 °C
Heißluft: etwa 160 °C

2. Für den Teig Eier, Zucker und Vanillin-Zucker mit Handrührgerät mit Rührbesen auf höchster Stufe schaumig schlagen. Öl und Fanta unterrühren.

3. Mehl mit Backpulver mischen und auf mittlerer Stufe kurz unterrühren. Den Teig auf ein Backblech (30 x 40 cm, gefettet) geben und glatt streichen. Das Backblech in den vorgeheizten Backofen schieben und den Boden **etwa 25 Minuten backen.**

4. Das Backblech auf einen Kuchenrost stellen und den Boden erkalten lassen.

5. Für den Belag die Pfirsiche in einem Sieb abtropfen lassen und in kleine Stücke schneiden. Sahne mit Sahnesteif und 3 Päckchen Vanillin-Zucker steif schlagen.

6. Schmand mit dem restlichen Vanillin-Zucker verrühren. Pfirsichstücke unter den Schmand rühren und die Sahne vorsichtig unterheben. Die Schmandmasse gleichmäßig auf dem Kuchen verstreichen. Zimt und Zucker mischen und die Kuchenoberfläche damit bestreuen.

Tipps: Einen Teil der Pfirsiche in Spalten schneiden und auf den Kuchen legen **(Foto)**. Anstelle der Pfirsiche 2 Dosen Mandarinen (Abtropfgewicht je 175 g) verwenden. Der Schmand kann auch durch Crème fraîche ersetzt werden. Evtl. einen Backrahmen auf das Backblech stellen.

* Rezept nicht durch Coca-Cola autorisiert.

Fanta Schnitten mit Roter Grütze* | Raffiniert

Insgesamt:
E: 91 g, F: 452 g, Kh: 845 g, kJ: 32774, kcal: 7808

Für den Rührteig:
- 4 Eier (Größe M)
- 250 g Zucker
- 1 Pck. Dr. Oetker Vanillin-Zucker
- 125 ml (1/8 l) Speiseöl, z. B. Sonnenblumenöl
- 150 ml Fanta Orange (Limonade)
- 250 g Weizenmehl
- 3 gestr. TL Dr. Oetker Backin

Für den Belag:
- 2 Dosen Pfirsichhälften (Abtropfgewicht je 470 g)
- 600 g Schlagsahne
- 3 Pck. Dr. Oetker Sahnesteif
- 5 Pck. Dr. Oetker Vanillin-Zucker
- 500 g Schmand (Sauerrahm)
- 1 Becher (500 g) Rote Grütze (aus dem Kühlregal)

Zubereitungszeit: 35 Minuten, ohne Abkühl- und Kühlzeit
Backzeit: etwa 25 Minuten

1. Den Backofen vorheizen.
Ober-/Unterhitze: etwa 180 °C
Heißluft: etwa 160 °C

2. Für den Teig Eier, Zucker und Vanillin-Zucker mit Handrührgerät mit Rührbesen auf höchster Stufe schaumig schlagen. Öl und Limonade unterrühren.

3. Mehl mit Backpulver mischen und in 2 Portionen auf mittlerer Stufe kurz unterrühren. Den Teig auf ein Backblech (30 x 40 cm, gefettet) geben und glatt streichen. Das Backblech in den vorgeheizten Backofen schieben, Boden **etwa 25 Minuten backen.**

4. Das Backblech auf einen Kuchenrost stellen und den Boden darauf erkalten lassen.

5. Für den Belag Pfirsichhälften in einem Sieb abtropfen lassen und in kleine Stücke schneiden. Sahne mit Sahnesteif und 3 Päckchen des Vanillin-Zuckers steif schlagen.

6. Schmand mit dem restlichen Vanillin-Zucker verrühren. Pfirsichstücke unter den Schmand rühren und die Sahne locker unterheben. Die Masse gleichmäßig auf dem Boden verstreichen. Den Kuchen 2–3 Stunden in den Kühlschrank stellen. Kurz vor dem Servieren mithilfe eines Teelöffels Rote Grütze in Klecksen auf dem Belag verteilen.

* Rezept nicht durch Coca-Cola autorisiert.

F

Fanta Stachelbeer-Torte* | Fruchtig

Insgesamt:
E: 59 g, F: 266 g, Kh: 423 g, kJ: 18691, kcal: 4464

Für den Teig:
2 Eier (Größe M)
125 g Zucker
75 ml Speiseöl, z. B. Sonnenblumenöl
75 ml Fanta Limette (Limonade)
150 g Weizenmehl
2 gestr. TL Dr. Oetker Backin

Für die Fruchtfüllung:
500 g Stachelbeeren
250 ml (¼ l) Fanta Limette (Limonade)
30 g Speisestärke

Für den Belag:
4 Blatt weiße Gelatine
250 g Schmand (Sauerrahm)
50 g Zucker
250 g Schlagsahne

Für den Guss:
200 ml Fanta Limette (Limonade)
1 Pck. Tortenguss, klar

Zum Verzieren:
evtl. 150 g Schlagsahne

Zubereitungszeit: 60 Minuten,
ohne Abkühl- und Kühlzeit
Backzeit: etwa 30 Minuten

1. Den Backofen vorheizen.
Ober-/Unterhitze: etwa 180 °C
Heißluft: etwa 160 °C

2. Für den Teig Eier, Zucker, Öl und Fanta mit Handrührgerät mit Rührbesen auf höchster Stufe schaumig rühren. Mehl mit Backpulver mischen und auf mittlerer Stufe kurz unterrühren. Teig in eine Springform (Ø 26 cm, Boden gefettet, mit Backpapier belegt) füllen und glatt streichen. Die Form auf dem Rost in den vorgeheizten Backofen schieben und den Boden **etwa 30 Minuten backen.**

3. Den Boden aus der Form lösen, auf einen Kuchenrost stürzen und erkalten lassen. Anschließend mitgebackenes Backpapier abziehen und den Boden einmal waagerecht durchschneiden. Unteren Boden auf eine Tortenplatte legen und einen Tortenring oder den gesäuberten Springformrand darumstellen.

4. Für die Fruchtfüllung Stachelbeeren putzen, abspülen und abtropfen lassen. Limonade (etwas zum Anrühren der Speisestärke beiseitestellen) mit den Stachelbeeren in einem Topf zum Kochen bringen. Speisestärke mit beiseitegestellter Limonade anrühren, unter Rühren in die kochende Masse geben und kurz aufkochen lassen. Fruchtfüllung auf den unteren Boden geben, glatt streichen und mit dem oberen Boden bedecken.

5. Für den Belag Gelatine nach Packungsanleitung einweichen. Schmand mit Zucker verrühren. Gelatine leicht ausdrücken und in einem kleinen Topf bei schwacher Hitze unter Rühren auflösen. Aufgelöste Gelatine zunächst mit etwa 4 Esslöffeln von der Schmandmasse verrühren, dann die Mischung unter die restliche Schmandmasse rühren. Sahne steif schlagen und unterheben. Die Schmandcreme in den Tortenring auf die Fruchtfüllung geben und glatt streichen. Torte anschließend 1–2 Stunden in den Kühlschrank stellen.

6. Für den Guss aus Limonade und Tortengusspulver, aber ohne Zucker nach Packungsanleitung einen Guss zubereiten. Den noch heißen Guss vorsichtig auf die Schmandcreme gießen. Springform ein- bis zweimal auf der Arbeitsfläche aufklopfen, sodass die Creme Schlieren im Guss bildet. Torte nochmals etwa 1 Stunde in den Kühlschrank stellen. Vor dem Servieren Tortenring oder Springformrand lösen und entfernen. Die Torte nach Belieben mit steif geschlagener Sahne verzieren.

Tipps: Die Torte kann am Vortag zubereitet werden. Das Grün des Gusses lässt sich mit etwas Speisefarbe noch verstärken. Die Torte schmeckt auch gut mit anderen Limonaden-Geschmacksrichtungen und entsprechenden Früchten.

* Rezept nicht durch Coca-Cola autorisiert.

F

Fanta Torte* | Dauert etwas länger

Insgesamt:
E: 95 g, F: 291 g, Kh: 483 g, kJ: 21256, kcal: 5079

Für den Knetteig:
> 125 g Weizenmehl
> 50 g Zucker
> 1 Pck. Dr. Oetker Vanillin-Zucker
> 2 EL Fanta Orange (Limonade)
> 100 g Butter

Für den Biskuitteig:
> 75 g Butter
> 3 Eier (Größe M)
> 125 g Zucker
> 1 Pck. Dr. Oetker Vanillin-Zucker
> 100 g Weizenmehl
> 1 gestr. TL Dr. Oetker Backin
> 4 Tropfen Butter-Vanille-Aroma
> 50 g abgezogene, gemahlene Mandeln

> 2 EL Johannisbeergelee

Für die Füllung:
> 5 Blatt weiße Gelatine
> 3 Eier (Größe M)
> 50 g Zucker
> 250 ml (¼ l) Fanta Orange (Limonade)
> 1 Pck. Dr. Oetker Finesse
> Orangenschalen-Aroma
> 250 g Schlagsahne

Für den Guss:
> 4 Blatt weiße Gelatine
> 250 ml (¼ l) Fanta Orange (Limonade)

Zubereitungszeit: 50 Minuten,
ohne Abkühl- und Kühlzeit
Backzeit: etwa 40 Minuten

1. Den Backofen vorheizen.
Ober-/Unterhitze: etwa 180 °C
Heißluft: etwa 160 °C

2. Für den Knetteig Mehl in eine Rührschüssel geben. Zucker, Vanillin-Zucker, Limonade und Butter hinzu-

fügen. Die Zutaten mit Handrührgerät mit Knethaken zunächst kurz auf niedrigster, dann auf höchster Stufe gut durcharbeiten.

3. Anschließend den Teig auf der leicht bemehlten Arbeitsfläche kurz verkneten. Sollte er kleben, ihn in Frischhaltefolie gewickelt eine Zeit lang kalt stellen. Den Teig auf einem Springformboden (Ø 26 cm, gefettet) ausrollen und mehrmals mit einer Gabel einstechen. Den Springformrand um den Boden legen. Die Form auf dem Rost in den vorgeheizten Backofen schieben und den Boden **etwa 15 Minuten backen.**

4. Boden vom Springformboden lösen, aber darauf auf einem Kuchenrost erkalten lassen.

5. Für den Biskuitteig Butter zerlassen und abkühlen lassen. Eier mit Handrührgerät mit Rührbesen auf höchster Stufe in 1 Minute schaumig schlagen. Zucker mit Vanillin-Zucker mischen, in 1 Minute einstreuen, dann noch etwa 2 Minuten weiterschlagen.

6. Mehl mit Backpulver mischen, auf die Eiercreme geben und kurz auf niedrigster Stufe unterrühren. Zuletzt Aroma, Mandeln und Butter unterrühren. Den Teig in eine Springform (Ø 26 cm, Boden gefettet, mit Backpapier belegt) geben und glatt streichen. Die Form auf dem Rost in den heißen Backofen schieben und den Boden bei angegebener Backofeneinstellung **etwa 25 Minuten backen.**

7. Den Boden aus der Form lösen, auf einen mit Backpapier belegten Kuchenrost stürzen und den Boden erkalten lassen. Anschließend mitgebackenes Backpapier abziehen.

8. Knetteigboden auf eine Tortenplatte legen und mit dem Gelee bestreichen. Biskuitboden darauflegen und etwas andrücken. Einen Tortenring darumlegen.

9. Für die Füllung Gelatine nach Packungsanleitung einweichen. Eier mit Zucker in einer Schüssel im heißen Wasserbad etwa 5 Minuten schaumig schlagen. Gelatine leicht ausdrücken und in der heißen Eiercreme unter Rühren auflösen. Limonade und Aroma hinzugeben und kurz unterrühren. Dann die Schüssel mit der Eiercreme aus dem Wasserbad nehmen und

etwa 5 Minuten kalt schlagen, evtl. kurz in den Kühlschrank stellen.

10. Sobald die Eiercreme beginnt dicklich zu werden, Sahne steif schlagen und unterheben. Die Füllung auf den Biskuitboden streichen. Die Torte etwa 3 Stunden in den Kühlschrank stellen.

11. Für den Guss Gelatine nach Packungsanleitung einweichen. Die Hälfte der Limonade in einem kleinen Topf erwärmen, Gelatine leicht ausdrücken und darin unter Rühren auflösen. Restliche kalte Limonade dazugeben und verrühren. Flüssigkeit vorsichtig auf die Creme gießen und die Torte nochmals 1–2 Stunden in den Kühlschrank stellen, bis der Guss fest ist.

Tipp: Nach Belieben Orangenfilets mit aufgelöster Schokolade verzieren, die Torte damit garnieren **(Foto).**

* Rezept nicht durch Coca-Cola autorisiert.

Faule-Weiber-Kuchen | Einfach

Insgesamt:
E: 142 g, F: 262 g, Kh: 449 g, kJ: 20088, kcal: 4799

Für den Knetteig:
- 200 g Weizenmehl
- 1 gestr. TL Dr. Oetker Backin
- 75 g Zucker
- 125 g Butter oder Margarine

Für die Füllung:
- 750 g Magerquark
- 2 Eier (Größe M)
- 150 g Zucker
- 1 Pck. Dr. Oetker Pudding-Pulver Vanille-Geschmack
- 200 g Schmand (Sauerrahm)
- 75 ml Speiseöl, z. B. Rapsöl
- 150 ml Milch
- oder 150 g Schlagsahne

Zum Bestäuben:
Puderzucker

Zubereitungszeit: 25 Minuten, ohne Kühl- und Abkühlzeit
Backzeit: etwa 100 Minuten

1. Den Backofen vorheizen.
Ober-/Unterhitze: etwa 180 °C
Heißluft: etwa 160 °C

2. Für den Teig Mehl mit Backpulver mischen und in eine Rührschüssel geben. Restliche Zutaten hinzufügen und mit Handrührgerät mit Knethaken zunächst kurz auf niedrigster, dann auf höchster Stufe gut durcharbeiten.

3. Anschließend den Teig auf der leicht bemehlten Arbeitsfläche kurz verkneten. Sollte er kleben, ihn in Frischhaltefolie gewickelt eine Zeit lang kalt stellen.

4. Dann zwei Drittel des Teiges auf dem Boden einer Springform (Ø 26 cm, gefettet) ausrollen. Den Springformrand darumlegen und den Boden mehrmals mit einer Gabel einstechen. Die Form auf dem Rost in den vorgeheizten Backofen schieben und den Boden **etwa 15 Minuten vorbacken.**

5. Die Form auf einen Kuchenrost stellen und den Boden etwas abkühlen lassen.

6. Restlichen Teig zu einer Rolle formen, sie auf den vorgebackenen Boden legen und so an die Form drücken, dass ein etwa 3 cm hoher Rand entsteht.

7. Für die Füllung Quark, Eier, Zucker, Pudding-Pulver, Schmand, Speiseöl und Milch oder Sahne geschmeidig rühren und auf dem vorgebackenen Boden verteilen.

8. Die Form wieder auf dem Rost in den heißen Backofen schieben und den Kuchen bei gleicher Backofeneinstellung **noch etwa 85 Minuten backen.**

9. Die Form auf einen Kuchenrost stellen und den Kuchen in der Form erkalten lassen. Vor dem Servieren mit Puderzucker bestäuben.

Tipps: Sie können den Kuchen bereits 1 Tag vor dem Verzehr zubereiten. Sie können nach Belieben den erkalteten Kuchen mit gut abgetropftem Obst aus der Dose belegen und das Obst mit Tortenguss überziehen.

Feuerwehrkuchen | Beliebt

Insgesamt:
E: 74 g, F: 376 g, Kh: 594 g, kJ: 26199, kcal: 6258

Für den Knetteig:
- 250 g Weizenmehl
- ½ TL Dr. Oetker Backin
- 75 g Zucker
- 1 Prise Salz
- 1 Ei (Größe M)
- 125 g Butter oder Margarine

Für den Belag:
- 1 Glas Sauerkirschen (Abtropfgewicht 370 g)
- 1 Pck. Dr. Oetker Pudding-Pulver Vanille-Geschmack
- 2 EL Zucker
- 250 ml (¼ l) Milch

Für die Streusel:
- 75 g Weizenmehl
- 75 g Zucker
- 1 Pck. Dr. Oetker Vanillin-Zucker
- 75 g gemahlene Haselnusskerne
- 100 g weiche Butter oder Margarine

Zum Verzieren und Garnieren:
- 400 g Schlagsahne
- 2 Pck. Dr. Oetker Sahnesteif
- geschabte Schokolade

Zubereitungszeit: 30 Minuten, ohne Kühl- und Abkühlzeit
Backzeit: etwa 45 Minuten

1. Für den Teig Mehl mit Backpulver mischen und in eine Rührschüssel geben. Restliche Zutaten hinzufügen und mit Handrührgerät mit Knethaken zunächst kurz auf niedrigster, dann auf höchster Stufe gut durcharbeiten.

2. Teig auf der leicht bemehlten Arbeitsfläche kurz verkneten. Sollte er kleben, ihn in Frischhaltefolie gewickelt eine Zeit lang kalt stellen. Den Teig auf einem Springformboden (Ø 28 cm, gefettet, mit Backpapier belegt) ausrollen und mehrmals mit einer Gabel einstechen. Den Springformrand um den Boden legen.

3. Den Backofen vorheizen.
Ober-/Unterhitze: etwa 180 °C
Heißluft: etwa 160 °C

4. Für den Belag Sauerkirschen in einem Sieb gut abtropfen lassen. Aus Pudding-Pulver, Zucker und Milch nach Packungsanleitung, aber nur mit 250 ml (¼ l) Milch einen Pudding zubereiten. Die Kirschen unterheben und die Masse auf dem Teig verteilen.

5. Für die Streusel Mehl in eine Rührschüssel geben, mit Zucker, Vanillin-Zucker und Haselnüssen mischen und Butter hinzufügen.

6. Alle Zutaten mit Handrührgerät mit Rührbesen zunächst kurz auf niedrigster, dann auf höchster Stufe zu Streuseln von gewünschter Größe verarbeiten. Streusel gleichmäßig auf der Kirsch-Pudding-Masse verteilen. Die Form auf dem Rost in den vorgeheizten Backofen schieben und den Kuchen dann **etwa 45 Minuten backen.**

7. Den Kuchen aus der Form lösen und auf einem Kuchenrost erkalten lassen.

8. Sahne mit Sahnesteif steif schlagen. Sahne mit einem Esslöffel auf den Kuchen „klecksen" und den Kuchen mit der Schokolade garnieren.

Fliesenkuchen | Für Kinder

Insgesamt:
E: 107 g, F: 487 g, Kh: 731 g, kJ: 33085, kcal: 7903

Für den Rührteig:
- 150 g Butter oder Margarine
- 150 g Zucker
- 1 Pck. Dr. Oetker Vanillin-Zucker
- 1 Prise Salz
- 3 Eier (Größe M)
- 200 g Weizenmehl
- 2 gestr. TL Dr. Oetker Backin

Für die Puddingcreme:
- 2 Pck. Dr. Oetker Pudding-Pulver Vanille-Geschmack
- 50 g Zucker
- 500 ml (½ l) Milch
- 2 Eigelb (Größe M)
- 250 g Schlagsahne
- 2 Eiweiß (Größe M)

Zum Bestreichen und Belegen:
- 600 g Schlagsahne
- 4–5 EL Zitronensaft
- 3 Pck. Dr. Oetker Vanillin-Zucker
- 3 Pck. Dr. Oetker Sahnesteif
- etwa 30 Butterkekse

Für den Guss:
- 100 g gesiebter Puderzucker
- 1 EL Wasser oder Zitronensaft

Zubereitungszeit: 50 Minuten, ohne Abkühlzeit
Backzeit: etwa 20 Minuten

1. Den Backofen vorheizen.
Ober-/Unterhitze: etwa 180 °C
Heißluft: etwa 160 °C

2. Für den Teig Butter oder Margarine mit Handrührgerät mit Rührbesen auf höchster Stufe geschmeidig rühren. Nach und nach Zucker, Vanillin-Zucker und Salz unterrühren. So lange rühren, bis eine gebundene Masse entstanden ist.

3. Die Eier nach und nach unterrühren (jedes Ei etwa ½ Minute). Mehl und Backpulver mischen und auf mittlerer Stufe kurz unterrühren. Einen Backrahmen auf ein Backblech (30 x 40 cm, gefettet) stellen und den Teig auf dem Backblech verstreichen. Das Backblech in den vorgeheizten Backofen schieben und den Boden **etwa 20 Minuten backen.**

4. Für die Puddingcreme Pudding-Pulver mit Zucker mischen und mit etwas Milch und dem Eigelb anrühren. Die restliche Milch mit der Sahne zum Kochen bringen. Das angerührte Pudding-Pulver unter Rühren hinzufügen und wieder zum Kochen bringen. Alles unter Rühren gut aufkochen lassen.

5. Das Eiweiß steif schlagen und sofort unterheben. Die warme Puddingcreme auf dem noch warmen Boden verteilen. Kuchen auf einen Kuchenrost stellen und erkalten lassen.

6. Sahne ½ Minute aufschlagen, dann Zitronensaft, Vanillin-Zucker und Sahnesteif unterrühren und die Sahne ganz steif schlagen. Auf der Puddingcreme verteilen, glatt streichen, mit Butterkeksen belegen.

7. Für den Guss Puderzucker mit Wasser oder Zitronensaft verrühren. Kekse in der Mitte mit Guss bestreichen. Kuchen erkalten lassen. Vor dem Servieren Backrahmen lösen und entfernen.

Tipps: Der Kuchen muss eine Weile stehen, damit die Butterkekse weich werden und schnittfähig sind. Den Kuchen maximal 1 Tag vor dem Verzehr zubereiten, da die Kekse sonst durchweichen.

Frau-Holle-Torte | Beliebt

Insgesamt:
E: 52 g, F: 160 g, Kh: 391 g, kJ: 13961, kcal: 3335

Für den Knetteig:
- 200 g Weizenmehl
- 1 gestr. TL Dr. Oetker Backin
- 100 g Zucker
- 1 Pck. Dr. Oetker Vanillin-Zucker
- 1 Eigelb (Größe M)
- 1 Ei (Größe M)
- 100 g Butter
- 1 EL Weizenmehl

Für den Belag:
- 500 g Apfelmus
- 100 g gemahlene Haselnusskerne
- 75 g Wild-Preiselbeeren (Einwaage 210 g)

- 1 Eiweiß (Größe M)
- 50 g gesiebter Puderzucker

Zubereitungszeit: 35 Minuten, ohne Kühl- und Abkühlzeit
Backzeit: etwa 45 Minuten

1. Für den Knetteig Mehl mit Backpulver mischen und in eine Rührschüssel geben. Zucker, Vanillin-Zucker, Eigelb, Ei und Butter hinzufügen und mit Handrührgerät mit Knethaken zunächst kurz auf niedrigster, dann auf höchster Stufe gut durcharbeiten.

2. Anschließend den Teig auf der leicht bemehlten Arbeitsfläche kurz verkneten. Sollte er kleben, ihn in Frischhaltefolie gewickelt eine Zeit lang kalt stellen.

3. Den Backofen vorheizen.
Ober-/Unterhitze: etwa 200 °C
Heißluft: etwa 180 °C

4. Zwei Drittel des Teiges auf einem Springformboden (Ø 26 cm, gefettet) ausrollen und mehrmals mit einer Gabel einstechen. Den Springformrand darumlegen. Unter den restlichen Teig den Esslöffel Mehl kneten. Teig zu einer Rolle formen und diese als Rand auf den Teigboden legen. Die Rolle so an die Form drücken, dass ein etwa 3 cm hoher Rand entsteht. Die Form auf dem Rost in den vorgeheizten Backofen schieben und den Boden **etwa 15 Minuten vorbacken.**

5. Den Boden in der Form auf einem Kuchenrost erkalten lassen.

6. Für den Belag Apfelmus, Haselnusskerne und Preiselbeeren vermischen und gleichmäßig auf dem Teigboden verstreichen.

7. Die Backofentemperatur **um 40 °C auf Ober-/Unterhitze etwa 160 °C, Heißluft etwa 140 °C vermindern.**

8. Eiweiß steif schlagen. Puderzucker nach und nach unterschlagen. Eischnee in einen Spritzbeutel mit kleiner Lochtülle füllen und als kleine Wölkchen auf den Belag spritzen. Torte wieder in den heißen Backofen schieben und **etwa 30 Minuten backen.**

9. Die Torte in der Form auf einem Kuchenrost leicht abkühlen lassen, dann aus der Form lösen und vollständig erkalten lassen.

Fress-mich-dumm-Kuchen
Gut vorzubereiten

Insgesamt:
E: 80 g, F: 555 g, Kh: 512 g, kJ: 30958, kcal: 7401

Für den Knetteig:
- 250 g Weizenmehl
- 3 gestr. TL Dr. Oetker Backin
- 100 g Zucker
- 1 Prise Salz
- je 3 Tropfen Butter-Vanille- und Bittermandel-Aroma
- 1 Ei (Größe M)
- 125 g Butter oder Margarine

Für die Buttercreme:
- 1/2 Pck. Dr. Oetker Pudding-Pulver Vanille-Geschmack
- 50 g Zucker
- 250 ml (1/4 l) Milch
- 125 g Butter oder Margarine
- 25 g Kokosfett

Für den Belag:
- 250 g grob gehackte Walnusskerne
- 125 g Butter oder Margarine
- 125 g Zucker
- 50 g Zartbitter-Kuvertüre

Zubereitungszeit: 35 Minuten, ohne Kühl- und Abkühlzeit
Backzeit: 15–20 Minuten

1. Den Backofen vorheizen.
Ober-/Unterhitze: etwa 200 °C
Heißluft: etwa 180 °C

2. Für den Knetteig Mehl und Backpulver mischen und in eine Rührschüssel geben. Restliche Zutaten hinzufügen und mit Handrührgerät mit Knethaken zunächst kurz auf niedrigster, dann auf höchster Stufe gut durcharbeiten.

3. Anschließend den Teig auf der leicht bemehlten Arbeitsfläche kurz verkneten. Sollte er kleben, ihn in Frischhaltefolie gewickelt eine Zeit lang kalt stellen.

Den Teig auf einem Backblech (30 x 40 cm, gefettet) etwa 1/2 cm dick zu einem Quadrat (etwa 30 x 30 cm) ausrollen und mehrmals mit einer Gabel einstechen. Das Backblech in den vorgeheizten Backofen schieben und den Boden **15–20 Minuten backen.**

4. Den Boden auf dem Backblech auf einem Kuchenrost erkalten lassen.

5. Für die Buttercreme aus Pudding-Pulver, Zucker und Milch nach Packungsanleitung einen Pudding zubereiten. Pudding unter gelegentlichem Umrühren erkalten lassen (nicht in den Kühlschrank stellen).

6. Butter und Kokosfett zerlassen, etwas abkühlen lassen und unter Rühren zu dem Pudding geben. Die Creme gut verrühren und auf dem erkalteten Boden verstreichen.

7. Für den Belag die Walnusskerne mit Butter und Zucker rösten und noch warm auf der Creme verteilen. Die Kuvertüre in einem kleinen Topf im Wasserbad bei schwacher Hitze unter Rühren schmelzen lassen. In einen Gefrierbeutel geben und eine kleine Ecke abschneiden. Kuchen mit der Kuvertüre besprenkeln.

Tipp: Kuchen am Vortag zubereiten und zugedeckt durchziehen lassen. So schmeckt er besonders gut.

Frischkäsetorte | Beliebt – ohne zu backen

Insgesamt:
E: 43 g, F: 140 g, Kh: 127 g, kJ: 8392, kcal: 2004

Für den Boden:
- 100 g Löffelbiskuits
- 50 g Butter

Für die Füllung:
- 1 Beutel
- aus 1 Pck. Götterspeise Zitronen-Geschmack
- 300 ml Wasser
- 65 g Zucker
- 100 g Doppelrahm-Frischkäse
- 1 EL Zitronensaft
- 200 g Schlagsahne

Zubereitungszeit: 40 Minuten, ohne Kühlzeit

1. Für den Boden Löffelbiskuits in einen Gefrierbeutel geben, ihn verschließen und die Löffelbiskuits mit einer Teigrolle fein zerbröseln. Brösel in eine Schüssel geben.

2. Butter zerlassen, zu den Bröseln geben und gut verrühren. Einen Springformrand (Ø 18 cm) oder einen Tortenring auf eine kleine mit Tortenspitze oder Backpapier belegte Tortenplatte stellen.

3. Bröselmasse gleichmäßig darin verteilen (1–2 Esslöffel davon zum Garnieren beiseitelegen) und mit einem Löffel gut zu einem Boden andrücken. Boden in den Kühlschrank stellen.

4. Für die Füllung Götterspeise mit den hier angegebenen Mengen Wasser und Zucker anrühren und 10 Minuten quellen lassen.

5. Die gequollene Götterspeise bei schwacher Hitze unter Rühren erhitzen, bis sie gelöst ist (nicht kochen). Ein Drittel der Götterspeise auf einen Suppenteller gießen und in den Kühlschrank stellen.

6. Frischkäse mit Zitronensaft verrühren, die restlichen zwei Drittel Götterspeise unterrühren und ebenfalls in den Kühlschrank stellen.

7. Sobald die Fischkäsemasse beginnt dicklich zu werden, Sahne steif schlagen und unterheben. Die Frischkäsecreme in die Form auf den Boden geben und verstreichen. Die Torte etwa 3 Stunden in den Kühlschrank stellen.

8. Den Springformrand oder Tortenring lösen und entfernen. Die Götterspeise auf dem Teller in Würfel schneiden und die Tortenoberfläche damit garnieren. Den Rand der Torte mit der beiseitegelegten Löffelbiskuitmasse garnieren.

Tipp: Die Torte nach Belieben zusätzlich mit Melisseblättchen oder Erdbeeren garnieren.

F

Frischkäsetorte mit Kirschen

Mit Alkohol – ohne zu backen

Insgesamt:
E: 64 g, F: 257 g, Kh: 435 g, kJ: 18631, kcal: 4450

Für den Tortenboden:
175 g Löffelbiskuits
100 g Butter

Für die Füllung:
1 Glas Sauerkirschen
(Abtropfgewicht 370 g)
150 ml Kirschsaft aus dem Glas
2 EL Kirschwasser
50 g Zucker
25 g Speisestärke

Für den Belag:
4 Blatt weiße Gelatine
200 g Doppelrahm-Frischkäse
75 g Zucker
50 ml Milch
200 g Schlagsahne

Für den Guss:
2 Blatt weiße Gelatine
100 ml Kirschsaft aus dem Glas
1 EL Kirschwasser
50 g Zucker

100 g Schlagsahne
1 EL Kirschwasser

Zubereitungszeit: 40 Minuten, ohne Kühlzeit

1. Für den Boden Löffelbiskuits in einen Gefrierbeutel geben, den Beutel verschließen und die Löffelbiskuits mit einer Teigrolle fein zerbröseln. Löffelbiskuitbrösel in eine Schüssel geben. Butter zerlassen, zu den Bröseln geben und gut vermischen.

2. Einen Springformrand (Ø 26 cm) auf eine mit Tortenspitze oder Backpapier belegte Tortenplatte stellen. Die Bröselmasse gleichmäßig darin verteilen und mit einem Löffel gut zu einem Boden andrücken. Den Boden in den Kühlschrank stellen.

3. Für die Füllung Sauerkirschen in einem Sieb abtropfen lassen, dabei den Saft auffangen. 150 ml für die Füllung und 100 ml für den Guss abmessen, evtl. mit Wasser ergänzen.

4. Den Kirschsaft für die Füllung (150 ml) mit dem Kirschwasser und Zucker mischen. 3 Esslöffel davon abnehmen und die Speisestärke damit anrühren. Den restlichen Saft zum Kochen bringen. Die angerührte Speisestärke unterrühren, einmal aufkochen lassen und die Kirschen unterrühren. Die Kirschmasse auf den Boden geben und glatt streichen.

5. Für den Belag die Gelatine nach Packungsanleitung einweichen. Frischkäse mit Zucker und Milch verrühren. Gelatine ausdrücken und in einem kleinen Topf bei schwacher Hitze unter Rühren auflösen. Aufgelöste Gelatine zunächst mit etwa 4 Esslöffeln von der Frischkäsemasse verrühren, danach die Mischung unter die restliche Frischkäsemasse rühren. Masse in den Kühlschrank stellen.

6. Sobald die Masse beginnt dicklich zu werden, Sahne steif schlagen und unterheben. Die Frischkäsecreme auf die Kirschmasse geben und glatt streichen. Die Torte anschließend etwa 2 Stunden in den Kühlschrank stellen.

7. Für den Guss die Gelatine nach Packungsanleitung einweichen, leicht ausdrücken und wie unter Punkt 5 auflösen. Kirschsaft (100 ml), Kirschwasser und Zucker verrühren.

8. Aufgelöste Gelatine zunächst mit etwas von der Kirschsaftflüssigkeit verrühren, dann die Mischung unter die restliche Kirschsaftflüssigkeit rühren. Kirschsaft-Gelatine-Mischung vorsichtig auf den Belag gießen und die Torte etwa 1 Stunde in den Kühlschrank stellen.

9. Vor dem Servieren Springformrand lösen und entfernen. Sahne steif schlagen und Kirschwasser unterrühren. Sahne in einen Spritzbeutel mit kleiner Lochtülle füllen und die Torte damit verzieren.

Tipp: Für eine Torte ohne Alkohol kann das Kirschwasser ersatzlos weggelassen werden.

Froschkönig-Rolle

Für Kinder

Insgesamt:
E: 78 g, F: 222 g, Kh: 341 g, kJ: 15487, kcal: 3693

Für den Biskuitteig:

4 Eier (Größe M)
1 Eigelb (Größe M)
75 g Zucker
30 g Weizenmehl
1 Pck. Dr. Oetker Pudding-Pulver
Vanille-Geschmack
1 gestr. TL Dr. Oetker Backin

Für die Füllung:

4 Blatt weiße Gelatine
1 Glas Stachelbeeren
(Abtropfgewicht 195 g)
2 EL Zitronensaft
75 ml Waldmeistersirup
2 EL Zucker
200 g Doppelrahm-Frischkäse
100 ml Stachelbeersaft aus dem Glas
225 g Schlagsahne
1 Becher
(125 g) Götterspeise Waldmeister-
Geschmack

Zum Bestreichen und Garnieren:

175 g Schlagsahne
1 Pck. Dr. Oetker Vanillin-Zucker
1 Becher
(125 g) Götterspeise Waldmeister-
Geschmack
einige Fruchtgummifrösche

Zubereitungszeit: 60 Minuten,
ohne Abkühl- und Kühlzeit
Backzeit: 8–10 Minuten

1. Den Backofen vorheizen.
Ober-/Unterhitze: etwa 200 °C
Heißluft: etwa 180 °C

2. Für den Teig Eier und Eigelb mit Handrührgerät mit Rührbesen auf höchster Stufe in 1 Minute schaumig

schlagen. Zucker in 1 Minute einstreuen, dann noch etwa 2 Minuten weiterschlagen.

3. Mehl mit Pudding-Pulver und Backpulver mischen, auf die Eiercreme geben und auf niedrigster Stufe kurz unterrühren. Danach den Teig auf ein Backblech (30 x 40 cm, gefettet, mit Backpapier belegt) geben und glatt streichen. Das Backblech in den vorgeheizten Backofen schieben und die Biskuitplatte **8–10 Minuten backen.**

4. Nach dem Backen Gebäckrand mit einem Messer lösen, Platte auf mit Zucker bestreutes Backpapier stürzen und die Biskuitplatte erkalten lassen. Mitgebackenes Backpapier abziehen.

5. Für die Füllung Gelatine nach Packungsanleitung einweichen. Stachelbeeren in einem Sieb gut abtropfen lassen, den Saft dabei auffangen und 100 ml davon abmessen. Zitronensaft mit Sirup, Zucker, Frischkäse und dem abgemessenen Stachelbeersaft verrühren.

6. Gelatine leicht ausdrücken und in einem kleinen Topf bei schwacher Hitze unter Rühren auflösen. Aufgelöste Gelatine mit etwa 4 Esslöffeln von der Frischkäsemasse verrühren, dann die Mischung unter die restliche Frischkäsemasse rühren. Die Frischkäsemasse in den Kühlschrank stellen.

7. Sobald die Frischkäsemasse beginnt dicklich zu werden, Sahne steif schlagen und unterheben. Götterspeise aus dem Becher stürzen, in Würfel schneiden und ebenfalls unterheben.

8. Frischkäsecreme auf die erkaltete Gebäckplatte streichen, Stachelbeeren darauf verteilen und die Platte von der längeren Seite her aufrollen.

9. Die Rolle anschließend 1–2 Stunden in den Kühlschrank stellen.

10. Zum Bestreichen und Garnieren Sahne mit Vanillin-Zucker steif schlagen und die Rolle damit bestreichen. Götterspeise aus dem Becher stürzen, in Würfel schneiden und die Rolle mit Götterspeisewürfeln und Fruchtgummifröschen garnieren.

Fruchtflieger | Für Gäste

Insgesamt:
E: 46 g, F: 261 g, Kh: 324 g, kJ: 16124, kcal: 3848

Für den Knetteig:
- 150 g Weizenmehl
- 75 g Zucker
- 1 Ei (Größe M)
- 75 g Butter oder Margarine
- 50 g gemahlene Haselnusskerne

Für den Belag:
- 500 g Schlagsahne
- 2 Pck. Dr. Oetker Sahnesteif
- 2 Pck. Dr. Oetker Vanillin-Zucker

Für den Guss:
- 1 Pck. Tortenguss, klar
- 20 g Zucker
- 200 ml Traubensaft
- 300 g aufgetaute TK-Waldbeeren

Zum Bestäuben:
Puderzucker

Zubereitungszeit: 60 Minuten, ohne Kühlzeit
Backzeit: etwa 15 Minuten

1. Den Backofen vorheizen.
Ober-/Unterhitze: etwa 180 °C
Heißluft: etwa 160 °C

2. Für den Teig Mehl in eine Rührschüssel geben. Restliche Zutaten hinzufügen und mit Handrührgerät mit Knethaken zunächst kurz auf niedrigster, dann auf höchster Stufe gut durcharbeiten. Anschließend den Teig auf einer leicht bemehlten Arbeitsfläche kurz verkneten. Sollte er kleben, ihn in Frischhaltefolie gewickelt eine Zeit lang kalt stellen.

3. Den Teig auf der leicht bemehlten Arbeitsfläche zu einem Quadrat (etwa 32 x 32 cm) ausrollen und in 16 Quadrate (etwa 8 x 8 cm) schneiden. 8 Quadrate diagonal durchschneiden, sodass Dreiecke entstehen. Teigstücke auf ein Backblech (30 x 40 cm, mit Backpapier belegt) legen. Das Backblech in den vorgeheizten Backofen schieben und die Gebäckstücke **etwa 15 Minuten backen.**

4. Für den Belag Sahne mit Sahnesteif und Vanillin-Zucker steif schlagen und in einen Spritzbeutel mit gezackter Tülle füllen. Auf 8 Gebäckquadrate diagonal je 2 dicke Streifen Sahne in der Mitte nebeneinander spritzen. Je 2 Gebäckdreiecke als Flügel daransetzen. Gebäcke etwa 30 Minuten in den Kühlschrank stellen.

5. Für den Guss das Tortengusspulver mit dem Zucker und Traubensaft nach Packungsanleitung zubereiten und die Beerenmischung vorsichtig unterheben. Die Beerenmasse mit einem Esslöffel zwischen den Flügeln verteilen und erkalten lassen. Die Fruchtflieger mit Puderzucker bestäubt servieren.

Fruchtpüreetorte | Einfach

Insgesamt:
E: 96 g, F: 90 g, Kh: 309 g, kJ: 10646, kcal: 2542

1 Rührteig-Obstboden (Ø 24 cm)

Für den Belag:
- 6 Blatt weiße Gelatine
- 500 g Magerquark
- 125 ml (1/8 l) Orangensaft
- 1 Pck. Dr. Oetker Finesse Orangenschalen-Aroma
- 50 g Zucker
- 250 g Schlagsahne

Für den Guss:
- 250 g Erdbeeren
- 3–4 Kiwis
- 1 kleine Dose Aprikosenhälften (Abtropfgewicht 250 g)
- 2 Pck. Tortenguss, klar
- 3 TL Zucker

Zubereitungszeit: 40 Minuten, ohne Kühlzeit

1. Den Obstboden auf eine Tortenplatte legen und einen Tortenring darumstellen.

2. Für den Belag Gelatine nach Packungsanleitung einweichen. Quark mit 100 ml von dem Orangensaft, Aroma und Zucker gut verrühren. Die Gelatine leicht ausdrücken und mit dem restlichen Orangensaft in einem kleinen Topf bei schwacher Hitze unter Rühren auflösen. Saft-Gelatine-Mischung mit 1–2 Esslöffeln von der Quarkmasse verrühren, dann die Mischung unter die restliche Quarkmasse rühren. Sahne steif schlagen und vorsichtig unterheben. Die Quarkcreme auf den Obstboden geben, verstreichen und die Torte 1–2 Stunden in den Kühlschrank stellen.

3. Für den Guss Erdbeeren abspülen, trocken tupfen und entstielen. Kiwis schälen. Aprikosen in einem Sieb abtropfen lassen. Aprikosen, Erdbeeren und Kiwis getrennt pürieren (ergibt jeweils 250 g Püree, evtl. mit Wasser ergänzen). Die Fruchtpürees in 3 Töpfe geben (je 2 Esslöffel beiseitestellen).

4. Je 1 Teelöffel Tortengusspulver und je 1 Teelöffel Zucker mit den beiseitegestellten Fruchtpürees verrühren. Püree in den Töpfen zum Kochen bringen, angerührte Pürees in die kochende Massen einrühren, einmal aufkochen und kurz abkühlen lassen.

5. Die Fruchtmassen nebeneinander auf die Torte geben und mit einer Gabel zu einem Muster verbinden. Die Torte nochmals 1–2 Stunden in den Kühlschrank stellen. Vor dem Servieren den Tortenring entfernen.

Fruttina-Sekt-Torte | Mit Alkohol

Insgesamt:
E: 43 g, F: 261 g, Kh: 414 g, kJ: 18279, kcal: 4366

Für den Boden:
- 150 g weiße Kuvertüre oder Schokolade
- 200 g Knuspermüsli (ohne Rosinen)

Für die Füllung:
- 1 Dose Aprikosenhälften (Abtropfgewicht 480 g)
- 200 ml Sekt
- 1 Pck. Dr. Oetker Pudding-Pulver Sahne- oder Vanille-Geschmack
- 50 g Zucker

Für den Belag:
- 400 g Schlagsahne
- 1 Pck. Dr. Oetker Vanillin-Zucker
- 2 Pck. Dr. Oetker Sahnesteif
- 125 g Crème double
- evtl. etwas Zitronenmelisse

Zubereitungszeit: 40 Minuten, ohne Kühl- und Abkühlzeit

1. Für den Boden Kuvertüre oder Schokolade grob hacken und in einem Topf im Wasserbad bei schwacher Hitze unter Rühren schmelzen lassen. Knuspermüsli in einen Gefrierbeutel geben, ihn verschließen und Müsli mit einer Teigrolle grob zerbröseln. Müslibrösel mit einem Esslöffel unter die Kuvertüre oder Schokolade rühren. Einen Springformrand (Ø 26 cm) auf eine mit Backpapier belegte Tortenplatte stellen. Die Masse in den Springformrand geben und mit einem Esslöffel gut zu einem Boden andrücken. Boden etwa 1 Stunde in den Kühlschrank stellen.

2. Für die Füllung Aprikosen in einem Sieb gut abtropfen lassen, 6 Aprikosenhälften beiseitelegen. Die Hälfte der restlichen Aprikosenhälften in kleine Würfel schneiden, die andere Hälfte pürieren. Püree mit Sekt auf 400 ml ergänzen, evtl. mit Wasser auffüllen. Das Pudding-Pulver mit Zucker mischen und nach und nach mit etwa 6 Esslöffeln von der Püree-Sekt-Mischung glatt rühren. Restliche Püree-Sekt-Mischung zum Kochen bringen, dann von der Kochstelle nehmen und angerührtes Pulver mit einem Schneebesen einrühren. Pudding unter Rühren kurz aufkochen lassen und die Aprikosenwürfel unterheben. Pudding in eine Rührschüssel umfüllen und erkalten lassen, dabei gelegentlich umrühren.

3. Backpapier mithilfe eines Tortenhebers vom Boden lösen und entfernen. Der Boden bleibt in der Springform auf der Tortenplatte.

4. Für den Belag Sahne mit Vanillin-Zucker und Sahnesteif steif schlagen. Crème double hinzufügen und kurz unterrühren. Die Puddingfüllung kurz durchrühren, auf den kalten Boden geben und glatt streichen. Anschließend die Sahne daraufstreichen und mit einem Löffel wellenartig verstreichen.

5. Die 6 beiseitegelegten Aprikosenhälften fächerartig einschneiden und dekorativ auf die Torte legen. Die Torte etwa 2 Stunden in den Kühlschrank stellen. Vor dem Servieren Springformrand entfernen. Die Torte nach Belieben mit Zitronenmelisse garnieren.

Hinweis: Im Originalrezept wurde die Füllung mit Fruttina hergestellt. Da sich die Rezeptur von Fruttina geändert hat, wurde das Rezept entsprechend umgearbeitet, der Name ist geblieben.

Fruttinatorte | Für Kinder – ohne zu backen

Insgesamt:
E: 66 g, F: 419 g, Kh: 384 g, kJ: 23775, kcal: 5678

Für den Boden:
- 150 g Eiswaffeln mit Füllung
- 100 g Butter

Für den Belag:
- 400 g Doppelrahm-Frischkäse
- 75 g Zucker
- 1 Pck. Dr. Oetker Vanillin-Zucker
- 1 ½ Pck. Dr. Oetker Pudding-Pulver Sahne- oder Vanille-Geschmack
- 250 ml (¼ l) Orangensaft
- 3 EL Zitronensaft
- 375 g Schlagsahne

Für den Guss:
- ½ Pck. Dr. Oetker Pudding-Pulver Sahne- oder Vanille-Geschmack
- 50 g Zucker
- 200 ml Orangensaft
- 50 ml Zitronensaft
- 125 g Schlagsahne
- 18 Gelee-Zitronenscheibenhälften

Zubereitungszeit: 30 Minuten, ohne Kühlzeit

1. Für den Boden Eiswaffeln in einen Gefrierbeutel geben, ihn verschließen, die Eiswaffeln mit einer Teigrolle fein zerbröseln und in eine Schüssel geben.

2. Butter zerlassen, zu den Bröseln geben und gut verrühren. Einen Springformrand (Ø 26 cm) auf eine mit Backpapier oder Tortenspitze belegte Tortenplatte stellen. Die Bröselmasse darin verteilen und mithilfe eines Löffels gut zu einem Boden andrücken. Boden in den Kühlschrank stellen.

3. Für den Belag Frischkäse mit Zucker und Vanillin-Zucker verrühren. Einen Pudding aus Pudding-Pulver, aber nur mit 250 ml Orangensaft und 3 Esslöffeln Zitronensaft nach Packungsanleitung zubereiten. Die noch heiße Puddingmasse mit Handrührgerät mit Rührbesen unter die Frischkäsemasse rühren.

4. Sahne steif schlagen und unterrühren. Die Creme auf den Boden geben und glatt streichen. Die Torte etwa 2 Stunden in den Kühlschrank stellen.

5. Für den Guss Pudding-Pulver mit Zucker nach Packungsanleitung, aber mit 200 ml Orangensaft und 50 ml Zitronensaft zubereiten. Guss vorsichtig, aber schnell auf dem Belag verteilen und glatt streichen. Torte in den Kühlschrank stellen und den Guss fest werden lassen.

6. Springformrand lösen und entfernen. Sahne steif schlagen, in einen Spritzbeutel mit mittelgroßer Sterntülle füllen und 16 Tupfen auf die Tortenoberfläche spritzen. Je 1 Geleefrucht an jeden Sahnetupfen lehnen. Die beiden restlichen Geleefrüchte in kleine Würfel schneiden und auf der Tortenmitte verteilen.

Abwandlung: Wenn Sie lieber ungefüllte Eiswaffeln, z. B. Eiswaffelherzen verwenden, Brösel mit 125 g Butter verrühren.

Hinweis: Im Originalrezept wurde der Belag mit Fruttina hergestellt. Da sich die Rezeptur von Fruttina geändert hat, wurde das Rezept entsprechend umgearbeitet, der Name ist geblieben.

Galetta-Bienenstich | Schnell zubereitet

Insgesamt:
E: 65 g, F: 264 g, Kh: 398 g, kJ: 17975, kcal: 4291

Für den Biskuitteig:
- 4 Eier (Größe M)
- 150 g Zucker
- 1 Pck. Dr. Oetker Vanillin-Zucker
- 1 Pck. Dr. Oetker Finesse Geriebene Zitronenschale
- 150 g Weizenmehl
- 15 g Speisestärke
- 2 gestr. TL Dr. Oetker Backin

Zum Bestreuen:
- 50 g gehobelte Mandeln
- 20 g Zucker
- 30 g Butter

Für die Füllung:
- 1 Pck. Galetta Vanille-Geschmack (Pudding-Pulver ohne Kochen)
- 600 g Schlagsahne

Zubereitungszeit: 30 Minuten, ohne Abkühl- und Kühlzeit
Backzeit: etwa 12 Minuten

1. Den Backofen vorheizen.
Ober-/Unterhitze: etwa 200 °C
Heißluft: etwa 180 °C

2. Für den Teig Eier mit Handrührgerät mit Rührbesen etwa 2 Minuten schaumig rühren. Zucker mit Vanillin-Zucker und Zitronenschale mischen, in 1 Minute einstreuen, dann noch etwa 2 Minuten weiterschlagen.

3. Mehl, Speisestärke und Backpulver mischen, die Hälfte davon auf die Eiercreme geben und kurz auf niedrigster Stufe unterrühren. Restliches Mehlgemisch auf die gleiche Weise unterarbeiten. Den Teig auf ein Backblech (30 x 40 cm, gefettet, mit Backpapier belegt) geben und verstreichen.

4. Mandeln und Zucker auf die Hälfte des Teiges streuen und Butter in Flöckchen daraufsetzen. Das Backblech in den vorgeheizten Backofen schieben und die Biskuitplatte sofort **etwa 12 Minuten backen.**

5. Backblech mit Biskuitplatte etwa 5 Minuten auf einem Kuchenrost abkühlen lassen, dann den Rand mit einem Messer lösen und die Biskuitplatte mit dem Backpapier auf die Arbeitsfläche stürzen. Mitgebackenes Backpapier vorsichtig abziehen.

6. Die Biskuitplatte erkalten lassen und dann so halbieren, dass 2 Hälften entstehen, eine mit und eine ohne Mandeln.

7. Für die Füllung Pudding-Pulver nach Packungsanleitung, aber mit der angegebenen Menge Sahne aufschlagen und auf der Gebäckhälfte ohne Mandeln verstreichen. Die andere Gebäckhälfte auflegen, sodass die Mandeln oben sind, und etwas andrücken. Den Kuchen etwa 2 Stunden in den Kühlschrank stellen.

Tipp: Den Kuchen am besten mit einem elektrischen Messer in Stücke schneiden.

Galetta-Erdbeer-Torte | Für Gäste

Insgesamt:
E: 83 g, F: 327 g, Kh: 593 g, kJ: 23797, kcal: 5672

Für den Biskuitteig:
- 4 Eier (Größe M)
- 4 EL heißes Wasser
- 150 g Zucker
- 1 Pck. Dr. Oetker Vanillin-Zucker
- 1 Prise Salz
- 150 g Weizenmehl
- 50 g Speisestärke
- 1 gestr. TL Dr. Oetker Backin

Für die Füllung:
- 750 g Erdbeeren
- 1 Pck. Tortenguss, rot
- 2–3 EL Erdbeerkonfitüre
- 2 Pck. Galetta Vanille-Geschmack (Pudding-Pulver ohne Kochen)
- 350 ml kalte Milch
- 500 g Schlagsahne

Zum Bestreichen:
- 400 g Schlagsahne
- 2 Pck. Dr. Oetker Sahnesteif
- 2 Pck. Dr. Oetker Vanillin-Zucker

Zubereitungszeit: 60 Minuten, ohne Abkühl- und Kühlzeit
Backzeit: etwa 25 Minuten

1. Den Backofen vorheizen.
Ober-/Unterhitze: etwa 180 °C
Heißluft: etwa 160 °C

2. Für den Teig Eier und Wasser mit Handrührgerät mit Rührbesen auf höchster Stufe in 1 Minute schaumig schlagen. Zucker, Vanillin-Zucker und Salz mischen, in 1 Minute einstreuen und etwa 2 Minuten weiterschlagen.

3. Mehl mit Speisestärke und Backpulver mischen. Die Hälfte davon auf die Eiercreme geben und auf niedrigster Stufe kurz unterrühren. Restliches Mehlgemisch auf die gleiche Weise unterarbeiten. Den Teig in eine Springform (Ø 26 cm, Boden gefettet, mit Backpapier belegt) füllen und glatt streichen. Die Form auf dem Rost in den vorgeheizten Backofen schieben und den Boden **etwa 25 Minuten backen.**

4. Den Biskuitboden vorsichtig vom Rand lösen, auf einen mit Backpapier belegten Kuchenrost stürzen und erkalten lassen. Anschließend mitgebackenes Backpapier vorsichtig abziehen und den Biskuitboden zweimal waagerecht durchschneiden. Den unteren Boden auf eine Tortenplatte legen. Einen Tortenring oder den gesäuberten Springformrand darumstellen.

5. Für die Füllung Erdbeeren abspülen, abtropfen lassen und entstielen. 6 Erdbeeren beiseitelegen. Die Hälfte der restlichen Erdbeeren mit Tortengusspulver und Erdbeerkonfitüre vermischen, pürieren und unter Rühren aufkochen. Anschließend die Masse etwas abkühlen lassen. Erdbeermasse lauwarm auf dem unteren Boden verstreichen. Die andere Hälfte der Erdbeeren halbieren oder vierteln, darauf verteilen und die Masse erkalten lassen.

6. Pudding-Pulver nach Packungsanleitung, aber mit den hier angegebenen Mengen Milch und Sahne zubereiten. Die Hälfte der Creme auf den Erdbeeren verstreichen. Den zweiten Boden darauflegen und mit der restlichen Creme bestreichen. Torte mit dem oberen Boden bedecken und etwa 1 Stunde in den Kühlschrank stellen.

7. Sahne mit Sahnesteif und Vanillin-Zucker steif schlagen. Tortenring oder Springformrand vorsichtig lösen und entfernen. Tortenrand und -oberfläche mit der Sahne bestreichen. Die beiseitegelegten Erdbeeren halbieren, die Torte damit garnieren und die Torte etwa 1 Stunde in den Kühlschrank stellen.

Gewittertorte | Für Kinder

Insgesamt:
E: 71 g, F: 338 g, Kh: 554 g, kJ: 23700, kcal: 5654

Für den Biskuitteig:

    3 Eier (Größe M)
    150 g Zucker
    1 Pck. Dr. Oetker Vanillin-Zucker
    200 g gemahlene Haselnusskerne
    1 gestr. TL Dr. Oetker Backin

Für die Füllung:

    3 Bananen
    1–2 EL Zitronensaft
    1 Glas Sauerkirschen
        (Abtropfgewicht 370 g)
    1 Pck. Dr. Oetker Pudding-Pulver
        Sahne-Geschmack
    75 g Zucker
    400 ml Kirschsaft aus dem Glas

Für den Belag:

    600 g Schlagsahne
    3 Pck. Dr. Oetker Sahnesteif
    30 g Puderzucker
    2 EL Kakaogetränkepulver

Zum Verzieren:

    3 EL Vanillesauce (Fertigprodukt)
        Kakaopulver

Zubereitungszeit: 50 Minuten,
ohne Abkühl- und Kühlzeit
Backzeit: etwa 20 Minuten

1. Den Backofen vorheizen.
Ober-/Unterhitze: etwa 180 °C
Heißluft: etwa 160 °C

2. Für den Teig Eier mit Handrührgerät mit Rührbesen auf höchster Stufe in 1 Minute schaumig schlagen. Zucker und Vanillin-Zucker mischen, in 1 Minute einstreuen, dann noch etwa 2 Minuten weiterschlagen.

3. Haselnusskerne mit Backpulver mischen, die Hälfte davon auf die Eiercreme geben und kurz auf niedrigster Stufe unterrühren. Restliches Nussgemisch auf die gleiche Weise unterarbeiten.

4. Einen Backrahmen (25 x 25 cm) auf ein Backblech (30 x 40 cm, mit Backpapier belegt) stellen, den Teig hineingeben und glatt streichen. Das Backblech in den vorgeheizten Backofen schieben und den Tortenboden **etwa 20 Minuten backen.**

5. Den Backrahmen lösen und entfernen. Tortenboden auf einen mit Backpapier belegten Kuchenrost stürzen und die Platte erkalten lassen. Anschließend mitgebackenes Backpapier abziehen.

6. Für die Füllung Bananen schälen, in dünne Scheiben schneiden, auf den Tortenboden legen und mit Zitronensaft bestreichen. Den gesäuberten Backrahmen wieder um den Boden stellen.

7. Sauerkirschen in einem Sieb abtropfen lassen, den Saft dabei auffangen und 400 ml abmessen, evtl. mit Wasser ergänzen.

8. Aus Pudding-Pulver, Zucker und dem Saft nach Packungsanleitung einen Pudding kochen und die Kirschen unterheben. Die Masse auf die Bananen geben und glatt streichen. Die Torte etwa 1 Stunde in den Kühlschrank stellen.

9. Für den Belag Sahne mit Sahnesteif und Puderzucker steif schlagen. Knapp ein Drittel davon in einen Spritzbeutel mit Sterntülle füllen. Die Hälfte der restlichen Sahne auf den Kirschen verstreichen, die andere Hälfte mit Kakaogetränkepulver verrühren und als „Wolken" mit einem Esslöffel auf die Oberfläche setzen.

10. Sahne aus dem Spritzbeutel als „Blitze" in die Zwischenräume spritzen. Die Torte etwa 1 Stunde in den Kühlschrank stellen.

11. Zum Verzieren Vanillesauce auf den „Blitzen" verteilen und die „Wolken" mit etwas Kakaopulver bestäuben.

Tipp: Für Erwachsene statt Vanillesauce Eierlikör verwenden.

G

Gib-mir-die-Kugel-Torte mit Kirschen | Für Kinder

Insgesamt:
E: 94 g, F: 436 g, Kh: 928 g, kJ: 34774, kcal: 8309

Für den Rührteig:
- 150 g Butter oder Margarine
- 150 g Zucker
- 1 Pck. Dr. Oetker Vanillin-Zucker
- 4 Eier (Größe M)
- 200 g gemahlene Haselnusskerne
- 1 TL Dr. Oetker Backin

Für die Füllung:
- 1 Glas Sauerkirschen (Abtropfgewicht 370 g)
- 250 ml (¼ l) Sauerkirschsaft aus dem Glas
- 30 g Speisestärke
- 20 g Zucker

Für den Belag:
- 24 gekühlte Schoko-Nuss-Konfektkugeln
- 400–500 g Schlagsahne
- 1 Pck. Dr. Oetker Sahnesteif

Zum Verzieren:
- 40 g Vollmilch-Kuvertüre

Zubereitungszeit: 50 Minuten, ohne Abkühlzeit
Backzeit: etwa 30 Minuten

1. Den Backofen vorheizen.
Ober-/Unterhitze: etwa 180 °C
Heißluft: etwa 160 °C

2. Für den Teig Butter oder Margarine mit Handrührgerät mit Rührbesen auf höchster Stufe geschmeidig rühren. Nach und nach Zucker und Vanillin-Zucker unterrühren. So lange rühren, bis eine gebundene Masse entstanden ist. Eier nach und nach unterrühren (jedes Ei etwa ½ Minute).

3. Haselnusskerne mit Backpulver mischen und auf mittlerer Stufe kurz unterrühren. Den Teig in eine Springform (Ø 26 cm, Boden gefettet, mit Backpapier belegt) füllen und glatt streichen. Die Form auf dem Rost in den vorgeheizten Backofen schieben und den Boden **etwa 30 Minuten backen.**

4. Den Tortenboden aus der Form lösen, auf einen mit Backpapier belegten Kuchenrost stürzen und den Boden erkalten lassen. Anschließend mitgebackenes Backpapier abziehen. Tortenboden auf eine mit Tortenspitze oder Backpapier belegte Tortenplatte legen und einen Tortenring darumstellen.

5. Für die Füllung Kirschen in einem Sieb abtropfen lassen, den Saft dabei auffangen und 250 ml (¼ l) davon abmessen, evtl. mit Wasser ergänzen. Speisestärke mit 3 Esslöffeln von dem Saft anrühren. Restlichen Saft mit Zucker verrühren und in einem kleinen Topf erwärmen. Angerührte Speisestärke in den Saft rühren und unter Rühren kurz aufkochen lassen. Kirschen hinzugeben, unterrühren und etwas abkühlen lassen. Die abgekühlte Kirschmasse auf dem Tortenboden verstreichen.

6. Sechs Konfektkugeln mit einem scharfen Messer halbieren und zum Garnieren beiseitelegen.

7. Die restlichen Kugeln in einer Schüssel zerdrücken. Sahne mit Sahnesteif steif schlagen und in 2 Portionen unter die Konfektmasse heben. Die Konfektcreme kuppelartig auf die Kirschen streichen und mit einem Teelöffel Vertiefungen in die Creme drücken. Beiseitegelegte Kugeln in die Vertiefungen stecken.

8. Kuvertüre grob hacken und in einem kleinen Topf im Wasserbad bei schwacher Hitze unter Rühren schmelzen lassen. Kuvertüre etwas abkühlen lassen, in einen kleinen Gefrierbeutel geben und eine kleine Ecke abschneiden. Die Torte mit der Kuvertüre verzieren und bis zum Verzehr in den Kühlschrank stellen.

Gloria-Torte | Mit Alkohol – beliebt

Insgesamt:
E: 84 g, F: 304 g, Kh: 497 g, kJ: 22076, kcal: 5276

Für den Biskuitteig:
- 4 Eier (Größe M)
- 4 EL heißes Wasser
- 200 g Zucker
- 1 Pck. Dr. Oetker Vanillin-Zucker
- 200 g Weizenmehl
- 1 TL Dr. Oetker Backin

Für die Füllung:
- 4 Blatt weiße Gelatine
- 750 g Schlagsahne
- 50 g Zucker
- 2 Pck. Dr. Oetker Vanillin-Zucker
- 2 TL Instant-Kaffeepulver
- 2 EL Rum
- 100 g Zartbitter-Raspelschokolade
- 1 EL Kakaopulver

- 20 g Zartbitter-Kuvertüre

Zubereitungszeit: 50 Minuten, ohne Abkühl- und Kühlzeit
Backzeit: 10–15 Minuten

1. Den Backofen vorheizen.
Ober-/Unterhitze: etwa 200 °C
Heißluft: etwa 180 °C

2. Für den Teig Eier und Wasser mit Handrührgerät mit Rührbesen auf höchster Stufe in 1 Minute schaumig schlagen. Zucker mit Vanillin-Zucker mischen, in 1 Minute einstreuen, dann noch etwa 2 Minuten weiterschlagen. Mehl und Backpulver mischen, die Hälfte davon auf die Eiercreme geben und auf niedrigster Stufe kurz unterrühren. Restliches Mehlgemisch auf die gleiche Weise unterarbeiten.

3. Den Teig auf ein Backblech (30 x 40 cm, gefettet, mit Backpapier belegt) geben und glatt streichen. Das Papier vor dem Teig zur Falte knicken. Das Backblech in den vorgeheizten Backofen schieben und die Biskuitplatte **10–15 Minuten backen**.

4. Die Biskuitplatte sofort nach dem Backen vom Rand lösen, auf ein mit Zucker bestreutes Stück Backpapier stürzen und erkalten lassen. Anschließend mitgebackenes Backpapier abziehen.

5. Für die Füllung Gelatine nach Packungsanleitung einweichen. Sahne mit Zucker und Vanillin-Zucker steif schlagen. Kaffeepulver im Rum auflösen, mit Raspelschokolade und Kakao unter die Sahne heben. Gelatine leicht ausdrücken und in einem kleinen Topf bei schwacher Hitze unter Rühren auflösen. Aufgelöste Gelatine zunächst mit etwa 4 Esslöffeln von der Sahnemasse verrühren, dann die Mischung unter die restliche Sahnemasse rühren.

6. Zwei Drittel der Sahnemasse auf die Biskuitplatte streichen und die Platte der Länge nach in etwa 5 cm breite Streifen schneiden. Einen Streifen zu einer Schnecke aufrollen und in die Mitte einer Tortenplatte setzen. Die nächsten Streifen daranlegen, bis die Torte gleichmäßig rund ist. Tortenoberfläche und -rand mit der restlichen Sahnemasse bestreichen. Die Torte 2–3 Stunden in den Kühlschrank stellen.

7. Zum Verzieren Kuvertüre mit einem Messer oder Sparschäler in Locken abschaben und auf die Tortenoberfläche streuen.

Goldmarie-Cappuccino-Rolle
Raffiniert

Insgesamt:
E: 80 g, F: 321 g, Kh: 299 g, kJ: 18448, kcal: 4410

Für den Biskuitteig:
- 4 Eier (Größe M)
- 1 Eigelb (Größe M)
- 75 g Zucker
- 1 Pck. Dr. Oetker Finesse Bourbon-Vanille-Aroma
- 60 g Weizenmehl
- 20 g Kakaopulver
- ½ gestr. TL Dr. Oetker Backin

Für die Füllung:
- 10 Schoko-Nuss-Konfektkugeln
- 400 g Schlagsahne
- 1 Pck. (10 g) Instant-Cappuccino-Pulver
- 2 Pck. Dr. Oetker Sahnesteif

Zum Verzieren und Garnieren:
- 100 g Zartbitter-Kuvertüre
- 1 EL Speiseöl, z. B. Sonnenblumenöl
- 100 g Schlagsahne
- 6 Schoko-Nuss-Konfektkugeln
- Kakaopulver

Zubereitungszeit: 35 Minuten, ohne Abkühlzeit
Backzeit: 8–10 Minuten

1. Den Backofen vorheizen.
Ober-/Unterhitze: etwa 200 °C
Heißluft: etwa 180 °C

2. Für den Teig Eier und Eigelb mit Handrührgerät mit Rührbesen auf höchster Stufe in 1 Minute schaumig schlagen. Zucker in 1 Minute einstreuen, dann noch etwa 2 Minuten weiterschlagen. Aroma kurz unterrühren.

3. Mehl mit Kakaopulver und Backpulver mischen, auf die Eiercreme geben und auf niedrigster Stufe kurz unterrühren. Den Teig auf ein Backblech (30 x 40 cm, gefettet, mit Backpapier belegt) geben und glatt streichen. Das Backblech in den vorgeheizten Backofen schieben und den Teig **8–10 Minuten backen.**

4. Den Gebäckrand mit einem Messer vom Backblech lösen, dann auf ein mit etwas Zucker bestreutes Backpapier stürzen und die Biskuitplatte erkalten lassen. Anschließend mitgebackenes Backpapier abziehen.

5. Für die Füllung die Konfektkugeln grob hacken. Schlagsahne mit Cappuccino-Pulver und Sahnesteif steif schlagen und die gehackten Konfektkugeln kurz unterrühren. Die Creme auf die erkaltete Gebäckplatte streichen und mithilfe des Backpapiers von der längeren Seite her aufrollen.

6. Zum Verzieren Kuvertüre mit Öl in einem Topf im Wasserbad bei schwacher Hitze unter Rühren schmelzen lassen, die Rolle damit besprenkeln und in den Kühlschrank stellen. Sahne steif schlagen, in einen Spritzbeutel mit Lochtülle geben und die Rolle damit verzieren. Zum Garnieren Konfektkugeln vorsichtig halbieren und auf der Rolle verteilen. Vor dem Servieren die Rolle mit wenig Kakao bestäuben.

Götterspeise-Frischkäse-Kuchen

Für Kinder

Insgesamt:
E: 167 g, F: 487 g, Kh: 748 g, kJ: 34216, kcal: 8169

Zum Vorbereiten:
         2 Beutel
    aus 1 Pck. Götterspeise
                   Zitronen-Geschmack
      100 g Zucker
750 ml (³/₄ l) Wasser oder Apfelsaft

Für den Teig:
125 ml (¹/₈ l) Speiseöl, z. B. Sonnenblumenöl
      125 g Zucker
      1 Pck. Dr. Oetker Vanillin-Zucker
     1 Prise Salz
      1 Pck. Dr. Oetker Finesse
                   Geriebene Zitronenschale
       2 Eier (Größe M)
      225 g Weizenmehl
2 gestr. TL Dr. Oetker Backin
      100 ml Milch

Für den Belag:
     3 Dosen Mandarinen
                   (Abtropfgewicht je 175 g)
       1 Beutel
    aus 1 Pck. Götterspeise
                   Zitronen-Geschmack
      125 g Zucker
      300 ml Mandarinensaft aus den Dosen
      600 g Doppelrahm-Frischkäse
      500 g Schlagsahne
      2 Pck. Dr. Oetker Vanillin-Zucker

Zubereitungszeit: 60 Minuten,
ohne Kühl- und Abkühlzeit
Backzeit: etwa 20 Minuten

1. Zum Vorbereiten Götterspeise mit Zucker und
Wasser oder Apfelsaft nach Packungsanleitung,
aber mit den hier angegebenen Zutaten zubereiten.
Götterspeise etwa 1 cm hoch in eine flache Form gießen und mehrere Stunden im Kühlschrank fest werden lassen (am besten über Nacht).

2. Den Backofen vorheizen.
Ober-/Unterhitze: etwa 180 °C
Heißluft: etwa 160 °C

3. Für den Teig Speiseöl in eine Rührschüssel geben.
Zucker, Vanillin-Zucker, Salz und Zitronenschale hinzufügen und mit Handrührgerät mit Rührbesen zunächst
kurz auf niedrigster, dann auf höchster Stufe schaumig rühren.

4. Eier nach und nach unterrühren (jedes Ei etwa
¹/₂ Minute). Mehl mit Backpulver mischen und in
2 Portionen abwechselnd mit der Milch unterrühren.

5. Einen Backrahmen auf ein Backblech (30 x 40 cm,
gefettet) stellen, den Teig darin verteilen und glatt
streichen. Das Backblech in den vorgeheizten Backofen schieben und den Boden **etwa 20 Minuten
backen.**

6. Das Backblech auf einen Kuchenrost stellen und
den Boden darauf erkalten lassen.

7. Für den Belag Mandarinen in einem Sieb abtropfen
lassen, den Saft dabei auffangen und 300 ml davon
abmessen. Götterspeise und Zucker in einem kleinen
Topf mischen. Mandarinensaft hinzufügen und die
Flüssigkeit unter Rühren erwärmen, bis sich die
Götterspeise aufgelöst hat. Flüssigkeit abkühlen lassen und in den Kühlschrank stellen, bis sie beginnt
dicklich zu werden.

8. Frischkäse in einer Rührschüssel glatt rühren, die
Götterspeise nach und nach unterrühren. Sahne mit
Vanillin-Zucker steif schlagen und unter die Frisch-
käsemasse heben. Die abgetropften Mandarinen un-
terheben. Die Creme auf dem Boden verstreichen.
Kuchen etwa 2 Stunden in den Kühlschrank stellen.

9. Die vorbereitete, fest gewordene Götterspeise aus
der Form stürzen und in Würfel schneiden. Die Würfel
auf dem Belag verteilen. Den Backrahmen vorsichtig
mit einem Messer lösen und entfernen.

Tipp: Dieser Kuchen kann auch mit Götterspeise
Waldmeister-Geschmack und grünen Weintrauben
zubereitet werden.

Hannchen-Jensen-Torte

Für Gäste – raffiniert

Insgesamt:
E: 69 g, F: 226 g, Kh: 525 g, kJ: 18996, kcal: 4539

Für den Rührteig:
- 100 g Butter oder Margarine
- 100 g Zucker
- 1 Pck. Dr. Oetker Vanillin-Zucker
- 4 Eigelb (Größe M)
- 125 g Weizenmehl
- ½ gestr. TL Dr. Oetker Backin
- 2 EL Milch

Für den Belag:
- 4 Eiweiß (Größe M)
- 200 g Zucker
- 80 g gehobelte Mandeln

Für die Füllung:
- 1 Pck. Dr. Oetker Pudding-Pulver Vanille-Geschmack
- 100 ml Wasser
- 25 g Zucker
- 300 g TK-Himbeeren
- 250 g Schlagsahne
- 1 Pck. Dr. Oetker Sahnesteif
- 1 Pck. Dr. Oetker Vanillin-Zucker

Zubereitungszeit: 65 Minuten, ohne Abkühlzeit
Backzeit: etwa 20 Minuten je Boden

1. Für den Teig Butter oder Margarine mit Handrührgerät mit Rührbesen auf höchster Stufe geschmeidig rühren. Nach und nach Zucker und Vanillin-Zucker unterrühren. So lange rühren, bis eine gebundene Masse entstanden ist.

2. Eigelb nach und nach unterrühren. Mehl mit Backpulver mischen und abwechselnd mit der Milch auf mittlerer Stufe kurz unterrühren.

3. Den Backofen vorheizen.
Ober-/Unterhitze: etwa 180 °C
Heißluft: etwa 160 °C

4. Den Teig halbieren. Jeweils eine Hälfte in je eine Springform (Ø 26 cm, Boden gefettet) geben und glatt streichen.

5. Für den Belag Eiweiß mit Handrührgerät mit Rührbesen auf höchster Stufe steif schlagen. Der Schnee muss so fest sein, dass ein Messerschnitt sichtbar bleibt. Nach und nach Zucker unterschlagen.

6. Eiweißmasse halbieren. Jeweils eine Hälfte auf jeden Boden streichen. Jeweils 40 g Mandeln auf jede Eiweißmasse streuen. Formen nacheinander (bei Heißluft zusammen) auf dem Rost in den vorgeheizten Backofen schieben und die Böden **jeweils etwa 20 Minuten backen.**

7. Die Formen auf einen Kuchenrost stellen und die Böden in den Formen darauf erkalten lassen.

8. Für die Füllung Pudding-Pulver mit etwas von dem Wasser anrühren. Restliches Wasser in einem Topf zum Kochen bringen. Zucker und Himbeeren hinzugeben, aufkochen lassen und von der Kochstelle nehmen. Angerührtes Pudding-Pulver einrühren und alles unter Rühren nochmals aufkochen, dann erkalten lassen.

9. Einen der Tortenböden auf eine mit Tortenspitze oder Backpapier belegte Tortenplatte legen und mit der Himbeermasse bestreichen. Danach Sahne mit Sahnesteif und Vanillin-Zucker steif schlagen, auf die Himbeermasse geben und verstreichen. Den zweiten Boden in 12 Stücke schneiden und auf die Sahne legen.

Tipp: Die Himbeeren statt mit Pudding-Pulver mit Tortengusspulver andicken.

Happy-Banana-Torte | Für Kinder

Insgesamt:
E: 102 g, F: 341 g, Kh: 568 g, kJ: 24730, kcal: 5910

Für den All-in-Teig:
- 50 g getrocknete Bananenchips
- 200 g Weizenmehl
- 3 gestr. TL Dr. Oetker Backin
- 25 g Kakaopulver
- 200 g Zucker
- 1 Pck. Dr. Oetker Vanillin-Zucker
- 4 Eier (Größe M)
- 200 g weiche Butter oder Margarine

Für die Füllung und den Belag:
- 8 Blatt weiße Gelatine
- 500 ml (½ l) Bananenmilch
- 25 g Zucker
- 1 Pck. Dr. Oetker Vanillin-Zucker
- 400 g Schlagsahne

Zum Garnieren:
- 30 g Bananenchips oder gelbe Schaumzuckerbananen oder Geleebananen
- evtl. etwas gesiebtes Kakaopulver

Zubereitungszeit: 50 Minuten, ohne Kühlzeit
Backzeit: etwa 25 Minuten

1. Den Backofen vorheizen.
Ober-/Unterhitze: etwa 180 °C
Heißluft: etwa 160 °C

2. Für den Teig Bananenchips fein hacken. Mehl mit Backpulver und Kakaopulver mischen und in eine Rührschüssel geben. Restliche Zutaten und Bananenchips hinzufügen und alles mit Handrührgerät mit Rührbesen auf höchster Stufe in etwa 2 Minuten zu einem Teig verarbeiten.

3. Einen Backrahmen (26 x 26 cm) auf ein Backblech (30 x 40 cm, mit Backpapier belegt) stellen. Den Teig einfüllen und glatt streichen. Das Backblech in den vorgeheizten Backofen schieben und den Boden **etwa 25 Minuten backen**.

4. Den Backrahmen lösen und entfernen. Den Boden auf einen mit Backpapier belegten Kuchenrost stürzen, erkalten lassen. Mitgebackenes Backpapier abziehen.

5. Für Füllung und Belag Gelatine nach Packungsanleitung einweichen. Bananenmilch mit Zucker und Vanillin-Zucker verrühren. Gelatine leicht ausdrücken und in einem kleinen Topf bei schwacher Hitze unter Rühren auflösen. Aufgelöste Gelatine zunächst mit etwa 4 Esslöffeln von der Bananenmilch verrühren, dann die Mischung unter die restliche Bananenmilch rühren. Masse in den Kühlschrank stellen. Sobald die Masse beginnt dicklich zu werden, Sahne steif schlagen, unterheben, Creme in den Kühlschrank stellen.

6. Tortenboden einmal waagerecht durchschneiden, dann noch einmal diagonal durchschneiden, sodass 4 Dreiecke entstehen. Die beiden oberen Dreiecke auf einer Tortenplatte zu einem großen Dreieck zusammenlegen.

7. Die Hälfte der Bananencreme auf dem großen Dreieck verstreichen, die beiden restlichen Dreiecke darauflegen und leicht andrücken. Restliche Bananencreme wellenförmig daraufstreichen. Die Torte etwa 2 Stunden in den Kühlschrank stellen.

8. Die Torte mit Bananenchips oder Schaumzuckerbananen oder Geleebananen garnieren. Den Rand nach Belieben mit Kakaopulver bestäuben.

Herrenkuchen „Shaker Maker"
Mit Alkohol – gefriergeeignet

Insgesamt:
E: 57 g, F: 169 g, Kh: 401 g, kJ: 14593, kcal: 3486

Zum Vorbereiten:
- 150 g Zartbitter-Kuvertüre
- 100 g Butter

Für den Schüttelteig:
- 200 g Weizenmehl
- 2 gestr. TL Dr. Oetker Backin
- 150 g Zucker
- 1 Pck. Dr. Oetker Vanillin-Zucker
- 3 Eier (Größe M)
- 150 ml starker Kaffee
- 50 ml Whisky oder Rum
- 50 g Zartbitter-Raspelschokolade

Zubereitungszeit: 15 Minuten, ohne Abkühlzeit
Backzeit: etwa 40 Minuten

1. Zum Vorbereiten Kuvertüre grob zerkleinern und mit der Butter in einem kleinen Topf im Wasserbad bei schwacher Hitze unter Rühren schmelzen lassen.

2. Den Backofen vorheizen.
Ober-/Unterhitze: etwa 180 °C
Heißluft: etwa 160 °C

3. Mehl mit Backpulver mischen, in eine verschließbare Schüssel (etwa 3 l) geben und mit Zucker und Vanillin-Zucker mischen. Eier, Kaffee, Whisky oder Rum hinzufügen, die Schüssel mit dem Deckel fest verschließen. Die Schüssel mehrmals kräftig schütteln (insgesamt 15–30 Sekunden), sodass alle Zutaten gut vermischt sind. Kuvertüre und Raspelschokolade dazugeben und alles mit einem Schneebesen oder Rührlöffel nochmals sorgfältig durchrühren, damit trockene Zutaten vom Rand mit untergerührt werden.

4. Teig in eine Kastenform (25 x 11 cm, gefettet, gemehlt) geben und glatt streichen. Die Form auf dem Rost in den vorgeheizten Backofen schieben und den Kuchen **etwa 40 Minuten backen.**

5. Den Kuchen etwa 10 Minuten in der Form stehen lassen, dann auf einen mit Backpapier belegten Kuchenrost stürzen, umdrehen und erkalten lassen.

Tipp: Nach Belieben den Kuchen mit Rum-Zuckerguss überziehen oder mit Kakaopulver bestäuben.

Herzchen-Rolle I

Zum Verschenken – gut vorzubereiten

Insgesamt:
E: 65 g, F: 300 g, Kh: 342 g, kJ: 18128, kcal: 4332

Für die dunkle Füllung:
150 g Zartbitter-Schokolade
6 Milka® Nuss-Nougat-Creme-Herzen
250 g Schlagsahne
½ Pck. Dr. Oetker Finesse Orangenschalen-Aroma

Für den Biskuitteig:
3 Eier (Größe M)
1 Eigelb (Größe M)
70 g Zucker
1 Pck. Dr. Oetker Vanillin-Zucker
50 g Weizenmehl
15 g Speisestärke
½ gestr. TL Dr. Oetker Backin
1 geh. TL Kakaopulver
½ Pck. Dr. Oetker Finesse Orangenschalen-Aroma

Für die helle Füllung:
250 g Schlagsahne
1 Pck. Dr. Oetker Sahnesteif
12 Milka® Nuss-Nougat-Creme-Herzen

Zum Verzieren und Garnieren:
50 g Zartbitter-Schokolade
6 Milka® Nuss-Nougat-Creme-Herzen

Zubereitungszeit: 50 Minuten, ohne Kühlzeit
Backzeit: etwa 10 Minuten

1. Für die dunkle Füllung Schokolade und Herzen grob hacken. Sahne in einem Topf erwärmen und die Schokostücke darin unter Rühren schmelzen lassen, bis eine geschmeidige Masse entstanden ist. Aroma dazugeben. Frischhaltefolie direkt auf die Oberfläche der Masse legen und die Masse über Nacht in den Kühlschrank stellen.

2. Den Backofen vorheizen.
Ober-/Unterhitze: etwa 200 °C
Heißluft: etwa 180 °C

3. Für den Teig Eier und Eigelb mit Handrührgerät mit Rührbesen auf höchster Stufe in 1 Minute schaumig schlagen. Zucker und Vanillin-Zucker mischen, in 1 Minute einstreuen, dann noch etwa 2 Minuten weiterschlagen. Mehl mit Speisestärke und Backpulver mischen, auf die Eiercreme geben und kurz auf niedrigster Stufe unterrühren.

4. Die Hälfte des Teiges in einen Gefrierbeutel füllen. Kakao sieben und mit Aroma unter den restlichen Teig rühren. Diesen ebenso in einen Gefrierbeutel füllen.

5. Eine Ecke vom Beutel mit dem hellen Teig abschneiden, sodass eine Öffnung von etwa 1,5 cm entsteht. Den Teig in Streifen mit etwas Abstand diagonal auf ein Backblech (30 x 40 cm, gefettet, mit Backpapier belegt) spritzen. Vom Beutel mit dem dunklen Teig ebenfalls eine Ecke abschneiden und den dunklen Teig in Streifen zwischen die hellen Streifen spritzen. Das Backblech in den vorgeheizten Backofen schieben und den Boden sofort **etwa 10 Minuten backen.**

6. Biskuitplatte sofort nach dem Backen mit einem Messer vom Rand lösen. Platte auf ein mit Zucker bestreutes Backpapier stürzen und mitgebackenes Backpapier vorsichtig abziehen. Gebäck erkalten lassen. Die kalte Schoko-Sahne-Masse mit Handrührgerät mit Rührbesen cremig aufschlagen und auf die erkaltete Biskuitplatte streichen.

7. Für die helle Füllung Sahne mit Sahnesteif steif schlagen, 2 Esslöffel davon in einen Spritzbeutel mit kleiner Lochtülle geben und zum Garnieren beiseitelegen. Die restliche Sahne auf die Schokocreme streichen. Herzen hacken und über die Sahne streuen. Die Gebäckplatte mithilfe des Backpapiers von der längeren Seite aus vorsichtig aufrollen. Die Rolle mit der beiseitegelegten Sahne verzieren und in den Kühlschrank stellen.

8. Zum Garnieren vor dem Servieren Schokolade in Stücke brechen. Schokolade in einem Topf im

Wasserbad bei schwacher Hitze unter Rühren schmelzen lassen und über die Rolle sprenkeln. Die Rolle mit Herzen garniert servieren.

® Registered trademark of Kraft Foods.

Herzchen-Torte | Für Gäste

Insgesamt:
E: 61 g, F: 392 g, Kh: 499 g, kJ: 24437, kcal: 5840

Für den Biskuitteig:
- 2 Eier (Größe M)
- 2 EL heißes Wasser
- 100 g Zucker
- 1 Pck. Dr. Oetker Vanillin-Zucker
- 100 g Weizenmehl
- 1 gestr. TL Dr. Oetker Backin

Für die Füllung:
- 3 mittelgroße Bananen
- 1 EL Zitronensaft
- je 100 g Vollmilch- und Zartbitter-Schokolade
- 60 g Puderzucker
- 1 Pck. Dr. Oetker Vanillin-Zucker
- 150 g weiche Butter
- 500 g Schlagsahne
- 2 Pck. Dr. Oetker Sahnesteif

- 12–14 Milka® Herzen
- 2 EL Raspelschokolade

Zubereitungszeit: 50 Minuten, ohne Abkühl- und Kühlzeit
Backzeit: 20–25 Minuten

1. Den Backofen vorheizen.
Ober-/Unterhitze: etwa 180 °C
Heißluft: etwa 160 °C

2. Für den Teig Eier und Wasser mit Handrührgerät mit Rührbesen auf höchster Stufe in 1 Minute schaumig schlagen. Zucker mit Vanillin-Zucker mischen, in 1 Minute einstreuen, dann noch etwa 2 Minuten weiterschlagen.

3. Mehl mit Backpulver mischen, auf die Eiercreme geben und kurz auf niedrigster Stufe unterrühren. Den Teig in eine Springform (Ø 26 cm, Boden gefettet, mit Backpapier belegt) füllen und glatt streichen. Die Form auf dem Rost in den vorgeheizten Backofen schieben und den Boden **20–25 Minuten backen**.

4. Den Tortenboden aus der Form lösen, auf einen mit Backpapier belegten Kuchenrost stürzen und erkalten lassen. Anschließend mitgebackenes Backpapier abziehen.

5. Für die Füllung Bananen schälen. Bananen längs und einmal quer halbieren. Die Bananenviertel mit Zitronensaft bestreichen.

6. Die Schokolade grob zerkleinern, in einem kleinen Topf im Wasserbad bei schwacher Hitze unter Rühren schmelzen und etwas abkühlen lassen.

7. Puderzucker mit Vanillin-Zucker mischen. Butter mit Handrührgerät mit Rührbesen geschmeidig rühren, Zuckermischung nach und nach unterrühren. Die abgekühlte Schokolade unterrühren.

8. Einen Springformrand oder Tortenring um den Tortenboden legen und die geviertelten Bananen auf dem Boden verteilen. Die Sahne mit Sahnesteif steif schlagen (etwa 4 Esslöffel zum Verzieren in einen Spritzbeutel mit Sterntülle füllen und in den Kühlschrank legen), auf die Bananen geben und glatt streichen. Die Torte etwa 30 Minuten in den Kühlschrank stellen. Dann die Schokoladenmasse vorsichtig portionsweise auf der Sahne verstreichen und die Torte nochmals etwa 2 Stunden in den Kühlschrank stellen. Dann den Tortenring oder Springformrand lösen und entfernen.

9. Zum Verzieren mit der beiseitegelegten Sahne Tuffs auf die Torte spritzen. Mit Herzen und Raspelschokolade garnieren.

® Registered trademark of Kraft Foods.

Himbeer-CocoCabana-Torte
Beliebt

Insgesamt:
E: 66 g, F: 334 g, Kh: 372 g, kJ: 20034, kcal: 4781

Für den Schüttelteig:
- 175 g Weizenmehl
- 2 gestr. TL Dr. Oetker Backin
- 75 g Zucker
- 1 Pck. Dr. Oetker Vanillin-Zucker
- 2 Eier (Größe M)
- 75 ml Speiseöl, z. B. Sonnenblumenöl
- 75 g Kokosjoghurt

Für den Belag:
- 375 g Himbeeren
- 75 g Kokosjoghurt
- 1 Pck. (150 g) CocoCabana Schaumküsse (von Dickmann)
- 600 g Schlagsahne
- 2 Pck. Dr. Oetker Sahnesteif

Zum Garnieren:
- 125 g Himbeeren
- evtl. 2 EL geröstete Kokosraspel

Zubereitungszeit: 30 Minuten, ohne Abkühlzeit
Backzeit: etwa 25 Minuten

1. Den Backofen vorheizen.
Ober-/Unterhitze: etwa 180 °C
Heißluft: etwa 160 °C

2. Für den Teig Mehl mit Backpulver in einer verschließbaren Schüssel (etwa 3 l) mit dem Zucker und Vanillin-Zucker mischen. Eier, Speiseöl und Joghurt hinzufügen und die Schüssel mit dem Deckel fest verschließen. Schüssel mehrmals kräftig schütteln (insgesamt 15–30 Sekunden), sodass alle Zutaten gut vermischt sind.

3. Alles mit einem Schneebesen oder Rührlöffel nochmals sorgfältig durchrühren, damit trockene Zutaten vom Rand mit untergerührt werden. Teig in eine Springform (Ø 26 cm, Boden gefettet) füllen und glatt streichen. Die Form auf dem Rost in den vorgeheizten Backofen schieben und den Boden **etwa 25 Minuten backen**.

4. Gebäckboden aus der Form lösen, auf einen mit Backpapier belegten Kuchenrost stürzen und erkalten lassen. Erkalteten Boden auf eine mit Tortenspitze oder Backpapier belegte Tortenplatte legen.

5. Für den Belag Himbeeren verlesen, evtl. abspülen und trocken tupfen. Joghurt auf dem Gebäckboden verstreichen und mit den Himbeeren belegen. Dann 10 der CocoCabana Schaumküsse zerdrücken, restliche Schaumküsse zum Garnieren beiseitelegen.

6. Sahne mit Sahnesteif steif schlagen, 5 Esslöffel davon in einen Spritzbeutel mit Sterntülle füllen und zum Verzieren beiseitelegen. Restliche Sahne mit einem Teigschaber locker unter die zerdrückten Schaumküsse heben und die Creme auf den Himbeeren verstreichen.

7. Zum Garnieren Himbeeren verlesen, evtl. abspülen und trocken tupfen. Torte mit beiseitegelegter Sahne verzieren und mit den restlichen Himbeeren, beiseitegelegten CocoCabana Schaumküssen und evtl. mit Kokosraspeln garnieren.

Himbeer-Merci-Schnitten
Mit Alkohol

Insgesamt:
E: 84 g, F: 416 g, Kh: 517 g, kJ: 26027, kcal: 6212

1 Pck. (200 g) Merci crocant
100 g Zwieback

Für den Biskuitteig:
4 Eier (Größe M)
3 EL heißes Wasser
75 g Zucker
1 Pck. Dr. Oetker Vanillin-Zucker
50 g Weizenmehl
1 gestr. TL Dr. Oetker Backin
1 EL Kakaopulver

Für die Füllung:
400 g vorbereitete Himbeeren
200 g Johannisbeergelee
1 EL Himbeergeist
1 kg Schlagsahne
4 Pck. Dr. Oetker Sahnesteif

Puderzucker

Zubereitungszeit: 45 Minuten, ohne Abkühl- und Kühlzeit
Backzeit: etwa 15 Minuten

1. Den Backofen vorheizen.
Ober-/Unterhitze: etwa 200 °C
Heißluft: etwa 180 °C

2. Merci crocant in kleine Stücke hacken, die Hälfte davon gleichmäßig auf einem Backblech (30 x 40 cm, gefettet, mit Backpapier belegt) verteilen. Zwieback in einen Gefrierbeutel geben, ihn fest verschließen und Zwieback mit einer Teigrolle sehr fein zerbröseln.

3. Für den Teig Eier und Wasser mit Handrührgerät mit Rührbesen auf höchster Stufe in 1 Minute schaumig schlagen. Zucker und Vanillin-Zucker mischen, in 1 Minute einstreuen, dann noch etwa 2 Minuten weiterschlagen. Mehl mit Backpulver und Kakao mischen, auf die Eiercreme geben und auf niedrigster Stufe kurz unterrühren. Zwiebackbrösel und restliche Krokantstücke unter den Teig heben. Den Teig vorsichtig auf dem mit Krokantstücken vorbereiteten Backblech verstreichen. Das Backblech in den vorgeheizten Backofen schieben und die Biskuitplatte **etwa 15 Minuten backen.**

4. Die Biskuitplatte nach dem Backen auf ein mit Zucker bestreutes Backpapier stürzen, mitgebackenes Backpapier vorsichtig abziehen. Biskuitplatte erkalten lassen und dann senkrecht halbieren. Eine Hälfte auf eine Kuchenplatte geben und mit den Himbeeren belegen. Einen Backrahmen darumstellen.

5. Johannisbeergelee mit Himbeergeist in einem kleinen Topf unter Rühren erwärmen und die Himbeeren damit überziehen. Kuchen in den Kühlschrank stellen. Sahne in 2 Portionen mit je 2 Päckchen Sahnesteif steif schlagen und auf den Himbeeren verstreichen. Zweite Biskuithälfte darauflegen und leicht andrücken. Kuchenoberfläche mit Puderzucker bestäuben und den Kuchen in den Kühlschrank stellen. Zum Servieren den Backrahmen lösen, entfernen und den Kuchen in Schnitten schneiden.

Himmel-und-Hölle-Torte | Mit Alkohol

Insgesamt:
E: 78 g, F: 304 g, Kh: 778 g, kJ: 27046, kcal: 6455

Für den Knetteig:

125 g	Weizenmehl
1 Msp.	Dr. Oetker Backin
50 g	Zucker
1 Pck.	Dr. Oetker Vanillin-Zucker
5 Tropfen	Zitronen-Aroma
1 Prise	Salz
1	Ei (Größe M)
75 g	Butter

Für den Biskuitteig:

3	Eier (Größe M)
100 g	Zucker
1 Pck.	Dr. Oetker Vanillin-Zucker
100 g	Weizenmehl
25 g	Speisestärke
1 gestr. TL	Dr. Oetker Backin

Für Füllung I:

1 Glas	Sauerkirschen (Abtropfgewicht 370 g)
350 ml	Kirschsaft aus dem Glas
1 Pck.	Dr. Oetker Pudding-Pulver Vanille-Geschmack
30 g	Zucker
2 cl	Kirschlikör
2 EL	rotes Gelee, z. B. Johannisbeergelee

Für Füllung II:

400 g	Schlagsahne
1 Pck.	Aranca Aprikose-Maracuja-Geschmack (Dessertpulver)
200 ml	heller Sekt
200 g	Schlagsahne
1 Pck.	Dr. Oetker Sahnesteif
1 TL	Zucker
75 g	geraspelte, weiße Schokolade
100 g	rotes Gelee, z. B. Johannisbeergelee

Zubereitungszeit: 60 Minuten, ohne Kühl- und Abkühlzeit
Backzeit: etwa 40 Minuten

1. Für den Knetteig Mehl mit Backpulver mischen und in eine Rührschüssel geben. Restliche Zutaten hinzufügen und mit Handrührgerät mit Knethaken zunächst kurz auf niedrigster, dann auf höchster Stufe gut durcharbeiten. Auf der leicht bemehlten Arbeitsfläche kurz zu einem Teig verkneten. Sollte er kleben, ihn in Frischhaltefolie gewickelt eine Zeit lang kalt stellen.

2. Den Backofen vorheizen.
Ober-/Unterhitze: etwa 200 °C
Heißluft: etwa 180 °C

3. Den Knetteig auf dem Boden einer Springform (Ø 28 cm, gefettet) ausrollen, mehrmals mit einer Gabel einstechen und den Springformrand darumlegen. Die Form auf dem Rost in den vorgeheizten Backofen schieben und den Boden **etwa 15 Minuten backen.**

4. Den Boden sofort nach dem Backen vom Springformboden lösen, aber darauf auf einem Kuchenrost erkalten lassen.

5. Die Backofentemperatur **um 20 °C auf Ober-/Unterhitze etwa 180 °C, Heißluft etwa 160 °C vermindern.**

6. Für den Biskuitteig Eier mit Handrührgerät mit Rührbesen auf höchster Stufe in 1 Minute schaumig schlagen. Zucker mit Vanillin-Zucker mischen, in 1 Minute einstreuen, dann noch etwa 2 Minuten weiterschlagen.

7. Mehl, Speisestärke und Backpulver mischen, auf die Eiercreme geben und kurz auf niedrigster Stufe unterrühren. Den Biskuitteig in eine Springform (Ø 28 cm, Boden gefettet, mit Backpapier belegt) füllen und glatt streichen. Die Form auf dem Rost in den heißen Backofen schieben und den Boden **etwa 25 Minuten backen.**

8. Den Boden sofort aus der Form lösen, auf einen mit Backpapier belegten Kuchenrost stürzen und

erkalten lassen. Anschließend mitgebackenes Backpapier abziehen und den Boden einmal waagerecht durchschneiden.

9. Für Füllung I Sauerkirschen in einem Sieb abtropfen lassen, den Saft dabei auffangen und 350 ml davon abmessen, evtl. mit Wasser ergänzen. Pudding-Pulver und Zucker mit etwas von dem Kirschsaft anrühren. Restlichen Saft in einem Topf erwärmen, angerührtes Pudding-Pulver unterrühren und unter Rühren gut aufkochen lassen. Topf von der Kochstelle nehmen, Kirschen und Kirschlikör unterrühren.

10. Einen Tortenring oder den gesäuberten Springformrand um den Knetteigboden stellen. Die Kirschmasse auf dem Boden verstreichen, dabei 1 cm am Rand frei lassen und die Masse erkalten lassen. Den unteren Biskuitboden darauflegen und mit dem roten Gelee bestreichen.

11. Für Füllung II Sahne steif schlagen. Dessertpulver nach Packungsanleitung, aber mit Sekt anstelle von Wasser schaumig schlagen. Die geschlagene Sahne gleichmäßig unter die Dessertcreme rühren. Die Hälfte der Sahnecreme auf den mit dem Gelee bestrichenen Boden geben, verstreichen und dann mit dem oberen Biskuitboden bedecken. Den Boden mit der restlichen Sahnecreme bestreichen. Die Torte 2–3 Stunden in den Kühlschrank stellen. Dann den Tortenring oder Springformrand lösen und entfernen.

12. Sahne mit Sahnesteif und Zucker steif schlagen. Den Tortenrand mit der Sahne bestreichen und mit Schokolade bestreuen.

13. Gelee in einem kleinen Topf kurz aufkochen, etwas abkühlen lassen und in einen kleinen Gefrierbeutel füllen. Eine kleine Ecke abschneiden und die Tortenoberfläche mit dem Gelee verzieren.

Hobbits-Milchreis-Torte | Für Kinder

Insgesamt:
E: 51 g, F: 197 g, Kh: 354 g, kJ: 14396, kcal: 3428

Für den Keksboden:
150 g Hobbits kernig
(Hafer-Mürbekekse)
100 g Butter

Für die Füllung:
1 Glas Sauerkirschen
(Abtropfgewicht 370 g)
4 Blatt weiße Gelatine
1 Pck. Süße Mahlzeit Milchreis
klassisch (Milchreisgericht)
500 ml (½ l) Milch
200 g Schlagsahne

Für den Guss:
1 Pck. Tortenguss, rot
250 ml (¼ l) Kirschsaft aus dem Glas
20 g Zucker

Zubereitungszeit: 40 Minuten, ohne Kühl- und Abkühlzeit

1. Für den Boden Hobbits in einen Gefrierbeutel geben, ihn verschließen und die Kekse mit einer Teigrolle fein zerbröseln. Brösel in eine Schüssel geben. Butter in einem Topf zerlassen, zu den Bröseln geben und gut vermischen.

2. Einen Springformrand (Ø 26 cm) auf eine mit Tortenspitze oder Backpapier belegte Tortenplatte stellen. Die Bröselmasse darin verteilen und mit einem Löffel gut zu einem Boden andrücken. Den Boden in den Kühlschrank stellen.

3. Für die Füllung Kirschen in einem Sieb abtropfen lassen, den Saft dabei auffangen und 250 ml (¼ l) für den Guss abmessen, evtl. mit Wasser ergänzen. Gelatine nach Packungsanleitung einweichen. Milchreis mit Milch nach Packungsanleitung zubereiten. Gelatine leicht ausdrücken und im heißen Milchreis unter Rühren auflösen. Den Milchreis erkalten lassen, dabei gelegentlich umrühren.

4. Sahne steif schlagen und unter den erkalteten Milchreis heben. Erst die Hälfte der Reisfüllung auf dem Boden verteilen und mit den Kirschen belegen, dann die restliche Reisfüllung daraufgeben, glatt streichen. Torte etwa 1 Stunde in den Kühlschrank stellen.

5. Für den Guss Tortengusspulver mit dem abgemessenen Saft und Zucker nach Packungsanleitung zubereiten. Guss vorsichtig auf der Torte verteilen und die Torte nochmals etwa 2 Stunden in den Kühlschrank stellen. Anschließend den Springformrand mit einem Messer lösen und entfernen.

Holzfällerschnitten | Für Kinder

Insgesamt:
E: 220 g, F: 180 g, Kh: 620 g, kJ: 20820, kcal: 4960

Für den Hefeteig:
- 175 ml Milch
- 75 g Butter oder Margarine
- 375 g Weizenmehl
- 1 Pck. Dr. Oetker Trockenbackhefe
- 100 g Zucker
- 1 Prise Salz

Für den Belag:
- 1 Pck. Dr. Oetker Pudding-Pulver Vanille-Geschmack
- 100 g Zucker
- 500 ml (½ l) Milch
- 4 Eigelb (Größe M)
- 750 g Magerquark
- 50 g Speisestärke
- 4 Eiweiß (Größe M)
- 100 g gestiftelte Mandeln

Zum Bestäuben:
- 2 EL Puderzucker

Zubereitungszeit: 20 Minuten, ohne Teiggeh- und Abkühlzeit
Backzeit: etwa 50 Minuten

1. Für den Teig Milch in einem kleinen Topf erwärmen und Butter oder Margarine darin zerlassen. Mehl in eine Rührschüssel geben und sorgfältig mit der Trockenbackhefe vermischen.

2. Restliche Zutaten und die warme Milch-Fett-Mischung hinzufügen. Die Zutaten mit Handrührgerät mit Knethaken erst kurz auf niedrigster, dann auf höchster Stufe in etwa 5 Minuten zu einem glatten Teig verarbeiten. Den Teig zugedeckt so lange an einem warmen Ort gehen lassen, bis er sich sichtbar vergrößert hat.

3. Den Hefeteig leicht mit Mehl bestäuben, aus der Schüssel nehmen und auf der leicht bemehlten Arbeitsfläche nochmals gut durchkneten. Teig in einer Fettpfanne oder auf einem Backblech mit hohem Rand (30 x 40 cm, gefettet) ausrollen. Den Teig noch mal gehen lassen, bis er sich sichtbar vergrößert hat.

4. Den Backofen vorheizen.
Ober-/Unterhitze: etwa 180 °C
Heißluft: etwa 160 °C

5. Für den Belag aus Pudding-Pulver, Zucker und Milch nach Packungsanleitung einen Pudding zubereiten und etwas abkühlen lassen. Dann Eigelb, Quark und Speisestärke unterrühren. Eiweiß sehr steif schlagen und vorsichtig unter die Masse heben. Die Masse auf dem Teig verstreichen und mit den Mandeln bestreuen. Die Fettpfanne oder das Backblech in den vorgeheizten Backofen schieben und den Kuchen **etwa 50 Minuten backen.**

6. Den Kuchen in der Fettpfanne oder auf dem Backblech auf einen Kuchenrost stellen. Kuchen erkalten lassen und mit Puderzucker bestäuben.

Jelly-Belly-Kuchen | Gut vorzubereiten

Insgesamt:
E: 61 g, F: 126 g, Kh: 562 g, kJ: 15655, kcal: 3740

Für den Schüttelteig:
- 125 g Butter oder Margarine
- 200 g Weizenmehl
- 1 Pck. Rote-Grütze-Pulver Himbeer-Geschmack
- 3 gestr. TL Dr. Oetker Backin
- 180 g Zucker
- 1 Pck. Dr. Oetker Finesse Geriebene Zitronenschale
- 3 Eier (Größe M)
- 150 ml Buttermilch Himbeer-Geschmack
- 50 g Himbeer Jelly Belly® Beans (Zuckerbohnen mit Geleefüllung)

Zum Bestreichen:
- 100 g Himbeergelee

Zum Garnieren:
- 50 g rosa Marshmallows, gewürfelt
- 50 g Himbeer Jelly Belly® Beans

Zubereitungszeit: 35 Minuten, ohne Abkühlzeit
Backzeit: etwa 50 Minuten

1. Den Backofen vorheizen.
Ober-/Unterhitze: etwa 180 °C
Heißluft: etwa 160 °C

2. Für den Teig die Butter oder Margarine in einem Topf zerlassen und abkühlen lassen. Mehl mit Rote-Grütze-Pulver und Backpulver in einer verschließbaren Schüssel (etwa 3 l) mit Zucker und Zitronenschale mischen. Eier, zerlassene Butter oder Margarine und Buttermilch hinzufügen und die Schüssel mit dem Deckel fest verschließen.

3. Die Schüssel mehrmals kräftig schütteln (insgesamt 15–30 Sekunden), sodass alle Zutaten gut vermischt sind. Jelly Belly® Beans grob hacken und hinzugeben. Alles mit einem Schneebesen oder Rührlöffel nochmals sorgfältig durchrühren, damit trockene Zutaten vom Rand mit untergerührt werden.

4. Den Teig in eine Kastenform (25 x 11 cm, gefettet, gemehlt) geben und glatt streichen. Die Form auf dem Rost in den vorgeheizten Backofen schieben und den Kuchen **etwa 50 Minuten backen.**

5. Den Kuchen etwa 10 Minuten in der Form auf einem Kuchenrost stehen lassen, dann auf einen mit Backpapier belegten Kuchenrost stürzen und lauwarm abkühlen lassen.

6. Zum Bestreichen Gelee in einem kleinen Topf erwärmen. Den lauwarmen Kuchen damit bestreichen und sofort mit Marshmallow-Würfeln bestreuen. Marshmallow-Würfel etwas andrücken. Den Kuchen mit Jelly Belly® Beans garnieren und erkalten lassen.

Tipp: Jelly Belly® – the Original Gourmet Jelly Belly gibt es in 50 verschiedenen Geschmacksrichtungen.

® Registered trademark of Jelly Belly Candy Company.

Joggertorte | Erfrischend

Insgesamt:
E: 86 g, F: 236 g, Kh: 470 g, kJ: 18422, kcal: 4396

Zum Vorbereiten:
>300 g gemischte TK-Beerenfrüchte

Für den Rührteig:
>125 g Butter oder Margarine
>125 g Zucker
>1 Pck. Dr. Oetker Vanillin-Zucker
>3 Eier (Größe M)
>100 g Weizenmehl
>25 g Speisestärke
>3 gestr. TL Dr. Oetker Backin
>50 g gehobelte Mandeln

Für den Belag:
>1 Beutel
>aus 1 Pck. Götterspeise Himbeer-Geschmack
>200 ml Wasser
>150 g Zucker
>500 g Joghurt

Zum Verzieren und Garnieren:
>200 g Schlagsahne
>1 Pck. Dr. Oetker Vanillin-Zucker
>1 Pck. Dr. Oetker Sahnesteif
>einige Jogger-Gums

Zubereitungszeit: 40 Minuten, ohne Auftau-, Abkühl- und Kühlzeit
Backzeit: etwa 30 Minuten

1. Zum Vorbereiten Beerenfrüchte nach Packungsanleitung in einer Schüssel auftauen lassen.

2. Den Backofen vorheizen.
Ober-/Unterhitze: etwa 180 °C
Heißluft: etwa 160 °C

3. Für den Teig Butter oder Margarine mit Handrührgerät mit Rührbesen auf höchster Stufe geschmeidig rühren. Nach und nach Zucker und Vanillin-Zucker unterrühren. So lange rühren, bis eine gebundene Masse entstanden ist.

4. Eier nach und nach unterrühren (jedes Ei etwa ½ Minute). Mehl mit Speisestärke und Backpulver mischen und auf mittlerer Stufe kurz unterrühren. Zuletzt Mandeln unterrühren. Den Teig in eine Springform (Ø 26 cm, Boden gefettet, mit Backpapier belegt) füllen und glatt streichen. Die Form auf dem Rost in den vorgeheizten Backofen schieben und den Boden **etwa 30 Minuten backen.**

5. Boden aus der Form lösen, mit Backpapier auf einen Kuchenrost ziehen und erkalten lassen. Anschließend mitgebackenes Backpapier entfernen, Boden auf eine Tortenplatte legen und einen Tortenring eng darumstellen, damit der Belag nicht ausläuft.

6. Für den Belag Götterspeise nach Packungsanleitung, aber mit nur 200 ml Wasser in einem Topf anrühren. 150 g Zucker hinzugeben und erwärmen (nicht kochen). Götterspeise unter Rühren auflösen, dann unter den Joghurt rühren. Die aufgetauten Beerenfrüchte vorsichtig unterheben und die Masse kurz in den Kühlschrank stellen. Den noch flüssigen Belag auf dem Boden verteilen und die Torte mindestens 3 Stunden in den Kühlschrank stellen.

7. Zum Verzieren und Garnieren Tortenring lösen und entfernen. Sahne mit Vanillin-Zucker und Sahnesteif steif schlagen. Mithilfe von 2 Esslöffeln die Sahne in Nocken auf die Torte setzen und mit Jogger-Gums garnieren.

Joghurt-Knusper-Torte | Fruchtig

Insgesamt:
E: 69 g, F: 219 g, Kh: 260 g, kJ: 13911, kcal: 3317

Für den Boden:
200 g Schoko-Knuspermüsli
80 g Butter

Für den Belag:
8 Blatt weiße Gelatine
750 g Joghurt
2–3 EL Puderzucker
200 g Schlagsahne
1 Pck. Dr. Oetker Vanillin-Zucker

Zum Verzieren und Garnieren:
75 g Erdbeersauce (Fertigprodukt)
etwa 30 g Schoko-Knuspermüsli

Zubereitungszeit: 30 Minuten, ohne Kühlzeit

1. Für den Boden Knuspermüsli in einen Gefrierbeutel geben, ihn verschließen und das Müsli mit einer Teigrolle grob zerbröseln. Müslibrösel in eine Schüssel geben. Butter zerlassen, zum Müsli geben und gut verrühren. Einen Springformrand (Ø 26 cm) auf eine mit Tortenspitze oder Backpapier belegte Tortenplatte stellen. Die Bröselmasse darin verteilen und mit einem Löffel gut zu einem Boden andrücken. Den Boden in den Kühlschrank stellen.

2. Für den Belag Gelatine nach Packungsanleitung einweichen. Joghurt in eine Schüssel geben und mit Puderzucker verrühren. Gelatine leicht ausdrücken und in einem kleinen Topf bei schwacher Hitze unter Rühren auflösen. Aufgelöste Gelatine zunächst mit etwa 4 Esslöffeln von dem Joghurt verrühren, dann die Mischung unter den restlichen Joghurt rühren. Die Masse in den Kühlschrank stellen. Sobald die Joghurtmasse beginnt dicklich zu werden, Sahne mit Vanillin-Zucker steif schlagen und dann unter die Joghurtmasse heben. Die Joghurtcreme auf dem Müsliboden verteilen.

3. Zum Verzieren Erdbeersauce in einen kleinen Gefrierbeutel füllen, eine kleine Ecke abschneiden und die Sauce spiralförmig in die Joghurtcreme spritzen. Zum Garnieren das Schokomüsli ebenfalls spiralförmig aufstreuen und die Torte 2–3 Stunden in den Kühlschrank stellen. Zum Servieren den Springformrand lösen und entfernen.

Abwandlung: 250 g Erdbeeren putzen, abspülen, trocken tupfen und halbieren. Erdbeerhälften vor der Joghurtcreme auf dem Müsliboden verteilen.

Johannisbeer-Blätterteig-Schnitten | Fruchtig

Insgesamt:
E: 65 g, F: 228 g, Kh: 385 g, kJ: 16359, kcal: 3912

    450 g TK-Blätterteig

Für die Füllung:
    250 g rote Johannisbeeren
    9 Blatt weiße Gelatine
    5 Becher
  (je 150 g) Sahnejoghurt Orange mit Schokoraspel
    200 g Schlagsahne

Für den Guss:
    100 g gesiebter Puderzucker
    1–2 EL roter Johannisbeernektar

    einige abgespülte, trocken getupfte Johannisbeerrispen

Zubereitungszeit: 50 Minuten,
ohne Auftau-, Ruhe- und Kühlzeit
Backzeit: etwa 20 Minuten je Backblech

1. Die Blätterteigplatten zugedeckt nebeneinander nach Packungsanleitung auftauen lassen.

2. Teigplatten wieder aufeinanderlegen und auf einer bemehlten Arbeitsfläche zu einem Rechteck (etwa 26 x 48 cm) ausrollen, die Seiten begradigen.

3. Den Backofen vorheizen.
Ober-/Unterhitze: etwa 200 °C
Heißluft: etwa 180 °C

4. Teigplatte quer halbieren. Jeweils eine Platte auf je ein Backblech (30 x 40 cm, gefettet, mit Backpapier belegt) legen und mehrmals mit einer Gabel einstechen. Teigplatten etwa 15 Minuten ruhen lassen. Die Backbleche nacheinander (bei Heißluft zusammen) in den vorgeheizten Backofen schieben und jede Blätterteigplatte **etwa 20 Minuten backen.**

5. Eine Gebäckplatte vom Backpapier lösen und auf einem Kuchenrost erkalten lassen. Zweite Gebäckplatte vom Backpapier lösen, aber auf dem Backblech auf einem Kuchenrost erkalten lassen. Einen Backrahmen in der Größe der Gebäckplatte darumstellen.

6. Für die Füllung Johannisbeeren abspülen, abtropfen lassen, entstielen und die Beeren trocken tupfen. Die Gelatine nach Packungsanleitung einweichen und leicht ausdrücken. Die ausgedrückte Gelatine in einem kleinen Topf unter Rühren erwärmen, bis sie völlig gelöst ist. Aufgelöste Gelatine mit etwa 4 Esslöffeln von dem Joghurt verrühren, dann die Mischung mit dem restlichen Joghurt gut verrühren. Joghurtmasse in den Kühlschrank stellen.

7. Sahne steif schlagen. Sobald die Joghurtmasse beginnt dicklich zu werden, Sahne und Johannisbeeren unterheben. Johannisbeer-Creme auf dem Blätterteigboden im Backrahmen verteilen und glatt streichen. Den zweiten Blätterteigboden darauflegen und leicht andrücken.

8. Für den Guss Puderzucker und Nektar zu einem dickflüssigen Guss verrühren. Das Gebäck damit bestreichen, etwa 2 Stunden in den Kühlschrank stellen.

9. Zum Servieren den Backrahmen mit einem Messer lösen und entfernen. Gebäck evtl. mit einem elektrischen Messer in Schnitten schneiden. Mit Johannisbeerrispen garnieren.

Kapuzinertorte | Mit Alkohol

Insgesamt:
E: 82 g, F: 228 g, Kh: 456 g, kJ: 18951, kcal: 4528

Für den Biskuitteig:

- 50 g Butter
- 4 Eier (Größe M)
- 4 EL heißes Wasser
- 125 g Zucker
- 1 Pck. Dr. Oetker Vanillin-Zucker
- 75 g Weizenmehl
- 50 g Speisestärke
- 1 gestr. TL Dr. Oetker Backin
- 50 g abgezogene, gemahlene Mandeln

Für den Boden:

- 14 Löffelbiskuits
- 2 EL Kirschwasser

Zum Bestreichen:

- 100 g Zartbitter-Kuvertüre

Für den Belag:

- 2 EL Kirschwasser
- 2 Blatt weiße Gelatine
- 250 g Schlagsahne
- 6 Löffelbiskuits
- 1 Pck. (75 g) Baisergebäck
- 30 g geriebene Zartbitter-Schokolade
- 1 EL gemahlener Zimt

Zubereitungszeit: 50 Minuten, ohne Abkühlzeit
Backzeit: etwa 30 Minuten

1. Für den Teig Butter zerlassen und abkühlen lassen. Eier und Wasser mit Handrührgerät mit Rührbesen auf höchster Stufe in 1 Minute schaumig schlagen. Zucker mit Vanillin-Zucker mischen, in 1 Minute einstreuen, dann noch etwa 2 Minuten weiterschlagen.

2. Mehl mit Speisestärke und Backpulver mischen, auf die Eiercreme geben und auf niedrigster Stufe kurz unterrühren. Zuletzt Mandeln und zerlassene Butter vorsichtig unterrühren.

3. Den Backofen vorheizen.
Ober-/Unterhitze: etwa 200 °C
Heißluft: etwa 180 °C

4. Für den Boden Löffelbiskuits auf dem Boden einer Springform (Ø 26 cm, Boden gefettet, mit Backpapier belegt) verteilen und mit Kirschwasser tränken. Den Biskuitteig einfüllen und glatt streichen. Die Form auf dem Rost in den vorgeheizten Backofen schieben und den Boden anschließend sofort **etwa 30 Minuten backen.**

5. Den Boden aus der Springform lösen und auf einen mit Backpapier belegten Kuchenrost stürzen. Anschließend mitgebackenes Backpapier abziehen, den Boden wieder umdrehen und etwas abkühlen lassen.

6. Inzwischen die Kuvertüre in einem kleinen Topf im Wasserbad bei schwacher Hitze unter Rühren schmelzen lassen. Die oben liegende Seite (mit den Löffelbiskuits) des noch warmen Bodens mit der Kuvertüre bestreichen und den Boden vollständig erkalten lassen.

7. Für den Belag den erkalteten Kuchen wieder umdrehen und mit Kirschwasser tränken. Gelatine nach Packungsanleitung einweichen. Sahne fast steif schlagen. Gelatine leicht ausdrücken und in einem kleinen Topf bei schwacher Hitze unter Rühren auflösen. Lauwarme, aufgelöste Gelatine unter Rühren auf einmal in die Sahne geben und Sahne vollkommen steif schlagen.

8. Löffelbiskuits in kleine Stücke schneiden und unter die Sahne heben. Die Sahnemasse kuppelartig auf den Boden streichen. Das Baisergebäck grob zerkleinern und auf der Sahnemasse verteilen. Die Torte mit Schokolade und Zimt bestreuen und 1–2 Stunden in den Kühlschrank stellen.

Tipps: Die Torte lässt sich bis zu Punkt 6 schon am Vortag gut vorbereiten. Anstelle des Kirschwassers für den Boden und den Belag schmeckt auch Orangenlikör sehr gut. Zum Bestreichen kann die Zartbitter-Kuvertüre durch Zartbitter-Schokolade ersetzt werden.

Kir-Royal-Torte | Mit Alkohol – raffiniert

Insgesamt:
E: 58 g, F: 265 g, Kh: 525 g, kJ: 23611, kcal: 5643

Für den Knetteig:

125 g	Weizenmehl
50 g	Zucker
1 Pck.	Dr. Oetker Vanillin-Zucker
½ Pck.	Dr. Oetker Finesse Geriebene Zitronenschale
100 g	Butter oder Margarine

Für den Biskuitteig:

2	Eier (Größe M)
2–3 EL	heißes Wasser
100 g	Zucker
1 Pck.	Dr. Oetker Vanillin-Zucker
75 g	Weizenmehl
50 g	Speisestärke
1 gestr. TL	Dr. Oetker Backin

Zum Bestreichen:

3 EL Johannisbeergelee

Für die Füllung:

5 Blatt	rote Gelatine
100 ml	Sekt
150 ml	Cassislikör
25 g	gesiebter Puderzucker
250 g	Schlagsahne

Für den Belag:

3 Blatt	weiße Gelatine
100 ml	Sekt
40 g	gesiebter Puderzucker
250 g	Schlagsahne

Für den Guss:

1 Pck.	Tortenguss, rot
125 ml (⅛ l)	Cassislikör
125 ml (⅛ l)	Mineralwasser oder Sekt

Zum Bestreuen:

2–3 EL Kokosraspel

Zubereitungszeit: 60 Minuten, ohne Kühl- und Abkühlzeit
Backzeit: 40–45 Minuten

1. Den Backofen vorheizen.
Ober-/Unterhitze: etwa 200 °C
Heißluft: etwa 180 °C

2. Für den Knetteig Mehl in eine Rührschüssel geben. Restliche Zutaten mit Handrührgerät mit Knethaken zunächst kurz auf niedrigster, dann auf höchster Stufe gut durcharbeiten. Anschließend den Teig auf der leicht bemehlten Arbeitsfläche kurz verkneten. Sollte er kleben, ihn in Frischhaltefolie gewickelt eine Zeit lang kalt stellen.

3. Den Teig auf einem Springformboden (Ø 26 cm, gefettet) ausrollen und mehrmals mit einer Gabel einstechen. Den Springformrand darumlegen. Die Form auf dem Rost in den vorgeheizten Backofen schieben und den Boden **etwa 15 Minuten backen.**

4. Den Boden sofort nach dem Backen von der Form lösen, aber darauf auf einem Kuchenrost erkalten lassen. Den erkalteten Boden auf eine Tortenplatte legen.

5. Die Backofentemperatur **um 20 °C auf Ober-/ Unterhitze etwa 180 °C, Heißluft etwa 160 °C vermindern.**

6. Für den Biskuitteig Eier und Wasser mit Handrührgerät mit Rührbesen auf höchster Stufe in 1 Minute schaumig schlagen. Den Zucker mit Vanillin-Zucker mischen, in 1 Minute einstreuen, dann noch etwa 2 Minuten weiterschlagen.

7. Mehl, Speisestärke und Backpulver mischen, auf die Eiercreme geben und auf niedrigster Stufe kurz unterrühren. Den Teig in eine Springform (Ø 26 cm, Boden gefettet, mit Backpapier belegt) füllen und glatt streichen. Die Form auf dem Rost in den heißen Backofen schieben, Boden **25–30 Minuten backen.**

8. Den Boden aus der Form lösen, auf einen mit Backpapier belegten Kuchenrost stürzen und erkalten lassen. Mitgebackenes Backpapier abziehen und den Boden einmal waagerecht durchschneiden.

9. Johannisbeergelee verrühren, den Knetteigboden damit bestreichen und mit dem unteren Biskuitboden bedecken. Einen Tortenring darumstellen.

10. Für die Füllung Gelatine nach Packungsanleitung einweichen. Sekt, Cassis und Puderzucker verrühren. Gelatine leicht ausdrücken und in einem kleinen Topf bei schwacher Hitze unter Rühren auflösen. Aufgelöste Gelatine zunächst mit etwa 4 Esslöffeln von der Sektflüssigkeit verrühren, dann die Mischung unter die restliche Sektflüssigkeit rühren und in den Kühlschrank stellen. Sobald die Flüssigkeit beginnt dicklich zu werden, Sahne steif schlagen und unterheben. Die Sektcreme auf dem Biskuitboden verstreichen und mit dem oberen Boden bedecken.

11. Für den Belag Gelatine nach Packungsanleitung einweichen. Sekt und Puderzucker verrühren. Gelatine leicht ausdrücken und wie unter Punkt 10 auflösen. Aufgelöste Gelatine zunächst mit etwa 4 Esslöffeln von dem Sekt verrühren, dann die Mischung unter den restlichen Sekt rühren. Flüssigkeit in den Kühlschrank stellen.

12. Sobald die Flüssigkeit beginnt dicklich zu werden, Sahne steif schlagen und unterheben. Die Sektcreme auf dem Boden verstreichen. Die Torte etwa 3 Stunden in den Kühlschrank stellen.

13. Für den Guss aus Tortengusspulver, Cassis und Mineralwasser oder Sekt nach Packungsanleitung, aber ohne Zucker einen Guss zubereiten. Guss noch heiß auf der Tortenoberfläche verteilen. Torte etwa 30 Minuten in den Kühlschrank stellen. Vor dem Servieren den Tortenring lösen und entfernen und den Tortenrand mit Kokosraspeln bestreuen.

Kitkat-Kuchen | Für Kinder

Insgesamt:
E: 67 g, F: 250 g, Kh: 609 g, kJ: 20758, kcal: 4955

Für den Rührteig:
    200 g Kitkat® mini (je 16 g, Schokowaffeln)
    1 Dose Mandarinen (Abtropfgewicht 175 g)
    200 g Butter oder Margarine
    175 g Zucker
    4 Eier (Größe M)
    200 g Weizenmehl
    1 Pck. Dr. Oetker Pudding-Pulver Vanille-Geschmack
    2 gestr. TL Dr. Oetker Backin

Für den Guss:
    100 g Puderzucker
    etwa 2 EL Mandarinensaft aus der Dose

Zubereitungszeit: 35 Minuten, ohne Abkühlzeit
Backzeit: etwa 60 Minuten

1. Für den Rührteig die Schokowaffeln (6 Stück zum Garnieren beiseitelegen) in feine Würfel schneiden. Mandarinen in einem Sieb abtropfen lassen, den Saft dabei auffangen.

2. Butter oder Margarine mit Handrührgerät mit Rührbesen auf höchster Stufe geschmeidig rühren. Nach und nach Zucker unterrühren. So lange rühren, bis eine gebundene Masse entstanden ist.

3. Eier nach und nach unterrühren (jedes Ei etwa ½ Minute). Mehl mit Pudding-Pulver und Backpulver mischen und in 2 Portionen auf mittlerer Stufe kurz unterrühren. Zuletzt die Schokowaffelwürfel unterrühren.

4. Den Backofen vorheizen.
Ober-/Unterhitze: etwa 180 °C
Heißluft: etwa 160 °C

5. Danach die Hälfte des Teiges in eine Kastenform (25 x 11 cm, gefettet, gemehlt) füllen, 3 der beiseitegelegten Schokowaffelriegel durchbrechen und die Stangen auf den Teig in die Form legen. Mandarinen unter den restlichen Teig rühren, sodass sie dabei kaputt gehen. Den Teig auf die Schokowaffelriegel in die Form geben und glatt streichen. Die Form auf dem Rost in den vorgeheizten Backofen schieben und den Kuchen **etwa 60 Minuten backen.**

6. Den Kuchen nach dem Backen kurz in der Form stehen lassen, dann auf einen mit Backpapier belegten Kuchenrost stürzen und erkalten lassen.

7. Für den Guss Puderzucker mit so viel Mandarinensaft (etwa 2 Esslöffel) verrühren, dass ein dickflüssiger Guss entsteht. Den Guss auf dem erkalteten Kuchen verstreichen. Beiseitegelegte Schokowaffeln der Länge nach halbieren und auf den noch feuchten Guss legen. Den Guss fest werden lassen.

® Société des Produits Nestlé S.A.

Kleiner-Feigling-Torte
Raffiniert – mit Alkohol

Insgesamt:
E: 106 g, F: 367 g, Kh: 576 g, kJ: 28420, kcal: 6795

Für den Knetteig:
- 300 g Weizenmehl
- 1 Msp. Dr. Oetker Backin
- 75 g Zucker
- 3 EL Kleiner Feigling (Wodka mit Feige)
- 175 g Butter oder Margarine

Für die Streusel:
- 100 g Weizenmehl
- 50 g Zucker
- 75 g Butter

Für die Frischkäsecreme:
- 8 Blatt weiße Gelatine
- 200 g Doppelrahm-Frischkäse
- 500 g Joghurt
- 75 ml Kleiner Feigling (Wodka mit Feige)
- 60 g Zucker
- 250 g Schlagsahne

Zum Garnieren:
- 2 frische Feigen

Zubereitungszeit: 60 Minuten, ohne Kühl- und Abkühlzeit
Backzeit: etwa 15 Minuten je Boden

1. Den Backofen vorheizen.
Ober-/Unterhitze: etwa 200 °C
Heißluft: etwa 180 °C

2. Für den Teig Mehl mit Backpulver mischen und in eine Rührschüssel geben. Restliche Zutaten hinzufügen und mit Handrührgerät mit Knethaken erst kurz auf niedrigster, dann auf höchster Stufe gut durcharbeiten. Anschließend den Teig auf der leicht bemehlten Arbeitsfläche kurz verkneten. Sollte er kleben, ihn in Frischhaltefolie gewickelt eine Zeit lang kalt stellen.

3. Teig dritteln und zu 3 Böden (Ø je 26 cm) ausrollen. Böden auf mit Backpapier belegte Backbleche legen und mehrmals mit einer Gabel einstechen.

4. Für die Streusel alle Zutaten in eine Rührschüssel geben, mit Handrührgerät mit Rührbesen zu feinen Streuseln verarbeiten und auf den Böden verteilen. Backbleche nacheinander (bei Heißluft zusammen) in den vorgeheizten Backofen schieben und jeden Boden **etwa 15 Minuten backen.**

5. Böden auf den Backblechen auf Kuchenrosten erkalten lassen. Für die Frischkäsecreme Gelatine nach Packungsanleitung einweichen. Frischkäse mit Joghurt, Kleiner Feigling und Zucker verrühren. Gelatine leicht ausdrücken und in einem kleinen Topf bei schwacher Hitze unter Rühren auflösen. Aufgelöste Gelatine zunächst mit etwa 4 Esslöffeln von der Frischkäsemasse verrühren, dann die Mischung unter die restliche Masse rühren und in den Kühlschrank stellen.

6. Sobald die Masse beginnt dicklich zu werden, Sahne steif schlagen und unterheben. Frischkäsecreme portionsweise in einen Spritzbeutel mit großer Lochtülle füllen. Einen Boden auf eine Tortenplatte legen. Gut die Hälfte der Creme in Tupfen darauspritzen.

7. Feigen schälen, eine davon in Würfel schneiden und darauf verteilen. Zweiten Boden darauflegen und leicht andrücken. Restliche Creme darauspritzen. Dritten Boden in Stücke brechen und dekorativ auf der Oberfläche verteilen. Zweite Feige halbieren, in Scheiben schneiden und auf die Tortenoberfläche legen. Torte 2–3 Stunden in den Kühlschrank stellen.

K

Knoppers-Torte | Beliebt

Insgesamt:
E: 80 g, F: 300 g, Kh: 444 g, kJ: 20055, kcal: 4787

Für den Biskuitteig:
- 3 Eier (Größe M)
- 3 EL heißes Wasser
- 100 g Zucker
- 1 Pck. Dr. Oetker Vanillin-Zucker
- 75 g Weizenmehl
- 50 g Speisestärke
- 1 gestr. TL Dr. Oetker Backin
- 50 g gemahlene Haselnusskerne

Für die Schokofüllung:
- 1 kleine Dose Aprikosenhälften (Abtropfgewicht 240 g)
- 100 g gehackte Haselnusskerne
- 1 Pck. Paradiescreme Schokoladen-Geschmack (Dessertpulver)
- 150 ml Milch

Für den Knoppers-Belag:
- 5 Knoppers (Milch-Haselnuss-Schnitten)
- 400 g Schlagsahne
- 2 Pck. Dr. Oetker Vanillin-Zucker
- 2 Pck. Dr. Oetker Sahnesteif

Zum Garnieren:
- 1–2 Knoppers (Milch-Haselnuss-Schnitten)

Zubereitungszeit: 30 Minuten, ohne Abkühlzeit
Backzeit: etwa 25 Minuten

1. Den Backofen vorheizen.
Ober-/Unterhitze: etwa 200 °C
Heißluft: etwa 180 °C

2. Für den Teig Eier und Wasser mit Handrührgerät mit Rührbesen auf höchster Stufe in 1 Minute schaumig schlagen. Zucker und Vanillin-Zucker mischen, in 1 Minute einstreuen, dann noch etwa 2 Minuten weiterschlagen.

3. Mehl mit Speisestärke und Backpulver mischen, auf die Eiercreme geben und auf niedrigster Stufe kurz unterrühren. Zuletzt kurz die Haselnusskerne unterrühren. Den Teig in eine Springform (Ø 26 cm, Boden gefettet, mit Backpapier belegt) füllen und glatt streichen. Form auf dem Rost in den vorgeheizten Backofen schieben und den Boden **etwa 25 Minuten backen.**

4. Boden aus der Form lösen, auf einen mit Backpapier belegten Kuchenrost stürzen und erkalten lassen. Anschließend mitgebackenes Backpapier vorsichtig abziehen. Boden einmal waagerecht durchschneiden und den unteren Boden auf eine Tortenplatte legen.

5. Aprikosen in einem Sieb gut abtropfen lassen. Für die Schokofüllung Haselnusskerne in einer beschichteten Pfanne ohne Fett goldgelb rösten und auf einem Teller erkalten lassen. Das Dessertpulver nach Packungsanleitung, aber nur mit 150 ml Milch aufschlagen und zuletzt 50 g der gerösteten Haselnusskerne unterrühren.

6. Für den Knoppers-Belag Knoppers klein schneiden. Sahne mit Vanillin-Zucker und Sahnesteif steif schlagen und die Knoppers-Stückchen unterheben.

7. Aprikosen mit der Wölbung nach oben auf den Boden legen, dabei am Rand 1–2 cm frei lassen. Die Schokofüllung darauf verstreichen. Den zweiten Boden auflegen und leicht andrücken. Dann den Knoppers-Belag mithilfe eines Messers kuppelförmig auf die Torte streichen. Die restlichen gerösteten Haselnusskerne darüberstreuen.

8. Zum Garnieren Knoppers in kleine Würfel schneiden und dekorativ auf die Tortenoberfläche legen. Die Torte kann sofort serviert werden.

Tipp: Der Boden kann bereits am Vortag gebacken werden.

Kratertorte | Beliebt

Insgesamt:
E: 73 g, F: 258 g, Kh: 419 g, kJ: 18189, kcal: 4345

Zum Vorbereiten:
300 g TK-Himbeeren
25 g Zucker

Für den Rührteig:
125 g Butter oder Margarine
100 g Zucker
1 Pck. Dr. Oetker Vanillin-Zucker
5 Tropfen Zitronen-Aroma
1 Prise Salz
4 Eigelb (Größe M)
150 g Weizenmehl
1 gestr. TL Dr. Oetker Backin
2 EL Milch

Für die Baisermasse:
4 Eiweiß (Größe M)
100 g feinkörniger Zucker
100 g gehobelte Mandeln

Für die Himbeerfüllung:
250 ml (¼ l) Saft von den Himbeeren,
mit Apfelsaft ergänzt
1 Pck. Tortenguss, rot

Für die Sahne-Joghurt-Füllung:
200 g Schlagsahne
1 Pck. Dr. Oetker Sahnesteif
20 g Zucker
75 g Joghurt

Zubereitungszeit: 50 Minuten,
ohne Auftau- und Abkühlzeit
Backzeit: etwa 20 Minuten je Boden

1. Zum Vorbereiten Himbeeren mit Zucker bestreuen und auftauen lassen. Die Beeren in einem Sieb abtropfen lassen, den Saft dabei auffangen.

2. Für den Teig Butter oder Margarine mit Handrührgerät mit Rührbesen auf höchster Stufe geschmeidig rühren. Nach und nach Zucker, Vanillin-Zucker, Aroma und Salz unterrühren. So lange rühren, bis eine gebundene Masse entstanden ist. Eigelb nach und nach unterrühren.

3. Mehl mit Backpulver mischen und abwechselnd mit der Milch auf mittlerer Stufe kurz unterrühren. Den Teig halbieren und je eine Hälfte des Teiges auf jeweils einen Springformboden (Ø 26 cm, gefettet) geben, verstreichen und den Springformrand darumstellen.

4. Den Backofen vorheizen.
Ober-/Unterhitze: etwa 180 °C
Heißluft: etwa 160 °C

5. Für die Baisermasse Eiweiß mit Handrührgerät mit Rührbesen auf höchster Stufe steif schlagen. Der Schnee muss so fest sein, dass ein Messerschnitt sichtbar bleibt. Nach und nach Zucker kurz unterschlagen. Jeweils die Hälfte der Masse auf jeden Boden streichen und mit jeweils der Hälfte der Mandeln bestreuen. Die Formen nacheinander auf dem Rost auf der unteren Einschubleiste in den vorgeheizten Backofen schieben und jeden Boden **etwa 20 Minuten backen.**

6. Die Böden sofort nach dem Backen vom Tortenrand lösen, dann noch etwa 5 Minuten in der Form stehen lassen. Anschließend die Böden aus der Form lösen, auf einen mit Backpapier belegten Kuchenrost legen und erkalten lassen.

7. Für die Himbeerfüllung abgemessenen Himbeersaft mit Apfelsaft auf 250 ml (¼ l) ergänzen. Einen Tortenguss aus Tortengusspulver und Saft nach Packungsanleitung zubereiten. Die Himbeeren unterrühren und die Himbeermasse abkühlen lassen.

8. Für die Sahne-Joghurt-Füllung Sahne mit Sahnesteif und Zucker steif schlagen. Den Joghurt vorsichtig unterrühren.

9. Einen Boden zunächst mit der Himbeermasse, dann mit der Sahne-Joghurt-Füllung bestreichen. Anschließend mit dem anderen Boden bedecken und die Kratertorte danach etwa 30 Minuten in den Kühlschrank stellen.

K

Küsschen-Torte | Beliebt

Insgesamt:
E: 51 g, F: 188 g, Kh: 299 g, kJ: 13185, kcal: 3150

Zum Vorbereiten:
- 300 g gemischte TK-Beerenfrüchte
- 50 g gesiebter Puderzucker

Für den Biskuitteig:
- 3 Eiweiß (Größe M)
- 100 g Zucker
- 3 Eigelb (Größe M)
- 1 Pck. Dr. Oetker Vanillin-Zucker
- 50 g Weizenmehl
- 40 g Speisestärke
- ½ gestr. TL Dr. Oetker Backin
- 1 geh. TL Kakaopulver

Für den Belag:
- 250 ml (¼ l) Saft von den Beerenfrüchten
- 1 Pck. Tortenguss, klar
- 3 Blatt weiße Gelatine
- 400 g Schlagsahne
- 10 Stück (etwa 100 g) Schoko-Haselnuss-Konfekt

Zubereitungszeit: 40 Minuten, ohne Auftau- und Abkühlzeit
Backzeit: 15–20 Minuten

1. Zum Vorbereiten Beerenfrüchte mit dem Puderzucker bestreuen und auftauen lassen. Den Saft dabei auffangen.

2. Den Backofen vorheizen.
Ober-/Unterhitze: etwa 180 °C
Heißluft: etwa 160 °C

3. Für den Teig Eiweiß mit der Hälfte des Zuckers steif schlagen. Eigelb mit dem restlichen Zucker und Vanillin-Zucker mit Handrührgerät mit Rührbesen in 3–5 Minuten schaumig schlagen. Das steif geschlagene Eiweiß daraufgeben und vorsichtig unterheben.

4. Mehl, Speisestärke, Backpulver und Kakao mischen und vorsichtig unter die Eimasse rühren. Den Teig in eine Springform (Ø 26 cm, Boden gefettet, mit Backpapier belegt) füllen und glatt streichen. Die Form auf dem Rost in den vorgeheizten Backofen schieben und den Boden sofort **15–20 Minuten backen.**

5. Dann den Boden aus der Form lösen, auf einen mit Backpapier belegten Kuchenrost stürzen und erkalten lassen. Anschließend mitgebackenes Backpapier abziehen. Den Boden auf eine Tortenplatte legen und einen Tortenring oder den gesäuberten Springformrand darumstellen.

6. Für den Belag Saft abmessen und evtl. mit Wasser auf 250 ml (¼ l) ergänzen. Einen Tortenguss aus Tortengusspulver und dem Saft nach Packungsanleitung, aber ohne Zucker zubereiten. Die Beeren vorsichtig unterheben. Beerenmasse auf dem Tortenboden verteilen und erkalten lassen.

7. Die Gelatine nach Packungsanleitung einweichen. Sahne steif schlagen. Das Konfekt klein hacken. Die Gelatine leicht ausdrücken und in einem kleinen Topf bei schwacher Hitze unter Rühren auflösen. Aufgelöste Gelatine mit etwa 4 Esslöffeln von der Sahne verrühren, dann die Mischung mit dem zerkleinerten Konfekt unter die restliche Sahne rühren.

8. Die Konfektcreme auf den Beeren verstreichen. Die Tortenoberfläche nach Belieben mithilfe einer Gabel oder eines Tortenkammes verzieren. Die Torte etwa 2 Stunden in den Kühlschrank stellen.

Tipp: Wenn die Torte am gleichen Tag verzehrt wird, kann die Sahne auch ohne Gelatine zubereitet werden. Die Sahne dann mit 2 Päckchen Sahnesteif steif schlagen und nur etwa 1 Stunde in den Kühlschrank stellen.

Lachende Multivitamine | Für Kinder

Insgesamt:
E: 96 g, F: 260 g, Kh: 599 g, kJ: 22085, kcal: 5276

Für den All-in-Teig:
- 200 g Weizenmehl
- 2 gestr. TL Dr. Oetker Backin
- 125 g Zucker
- 1 Pck. Dr. Oetker Vanillin-Zucker
- 3 Eier (Größe M)
- 100 g weiche Butter
- 100 ml Multivitamin-Buttermilch

Zum Bestreuen:
- 50 g gehobelte Mandeln

Für die Creme:
- 3 Pck. Dr. Oetker Pudding-Pulver Vanille-Geschmack
- 900 ml Multivitamin-Buttermilch
- 30 g Zucker
- 300 g Schlagsahne
- 1 Pck. Dr. Oetker Sahnesteif

Zum Verzieren und Garnieren:
- 100 g Schlagsahne
- einige nimm2 Lachgummis (orange und gelb)
- etwas Puderzucker

Zubereitungszeit: 40 Minuten, ohne Abkühl- und Kühlzeit
Backzeit: etwa 20 Minuten

1. Den Backofen vorheizen.
Ober-/Unterhitze: etwa 200 °C
Heißluft: etwa 180 °C

2. Für den Teig Mehl mit Backpulver in einer Rührschüssel mischen. Restliche Zutaten hinzufügen und alles mit Handrührgerät mit Rührbesen zunächst kurz auf niedrigster, dann auf höchster Stufe in etwa 2 Minuten zu einem Teig verarbeiten.

3. Einen Backrahmen (etwa 26 x 26 cm) auf ein mit Backpapier belegtes Backblech stellen. Den Teig einfüllen, glatt streichen und mit Mandeln bestreuen. Das Backblech in den vorgeheizten Backofen schieben und den Boden **etwa 20 Minuten backen.**

4. Den Boden aus dem Backrahmen lösen, auf einen Kuchenrost ziehen und erkalten lassen. Anschließend den Boden einmal waagerecht durchschneiden. Den unteren Boden auf eine Tortenplatte legen und den gesäuberten Backrahmen wieder darumstellen.

5. Für die Creme das Pudding-Pulver mit etwas von der Buttermilch anrühren. Restliche Buttermilch mit Zucker unter ständigem Rühren zum Kochen bringen, angerührtes Pudding-Pulver unter Rühren hinzufügen und gut aufkochen lassen. Creme sofort gleichmäßig auf dem unteren Boden verstreichen, 4–5 Esslöffel davon zum Verzieren abnehmen und beiseitestellen.

6. Sobald die Creme erkaltet ist, Sahne mit Sahnesteif steif schlagen, auf die Creme streichen und den oberen Boden darauflegen. Torte etwa 1 Stunde in den Kühlschrank stellen.

7. Zum Verzieren und Garnieren Torte aus dem Backrahmen lösen. Sahne steif schlagen, mit der beiseitegestellten Creme verrühren und in einen Spritzbeutel mit kleiner Lochtülle füllen. Mit der Creme mehrere Kreise aufspritzen und Lachmund und Augen in die Kreise spritzen. Die Gesichter mit den Lachgummis belegen. Die Torte mit etwas Puderzucker bestäuben.

Lambada-Schnitten | Beliebt

Insgesamt:
E: 52 g, F: 205 g, Kh: 557 g, kJ: 18626, kcal: 4447

Für den Biskuitteig:
- 4 Eier (Größe M)
- 4 EL heißes Wasser
- 150 g Zucker
- 1 Pck. Dr. Oetker Vanillin-Zucker
- 80 g Weizenmehl
- 80 g Speisestärke
- 2 ½ gestr. TL Dr. Oetker Backin

150 ml Orangensaft

Für die Orangencreme:
- 2 Pck. Dr. Oetker Pudding-Pulver Vanille-Geschmack
- 50 g Zucker
- 850 ml Orangensaft

Für den Belag:
- 500 g Schlagsahne
- 2 Pck. Dr. Oetker Sahnesteif
- 2 Pck. Dr. Oetker Vanillin-Zucker
- Schokoladen-Ornamente

Zubereitungszeit: 30 Minuten, ohne Abkühlzeit
Backzeit: etwa 10 Minuten

1. Den Backofen vorheizen.
Ober-/Unterhitze: etwa 200 °C
Heißluft: etwa 180 °C

2. Für den Biskuitteig Eier und Wasser mit Handrührgerät mit Rührbesen auf höchster Stufe in 1 Minute schaumig schlagen. Den Zucker mit Vanillin-Zucker mischen, in 1 Minute einstreuen, dann noch etwa 2 Minuten weiterschlagen.

3. Mehl, Speisestärke und Backpulver mischen, auf die Eiercreme geben und auf niedrigster Stufe kurz unterrühren. Den Teig auf ein Backblech (30 x 40 cm, gefettet, gemehlt) geben und glatt streichen. Das Backblech in den vorgeheizten Backofen schieben und den Boden **etwa 10 Minuten backen**.

4. Die Biskuitplatte sofort nach dem Backen mit Orangensaft tränken und auf dem Backblech erkalten lassen.

5. Für die Orangencreme aus Pudding-Pulver, Zucker und Orangensaft nach Packungsanleitung, aber mit den hier angegebenen Zutaten einen Pudding zubereiten. Pudding unter Rühren etwas abkühlen lassen, lauwarm auf dem Biskuitboden verstreichen und erkalten lassen.

6. Für den Belag die Schlagsahne mit Sahnesteif und Vanillin-Zucker steif schlagen. Sahne wellenförmig auf den Pudding streichen und mit Schokoladen-Ornamenten garnieren.

Latte-Macchiato-Torte | Raffiniert

Insgesamt:
E: 86 g, F: 299 g, Kh: 373 g, kJ: 19017, kcal: 4538

Für den All-in-Teig:

         100 g Weizenmehl
          15 g Kakaopulver
  3 gestr. TL   Dr. Oetker Backin
         100 g Zucker
        1 Pck. Dr. Oetker Vanillin-Zucker
          2 Eier (Größe M)
         100 g weiche Butter oder
                Margarine
          2 EL starker Kaffee oder
                Milch

Für den Belag:

         350 g Aprikosen
        6 Blatt weiße Gelatine
          3 Eier (Größe M)
         100 g Zucker
        100 ml Milch
         500 g Schlagsahne
        2 Pck.
   (je 10 g)   Instant-Cappuccino- oder
                Eiskaffee-Pulver

Zum Garnieren und Bestäuben:

          50 g zweifarbige Cappuccino-
                Schokolade (hell/dunkel)
                Kakaopulver

Zubereitungszeit: 60 Minuten,
ohne Abkühl- und Kühlzeit
Backzeit: etwa 25 Minuten

1. Den Backofen vorheizen.
Ober-/Unterhitze: etwa 180 °C
Heißluft: etwa 160 °C

2. Für den Teig Mehl mit Kakaopulver und Backpulver in einer Rührschüssel mischen. Restliche Zutaten hinzufügen und alles mit Handrührgerät mit Rührbesen erst kurz auf niedrigster, dann auf höchster Stufe in etwa 2 Minuten zu einem Teig verarbeiten. Den Teig in eine Springform (Ø 26 cm, Boden gefettet, mit Backpapier belegt) füllen und glatt streichen. Die Form auf dem Rost in den vorgeheizten Backofen schieben und den Boden **etwa 25 Minuten backen.**

3. Den Boden aus der Form lösen, auf einen mit Backpapier belegten Kuchenrost stürzen und erkalten lassen. Anschließend mitgebackenes Backpapier abziehen, Boden auf eine Tortenplatte legen und einen Tortenring oder den gesäuberten Springformrand darumstellen.

4. Für den Belag Aprikosen abspülen, abtrocknen, halbieren und entsteinen. Anschließend Aprikosenhälften mit der Rundung nach oben auf dem Tortenboden verteilen.

5. Gelatine nach Packungsanleitung einweichen. Eier mit Zucker und Milch in einer Schüssel verrühren und im Wasserbad bei schwacher Hitze erhitzen, dabei die Masse ständig mit Handrührgerät mit Rührbesen auf mittlerer Stufe rühren. Sobald die Masse dickschaumig ist (dauert etwa 5 Minuten), Gelatine leicht ausrücken und in der warmen Eimasse unter Rühren auflösen. Die Masse erkalten lassen, dabei die Masse etwa 5 Minuten weiterrühren.

6. Sahne steif schlagen und unter die erkaltete Creme heben. Zwei Drittel der Sahnecreme abnehmen und mit dem Cappuccino- oder Eiskaffee-Pulver verrühren. Die Hälfte der dunklen Creme auf den Aprikosen verteilen und glatt streichen. 5 Esslöffel von der hellen Creme abnehmen und beiseitestellen, die restliche helle Creme auf der dunklen verstreichen. Restliche dunkle Creme darauf verstreichen.

7. Die beiseitegestellte helle Creme mithilfe eines Teelöffels in Wellen auf der Oberfläche verstreichen, dabei rundherum etwa 1 cm Rand frei lassen. Die Torte 2–3 Stunden in den Kühlschrank stellen.

8. Vor dem Servieren Tortenring oder Springformrand lösen und entfernen. Die Schokolade mithilfe eines Sparschälers auf die Tortenoberfläche raspeln und die Torte mit etwas Kakaopulver bestäuben.

Tipp: Die Creme kann mit 2–3 Esslöffeln Cognac abgeschmeckt werden.

Lavakuchen | Etwas teurer

Insgesamt:
E: 115 g, F: 333 g, Kh: 712 g, kJ: 27374, kcal: 6534

Für die Streusel:
- 100 g Walnusskerne
- 250 g Weizenmehl
- ½ gestr. TL Dr. Oetker Backin
- 50 g gemahlener Mohn
- 70 g Zucker
- 1 Pck. Dr. Oetker Vanillin-Zucker
- 1 Prise Salz
- 150 g Butter oder Margarine
- 100 g Blockschokolade (in Würfel geschnitten) oder Schokoplättchen

Für den Rührteig:
- 150 g Butter oder Margarine
- 100 g Zucker
- 1 Pck. Dr. Oetker Vanillin-Zucker
- 4 Eier (Größe M)
- 200 g Weizenmehl
- 2 gestr. TL Dr. Oetker Backin

Für die Füllung:
- 3 reife Mangos (etwa 700 g Fruchtfleisch)
- 1 EL Zucker

Zubereitungszeit: 50 Minuten, ohne Kühlzeit
Backzeit: etwa 30 Minuten

1. Für die Streusel Walnusskerne hacken. Mehl mit Backpulver in einer Rührschüssel mischen. Mit Mohn, Zucker, Vanillin-Zucker und Salz mischen. Butter oder Margarine hinzufügen. Die Zutaten mit Handrührgerät mit Rührbesen zunächst kurz auf niedrigster, dann auf höchster Stufe zu Streuseln von gewünschter Größe verarbeiten. Zuletzt Walnusskerne und Blockschokolade oder Schokoplättchen unterarbeiten. Den Streuselteig in den Kühlschrank stellen.

2. Für den Rührteig die Butter oder Margarine mit Handrührgerät mit Rührbesen auf höchster Stufe geschmeidig rühren. Nach und nach Zucker und Vanillin-Zucker unterrühren. So lange rühren, bis eine gebundene Masse entstanden ist.

3. Eier nach und nach unterrühren (jedes Ei etwa ½ Minute). Mehl mit Backpulver mischen und in 2 Portionen auf mittlerer Stufe kurz unterrühren.

4. Den Backofen vorheizen.
Ober-/Unterhitze: etwa 200 °C
Heißluft: etwa 180 °C

5. Den Teig auf ein Backblech (30 x 40 cm, gefettet) geben und glatt streichen.

6. Für die Füllung die Mangos schälen, das Fruchtfleisch vom Stein lösen und Fruchtfleisch in Würfel schneiden. Mangowürfel mit Zucker mischen und auf dem Teig verteilen. Die Streusel daraufgeben. Das Backblech in den vorgeheizten Backofen schieben und den Kuchen **etwa 30 Minuten backen.**

7. Das Backblech auf einen Kuchenrost stellen. Den Kuchen erkalten lassen und in Stücke schneiden.

Tipp: Statt Mohn können Sie auch nicht abgezogene, gemahlene Mandeln für den Kuchen verwenden.

Lila Schokoladentorte | Für Kinder

Insgesamt:
E: 82 g, F: 262 g, Kh: 360 g, kJ: 17337, kcal: 4139

Zum Vorbereiten:
- 1 Glas Wald-Heidelbeeren (Abtropfgewicht 125 g)
- 25 g abgezogene, gemahlene Mandeln

Für den Rührteig:
- 50 g weiße Schokolade
- 125 g Butter oder Margarine
- 75 g Zucker
- 1 Pck. Dr. Oetker Vanillin-Zucker
- 2 Eier (Größe M)
- 150 g Weizenmehl
- 2 gestr. TL Dr. Oetker Backin

Für den Belag:
- 5 Blatt weiße Gelatine
- 250 g Speisequark (40 % Fett)
- 50 g Zucker
- 250 ml (¼ l) Wald-Heidelbeer-Saft aus dem Glas
- 200 g Schlagsahne

- 50 g weiße Schokolade
- 1 TL Speiseöl, z. B. Sonnenblumenöl

Zubereitungszeit: 45 Minuten, ohne Abkühl- und Kühlzeit
Backzeit: etwa 35 Minuten

1. Zum Vorbereiten Heidelbeeren in einem Sieb gut abtropfen lassen, den Saft dabei auffangen und beiseitestellen. Anschließend die Heidelbeeren mit den Mandeln verrühren.

2. Den Backofen vorheizen.
Ober-/Unterhitze: etwa 180 °C
Heißluft: etwa 160 °C

3. Für den Teig Schokolade fein hacken. Butter oder Margarine mit Handrührgerät mit Rührbesen auf höchster Stufe geschmeidig rühren. Nach und nach Zucker und Vanillin-Zucker unterrühren. So lange rühren, bis eine gebundene Masse entstanden ist.

4. Eier nach und nach unterrühren (jedes Ei etwa ½ Minute). Mehl mit Backpulver mischen und kurz auf mittlerer Stufe unterrühren. Zuletzt kurz die Schokolade unterrühren.

5. Den Teig in eine Springform (Ø 26 cm, Boden gefettet) füllen und glatt streichen. Die Heidelbeermasse mithilfe eines Löffels in Flecken auf dem Teig verteilen. Die Form auf dem Rost in den vorgeheizten Backofen schieben. Boden **etwa 35 Minuten backen.**

6. Dann den Boden aus der Form lösen, auf einen mit Backpapier belegten Kuchenrost stürzen und erkalten lassen. Anschließend den Boden auf eine Tortenplatte legen und einen Tortenring oder den gesäuberten Springformrand darumstellen.

7. Für den Belag Gelatine nach Packungsanleitung einweichen. Quark mit Zucker und dem Heidelbeersaft verrühren. Gelatine leicht ausdrücken und in einem kleinen Topf bei schwacher Hitze unter Rühren auflösen. Aufgelöste Gelatine erst mit etwa 4 Esslöffeln von der Quarkmasse verrühren, dann die Mischung unter die restliche Quarkmasse rühren und in den Kühlschrank stellen. Sobald die Quarkmasse beginnt dicklich zu werden, Sahne steif schlagen und unterheben. Die Quarkcreme auf dem Tortenboden verstreichen und etwa 2 Stunden in den Kühlschrank stellen.

8. Zum Verzieren Schokolade in Stücke brechen, mit Öl in einem Topf im Wasserbad bei schwacher Hitze unter Rühren schmelzen und etwas abkühlen lassen. Schokolade in Flecken auf der Torte verteilen. Vor dem Servieren Tortenring oder Springformrand entfernen.

Mandeltorte „Venezia" | Mit Alkohol

Insgesamt:
E: 133 g, F: 398 g, Kh: 486 g, kJ: 26556, kcal: 6346

Für den Rührteig:
- 150 g Butter oder Margarine
- 150 g Zucker
- 4 Eier (Größe M)
- 150 g Weizenmehl
- 2 gestr. TL Dr. Oetker Backin
- 1 Pck. Dr. Oetker Pudding-Pulver Vanille-Geschmack
- 125 ml (1/8 l) Milch
- 200 g abgezogene, gemahlene Mandeln

Für die Füllung:
- 5 Blatt weiße Gelatine
- 3 Eier (Größe M)
- 75 g Zucker
- 2 Pck. Dr. Oetker Vanillin-Zucker
- 50 ml Amaretto (Mandellikör)
- 250–400 g Schlagsahne
- 125 g Vollmilch-Waffelblättchen

Zubereitungszeit: 40 Minuten, ohne Abkühl- und Kühlzeit
Backzeit: etwa 35 Minuten

1. Den Backofen vorheizen.
Ober-/Unterhitze: etwa 180 °C
Heißluft: etwa 160 °C

2. Für den Teig Butter oder Margarine mit Handrührgerät mit Rührbesen auf höchster Stufe geschmeidig rühren. Nach und nach Zucker unterrühren. So lange rühren, bis eine gebundene Masse entstanden ist. Eier nach und nach unterrühren (jedes Ei etwa 1/2 Minute).

3. Mehl mit Backpulver mischen und auf mittlerer Stufe kurz unterrühren. Pudding-Pulver mit der Milch anrühren und unter den Teig rühren. Zuletzt noch die Mandeln unterrühren.

4. Einen Backrahmen (etwa 25 x 25 cm) auf ein Backblech (30 x 40 cm, gefettet, mit Backpapier belegt) stellen. Den Teig einfüllen und glatt streichen. Das Backblech in den vorgeheizten Backofen schieben und den Boden **etwa 35 Minuten backen.**

5. Den Tortenboden aus dem Backrahmen lösen. Den Boden auf einen mit Backpapier belegten Kuchenrost stürzen und erkalten lassen. Anschließend mitgebackenes Backpapier abziehen.

6. Für die Füllung die Gelatine nach Packungsanleitung einweichen. Eier schaumig schlagen. Zucker und Vanillin-Zucker unterrühren, bis sich der Zucker gelöst hat. Dann den Amaretto unterrühren.

7. Die Gelatine leicht ausdrücken und in einem kleinen Topf bei schwacher Hitze unter Rühren auflösen. Aufgelöste Gelatine erst mit etwa 4 Esslöffeln von der Amaretto-Masse verrühren, dann die Mischung unter die restliche Amaretto-Masse rühren. Masse in den Kühlschrank stellen. Sobald die Masse beginnt dicklich zu werden, Sahne steif schlagen und unterheben.

8. Den Tortenboden einmal waagerecht durchschneiden. Ein Drittel der Amaretto-Creme auf dem unteren Boden verstreichen, den oberen Boden darauflegen und mit der restlichen Creme bestreichen. Die Waffelblättchen im Schachbrettmuster auf die Tortenoberfläche legen.

Hinweis: Für die Füllung nur ganz frische Eier verwenden, die nicht älter als 5 Tage sind (Legedatum beachten!).

Mars-Birnen-Torte | Für Kinder

Insgesamt:
E: 63 g, F: 338 g, Kh: 491 g, kJ: 22277, kcal: 5320

Zum Vorbereiten für die Mars®-Sahne:
- 600 g Schlagsahne
- 3 Riegel Mars® (je 51 g)

Für den Rührteig:
- 75 g Butter oder Margarine
- 125 g Zucker
- 1 Pck. Dr. Oetker Vanillin-Zucker
- 3 Eier (Größe M)
- 1 Pck. Dr. Oetker Finesse Geriebene Zitronenschale
- 100 g Weizenmehl
- 1 gestr. TL Dr. Oetker Backin
- 50 g abgezogene, gemahlene Mandeln

Für den Belag:
- 2 Pck. Dr. Oetker Sahnesteif
- 1 Dose Birnenhälften (Abtropfgewicht 460 g)
- 3 Riegel Mars® Mini (je 20 g)

Zubereitungszeit: 45 Minuten, ohne Kühlzeit
Backzeit: etwa 45 Minuten

1. Für die Mars®-Sahne die Schlagsahne mit grob zerkleinerten Mars®-Riegeln aufkochen, bis diese geschmolzen sind. Die Masse in eine Rührschüssel füllen, mit Frischhaltefolie zudecken und über Nacht in den Kühlschrank stellen.

2. Den Backofen vorheizen.
Ober-/Unterhitze: etwa 180 °C
Heißluft: etwa 160 °C

3. Für den Rührteig die Butter oder Margarine mit Handrührgerät mit Rührbesen auf höchster Stufe geschmeidig rühren. Nach und nach Zucker und Vanillin-Zucker unterrühren. So lange rühren, bis eine gebundene Masse entstanden ist. Eier nach und nach unterrühren (jedes Ei etwa 1/2 Minute). Zuletzt Zitronenschale unterrühren.

4. Mehl mit Backpulver mischen und auf mittlerer Stufe kurz unterrühren. Mandeln unterrühren. Teig in eine Springform (Ø 26 cm, Boden gefettet) füllen und glatt streichen.

5. Für den Belag Birnen in einem Sieb gut abtropfen lassen. Abgetropfte Birnen in Spalten schneiden und auf dem Teig verteilen (12 Birnenspalten zum Garnieren beiseitelegen). Die Form auf dem Rost in den vorgeheizten Backofen schieben und den Boden **etwa 45 Minuten backen.**

6. Den Tortenboden aus der Form lösen, auf einen mit Backpapier belegten Kuchenrost stürzen und erkalten lassen.

7. Für den Belag Mars®-Sahne mit Sahnesteif steif schlagen und kuppelförmig auf den Boden streichen. Die Torte mit den in Scheiben geschnittenen Mars®-Riegeln und Birnenspalten garnieren.

® Registered trademark of MARS.

M

Marshmallow-Erdbeer-Torte
Für Kinder – ohne zu backen

Insgesamt:
E: 36 g, F: 278 g, Kh: 307 g kJ: 16769, kcal: 4010

Für den Boden:
- 150 g Butterkekse
- 100 g Butter
- 50 g Zucker
- 50 g Vollmilch-Schokolade

Für die Füllung:
- 500 g Erdbeeren
- 500 g Schlagsahne
- 2 Pck. Dr. Oetker Sahnesteif
- 100 g Marshmallow-Creme Classic oder Strawberry-Fluff (Erdbeer-Geschmack)

Zum Garnieren:
Marshmallows

Zubereitungszeit: 30 Minuten, ohne Kühlzeit

1. Für den Boden Butterkekse in einen Gefrierbeutel geben, ihn verschließen und die Butterkekse mit einer Teigrolle fein zerbröseln. Keksbrösel in eine Schüssel geben. Butter zerlassen, mit dem Zucker zu den Butterkeksen geben und gut verrühren. Einen Springformrand (Ø 26 cm) auf eine mit Tortenspitze oder Backpapier belegte Tortenplatte stellen. Die Bröselmasse darin verteilen und mithilfe eines Löffels gut zu einem Boden andrücken.

2. Die Schokolade in Stücke brechen und in einem kleinen Topf im Wasserbad bei schwacher Hitze unter Rühren schmelzen lassen. Schokolade mit einem Pinsel auf dem Boden verstreichen. Den Boden in den Kühlschrank stellen und die Schokolade fest werden lassen.

3. Für die Füllung Erbeeren abspülen, abtropfen lassen und entstielen. 6 Erdbeeren zum Garnieren beiseitelegen. Die restlichen Erdbeeren auf den Schokoboden legen. Dabei am Rand etwa 1 cm frei lassen.

4. Danach die Sahne mit Sahnesteif steif schlagen. Marshmallow-Creme erst mit einem Drittel der Sahne verrühren, dann die Mischung unter die restliche Sahne heben. Die Creme auf den Erdbeeren verstreichen. Nach Belieben mithilfe eines Teelöffels Vertiefungen in die Oberfläche drücken. Die Torte anschließend mindestens 1 Stunde in den Kühlschrank stellen.

5. Vor dem Servieren den Springformrand lösen und entfernen. Die Torte mit den beiseitegestellten, halbierten Erdbeeren und Marshmallows garnieren.

Tipps: Marshmallow-Creme gibt es oft in Lebensmittelhandlungen von Kaufhäusern, bei den amerikanischen Lebensmitteln oder in großen Supermärkten. Anstelle der Butterkekse können auch Löffelbiskuits verwendet werden. Statt mit Vertiefungen kann man die Oberfläche der Torte auch mit einem Tortengarnierkamm wellenförmig verzieren oder die Masse kuppelartig auf die Erdbeeren streichen. Anstelle der Erdbeeren können auch Johannisbeeren verwendet werden, die der Torte eine leicht säuerliche Note geben.

Mauerschnitten | Für Kinder

Insgesamt:
E: 107 g, F: 395 g, Kh: 843 g, kJ: 30825, kcal: 7346

Für den All-in-Teig:
- 200 g Weizenmehl
- 3 gestr. TL Dr. Oetker Backin
- 3 Eier (Größe M)
- 150 g Zucker
- 1 Pck. Dr. Oetker Finesse Orangenschalen-Aroma
- 125 g weiche Butter oder Margarine
- 150 ml Multivitaminsaft

Für den Belag:
- 750 ml (¾ l) Multivitaminsaft
- 3 Pck. gezuckerter Tortenguss, klar
- 6 Blatt weiße Gelatine
- 250 ml (¼ l) Buttermilch
- 500 g Schlagsahne
- 20 g Zucker
- etwa 30 Butterkekse mit Schokolade (je 15 Stück Vollmilch und Zartbitter)

Zubereitungszeit: 40 Minuten, ohne Abkühl- und Kühlzeit
Backzeit: 15–20 Minuten

1. Den Backofen vorheizen.
Ober-/Unterhitze: etwa 180 °C
Heißluft: etwa 160 °C

2. Für den Teig Mehl mit Backpulver in einer Rührschüssel mischen. Restliche Zutaten hinzufügen und alles mit Handrührgerät mit Rührbesen erst kurz auf niedrigster, dann auf höchster Stufe in etwa 2 Minuten zu einem Teig verarbeiten. Den Teig auf ein Backblech (30 x 40 cm, gefettet, mit Backpapier belegt) geben und glatt streichen. Das Backblech in den vorgeheizten Backofen schieben und den Teig **15–20 Minuten backen.**

3. Die Gebäckplatte auf einen mit Backpapier belegten Kuchenrost stürzen und die Platte erkalten lassen. Anschließend mitgebackenes Backpapier abziehen, Gebäckplatte wieder auf das Backblech legen und einen Backrahmen darumstellen.

4. Für den Belag aus dem Saft und Tortengusspulver nach Packungsanleitung einen Guss zubereiten und auf der Gebäckplatte verteilen. Die Platte etwa 30 Minuten in den Kühlschrank stellen. Gelatine nach Packungsanleitung einweichen. Die Hälfte der Buttermilch erwärmen. Gelatine leicht ausdrücken und unter Rühren darin auflösen. Restliche Buttermilch unterrühren. Sahne mit Zucker steif schlagen, unterheben und die Creme auf der Multivitaminschicht verstreichen. Die Oberfläche in Schnitten einteilen und dekorativ mit den Butterkeksen belegen. Die Schnitten etwa 1 Stunde in den Kühlschrank stellen. Vor dem Servieren Backrahmen lösen und entfernen.

Maulwurfshügel, beerig | Für Kinder

Insgesamt:
E: 80 g, F: 287 g, Kh: 425 g, kJ: 19801, kcal: 4733

Für den Rührteig:
- 150 g Butter oder Margarine
- 150 g Zucker
- 1 Pck. Dr. Oetker Vanillin-Zucker
- 1 Prise Salz
- 3 Eier (Größe M)
- 125 g Weizenmehl
- 25 g Speisestärke
- 1 gestr. TL Dr. Oetker Backin

Für den Belag:
- 10 Blatt weiße Gelatine
- 500 ml (½ l) Trinkjoghurt (Erdbeer- oder Himbeer-Geschmack)
- 30 g Zucker
- 400 g Schlagsahne
- 250 g vorbereitete Beerenfrüchte, z. B. rote Johannis-, Heidel- oder Himbeeren

Zum Bestäuben und Garnieren:
- gesiebtes Kakaopulver
- evtl. einige Johannisbeerrispen

Zubereitungszeit: 40 Minuten, ohne Abkühl- und Kühlzeit
Backzeit: etwa 25 Minuten

1. Den Backofen vorheizen.
Ober-/Unterhitze: etwa 180 °C
Heißluft: etwa 160 °C

2. Für den Teig Butter oder Margarine mit Handrührgerät mit Rührbesen auf höchster Stufe geschmeidig rühren. Nach und nach Zucker, Vanillin-Zucker und Salz unterrühren. So lange rühren, bis eine gebundene Masse entstanden ist. Eier nach und nach unterrühren (jedes Ei etwa ½ Minute). Mehl, Speisestärke und Backpulver mischen und kurz auf mittlerer Stufe unterrühren. Teig in eine Springform (Ø 26 cm, Boden gefettet) füllen und glatt streichen. Die Form auf dem Rost in den vorgeheizten Backofen schieben und den Boden **etwa 25 Minuten backen.**

3. Boden aus der Form lösen, auf einen mit Backpapier belegten Kuchenrost stürzen und erkalten lassen.

4. Für den Belag Gelatine nach Packungsanleitung einweichen. Danach Trinkjoghurt mit Zucker verrühren. Gelatine leicht ausdrücken und in einem kleinen Topf bei schwacher Hitze unter Rühren auflösen. Aufgelöste Gelatine zunächst mit etwa 4 Esslöffeln von dem Trinkjoghurt verrühren, dann die Mischung unter den restlichen Trinkjoghurt rühren. Die Sahne steif schlagen und mit den vorbereiteten Früchten unter den Trinkjoghurt heben. Die Creme in den Kühlschrank stellen.

5. Tortenboden auf eine Platte legen. Den Boden mithilfe eines Esslöffels etwa 2 cm tief aushöhlen, dabei rundherum einen etwa 1 cm breiten Rand stehen lassen. Joghurtcreme kuppelförmig auf den ausgehöhlten Boden streichen.

6. Gebäckreste fein zerbröseln, die Torte rundherum damit bestreuen und dann etwa 2 Stunden in den Kühlschrank stellen.

7. Vor dem Servieren die Torte mit etwas Kakaopulver bestäuben und nach Belieben mit Johannisbeerrispen garnieren.

Tipps: Der Maulwurfshügel kann bereits am Vortag zubereitet werden. Die Torte ist ohne Kakaopulver gefriergeeignet. Anstelle des Erdbeer- oder Himbeertrinkjoghurts kann jede andere fruchtige Geschmacksrichtung (z. B. Aprikose) verwendet und die Torte dann mit der entsprechenden Obstsorte zubereitet werden.

Maulwurfshügel vom Blech I

Fruchtig

Insgesamt:
E: 66 g, F: 292 g, Kh: 495 g, kJ: 21056, kcal: 5033

Zum Vorbereiten:
75 g Zartbitter-Kuvertüre

Für den Rührteig:
250 g Butter oder Margarine
125 g Zucker
1 Pck. Dr. Oetker Finesse
Orangenschalen-Aroma
2 EL Aprikosenkonfitüre
oder Orangenmarmelade
4 Eier (Größe M)
125 g Weizenmehl
2 Pck. Dr. Oetker Pudding-Pulver
Schokoladen-Geschmack
3 gestr. TL Dr. Oetker Backin

Für die Füllung:
1 große Dose Mandarinen
(Abtropfgewicht 500 g)
8 Blatt weiße Gelatine
250 ml (¼ l) Mandarinensaft aus der Dose
800 g Schlagsahne
1 Pck. Dr. Oetker Vanillin-Zucker
evtl. etwas Raspelschokolade
Puderzucker

Zubereitungszeit: 60 Minuten, ohne Kühlzeit
Backzeit: etwa 30 Minuten

1. Zum Vorbereiten die Kuvertüre in kleine Stücke hacken, in einem kleinen Topf im Wasserbad bei schwacher Hitze unter Rühren schmelzen und etwas abkühlen lassen.

2. Den Backofen vorheizen.
Ober-/Unterhitze: etwa 180 °C
Heißluft: etwa 160 °C

3. Für den Teig Butter oder Margarine mit Handrührgerät mit Rührbesen auf höchster Stufe geschmeidig rühren. Nach und nach Zucker und Aroma unterrühren. So lange rühren, bis eine gebundene Masse entstanden ist. Aprikosenkonfitüre oder Orangenmarmelade untermengen.

4. Eier nach und nach unterrühren (jedes Ei etwa ½ Minute). Mehl mit Pudding-Pulver und Backpulver mischen und auf mittlerer Stufe kurz unterrühren. Aufgelöste Kuvertüre unterheben.

5. Einen Backrahmen (etwa 28 x 28 cm) auf ein Backblech (30 x 40 cm, gefettet, mit Backpapier belegt) stellen. Teig hineingeben und glatt streichen. Das Backblech in den vorgeheizten Backofen schieben und den Teig **etwa 30 Minuten backen.**

6. Das Backblech auf einen Kuchenrost stellen. Backrahmen lösen und entfernen. Den Boden vom Backpapier lösen, aber darauf erkalten lassen. Den Gebäckboden etwa 2 cm tief aushöhlen, dabei einen 1 cm breiten Rand stehen lassen. Das ausgehöhlte Gebäck fein zerbröseln und die Gebäckbrösel beiseitestellen.

7. Für die Füllung Mandarinen in einem Sieb abtropfen lassen, den Saft dabei auffangen und 250 ml (¼ l) abmessen. Mandarinen in dem ausgehöhlten Gebäckboden verteilen.

8. Die Gelatine nach Packungsanleitung einweichen. Gelatine leicht ausdrücken und in einem kleinen Topf bei schwacher Hitze unter Rühren auflösen. Aufgelöste Gelatine erst mit etwa 4 Esslöffeln von dem Mandarinensaft verrühren, dann die Mischung unter den restlichen Mandarinensaft rühren. Flüssigkeit in den Kühlschrank stellen.

9. Sobald die Mandarinenflüssigkeit beginnt dicklich zu werden, Sahne mit Vanillin-Zucker steif schlagen und unterheben. Nach Belieben Raspelschokolade unterheben. Dann die Mandarinen-Sahne-Masse mit einem großen Esslöffel in mehreren „Hügeln" auf den Mandarinen verteilen. Gebäckbrösel auf die „Hügel" streuen und den Kuchen etwa 2 Stunden in den Kühlschrank stellen.

10. Den Kuchen vor dem Servieren mit Puderzucker bestäuben.

Maulwurftorte | Beliebt

Insgesamt:
E: 90 g, F: 400 g, Kh: 416 g, kJ: 23200, kcal: 5536

Für den Rührteig:
- 4 Eiweiß (Größe M)
- 125 g Butter oder Margarine
- 125 g Zucker
- 1 Pck. Dr. Oetker Vanillin-Zucker
- 4 Eigelb (Größe M)
- 50 g Weizenmehl
- 10 g Kakaopulver
- 4 gestr. TL Dr. Oetker Backin
- 75 g gemahlene Haselnusskerne
- 100 g Zartbitter-Raspelschokolade

Für die Füllung:
- 1 Glas Sauerkirschen (Abtropfgewicht 350 g)
- 2 mittelgroße Bananen (etwa 250 g)
- 2 EL Zitronensaft
- 600 g gekühlte Schlagsahne
- 3 Pck. Dr. Oetker Sahnesteif
- 25 g Zucker
- 1 Pck. Dr. Oetker Vanillin-Zucker

Zubereitungszeit: 30 Minuten, ohne Abkühlzeit
Backzeit: etwa 30 Minuten

1. Den Backofen vorheizen.
Ober-/Unterhitze: etwa 180 °C
Heißluft: etwa 160 °C

2. Für den Teig das Eiweiß mit Handrührgerät so steif schlagen, dass ein Messerschnitt sichtbar bleibt. Die Butter oder Margarine in einer Rührschüssel mit Handrührgerät mit Rührbesen geschmeidig rühren. Zucker und Vanillin-Zucker unter Rühren hinzufügen. So lange rühren, bis eine gebundene Masse entstanden ist. Eigelb nach und nach auf höchster Stufe unterrühren.

3. Mehl mit Kakaopulver und Backpulver mischen. Mit Haselnusskernen und Raspelschokolade mischen und in 2 Portionen auf mittlerer Stufe kurz unterrühren.

Eischnee mit Handrührgerät mit Rührbesen vorsichtig kurz auf mittlerer Stufe unterrühren. Den Teig in eine Springform (Ø 26 cm, gefettet) füllen und glatt streichen. Die Form auf dem Rost in den vorgeheizten Backofen schieben und den Boden **etwa 30 Minuten backen.**

4. Den Boden nach dem Backen etwa 5 Minuten in der Form stehen lassen, dann aus der Form lösen und auf einem mit Backpapier belegten Kuchenrost erkalten lassen. Den erkalteten Boden mithilfe eines Esslöffels gut 1 cm tief aushöhlen und dabei einen 1–2 cm breiten Rand stehen lassen. Die Oberfläche am Rand dazu vorher mit einem Messer einschneiden. Die Gebäckreste in einer Schüssel zerbröseln.

5. Für die Füllung Kirschen in einem Sieb gut abtropfen lassen, anschließend auf Küchenpapier legen. Bananen schälen, längs halbieren, mit Zitronensaft beträufeln und in den ausgehöhlten Boden legen. Die Kirschen dazwischen verteilen. Sahne mit Sahnesteif, Zucker und Vanillin-Zucker steif schlagen. Sahne kuppelartig auf das Obst streichen und mit den Bröseln bestreuen (die Brösel evtl. leicht andrücken). Die Torte etwa 1 Stunde in den Kühlschrank stellen.

Abwandlung: Statt Sauerkirschen können Sie auch 2 Dosen Mandarinen (Abtropfgewicht je 175 g) verwenden.

Maxi-Schnecke | Für Kinder

Insgesamt:
E: 103 g, F: 258 g, Kh: 583 g, kJ: 21170, kcal: 5056

Für die Füllung:
- 300 g Äpfel
- 1–2 EL Zitronensaft
- 3–4 EL gehackte Haselnusskerne
- 125 g Schlagsahne
- 150 g Sahne Muh-Muhs (Sahne-Toffee)
- 200 g Marzipan-Rohmasse

Für den Quark-Öl-Teig:
- 300 g Weizenmehl
- 1 Pck. Dr. Oetker Backin
- 75 g Zucker
- 1 Pck. Dr. Oetker Vanillin-Zucker
- 150 g Magerquark
- 3 EL Milch
- 1 Ei (Größe M)
- 6 EL Speiseöl, z. B. Sonnenblumenöl

Zum Bestreichen:
- 1 Eigelb (Größe M)
- 2 EL Milch

Für die Glasur und zum Garnieren:
- 50 g Sahne Muh-Muhs (Sahne-Toffee)
- 3–4 EL Schlagsahne
- 1 EL gehackte Haselnusskerne
- 2–3 Stück Sahne Muh-Muhs (Sahne-Toffee)

Zubereitungszeit: 50 Minuten, ohne Kühlzeit
Backzeit: etwa 40 Minuten

1. Für die Füllung Äpfel schälen, vierteln und das Kerngehäuse entfernen. Äpfel achteln, quer in feine Scheiben schneiden und mit Zitronensaft beträufeln. Nusskerne dazugeben.

2. Sahne erwärmen und die Sahne-Toffees unter Rühren darin schmelzen lassen. Die Masse in eine Rührschüssel geben. Marzipan in sehr kleine Stücke schneiden, dazugeben und mit Handrührgerät mit Rührbesen gut verrühren.

3. Den Backofen vorheizen.
Ober-/Unterhitze: etwa 180 °C
Heißluft: etwa 160 °C

4. Für den Teig Mehl mit Backpulver in einer Rührschüssel mischen. Zucker, Vanillin-Zucker, Quark, Milch, Ei und Öl hinzufügen. Die Zutaten mit Handrührgerät mit Knethaken auf höchster Stufe in etwa 1 Minute zu einem Teig verarbeiten (nicht zu lange, Teig klebt sonst).

5. Den Teig auf der leicht bemehlten Arbeitsfläche zu einem Rechteck (etwa 35 x 60 cm) ausrollen. Die Apfelscheiben und Nusskerne auf dem unteren Drittel der Teigplatte verteilen. Die Toffee-Masse darauf verteilen, die Platte von der längeren Seite aus aufrollen.

6. Die Rolle locker zu einer Schnecke zusammendrehen, auf ein mit Backpapier belegtes Backblech legen und einen Springformrand oder Tortenring (Ø 26 cm) nicht zu eng darumstellen. Eigelb mit Milch verrühren und die Schnecke damit bestreichen. Das Backblech in den vorgeheizten Backofen schieben und die Schnecke **etwa 40 Minuten backen.**

7. Für die Glasur Sahne-Toffees in der Sahne unter Rühren erwärmen und schmelzen lassen. Die Schnecke nach dem Backen mit dem Backpapier vom Backblech auf einen Kuchenrost ziehen. Die Schnecke noch heiß mit der Glasur bestreichen und mit Haselnusskernen bestreuen. Bonbons in Stücke schneiden und anschließend auf die Schnecke legen. Die Schnecke erkalten lassen und frisch servieren.

Mikado-Torte

Für Gäste – mit Alkohol

Insgesamt:
E: 64 g, F: 260 g, Kh: 467 g, kJ: 19556, kcal: 4677

Für den Biskuitteig:
2 Eier (Größe M)
2 EL heißes Wasser
80 g Zucker
1 Pck. Dr. Oetker Vanillin-Zucker
60 g Weizenmehl
20 g Kakaopulver
1 gestr. TL Dr. Oetker Backin

Für den Belag:
4–5 Bananen
1 Pck. Tortenguss, klar
100 ml Weißwein
150 ml Apfelsaft
3 EL Zucker
3 Blatt weiße Gelatine
400 g Schlagsahne
2 EL Zucker

Für den Guss:
1 Blatt weiße Gelatine
125 g Schlagsahne
100 g Zartbitter-Schokolade

Zum Verzieren und Garnieren:
125 g Schlagsahne
½ Pck. Dr. Oetker Sahnesteif
24 Mikado-Stäbchen (Schoko-Gebäck-Stäbchen)

Zubereitungszeit: 60 Minuten,
ohne Abkühl- und Kühlzeit
Backzeit: etwa 20 Minuten

1. Den Backofen vorheizen.
Ober-/Unterhitze: etwa 180 °C
Heißluft: etwa 160 °C

2. Für den Teig Eier und Wasser mit Handrührgerät mit Rührbesen auf höchster Stufe in 1 Minute schaumig schlagen. Zucker mit Vanillin-Zucker mischen, in 1 Minute einstreuen, dann noch etwa 2 Minuten weiterschlagen.

3. Mehl, Kakaopulver und Backpulver mischen, auf die Eiercreme geben und kurz auf niedrigster Stufe unterrühren. Den Teig in eine Springform (Ø 26 cm, Boden gefettet, mit Backpapier belegt) füllen und glatt streichen. Die Form auf dem Rost in den vorgeheizten Backofen schieben und dann den Boden sofort **etwa 20 Minuten backen.**

4. Den Boden aus der Form lösen, auf einen mit Backpapier belegten Kuchenrost stürzen und erkalten lassen. Anschließend mitgebackenes Backpapier abziehen, den Boden auf eine Tortenplatte legen und einen Tortenring oder den gesäuberten Springformrand darumlegen.

5. Für den Belag Bananen schälen, längs halbieren und den Boden dicht damit belegen. Aus Tortenguss-pulver, Wein, Apfelsaft und Zucker nach Packungs-anleitung einen Guss zubereiten, über die Bananen geben und erkalten lassen.

6. Die Gelatine nach Packungsanleitung einweichen. Sahne mit Zucker fast steif schlagen. Gelatine leicht ausdrücken und in einem kleinen Topf bei schwacher Hitze unter Rühren auflösen. Lauwarme, aufgelöste Gelatine unter Rühren auf einmal in die Sahne geben und die Sahne vollkommen steif schlagen. Die Sahne auf den erkalteten Tortenguss streichen.

7. Für den Guss Gelatine nach Packungsanleitung einweichen. Sahne in einem Topf erwärmen und die Schokolade darin bei schwacher Hitze unter Rühren schmelzen. Gelatine leicht ausdrücken, in der Schoko-ladensahne unter Rühren auflösen und etwas abküh-len lassen. Den abgekühlten Guss vorsichtig auf die Sahneschicht geben und die Torte etwa 3 Stunden in den Kühlschrank stellen.

8. Zum Verzieren und Garnieren den Tortenring oder Springformrand lösen und entfernen. Die Sahne mit Sahnesteif steif schlagen und in einen Spritzbeutel mit Sterntülle füllen. Die Torte anschließend mit der Sahne verzieren und mit den Mikado-Stäbchen dekorativ garnieren.

M

Milky-Way-Kirschrolle | Für Gäste

Insgesamt:
E: 53 g, F: 194 g, Kh: 417 g, kJ: 15282, kcal: 3644

Zum Vorbereiten:
400 g Schlagsahne
7 Riegel Milky Way®
(je 26 g)

Für den Biskuitteig:
3 Eier (Größe M)
1 Eigelb (Größe M)
75 g Zucker
1 Pck. Dr. Oetker Vanillin-Zucker
75 g Weizenmehl
15 g Speisestärke
½ gestr. TL Dr. Oetker Backin
2 EL Zartbitter-Raspelschokolade

Für die Füllung:
1 kleines
Glas Sauerkirschen
(Abtropfgewicht 130 g)
125 ml (⅛ l) Kirschsaft aus dem Glas
75 ml Wasser
15 g Speisestärke
1 EL Zucker

Außerdem:
2 Pck. Dr. Oetker Sahnesteif

Zum Garnieren:
1–2 Riegel Milky Way®
(je 26 g)
einige frische Kirschen

Zubereitungszeit: 50 Minuten,
ohne Abkühl- und Kühlzeit
Backzeit: 8–10 Minuten

1. Zum Vorbereiten für die Creme Sahne erwärmen. Milky-Way®-Riegel grob zerkleinern und unter Rühren in der heißen Sahne auflösen. Die Sahne in eine Rührschüssel geben, erkalten lassen und anschließend mit Frischhaltefolie zugedeckt mehrere Stunden (am besten über Nacht) in den Kühlschrank stellen.

2. Den Backofen vorheizen.
Ober-/Unterhitze: etwa 200 °C
Heißluft: etwa 180 °C

3. Für den Teig Eier und Eigelb mit Handrührgerät mit Rührbesen auf höchster Stufe in 1 Minute schaumig schlagen. Zucker und Vanillin-Zucker mischen, in 1 Minute einstreuen, dann noch etwa 2 Minuten weiterschlagen.

4. Mehl mit Speisestärke und Backpulver mischen, auf die Eiercreme geben und kurz auf niedrigster Stufe unterrühren. Den Biskuitteig auf ein Backblech (30 x 40 cm, gefettet, mit Backpapier belegt) geben, glatt streichen und mit der Raspelschokolade bestreuen. Danach das Backblech in den vorgeheizten Backofen schieben und den Boden **8–10 Minuten backen.**

5. Nach dem Backen Gebäckrand mit einem Messer vom Backblech lösen. Das Gebäck auf ein mit wenig Zucker bestreutes Backpapier stürzen, mitgebackenes Backpapier vorsichtig abziehen und die Platte erkalten lassen.

6. Für die Füllung Kirschen in einem Sieb gut abtropfen lassen, den Saft dabei auffangen und 125 ml (⅛ l) davon abmessen, evtl. mit Wasser ergänzen. Kirschsaft in einem kleinen Topf erhitzen. Wasser mit Speisestärke verrühren. Angerührte Stärke in den heißen Kirschsaft rühren und unter Rühren aufkochen lassen. Topf von der Kochstelle nehmen. Zucker und Kirschen unterrühren. Kirschmasse erkalten lassen.

7. Kalte Milky-Way®-Sahne mit Sahnesteif mit Handrührgerät mit Rührbesen auf höchster Stufe cremig aufschlagen. Gut zwei Drittel der Creme auf die Gebäckplatte streichen. Kirschmasse als dicken Streifen der Länge nach auf die Rolle geben. Gebäckplatte von der längeren Seite aus aufrollen und mit der restlichen Creme verzieren.

8. Zum Garnieren Milky-Way®-Riegel hacken, aufstreuen und danach die Rolle mit frischen Kirschen garnieren.

® Registered trademark of MARS.

Milky-Way-Mango-Torte | Raffiniert

Insgesamt:
E: 52 g, F: 246 g, Kh: 482 g, kJ: 18297, kcal: 4369

Für die Füllung:
10 Riegel Milky Way® Mini (je 16 g)
600 g Schlagsahne

Für den Biskuitteig:
3 Eier (Größe M)
2 EL heißes Wasser
75 g Zucker
1 Pck. Dr. Oetker Vanillin-Zucker
50 g Weizenmehl
50 g Speisestärke
1 gestr. TL Dr. Oetker Backin

Für den Belag:
2 Dosen geschälte Mangos in Scheiben
(Abtropfgewicht je 225 g)
1 Pck. gezuckerter Tortenguss, klar
250 ml (¼ l) Mangosaft aus den Dosen

3 Pck. Dr. Oetker Sahnesteif

Zum Garnieren:
2–3 Riegel Milky Way® Mini
(je 16 g)
Kakaopulver

Zubereitungszeit: 60 Minuten,
ohne Kühl- und Abkühlzeit
Backzeit: etwa 25 Minuten

1. Für die Füllung Milky-Way®-Riegel in kleine Stücke schneiden. Die Schokoladenstücke mit der Sahne in einem Topf unter Rühren schmelzen. Die Milky-Way®-Sahne mit Frischhaltefolie zugedeckt über Nacht in den Kühlschrank stellen.

2. Den Backofen vorheizen.
Ober-/Unterhitze: etwa 180 °C
Heißluft: etwa 160 °C

3. Für den Teig Eier und Wasser mit Handrührgerät mit Rührbesen auf höchster Stufe in 1 Minute schau-

mig schlagen. Zucker und Vanillin-Zucker mischen, in 1 Minute einstreuen, dann noch etwa 2 Minuten weiterschlagen. Mehl mit Speisestärke und Backpulver mischen, auf die Eiercreme geben und kurz auf niedrigster Stufe unterrühren. Den Teig in eine Springform (Ø 26 cm, Boden gefettet, mit Backpapier belegt) füllen und glatt streichen. Die Form auf dem Rost in den vorgeheizten Backofen schieben und den Boden **etwa 25 Minuten backen.**

4. Den Boden auf einen mit Backpapier belegten Kuchenrost stürzen und erkalten lassen. Anschließend mitgebackenes Backpapier abziehen und den Boden einmal waagerecht durchschneiden. Unteren Biskuitboden auf eine Tortenplatte legen und danach einen Tortenring oder den gesäuberten Springformrand darumstellen.

5. Für den Belag Mangos in einem Sieb abtropfen lassen, Saft dabei auffangen und 250 ml (¼ l) davon abmessen. Die Früchte in dünne Streifen schneiden. 12 Mangostreifen zum Garnieren beiseitelegen und die restlichen Spalten auf dem unteren Boden verteilen. Aus Tortengusspulver und Mangosaft nach Packungsanleitung einen Guss zubereiten. Den Guss auf das Obst geben und erkalten lassen. Dann den Tortenring oder Springformrand lösen und entfernen.

6. Für die Füllung die Milky-Way®-Sahne mit Sahnesteif steif schlagen, etwa 4 Esslöffel davon in einen Spritzbeutel mit Sterntülle füllen und zum Garnieren beiseitelegen. Die Hälfte der Sahnecreme auf das Obst geben, glatt streichen und mit dem zweiten Boden bedecken. Danach mit der restlichen Milky-Way®-Sahne Rand und Oberfläche der Torte bestreichen.

7. Die Tortenoberfläche in 12 Stücke einteilen, mit den beiseitegelegten Mangostreifen belegen und mit der beiseitegelegten Sahne garnieren. Die Torte etwa 1 Stunde in den Kühlschrank stellen.

8. Kurz vor dem Servieren die Torte mit in Scheiben geschnittenen Milky-Way®-Riegeln belegen und mit Kakao bestäuben.

® Registered trademark of MARS.

Milky-Way-Torte | Raffiniert

Insgesamt:
E: 87 g, F: 266 g, Kh: 653 g, kJ: 23144, kcal: 5523

Zum Vorbereiten:
500 g Schlagsahne
8 Riegel Milky-Way® (je 26 g)
100 g Zartbitter-Schokolade
2 Pck. Dr. Oetker Sahnesteif

Für den Biskuitteig:
2 Eier (Größe M)
2 EL heißes Wasser
100 g Zucker
1 Pck. Dr. Oetker Vanillin-Zucker
75 g Weizenmehl
50 g Speisestärke
1 gestr. TL Dr. Oetker Backin

Für den Belag:
1 Dose Pfirsichhälften
(Abtropfgewicht 470 g)
3–4 EL Nuss-Nougat-Creme
1 Pck. Tortenguss, klar
250 ml (¼ l) Pfirsichsaft aus der Dose

Für die Joghurtcreme:
1 Pck. gemahlene Gelatine, weiß
4 EL kaltes Wasser
300 g Joghurt
Saft von
½ Zitrone

2 Pck. Dr. Oetker Sahnesteif
Kakaopulver
gesiebter Puderzucker

Zubereitungszeit: 60 Minuten, ohne Kühlzeit
Backzeit: 20–30 Minuten

1. Zum Vorbereiten die Sahne mit den zerkleinerten Milky-Way®-Riegeln erwärmen, bis diese geschmolzen sind. Die Schokolade grob zerkleinern, dazugeben und ebenfalls darin auflösen. Die Masse in eine Rührschüssel umfüllen, mit Frischhaltefolie zudecken und über Nacht in den Kühlschrank stellen.

2. Den Backofen vorheizen.
Ober-/Unterhitze: etwa 180 °C
Heißluft: etwa 160 °C

3. Für den Teig Eier und Wasser mit Handrührgerät mit Rührbesen auf höchster Stufe in 1 Minute schaumig schlagen. Zucker mit Vanillin-Zucker mischen, in 1 Minute einstreuen, dann noch etwa 2 Minuten weiterschlagen. Mehl mit Speisestärke und Backpulver mischen, auf die Eiercreme geben und kurz auf niedrigster Stufe unterrühren. Den Teig in eine Springform (Ø 28 cm, Boden gefettet, mit Backpapier belegt) füllen und glatt streichen. Die Form auf dem Rost in den vorgeheizten Backofen schieben und den Boden sofort **20–30 Minuten backen.**

4. Den Tortenboden aus der Form lösen, auf einen mit Backpapier belegten Kuchenrost stürzen und erkalten lassen. Anschließend mitgebackenes Backpapier abziehen.

5. Für den Belag die Pfirsiche in einem Sieb gut abtropfen lassen, den Saft dabei auffangen und 250 ml (¼ l) abmessen, evtl. mit Wasser ergänzen. Die Nuss-Nougat-Creme in einem Topf im Wasserbad nach Packungsanleitung schmelzen lassen und den Tortenboden dick damit bestreichen. 2 Pfirsichhälften zum Garnieren beiseitelegen, die restlichen in Spalten schneiden und auf dem Boden verteilen.

6. Aus Tortengusspulver und dem abgemessenen Pfirsichsaft nach Packungsanleitung, aber ohne Zucker einen Guss zubereiten und mit einem Löffel auf den Pfirsichen verteilen.

7. Für die Joghurtcreme Gelatine mit Wasser in einem kleinen Topf anrühren und nach Packungsanleitung quellen lassen. Joghurt mit Zitronensaft verrühren. Die beiseitegelegten Pfirsichhälften pürieren und unter den Joghurt rühren. Die gequollene Gelatine bei schwacher Hitze unter Rühren auflösen. Aufgelöste Gelatine erst mit 2 Esslöffeln von der Joghurtmasse verrühren, dann die Mischung unter die restliche Joghurtmasse rühren. Die Masse auf den Pfirsichen verstreichen (evtl. einen Tortenring um die Torte stellen) und die Torte anschließend in den Kühlschrank stellen.

8. Die vorbereitete Milky-Way®-Creme mit Sahnesteif steif schlagen, auf die Joghurtmasse geben, glatt streichen und mit einer Gabel leichte Vertiefungen eindrücken. Die Torte nochmals etwa 3 Stunden in den Kühlschrank stellen.

9. Vor dem Servieren Tortenring lösen und entfernen. Torte mit Kakao bestäuben und nach Belieben mit Puderzucker verzieren.

® Registered trademark of MARS.

Mini-Dickmann's-Galetta-Torte
Für Kinder

Insgesamt:
E: 65 g, F: 324 g, Kh: 483 g, kJ: 21463, kcal: 5120

Für den All-in-Teig:
- 100 g *Weizenmehl*
- 2 gestr. TL *Dr. Oetker Backin*
- 100 g *Zucker*
- 1 Pck. *Dr. Oetker Bourbon-Vanille-Zucker*
- 100 g *weiche Butter oder Margarine*
- 2 *Eier (Größe M)*
- 50 g *Vollmilch-Raspelschokolade*

- 2–3 EL *Himbeer- oder Johannisbeergelee*

Für die Füllung:
- 1 Pck. *Mini-Dickmann's (24 Stück, Schaumküsse)*
- 150 ml *kalte Milch*
- 350 g *Schlagsahne*
- 1 Pck. *Galetta Vanille-Geschmack (Pudding-Pulver ohne Kochen)*
- 1 Pck. *Dr. Oetker Sahnesteif*
- 250 g *Joghurt*

Zum Verzieren:
- 25 g *Zartbitter-Schokolade*
- 150 g *Schlagsahne*
- 1 Pck. *Dr. Oetker Vanillin-Zucker*

Zubereitungszeit: 45 Minuten, ohne Abkühlzeit
Backzeit: etwa 30 Minuten

1. Den Backofen vorheizen.
Ober-/Unterhitze: etwa 180 °C
Heißluft: etwa 160 °C

2. Für den Teig Mehl mit Backpulver in einer Rührschüssel mischen. Restliche Zutaten außer der Raspelschokolade hinzufügen und alles mit Handrührgerät mit Rührbesen auf höchster Stufe in etwa 2 Minuten zu einem Teig verarbeiten. Zuletzt Raspelschokolade vorsichtig unterrühren.

3. Teig in eine Springform (Ø 26 cm, Boden gefettet, mit Backpapier belegt) füllen und glatt streichen. Die Form auf dem Rost in den vorgeheizten Backofen schieben und den Boden anschließend **etwa 30 Minuten backen.**

4. Den Boden aus der Form lösen, auf einen mit Backpapier belegten Kuchenrost stürzen und erkalten lassen. Anschließend mitgebackenes Backpapier abziehen. Den Boden auf eine Tortenplatte legen und mit Gelee bestreichen, dabei am Rand 1 cm frei lassen. Einen Tortenring oder den gesäuberten Springformrand darumstellen.

5. Für die Füllung Waffeln der Mini-Dickmann's mit einem Messer vorsichtig von der Schaumkuppel lösen. 16 der Dickmann's-Schaumkuppeln zum Garnieren beiseitestellen. Die Waffeln so an den Rand setzen, dass die Schokoladenseiten außen liegen. Dann Milch und Sahne in eine Rührschüssel geben, Galetta und Sahnesteif hinzufügen und nach Packungsanleitung aufschlagen. Zuletzt den Joghurt und die restlichen 8 Dickmann's-Schaumkuppeln ohne Waffeln unterrühren. Die Creme auf dem Boden verstreichen.

6. Zum Verzieren Schokolade grob zerkleinern und in einen kleinen Gefrierbeutel füllen. Den Gefrierbeutel gut verschließen und zum Schmelzen der Schokolade in ein warmes Wasserbad hängen.

7. Sobald die Schokolade geschmolzen ist, den Beutel trocken tupfen, etwas durchkneten und eine kleine Ecke abschneiden. Tortenring oder Springformrand lösen und entfernen. Die Torte mit der Schokolade besprenkeln.

8. Sahne mit Vanillin-Zucker steif schlagen, in einen Spritzbeutel mit Sterntülle füllen und 16 Tuffs auf die Torte spritzen. Die restlichen Dickmann's auf die Tuffs setzen. Die Torte bis zum Servieren in den Kühlschrank stellen.

Tipps: Für den Teig können Sie genauso gut 50 g gehackte Vollmilch-Schokolade verwenden, für die Füllung Joghurt durch Magerquark ersetzen. Die Torte am gleichen Tag servieren, da die Waffeln weich werden. Den Boden können Sie gut am Vortag zubereiten.

Mini-Dickmann's-Kranz | Fruchtig

Insgesamt:
E: 126 g, F: 279 g, Kh: 492 g, kJ: 21762, kcal: 5179

Für den Rührteig:
- 100 g Butter oder Margarine
- 150 g Zucker
- 1 Pck. Dr. Oetker Vanillin-Zucker
- 3 Eier (Größe M)
- 150 g Weizenmehl
- 25 g Speisestärke
- 2 gestr. TL Dr. Oetker Backin

Für die Füllung:
- 400 g Sauerkirschen
- 100 g Mini-Dickmann's (Schaumküsse)
- 500 g Magerquark
- 25 g Zucker
- 500 g Schlagsahne
- 2 Pck. Dr. Oetker Sahnesteif
- einige Mini-Dickmann's (Schaumküsse)

Zubereitungszeit: 40 Minuten, ohne Kühlzeit
Backzeit: etwa 35 Minuten

1. Den Backofen vorheizen.
Ober-/Unterhitze: etwa 180 °C
Heißluft: etwa 160 °C

2. Für den Teig Butter oder Margarine mit Handrührgerät mit Rührbesen geschmeidig rühren. Nach und nach Zucker und Vanillin-Zucker unterrühren. So lange rühren, bis eine gebundene Masse entstanden ist. Eier nach und nach unterrühren (jedes Ei etwa ½ Minute).

3. Mehl mit Speisestärke und Backpulver mischen und auf mittlerer Stufe kurz unterrühren. Teig in eine Kranzform (Ø 20 cm, gefettet, gemehlt) füllen und glatt streichen. Die Form auf dem Rost in den vorgeheizten Backofen schieben und den Kranz **etwa 35 Minuten backen.**

4. Kranz etwa 10 Minuten in der Form stehen lassen, dann auf einen mit Backpapier belegten Kuchenrost stürzen und erkalten lassen. Anschließend den Kranz zweimal waagerecht durchschneiden.

5. Für die Füllung Sauerkirschen abspülen, abtropfen lassen, entstielen und entsteinen (wenn die Früchte sehr fest sind, sie kurz mit wenig Wasser dünsten). Von den Dickmann's die Waffeln mit einem Messer von den Schaumkuppeln lösen und zum Garnieren beiseitelegen. Quark mit Zucker verrühren und die Dickmann's-Schaumkuppeln unterrühren. Die Sahne mit Sahnesteif steif schlagen und unter die Quark-Dickmann's-Masse heben.

6. Unteren Boden auf eine Tortenplatte legen, zunächst dünn mit der Quarkcreme bestreichen, dann die Hälfte der Kirschen darauf verteilen. Knapp ein Drittel der Quarkcreme daraufstreichen und mit dem mittleren Boden bedecken. Boden wieder mit etwas Quarkcreme bestreichen und die restlichen Kirschen darauf verteilen (evtl. einige zum Garnieren beiseitelegen). Mit knapp der Hälfte der restlichen Creme bestreichen und mit dem oberen Boden bedecken.

7. Den Kranz rundherum mit der restlichen Quarkcreme bestreichen und mit den Dickmann's-Waffeln garnieren. Den Kranz etwa 2 Stunden in den Kühlschrank stellen und erst kurz vor dem Servieren mit einigen ganzen Dickmann's garnieren.

Tipp: Den Kranz schon am Vortag zubereiten.

Mini-Dickmann's-Torte
Gut vorzubereiten

Insgesamt:
E: 80 g, F: 322 g, Kh: 505 g, kJ: 22783, kcal: 5425

Für den Rührteig:
- 4 Eigelb (Größe M)
- 150 g Zucker
- 1 Pck. Dr. Oetker Vanillin-Zucker
- ½ Fl. Butter-Vanille-Aroma
- 100 ml lauwarmes Wasser
- 150 ml Speiseöl, z. B. Sonnenblumenöl
- 300 g Weizenmehl
- 4 gestr. TL Dr. Oetker Backin
- 4 Eiweiß (Größe M)
- 1 geh. EL Kakaopulver

Für die Füllung:
- 400 g Schlagsahne
- 2 Pck. Dr. Oetker Sahnesteif
- einige Mini-Dickmann's (Schaumküsse)

Zum Bestreichen:
- 1 geh. EL Aprikosenkonfitüre
- knapp 1 EL Wasser

Zubereitungszeit: 50 Minuten, ohne Abkühlzeit
Backzeit: etwa 40 Minuten

1. Den Backofen vorheizen.
Ober-/Unterhitze: etwa 180 °C
Heißluft: etwa 160 °C

2. Für den Teig Eigelb, Zucker und Vanillin-Zucker mit Handrührgerät mit Rührbesen zunächst kurz auf niedrigster, dann auf höchster Stufe schaumig rühren. Aroma, Wasser und Öl unterrühren.

3. Mehl mit Backpulver mischen und in 2 Portionen auf mittlerer Stufe kurz unterrühren. Das Eiweiß steif schlagen und unterheben. Die Hälfte des Teiges in eine Springform (Ø 26 cm, Boden gefettet, mit Semmelbröseln bestreut) füllen und glatt streichen. Kakao unter den restlichen Teig rühren, den Teig in einen Spritzbeutel füllen und in Wellenform auf den hellen Teig spritzen. Die Form auf dem Rost in den vorgeheizten Backofen schieben und den Boden **etwa 40 Minuten backen.**

4. Den Boden aus der Form lösen und auf einem mit Backpapier belegten Kuchenrost erkalten lassen. Den Boden einmal waagerecht durchschneiden. Aus dem oberen Boden einige Kreise (in der Größe der Mini-Dickmann's) ausstechen, das ausgestochene Gebäck zerbröseln.

5. Für die Füllung Sahne mit Sahnesteif steif schlagen, die Gebäckbrösel (2 Esslöffel zum Verzieren beiseitelegen) unterheben und die Masse auf dem unteren Boden verstreichen. Den oberen Boden darauflegen.

6. Aprikosenkonfitüre und Wasser verrühren, unter Rühren aufkochen lassen und die Torte damit bestreichen. Die Mini-Dickmann's in die ausgestochenen Kreise setzen und die Torte mit den beiseitegelegten Gebäckbröseln bestreuen.

Miniwindbeutel-Cassis-Torte
Mit Alkohol – ohne zu backen

Insgesamt:
E: 45 g, F: 296 g, Kh: 153 g, kJ: 16010, kcal: 3828

Für den Boden:
150 g Löffelbiskuits
125 g Butter

Für den Belag:
4 Blatt rote Gelatine
150 g Joghurt
100 ml Cassislikör
30 g Zucker
400 g Schlagsahne
1 Pck. TK-Miniwindbeutel Erdbeer-Joghurt-Creme

Zum Garnieren:
einige vorbereitete Erdbeeren

Zubereitungszeit: 35 Minuten, ohne Kühlzeit

1. Für den Boden Löffelbiskuits in einen Gefrierbeutel geben, ihn verschließen und die Löffelbiskuits mit einer Teigrolle fein zerbröseln. Brösel in eine Schüssel geben.

2. Die Butter in einem Topf zerlassen, zu den Bröseln geben und gut verrühren. Einen Tortenring oder einen Springformrand (Ø 24 cm) auf eine mit Tortenspitze oder Backpapier belegte Tortenplatte stellen. Die Bröselmasse darin verteilen, mit einem Löffel gut zu einem Boden andrücken und in den Kühlschrank stellen.

3. Für den Belag Gelatine nach Packungsanleitung einweichen. Joghurt, Likör und Zucker verrühren. Die Gelatine leicht ausdrücken und in einem kleinen Topf bei schwacher Hitze unter Rühren auflösen. Die aufgelöste Gelatine erst mit etwa 4 Esslöffeln von der Cassis-Joghurt-Masse verrühren, dann die Mischung unter die restliche Cassis-Joghurt-Masse rühren. Die Masse in den Kühlschrank stellen. Sobald die Masse beginnt dicklich zu werden, Sahne steif schlagen und unterheben.

4. Drei Esslöffel der Creme auf dem Boden verstreichen, einen Kranz aus gefrorenen Miniwindbeuteln auf den äußeren Rand legen. Creme kuppelförmig in die Mitte geben und mit einem Teelöffel Stufen eindrücken. Restliche Miniwindbeutel in Scheiben schneiden und Torte damit und mit einigen Erdbeeren garnieren. Die Torte 2–3 Stunden in den Kühlschrank stellen, dann den Tortenring oder Springformrand lösen, entfernen und die Torte servieren.

Miniwindbeutel-Himbeertorte
Beliebt

Insgesamt:
E: 80 g, F: 247 g, Kh: 400 g, kJ: 17500, kcal: 4170

Für den Biskuitteig:
- 3 Eier (Größe M)
- 1 Eigelb (Größe M)
- 70 g Zucker
- 1 Pck. Dr. Oetker Vanillin-Zucker
- 50 g Weizenmehl
- 15 g Speisestärke
- ½ gestr. TL Dr. Oetker Backin

- 175 g Erdbeerkonfitüre

Für die Füllung:
- 6 Blatt weiße Gelatine
- 300 g frische oder TK-Himbeeren
- 200 g Doppelrahm-Frischkäse
- 60 g Zucker
- 250 g Schlagsahne
- 18 TK-Miniwindbeutel „Classic"

- 6 TK-Miniwindbeutel „Classic"
- einige vorbereitete Himbeeren
- evtl. 30 g weiße Kuvertüre

Zubereitungszeit: 60 Minuten, ohne Auftau- und Kühlzeit
Backzeit: etwa 10 Minuten

1. Den Backofen vorheizen.
Ober-/Unterhitze: etwa 200 °C
Heißluft: etwa 180 °C

2. Für den Teig Eier und Eigelb mit Handrührgerät mit Rührbesen auf höchster Stufe in 1 Minute schaumig schlagen. Zucker und Vanillin-Zucker mischen, in 1 Minute einstreuen, dann noch etwa 2 Minuten weiterschlagen. Mehl mit Speisestärke und Backpulver mischen, auf die Eiercreme geben und kurz auf niedrigster Stufe unterrühren.

3. Den Teig auf ein Backblech (30 x 40 cm, gefettet, mit Backpapier belegt) geben und verstreichen. Das Backblech sofort in den vorgeheizten Backofen schieben und den Boden **etwa 10 Minuten backen.**

4. Biskuitplatte sofort mit einem Messer vom Rand lösen und auf ein mit Zucker bestreutes Backpapier stürzen. Mitgebackenes Backpapier abziehen, Konfitüre durch ein Sieb streichen und die Biskuitplatte sofort damit bestreichen.

5. Die Biskuitplatte längs halbieren. Jede Hälfte von der längeren Seite her fest aufrollen und jede Rolle in etwa 23 Scheiben schneiden. Den Boden einer Springform (Ø 26 cm) mit Backpapier belegen. Biskuitscheiben dicht aneinander an den Rand der Form stellen. Restliche Scheiben dicht als Boden auf dem Springformboden verteilen.

6. Für die Füllung Gelatine nach Packungsanleitung einweichen. Himbeeren verlesen, evtl. abspülen und trocken tupfen oder auftauen und abtropfen lassen. Himbeeren pürieren, Frischkäse und Zucker unterrühren. Gequollene Gelatine leicht ausdrücken und in einem kleinen Topf bei schwacher Hitze unter Rühren auflösen. Aufgelöste Gelatine erst mit etwa 4 Esslöffeln von der Himbeermasse verrühren, dann die Mischung unter die restliche Himbeermasse rühren. Himbeermasse in den Kühlschrank stellen.

7. Sobald die Masse beginnt dicklich zu werden, Sahne steif schlagen und unterheben. Himbeercreme in die Springform füllen und 18 gefrorene Miniwindbeutel in die Creme drücken. Creme darauf verstreichen. Die Torte 2–3 Stunden in den Kühlschrank stellen. Vor dem Servieren Springformrand lösen und entfernen. Die Torte mit 12 halben Miniwindbeuteln und Himbeeren garnieren. Nach Belieben Kuvertüre zu Locken schaben und auf die Torte streuen.

Miniwindbeuteltorte | Für Kinder

Insgesamt:
E: 53 g, F: 271 g, Kh: 343 g, kJ: 17376, kcal: 4154

Zum Vorbereiten für die Schokosahne:
- 400 g Schlagsahne
- 100 g Vollmilch-Schokolade
- 2 Pck. Dr. Oetker Sahnesteif

Für den Knetteig:
- 150 g Weizenmehl
- ½ gestr. TL Dr. Oetker Backin
- 75 g Zucker
- 1 Pck. Dr. Oetker Vanillin-Zucker
- 1 Prise Salz
- 1 Ei (Größe M)
- 75 g weiche Butter oder Margarine

Für den Belag:
- 18 TK-Miniwindbeutel „Classic"
- 2 EL Himbeerkonfitüre

- 1 TL Puderzucker
- 1 TL Kakaopulver

Zubereitungszeit: 30 Minuten, ohne Kühl- und Abkühlzeit
Backzeit: etwa 15 Minuten

1. Zum Vorbereiten die Sahne zum Kochen bringen. Schokolade grob zerkleinern und unter Rühren in der Sahne schmelzen lassen. Masse mit Frischhaltefolie zugedeckt etwa 6 Stunden (am besten über Nacht) in den Kühlschrank stellen.

2. Den Backofen vorheizen.
Ober-/Unterhitze: etwa 200 °C
Heißluft: etwa 180 °C

3. Für den Teig Mehl mit Backpulver mischen und in eine Rührschüssel geben. Zucker, Vanillin-Zucker, Salz, Ei und Butter oder Margarine hinzufügen. Die Zutaten mit Handrührgerät mit Knethaken zunächst kurz auf niedrigster, dann auf höchster Stufe gut durcharbeiten.

4. Anschließend den Teig auf der leicht bemehlten Arbeitsfläche kurz verkneten. Sollte er kleben, ihn in Frischhaltefolie gewickelt eine Zeit lang kalt stellen. Den Teig auf einem Springformboden (Ø 26 cm, gefettet) ausrollen und mehrmals mit einer Gabel einstechen. Springformrand um den Boden legen. Die Form auf dem Rost in den vorgeheizten Backofen schieben und den Boden **etwa 15 Minuten backen.**

5. Springformrand entfernen, den Knetteigboden vom Springformboden lösen, aber darauf auf einem Kuchenrost erkalten lassen.

6. Für den Belag den Boden auf eine Tortenplatte legen und mit Himbeerkonfitüre bestreichen. Die gefrorenen Miniwindbeutel dicht aneinander an den Rand des Knetteigbodens setzen.

7. Vorbereitete Schokosahne mit Sahnesteif steif schlagen und in einen Spritzbeutel mit großer Lochtülle füllen. Hohe und breite Tuffs dicht aneinander auf den Boden innerhalb des Miniwindbeutel-Rings spritzen. Torte etwa 1 Stunde in den Kühlschrank stellen.

8. Vor dem Servieren Miniwindbeutel mit Puderzucker und die Schokosahne mit Kakaopulver bestäuben.

Tipps: Für Erwachsene anstelle der Vollmilch-Schokolade Zartbitter-Schokolade verwenden und die Sahne zusätzlich mit etwas Rum abschmecken.

Mitropa-Kuchen | Raffiniert

Insgesamt:
E: 68 g, F: 110 g, Kh: 359 g, kJ: 11598, kcal: 2772

Für den Biskuitteig:
- 2 Eier (Größe M)
- 1 Eigelb (Größe M)
- 75 g Zucker
- 1 Pck. Dr. Oetker Vanillin-Zucker
- 75 g Weizenmehl
- 25 g Speisestärke
- 1 gestr. TL Dr. Oetker Backin

Zum Bestreichen:
- 100 g rotes Johannisbeergelee oder Waldfruchtkonfitüre

Für die Füllung:
- 250 g Schlagsahne
- 4 Blatt rote Gelatine
- 150 ml Himbeer- oder Johannisbeersaft
- 250 g Magerquark

- 5 EL Aprikosenkonfitüre

Zubereitungszeit: 40 Minuten, ohne Abkühl- und Kühlzeit
Backzeit: 8–10 Minuten

1. Den Backofen vorheizen.
Ober-/Unterhitze: etwa 200 °C
Heißluft: etwa 180 °C

2. Für den Teig Eier und Eigelb mit Handrührgerät mit Rührbesen auf höchster Stufe in 1 Minute schaumig schlagen. Zucker mit Vanillin-Zucker mischen, in 1 Minute einstreuen, dann noch etwa 2 Minuten weiterschlagen.

3. Mehl, Speisestärke und Backpulver mischen, auf die Eiercreme geben und kurz auf niedrigster Stufe unterrühren. Den Teig auf ein Backblech (30 x 40 cm, gefettet, mit Backpapier belegt) geben und verstreichen. Das Backblech sofort in den vorgeheizten Backofen schieben und den Teig **8–10 Minuten** backen.

4. Die Biskuitplatte sofort auf ein mit Zucker bestreutes Stück Backpapier stürzen und das mitgebackene Backpapier abziehen. An einer der langen Seiten einen 10 cm breiten Streifen abschneiden und beiseitelegen. Gelee oder Konfitüre verrühren und die Biskuitplatte sofort damit bestreichen. Biskuitplatte von der langen Seite her aufrollen und erkalten lassen.

5. Biskuitrolle in etwa 1 cm dicke Scheiben schneiden und eine Schüssel (2 l Inhalt, mit Frischhaltefolie ausgelegt) damit auslegen.

6. Für die Füllung Sahne steif schlagen. Gelatine nach Packungsanleitung einweichen. Gelatine leicht ausdrücken und in einem kleinen Topf bei schwacher Hitze unter Rühren auflösen. Aufgelöste Gelatine zunächst mit etwas von dem Saft verrühren, dann die Mischung unter den restlichen Saft rühren. Sobald die Masse beginnt dicklich zu werden, Quark und steif geschlagene Sahne unterheben. Die Masse in die Schüssel auf die Biskuitscheiben geben, glatt streichen und mit dem beiseitegelegten Biskuitstreifen belegen. Gebäck etwa 3 Stunden in den Kühlschrank stellen.

7. Das Gebäck auf eine Tortenplatte stürzen und die Frischhaltefolie entfernen. Aprikosenkonfitüre durch ein Sieb streichen, in einem kleinen Topf unter Rühren aufkochen lassen und das Gebäck damit bestreichen.

Mokka-Eierlikör-Eistorte

Etwas aufwendiger – mit Alkohol

Insgesamt:
E: 60 g, F: 397 g, Kh: 501 g, kJ: 25244, kcal: 6034

Für den Knetteig:

        150 g Weizenmehl
        1 Msp. Dr. Oetker Backin
        50 g Zucker
        1 Pck. Dr. Oetker Vanillin-Zucker
        100 g Butter oder Margarine

Für die Baisermasse:

        4 Eiweiß (Größe M)
        200 g feinkörniger Zucker

Für die Füllung:

        1 kg gekühlte Schlagsahne
        3 Pck. Dr. Oetker Sahnesteif
        2 Pck. Dr. Oetker Vanillin-Zucker
        4 EL Eierlikör
        2 TL Instant-Kaffeepulver
        1 EL Wasser

        3 EL Johannisbeergelee
        etwas Kakaopulver

Zubereitungszeit: etwa 60 Minuten,
ohne Kühl-, Abkühl- und Gefrierzeit
Backzeit: etwa 240 Minuten

1. Den Backofen vorheizen.
Ober-/Unterhitze: etwa 200 °C
Heißluft: etwa 180 °C

2. Für den Teig Mehl mit Backpulver mischen und
in eine Rührschüssel geben. Restliche Zutaten hinzufügen und mit Handrührgerät mit Knethaken zunächst kurz auf niedrigster, dann auf höchster Stufe
gut durcharbeiten. Teig auf der leicht bemehlten
Arbeitsfläche kurz verkneten. Sollte er kleben, ihn in
Frischhaltefolie gewickelt eine Zeit lang kalt stellen.

3. Den Teig auf einem Springformboden (Ø 28 cm,
gefettet) ausrollen, mehrmals mit einer Gabel einstechen und den Springformrand darumlegen. Die Form

auf dem Rost in den vorgeheizten Backofen schieben
und den Boden **etwa 15 Minuten backen.**

4. Den Tortenboden sofort nach dem Backen vom
Springformboden lösen, aber darauf auf einem
Kuchenrost erkalten lassen.

5. Die Backofentemperatur **um etwa 100 °C auf
Ober-/Unterhitze etwa 100 °C, Heißluft etwa 90 °C
vermindern.**

6. Für die Baisermasse Eiweiß mit Handrührgerät
mit Rührbesen auf höchster Stufe steif schlagen. Der
Schnee muss so fest sein, dass ein Messerschnitt
sichtbar bleibt. Nach und nach Zucker auf höchster
Stufe kurz unterschlagen. Die Masse portionsweise
in Spritzbeutel füllen. Auf 3 Bögen Backpapier je
1 Kreis (Ø 28 cm) vorzeichnen und die Eiweißmasse
in Kreisen aufspritzen. Aus der übrigen Masse kleine
Motive (z. B. Kringel oder Herzen) mit auf die Back-
papiere spritzen. Die 3 Böden nacheinander auf dem
Backblech in den heißen Backofen schieben und
jeweils etwa 75 Minuten backen.

7. Die Böden mit Backpapier auf einen Kuchenrost
ziehen und erkalten lassen.

8. Für die Füllung Sahne mit Sahnesteif und Vanillin-
Zucker steif schlagen. Unter ein Viertel der Sahne den
Eierlikör rühren. Kaffee in Wasser auflösen und unter
ein Drittel der restlichen Sahne rühren.

9. Den Knetteigboden auf eine Tortenplatte legen,
mit glatt gerührtem Johannisbeergelee bestreichen,
einen der Baiserböden darauflegen und Eierlikörsahne
daraufstreichen. Den zweiten Baiserboden darauflegen und mit der Kaffeesahne bestreichen. Den dritten
Boden auflegen und mit der Hälfte der restlichen
Sahne bestreichen.

10. Die restliche Sahne in einen Spritzbeutel mit
kleiner Lochtülle füllen und den Rand der Torte damit
verzieren. Die Torte am besten über Nacht in das Gefrierfach stellen und gefrieren lassen. Die Torte etwa
1 ½ Stunden vor dem Verzehr aus dem Gefrierfach
nehmen. Kurz vor dem Servieren die Torte mit den
Baisermotiven garnieren und mit Kakao bestäuben.

Mousse-au-Cappuccino-Torte
Raffiniert – einfach

Insgesamt:
E: 49 g, F: 324 g, Kh: 336 g, kJ: 18720, kcal: 4462

Für den Boden:
- 200 g Schoko-Cookies (Schokoladenkekse)
- 125 g Butter

Für den Belag:
- 2 Pck. Mousse au Chocolat (Dessertpulver)
- 300 ml Milch
- 200 g Schlagsahne
- 2 Pck. (je 10 g) Instant-Cappuccino-Pulver

Zum Verzieren und Garnieren:
- 200 g Schlagsahne
- 1 Pck. Dr. Oetker Vanillin-Zucker
- einige Mokkabohnen oder -pralinen
- 30 g Zartbitter-Schokolade
- evtl. etwas Kakaopulver

Zubereitungszeit: 25 Minuten, ohne Kühlzeit

1. Für den Boden die Schoko-Cookies zunächst in einen Gefrierbeutel geben, ihn verschließen und die Schoko-Cookies mit einer Teigrolle fein zerbröseln. Brösel in eine Schüssel geben.

2. Butter zerlassen, zu den Bröseln geben und gut verrühren. Einen Springformrand (Ø 26 cm) auf eine mit Tortenspitze oder Backpapier belegte Tortenplatte stellen. Die Bröselmasse gleichmäßig darin verteilen und mithilfe eines Löffels gut zu einem Boden andrücken. Den Boden in den Kühlschrank stellen.

3. Für den Belag Dessertpulver mit Milch und Sahne nach Packungsanleitung, aber mit den hier angegebenen Zutaten zubereiten und das Cappuccino-Pulver unterschlagen. Die Masse auf den Boden geben und glatt streichen. Die Torte etwa 1 Stunde in den Kühlschrank stellen.

4. Zum Verzieren und Garnieren Springformrand lösen und entfernen. Sahne mit Vanillin-Zucker steif schlagen und Sahne so auf die Tortenoberfläche streichen, dass rundherum ein etwa 1 cm breiter Mousse-Rand sichtbar bleibt. In die Schlagsahne mit einem Teelöffel Vertiefungen eindrücken. Die Torte mit Mokkabohnen oder -pralinen garnieren.

5. Die Schokolade in einem kleinen Topf im Wasserbad bei schwacher Hitze unter Rühren schmelzen lassen. Geschmolzene Schokolade in ein Papiertütchen oder einen Gefrierbeutel füllen und eine kleine Ecke abschneiden. Den Tortenrand mit der Schokolade verzieren. Nach Belieben die Tortenplatte mit verzieren.

6. Die Torte bis zum Servieren in den Kühlschrank stellen und vor dem Servieren nach Belieben mit etwas Kakao bestäuben.

Tipp: Schoko-Cookies gibt es in unterschiedlichen Packungsgrößen. Bei einer 175-g-Packung können die Cookies mit Zwieback oder Löffelbiskuit auf 200 g aufgefüllt werden.

Abwandlung: Anstelle der Schoko-Cookies den Boden mit derselben Menge Schoko-Waffelröllchen zubereiten.

Mozart-Torte | Mit Alkohol

Insgesamt:
E: 101 g, F: 421 g, Kh: 521 g, kJ: 26551, kcal: 6344

Für den Biskuitteig:
- 125 g **Nuss-Nougat**
- 4 **Eier (Größe M)**
- 4 EL **heißes Wasser**
- 100 g **Zucker**
- 1 Pck. **Dr. Oetker Vanillin-Zucker**
- 100 g **Weizenmehl**
- 100 g **Speisestärke**
- 2 gestr. TL **Dr. Oetker Backin**

Zum Beträufeln und Bestreichen:
- 4 EL **Cointreau (Orangenlikör)**
- 3 EL **Aprikosenkonfitüre**

Für die Füllung:
- 400 g **Schlagsahne**
- 2 Pck. **Dr. Oetker Vanillin-Zucker**
- 2 Pck. **Dr. Oetker Sahnesteif**
- 60 g **gemahlene Pistazien**

Zum Bestreichen und Verzieren:
- 400 g **Schlagsahne**
- 2 Pck. **Dr. Oetker Vanillin-Zucker**
- 2 Pck. **Dr. Oetker Sahnesteif**
- 40 g **gemahlene Pistazien**

Zum Garnieren:
- 6–8 **Mozartkugeln**

Zubereitungszeit: 60 Minuten, ohne Kühlzeit
Backzeit: etwa 35 Minuten

1. Den Backofen vorheizen.
Ober-/Unterhitze: etwa 180 °C
Heißluft: etwa 160 °C

2. Für den Teig Nougat nach Packungsanleitung schmelzen und etwas abkühlen lassen. Eier und Wasser mit Handrührgerät mit Rührbesen auf höchster Stufe in 1 Minute schaumig schlagen. Zucker und Vanillin-Zucker mischen, in 1 Minute einstreuen, dann noch etwa 2 Minuten weiterschlagen.

3. Mehl mit Speisestärke und Backpulver mischen, die Hälfte davon auf die Eiercreme geben und auf niedrigster Stufe kurz unterrühren. Restliches Mehlgemisch auf die gleiche Weise unterarbeiten. Nuss-Nougat kurz unterrühren.

4. Den Teig in eine Springform (Ø 26 cm, Boden gefettet, mit Backpapier belegt) füllen und glatt streichen.

5. Die Form auf dem Rost in den vorgeheizten Backofen schieben und den Boden **etwa 35 Minuten backen.**

6. Boden aus der Form lösen, auf einen mit Backpapier belegten Kuchenrost stürzen und erkalten lassen. Mitgebackenes Backpapier abziehen und den Boden zweimal waagerecht durchschneiden. Den unteren Boden auf eine Tortenplatte legen und mit 2 Esslöffeln Cointreau beträufeln. Konfitüre durch ein Sieb streichen und den Boden mit der Hälfte davon bestreichen.

7. Für die Füllung die Sahne mit Vanillin-Zucker und Sahnesteif steif schlagen, Pistazienkerne unterheben. Die Hälfte der Pistaziensahne auf dem unteren Boden verstreichen. Den mittleren Boden mit dem restlichen Cointreau beträufeln und mit der restlichen Konfitüre bestreichen. Den mittleren Boden auflegen und mit der restlichen Pistaziensahne bestreichen. Oberen Boden auflegen und leicht andrücken.

8. Zum Bestreichen und Verzieren Sahne mit Vanillin-Zucker und Sahnesteif steif schlagen, 3–4 Esslöffel davon in einen Spritzbeutel mit Sterntülle geben. Mit der restlichen Sahne Rand und Oberfläche der Torte bestreichen. Die Torte mit der Sahne aus dem Spritzbeutel verzieren und den Rand der Torte mit Pistazienkernen bestreuen. Die Torte etwa 1 Stunde in den Kühlschrank stellen.

9. Zum Garnieren vor dem Servieren die Mozartkugeln mit einem scharfen Messer halbieren und in die Sahneverzierung legen.

Tipp: Der Tortenboden kann schon 1 Tag vor dem Verzehr zubereitet werden.

Nippon-Saft-Schnitten | Beliebt

Insgesamt:
E: 60 g, F: 247 g, Kh: 599 g, kJ: 20476, kcal: 4885

Für den Knetteig:
175 g Weizenmehl
1/2 gestr. TL Dr. Oetker Backin
80 g Zucker
1 Pck. Dr. Oetker Vanillin-Zucker
80 g Butter oder Margarine
2 EL Wasser

Für die Füllung:
8 Blatt weiße Gelatine
2 Pck. Dr. Oetker Pudding-Pulver
Sahne-Geschmack
80 g Zucker
600 ml Orangensaft
250 ml (1/4 l) Möhrensaft
1 Pck. Dr. Oetker Finesse
Orangenschalen-Aroma
400 g Schlagsahne
2 Pck. Dr. Oetker Vanillin-Zucker

Zum Bestreichen:
4 EL Orangenmarmelade

Zum Garnieren:
13 Nippon (Schoko-Reis-Quadrate)
1 Orange

Zubereitungszeit: 50 Minuten,
ohne Kühl- und Abkühlzeit
Backzeit: etwa 15 Minuten

1. Den Backofen vorheizen.
Ober-/Unterhitze: etwa 200 °C
Heißluft: etwa 180 °C

2. Für den Teig Mehl mit Backpulver mischen und in eine Rührschüssel geben. Restliche Zutaten hinzufügen und mit Handrührgerät mit Knethaken zunächst kurz auf niedrigster, dann auf höchster Stufe gut durcharbeiten. Den Teig auf der leicht bemehlten Arbeitsfläche kurz verkneten. Sollte er kleben, ihn in Frischhaltefolie gewickelt eine Zeit lang kalt stellen.

3. Den Teig auf einem Backblech (gefettet, mit Backpapier belegt) zu einem quadratischen Boden (etwa 25 x 25 cm) ausrollen. Den Backrahmen genau abschließend darumstellen. Den Boden mit einer Gabel mehrfach einstechen. Das Backblech in den vorgeheizten Backofen schieben und den Knetteig **etwa 15 Minuten backen.**

4. Den Boden mit dem Backrahmen auf dem Backblech auf einen Kuchenrost stellen und erkalten lassen.

5. Für die Füllung Gelatine nach Packungsanleitung einweichen. Das Pudding-Pulver mit Zucker mischen und mit etwa 6 Esslöffeln von dem Orangensaft glatt rühren. Restlichen Orangensaft aufkochen, von der Kochstelle nehmen und angerührtes Pudding-Pulver mit einem Schneebesen einrühren. Pudding erneut auf die Kochstelle geben und unter Rühren mindestens 1 Minute kochen lassen. Gelatine leicht ausdrücken und im heißen Pudding auflösen. Möhrensaft und Aroma unterrühren und den Pudding erkalten lassen, dabei gelegentlich umrühren.

6. Sahne mit Vanillin-Zucker steif schlagen. Erkalteten Pudding mit Handrührgerät mit Rührbesen cremig rühren und die steif geschlagene Sahne kurz unterrühren. Orangenmarmelade in einem Topf 1–2 Minuten einkochen lassen, sofort auf den Boden streichen und erkalten lassen. Die Füllung in den Backrahmen geben, glatt streichen und die Schoko-Reis-Quadrate schachbrettartig auf dem Pudding verteilen. Den Kuchen mindestens 2 Stunden in den Kühlschrank stellen.

7. Vor dem Servieren den Backrahmen vorsichtig lösen und entfernen. Den Kuchen in rechteckige Schnitten teilen. Die Orange mit einem Messer so schälen, dass die weiße Haut mitentfernt wird, und in Scheiben schneiden. Scheiben vierteln und dekorativ auf die Schnitten legen.

Nuss-Nougat-Creme-Torte | Für Gäste

Insgesamt:
E: 99 g, F: 217 g, Kh: 529 g, kJ: 19364, kcal: 4625

> 1 Glas Sauerkirschen
> (Abtropfgewicht 370 g)

Für den Rührteig:
> 125 g Butter oder Margarine
> 125 g Zucker
> 1 Pck. Dr. Oetker Vanillin-Zucker
> 3 Eier (Größe M)
> 250 g Weizenmehl
> 2 gestr. TL Dr. Oetker Backin
> 3 EL Nuss-Nougat-Creme
> 1 EL Milch

Für den Belag:
> 3 Blatt weiße Gelatine
> 250 g Magerquark
> 50 g Zucker
> 2 Pck. Dr. Oetker Vanillin-Zucker
> 250 g Schlagsahne

Für den Guss:
> 1 Pck. Tortenguss, klar
> 250 ml (¼ l) Kirschsaft aus dem Glas

Zubereitungszeit: 50 Minuten,
ohne Abkühl- und Kühlzeit
Backzeit: 35–40 Minuten

1. Die Sauerkirschen in einem Sieb abtropfen lassen, den Saft dabei auffangen und 250 ml (¼ l) für den Guss abmessen, evtl. mit Wasser ergänzen.

2. Den Backofen vorheizen.
Ober-/Unterhitze: etwa 180 °C
Heißluft: etwa 160 °C

3. Für den Teig Butter oder Margarine mit Handrührgerät mit Rührbesen auf höchster Stufe geschmeidig rühren. Nach und nach Zucker und Vanillin-Zucker unterrühren. So lange rühren, bis eine gebundene Masse entstanden ist. Eier nach und nach unterrühren (jedes Ei etwa ½ Minute).

4. Mehl mit Backpulver mischen und in 2 Portionen auf mittlerer Stufe kurz unterrühren. Zwei Drittel des Teiges in eine Springform (Ø 26 cm, Boden gefettet) füllen. Die Sauerkirschen darauf verteilen, dabei etwa 1 cm am Rand frei lassen.

5. Das restliche Teigdrittel mit Nuß-Nougat-Creme und Milch verrühren, auf die Kirschen geben und glatt streichen. Die Form auf dem Rost in den vorgeheizten Backofen schieben und den Boden **35–40 Minuten backen.**

6. Den Boden aus der Form lösen, auf einen Kuchenrost stürzen und erkalten lassen. Dann den erkalteten Boden auf eine Tortenplatte legen.

7. Für den Belag Gelatine nach Packungsanleitung einweichen. Quark mit Zucker und Vanillin-Zucker verrühren. Die Gelatine leicht ausdrücken und in einem kleinen Topf bei schwacher Hitze unter Rühren auflösen.

8. Aufgelöste Gelatine zunächst mit etwa 4 Esslöffeln von der Quarkmasse verrühren, dann die Mischung unter die restliche Quarkmasse rühren. Masse in den Kühlschrank stellen.

9. Sobald die Masse beginnt dicklich zu werden, Sahne steif schlagen und vorsichtig unter die Quarkmasse rühren. Die Quarkcreme leicht kuppelförmig auf den Boden streichen. Die Torte etwa 1 Stunde in den Kühlschrank stellen.

10. Für den Guss Tortengusspulver mit dem Kirschsaft nach Packungsanleitung zubereiten. Den Guss nach und nach portionsweise auf der Quarkcreme verteilen, dabei die untere Schicht vor dem Auftragen der nächsten kurz anziehen lassen.

Tipps: Anstelle der Nuss-Nougat-Creme kann auch aufgelöstes Nuss-Nougat verwendet werden. Für den Belag können Sie statt Magerquark die gleiche Menge Ricotta (ital. Frischkäse) verwenden. Nach Belieben mit dem breiten Ende einer Spritztülle Ringe in die fest gewordene Quark-Sahne-Masse drücken und erst dann den Guss darauf verteilen. Die Torte nach Belieben mit geschlagener Sahne dekorieren.

Nuss-Nougat-Kuchen mit Pfirsichen | Gut vorzubereiten

Insgesamt:
E: 98 g, F: 477 g, Kh: 345 g, kJ: 25550, kcal: 6101

Für die Nuss-Nougat-Sahne:
500 g Schlagsahne
100 g klein gehackte Nuss-Nougat-Schokolade
2 Pck. Dr. Oetker Vanillin-Zucker
2 Pck. Dr. Oetker Sahnesteif

Für den Rührteig:
100 g Butter oder Margarine
100 g Zucker
1 Pck. Dr. Oetker Vanillin-Zucker
1 Prise Salz
2–3 Tropfen Rum-Aroma
6 Eigelb (Größe M)
200 g gemahlene Haselnusskerne
50 g gehobelte Haselnusskerne
1 gestr. TL Dr. Oetker Backin
6 Eiweiß (Größe M)

Für den Belag:
1 große Dose Pfirsichhälften
(Abtropfgewicht 480 g)

Zum Garnieren:
50 g Nuss-Nougat-Schokolade

Zubereitungszeit: 45 Minuten,
ohne Kühl- und Abkühlzeit
Backzeit: etwa 45 Minuten

1. Für die Nuss-Nougat-Sahne die Sahne in einem Topf unter Rühren kurz aufkochen lassen, dann von der Kochstelle nehmen. Die Schokolade darin unter Rühren schmelzen lassen. Die Nuss-Nougat-Sahne in eine Rührschüssel füllen und mit Frischhaltefolie zugedeckt, einige Stunden (am besten über Nacht) in den Kühlschrank stellen.

2. Den Backofen vorheizen.
Ober-/Unterhitze: etwa 180 °C
Heißluft: etwa 160 °C

3. Für den Rührteig die Butter oder Margarine mit Handrührgerät mit Rührbesen auf höchster Stufe geschmeidig rühren. Nach und nach Zucker, Vanillin-Zucker, Salz und Aroma unterrühren. So lange rühren, bis eine gebundene Masse entstanden ist. Eigelb nach und nach unterrühren.

4. Gemahlene und gehobelte Haselnusskerne mit Backpulver mischen und in 2 Portionen auf mittlerer Stufe kurz unterrühren. Das Eiweiß steif schlagen und unter den Teig heben. Den Teig in eine Springform (Ø 26 cm, Boden gefettet, mit Backpapier belegt) füllen und glatt streichen. Die Form auf dem Rost in den vorgeheizten Backofen schieben und den Boden **etwa 45 Minuten backen.**

5. Den Boden aus der Form lösen, auf einen mit Backpapier belegten Kuchenrost stürzen und erkalten lassen. Anschließend mitgebackenes Backpapier abziehen und den Boden einmal waagerecht durchschneiden. Den unteren Boden auf eine Tortenplatte legen.

6. Für den Belag Pfirsichhälften in einem Sieb gut abtropfen lassen. Zwei Drittel der Früchte in dünne Spalten, die restlichen Pfirsichhälften in grobe Spalten schneiden.

7. Die Nuss-Nougat-Sahne mit Vanillin-Zucker und Sahnesteif steif schlagen. Die Hälfte der Sahne auf den unteren Boden geben, glatt streichen und mit den dünnen Pfirsichspalten belegen (dabei 1 cm am Rand frei lassen).

8. Dann den oberen Boden darauflegen und leicht andrücken. Die restliche Nuss-Nougat-Sahne darauf verteilen und mit einem Teelöffel kleine Vertiefungen eindrücken. Die groben Pfirsichspalten darauf verteilen und den Kuchen 2–3 Stunden in den Kühlschrank stellen.

9. Zum Garnieren Schokolade grob zerkleinern und in einem kleinen Topf im Wasserbad bei schwacher Hitze unter Rühren schmelzen lassen.

10. Die Schokolade in einen kleinen Gefrierbeutel füllen und etwas abkühlen lassen.

11. Eine kleine Ecke des Gefrierbeutels abschneiden. Etwa 3 mm dicke und 8 cm lange Streifen auf ein mit Backpapier belegtes Küchenbrett spritzen (die Schokolade sollte bereits so fest sein, dass die Streifen nicht breit laufen). Anschließend die Schokolade in den Kühlschrank stellen und fest werden lassen.

12. Die erkalteten Schokoladenstreifen halbieren, von dem Backpapier lösen und auf den Kuchen legen.

Tipps: Schneller geht es, wenn der Kuchen anstelle der selbstgemachten Schokoladenstücke mit Raspelschokolade garniert wird. Der Kuchen kann 1 Tag vor dem Verzehr zubereitet werden.

Nuss-Pudding-Torte

Gut vorzubereiten

Insgesamt:
E: 134 g, F: 595 g, Kh: 691 g, kJ: 37299, kcal: 8909

Für den Schüttelteig:
100 g	Marzipan-Rohmasse
200 g	Butter
200 g	Weizenmehl
3 gestr. TL	Dr. Oetker Backin
1 Pck.	Dr. Oetker Pudding-Pulver Vanille-Geschmack
200 g	Zucker
1 Pck.	Dr. Oetker Vanillin-Zucker
4	Eier (Größe M)
2–3 Tropfen	Rum-Aroma
100 g	Schlagsahne
150 g	gemahlene, geröstete Haselnusskerne

Für die Puddingcreme:
1 ½ Pck.	Dr. Oetker Pudding-Pulver Vanille-Geschmack
750 ml (¾ l)	Milch
75 g	Zucker
50 g	Butter

Zum Bestreichen:
400 g	Schlagsahne
2 Pck.	Dr. Oetker Sahnesteif

Zum Besprenkeln und Garnieren:
100 g	Zartbitter-Schokolade
12	Schoko-Meeresfrüchte

Zubereitungszeit: 40 Minuten, ohne Abkühlzeit
Backzeit: etwa 45 Minuten

1. Für den Teig Marzipan-Rohmasse grob zerkleinern. Butter mit Marzipan in einem kleinen Topf bei schwacher Hitze zerlassen und etwas erkalten lassen. Mehl und Backpulver in einer verschließbaren Schüssel (etwa 3 l) mit Pudding-Pulver, Zucker und Vanillin-Zucker mischen. Eier, Butter-Marzipan-Mischung, Aroma und Sahne hinzufügen und die Schüssel mit dem Deckel fest verschließen.

2. Den Backofen vorheizen.
Ober-/Unterhitze: etwa 180 °C
Heißluft: etwa 160 °C

3. Schüssel mehrmals kräftig schütteln (insgesamt 15–30 Sekunden), sodass alle Zutaten gut vermischt sind. Haselnusskerne hinzugeben. Alles mit einem Schneebesen oder Rührlöffel nochmals sorgfältig durchrühren, damit trockene Zutaten vom Rand mit untergerührt werden.

4. Teig in eine Springform (Ø 26 cm, Boden gefettet, mit Backpapier belegt) füllen und glatt streichen. Form auf dem Rost in den vorgeheizten Backofen schieben und **etwa 45 Minuten backen.**

5. Form etwa 10 Minuten auf einen Kuchenrost stellen, Gebäckboden aus der Form lösen und auf dem Kuchenrost erkalten lassen. Anschließend den Boden zweimal waagerecht durchschneiden. Den unteren Boden auf eine Tortenplatte legen und einen Tortenring oder den gesäuberten Springformrand darumstellen.

6. Für die Puddingcreme aus Pudding-Pulver, Milch und Zucker nach Packungsanleitung einen Pudding zubereiten. Butter unter den heißen Pudding rühren. Die Hälfte des Puddings auf dem unteren Boden verstreichen. Mittleren Boden auflegen, mit dem restlichen Pudding bestreichen und oberen Boden auflegen. Torte erkalten lassen. Dann den Tortenring oder Springformrand lösen und entfernen.

7. Zum Bestreichen Sahne mit Sahnesteif steif schlagen. Tortenoberfläche und -rand damit bestreichen.

8. Zum Besprenkeln Schokolade grob zerkleinern und in einem Topf im Wasserbad bei schwacher Hitze geschmeidig rühren. Die Tortenoberfläche damit besprenkeln und mit den Schoko-Meeresfrüchten garnieren.

Tipp: Wenn's schneller gehen soll, können Sie auch 1 Becher (500 g) Sahnepudding Vanille-Geschmack (aus dem Kühlregal, nicht zu kalt) mit 100 g weicher Butter verrühren und die Puddingcreme wie in Punkt 6 verarbeiten.

Orangen-Blitztorte | Schnell zubereitet

Insgesamt:
E: 80 g, F: 200 g, Kh: 568 g, kJ: 18973, kcal: 4538

Für den Schüttelteig:
- 150 g Butter oder Margarine
- 275 g Weizenmehl
- 3 gestr. TL Dr. Oetker Backin
- 150 g Zucker
- 1 Pck. Dr. Oetker Vanillin-Zucker
- 4 Eier (Größe M)
- 125 ml (1/8 l) Orangensaft oder Orangenbuttermilch

Für die Orangencreme:
- 4 Blatt weiße Gelatine
- 750 ml (3/4 l) Orangensaft oder Orangenbuttermilch
- 40–50 g Zucker
- 2 Pck. Dr. Oetker Pudding-Pulver Vanille-Geschmack
- 150 g saure Sahne

Zum Bestäuben und Verzieren:
- Puderzucker
- 100 g Schlagsahne

Zubereitungszeit: 30 Minuten, ohne Abkühl- und Kühlzeit
Backzeit: etwa 20 Minuten

1. Den Backofen vorheizen.
Ober-/Unterhitze: etwa 200 °C
Heißluft: etwa 180 °C

2. Für den Teig Butter oder Margarine zerlassen und abkühlen lassen. Mehl mit Backpulver in einer verschließbaren Schüssel (etwa 3 l) mischen. Restliche Zutaten sowie Butter oder Margarine hinzugeben. Schüssel mit dem Deckel fest verschließen.

3. Die Schüssel mehrmals kräftig schütteln (insgesamt 15–30 Sekunden), sodass alle Zutaten gut vermischt sind. Alles mit einem Schneebesen oder Rührlöffel nochmals sorgfältig durchrühren, damit trockene Zutaten vom Rand mit untergerührt werden.

4. Den Teig auf ein Backblech (30 x 40 cm, gefettet, mit Backpapier belegt) geben und verstreichen. Das Backblech in den vorgeheizten Backofen schieben und den Boden **etwa 20 Minuten backen.**

5. Den Boden auf dem Backblech auf einem Kuchenrost erkalten lassen.

6. Für die Orangencreme Gelatine nach Packungsanleitung einweichen. Aus Saft oder Buttermilch, Zucker und Pudding-Pulver nach Packungsanleitung einen Pudding kochen (bei Verwendung von Buttermilch ständig rühren).

7. Topf von der Kochstelle nehmen, Gelatine leicht ausdrücken, in dem heißen Pudding auflösen und saure Sahne unterrühren. Creme erkalten lassen, dabei gelegentlich umrühren.

8. Gebäckboden vom Rand lösen, auf die mit Backpapier belegte Arbeitsplatte stürzen und mitgebackenes Backpapier abziehen. Von der längeren Seite der Platte einen 5 cm breiten und 40 cm langen Streifen abschneiden und beiseitelegen. Restliche Platte so halbieren, dass 2 Rechtecke (etwa 20 x 25 cm) entstehen.

9. Einen Boden auf eine Tortenplatte legen, die Hälfte der erkalteten Creme daraufstreichen und den zweiten Boden darauflegen. Die restliche Creme auf der Oberfläche glatt streichen. Torte etwa 2 Stunden in den Kühlschrank stellen.

10. Zum Bestäuben und Verzieren den beiseitegelegten Gebäckstreifen in unterschiedlich große Rechtecke schneiden und mit Puderzucker bestäuben. Sahne steif schlagen, in einen Spritzbeutel mit Sterntülle füllen und Tuffs auf die Tortenoberfläche spritzen. Die Gebäckstücke dekorativ darauf verteilen.

Orangen-Brösel-Torte | Beliebt

Insgesamt:
E: 96 g, F: 189 g, Kh: 438 g, kJ: 16597, kcal: 3967

Für den Biskuitteig:

3 Eier (Größe M)
3 EL Orangensaft
150 g Zucker
1 Pck. Dr. Oetker Vanillin-Zucker
150 g Weizenmehl
1 gestr. TL Dr. Oetker Backin
50 g abgezogene, gemahlene Mandeln

Für die Füllung:

12 Blatt weiße Gelatine
500 g Orangenjoghurt
50 g Zucker
125 ml (1/8 l) Orangensaft
250 g Schlagsahne

Zum Verzieren:

150 g Schlagsahne
evtl. etwas Puderzucker

Zubereitungszeit: 50 Minuten, ohne Abkühl- und Kühlzeit
Backzeit: etwa 30 Minuten

1. Den Backofen vorheizen.
Ober-/Unterhitze: etwa 180 °C
Heißluft: etwa 160 °C

2. Für den Teig Eier und Orangensaft mit Handrührgerät mit Rührbesen auf höchster Stufe in 1 Minute schaumig schlagen. Zucker und Vanillin-Zucker mischen, in 1 Minute einstreuen, dann noch etwa 2 Minuten weiterschlagen.

3. Mehl mit Backpulver und den Mandeln mischen. Die Hälfte davon auf die Eiercreme geben und kurz auf niedrigster Stufe unterrühren. Restliches Mehlgemisch auf die gleiche Weise unterarbeiten. Teig in eine Springform (Ø 26 cm, Boden gefettet, mit Backpapier belegt) füllen und glatt streichen. Die Form auf dem Rost in den vorgeheizten Backofen schieben und den Boden **etwa 30 Minuten backen.**

4. Dann den Boden aus der Form lösen, auf einen mit Backpapier belegten Kuchenrost stürzen und erkalten lassen. Anschließend mitgebackenes Backpapier abziehen. Den erkalteten Boden auf eine Tortenplatte legen und etwa 1 cm tief so aushöhlen, dass ein etwa 2 cm breiter Rand stehen bleibt. Die Gebäckreste fein zerbröseln und beiseitestellen.

5. Für die Füllung Gelatine nach Packungsanleitung einweichen. Joghurt mit Zucker in eine Schüssel geben und verrühren. Gelatine leicht ausdrücken und in einem kleinen Topf bei schwacher Hitze unter Rühren auflösen. 6 Teelöffel davon mit dem Orangensaft verrühren.

6. Restliche Gelatine erst mit etwa 4 Esslöffeln von der Joghurtmasse verrühren, dann die Mischung unter die restliche Joghurtmasse rühren. Joghurtmasse in den Kühlschrank stellen. Sobald die Joghurtmasse beginnt dicklich zu werden, Sahne steif schlagen und unterheben.

7. Joghurtcreme in den ausgehöhlten Boden füllen und glatt streichen. Zwei Drittel von der Orangensaft-Gelatine-Flüssigkeit darauf verteilen und mit einer Gabel spiralförmig durch die Joghurtcreme ziehen.

8. Restliche Orangensaft-Gelatine-Flüssigkeit in einem kleinen Topf beiseitestellen. Die beiseitegestellten Brösel auf der Füllung verteilen und leicht andrücken. Die Torte etwa 2 Stunden in den Kühlschrank stellen.

9. Zum Verzieren Sahne steif schlagen, auf der Tortenoberfläche verstreichen und mit einem Teelöffel Vertiefungen eindrücken.

10. Beiseitegestellte Orangensaft-Gelatine-Flüssigkeit evtl. nochmals unter Rühren leicht erwärmen, bis die Masse wieder flüssig ist. Orangensaft-Flüssigkeit über die Torte sprenkeln oder in die Vertiefungen geben. Den Rand der Torte nach Belieben mit Puderzucker bestäuben.

Tipps: Die Tortenoberfläche kann auch mit Sahne aus dem Spritzbeutel mit Sterntülle verziert werden. Die Orangensahne kann zusätzlich mit 2–3 Esslöffeln Cointreau (Orangenlikör) verfeinert werden.

Orangen-Schmand-Torte | Für Gäste

Insgesamt:
E: 71 g, F: 372 g, Kh: 514 g, kJ: 24489, kcal: 5854

Für den Rührteig:
- 125 g Butter oder Margarine
- 125 g Zucker
- 1 Pck. Dr. Oetker Vanillin-Zucker
- 3 Eier (Größe M)
- 125 g Weizenmehl
- 1 gestr. TL Dr. Oetker Backin
- Semmelbrösel

Für die Füllung:
- 6 Blatt weiße Gelatine
- 300 g Schmand (Sauerrahm)
- 100 g Zucker
- 2 Pck. Dr. Oetker Vanillin-Zucker
- 1 Pck. Instant-Getränkepulver Orangen-Geschmack (100 g für 750 ml)
- 500 g Schlagsahne

Für den Belag:
- Obst nach Wahl, z. B. Mandarinen (aus der Dose), Weintrauben, Melone, Orangen
- 3 Blatt weiße Gelatine
- 250 ml (¼ l) klarer Apfelsaft

Zubereitungszeit: 40 Minuten, ohne Abkühl- und Kühlzeit
Backzeit: 20–25 Minuten

1. Den Backofen vorheizen.
Ober-/Unterhitze: etwa 180 °C
Heißluft: etwa 160 °C

2. Für den Teig Butter oder Margarine mit Handrührgerät mit Rührbesen auf höchster Stufe geschmeidig rühren. Nach und nach Zucker und Vanillin-Zucker unterrühren. So lange rühren, bis eine gebundene Masse entstanden ist. Eier nach und nach unterrühren (jedes Ei etwa ½ Minute).

3. Mehl mit Backpulver mischen und auf mittlerer Stufe kurz unterrühren. Den Teig in eine Obstbodenform (Ø 28 cm, gefettet, mit Semmelbröseln ausgestreut) füllen und glatt streichen. Die Form auf dem Rost in den vorgeheizten Backofen schieben und den Boden **20–25 Minuten backen.**

4. Den Tortenboden auf einen mit Backpapier belegten Kuchenrost stürzen und erkalten lassen. Dann den Boden auf eine Tortenplatte legen und einen Tortenring darumlegen.

5. Für die Füllung Gelatine nach Packungsanleitung einweichen. Schmand mit Zucker, Vanillin-Zucker und Getränkepulver verrühren. Gelatine leicht ausdrücken und in einem kleinen Topf bei schwacher Hitze unter Rühren auflösen. Aufgelöste Gelatine zunächst mit etwa 4 Esslöffeln von der Schmandmasse verrühren, dann die Mischung unter die restliche Schmandmasse rühren und die Masse in den Kühlschrank stellen.

6. Sobald die Masse beginnt dicklich zu werden, Sahne steif schlagen und unterheben. Die Creme auf dem vorbereiteten Boden verstreichen. Die Torte 2–3 Stunden im Kühlschrank fest werden lassen.

7. Für den Belag das Obst vorbereiten: Mandarinen in einem Sieb abtropfen lassen, Weintrauben abspülen, abtrocknen, halbieren und nach Belieben entkernen, Melonenkugeln ausstechen, Orangen filetieren. Die Torte mit dem Obst garnieren.

8. Die Gelatine nach Packungsanleitung einweichen, leicht ausdrücken und wie unter Punkt 5 auflösen. Aufgelöste Gelatine zunächst mit etwas von dem Apfelsaft verrühren, dann die Mischung mit dem restlichen Apfelsaft verrühren und vorsichtig auf dem Obst verteilen. Die Torte nochmals etwa 2 Stunden in den Kühlschrank stellen, bis der Guss fest geworden ist.

Ovomaltine-Kuchen | Gut vorzubereiten

Insgesamt:
E: 97 g, F: 287 g, Kh: 769 g, kJ: 26064, kcal: 6222

Für den All-in-Teig:
- 300 g Weizenmehl
- 1 Pck. Dr. Oetker Backin
- 120 g Ovomaltine (Kakao-Malz-Getränkepulver)
- 120 g Zucker
- 4 Eier (Größe M)
- 250 g weiche Butter oder Margarine
- 125 ml (⅛ l) Milch

Für den Belag:
- 100 g gehackte Cashewkerne
- 3 EL Zitronensaft
- 150 g Zucker
- 2 EL (60 g) flüssiger Honig
- 70 g knusprig gerösteter Weizen (Frühstückscerealien)
- 50 g Aprikosenkonfitüre

Zubereitungszeit: 45 Minuten, ohne Abkühlzeit
Backzeit: 20–25 Minuten

1. Den Backofen vorheizen.
Ober-/Unterhitze: etwa 200 °C
Heißluft: etwa 180 °C

2. Für den Teig Mehl mit Backpulver in einer Rührschüssel mischen. Ovomaltine, Zucker, Eier, Butter oder Margarine und Milch hinzufügen. Die Zutaten mit Handrührgerät mit Rührbesen zunächst kurz auf niedrigster, dann auf höchster Stufe in etwa 2 Minuten zu einem Teig verarbeiten.

3. Den Teig auf ein Backblech (30 x 40 cm, gefettet) geben und glatt streichen. Das Backblech in den vorgeheizten Backofen schieben und dann den Boden **20–25 Minuten backen**.

4. Das Backblech auf einen Kuchenrost stellen und den Kuchen erkalten lassen.

5. Für den Belag die Cashewkerne in einer Pfanne ohne Fett goldbraun rösten und auf einem Teller erkalten lassen. Den Kuchen in Stücke schneiden oder die Stücke auf der Kuchenoberfläche nur markieren.

6. Zitronensaft mit Zucker und Honig in einen weiten Topf geben, zum Kochen bringen und bei mittlerer Hitze unter Rühren hellbraun karamellisieren lassen. Cashewkerne und gerösteten Weizen unterheben. Die Hälfte der heißen Karamell-Nuss-Masse mit zwei geölten Löffeln möglichst schnell auf den Kuchenstücken verteilen, dabei den Topf bei schwacher Hitze auf der Kochstelle stehen lassen, damit der Karamell nicht zu schnell fest wird.

7. Die restliche heiße Karamell-Nuss-Masse auf ein Stück Backpapier verteilen und abkühlen lassen. Aprikosenkonfitüre erhitzen, die Karamellmasse in Stücke brechen und mit der Konfitüre auf die Kuchenstücke kleben.

Ozeankuchen | Mit Alkohol – raffiniert

Insgesamt:
E: 78 g, F: 260 g, Kh: 391 g, kJ: 21294, kcal: 5089

Für die Füllung und zum Garnieren:
- 100 g Marzipan-Rohmasse
- 30 g gesiebter Puderzucker
- blaue Speisefarbe

Für den Rührteig:
- 200 g Butter oder Margarine
- 200 g Zucker
- 1 Pck. Dr. Oetker Vanillin-Zucker
- 4 Eier (Größe M)
- 275 g Weizenmehl
- 3 gestr. TL Dr. Oetker Backin
- 50 g gehackte Mandeln

Für den Guss:
- 100 g gesiebter Puderzucker
- 2–3 EL Blue Curaçao (blauer Bitterorangenlikör)
- 1 EL Wasser

Zubereitungszeit: 30 Minuten, ohne Abkühlzeit
Backzeit: etwa 60 Minuten

1. Für Füllung und Garnierung die Marzipan-Rohmasse mit Puderzucker und Speisefarbe verkneten. Die Hälfte des Marzipans ausrollen, 5–6 Fischmotive mit einem Plätzchenausstecher ausstechen oder mit einem Messer ausschneiden und diese beiseitelegen. Das gesamte restliche Marzipan nochmals verkneten, ½ cm dick zu einem Quadrat ausrollen und in kleine Würfel schneiden.

2. Den Backofen vorheizen.
Ober-/Unterhitze: etwa 180 °C
Heißluft: etwa 160 °C

3. Für den Teig Butter oder Margarine mit Handrührgerät mit Rührbesen auf höchster Stufe geschmeidig rühren. Nach und nach Zucker und Vanillin-Zucker unterrühren. So lange rühren, bis eine gebundene Masse entstanden ist.

4. Eier nach und nach unterrühren (jedes Ei etwa ½ Minute). Mehl mit Backpulver mischen und in 2 Portionen auf mittlerer Stufe kurz unterrühren. Zuletzt Mandeln unterrühren.

5. Danach ein Drittel des Teiges in eine Kastenform (25 x 11 cm, gefettet, gemehlt) geben. Die Hälfte der Marzipanwürfel daraufstreuen und wieder ein Drittel des Teiges daraufgeben. Restliche Marzipanwürfel daraufstreuen, mit restlichem Teig bedecken und glatt streichen. Die Form einmal kurz auf der Arbeitsfläche aufklopfen. Die Form auf dem Rost in den vorgeheizten Backofen schieben und den Kuchen **etwa 60 Minuten backen.**

6. Den Kuchen **nach 15–20 Minuten Backzeit** der Länge nach mit einem Messer einschneiden. Nach dem Backen den Kuchen noch etwa 10 Minuten in der Form stehen lassen, dann aus der Form lösen und auf einem Kuchenrost erkalten lassen.

7. Für den Guss Puderzucker mit Likör und Wasser zu einem dickflüssigen Guss verrühren. Guss auf dem Kuchen verstreichen, Marzipan-Fischmotive auf den noch feuchten Guss legen. Guss fest werden lassen.

Tipp: Blue Curaçao gibt es auch als alkoholfreien blauen Sirup.

Panama-Spezial ▌ Dauert etwas länger

Insgesamt:
E: 150 g, F: 294 g, Kh: 598 g, kJ: 24297, kcal: 5805

Für den Knetteig:
125 g *Weizenmehl*
1 Msp. *Dr. Oetker Backin*
50 g *Zucker*
1 *Ei (Größe M)*
75 g *Butter*

Für den Biskuitteig:
3 *Eier (Größe M)*
90 g *Zucker*
1 Pck. *Dr. Oetker Vanillin-Zucker*
90 g *Weizenmehl*
1 gestr. TL *Dr. Oetker Backin*

Für Füllung I:
1 Pck. *Tortenguss, rot*
1 EL *Zucker*
200 ml *Apfelsaft*
300 g *TK-Beerenfrüchte*

Für Füllung II:
1 Dose *Ananasscheiben*
(Abtropfgewicht 225 g)
8 Blatt *weiße Gelatine*
500 g *Magerquark*
200 ml *Ananassaft aus der Dose*
Saft von
1 *Zitrone*
75–100 g *Zucker*
400 g *Schlagsahne*

Zum Verzieren und Garnieren:
200 g *Schlagsahne*
1 Pck. *Dr. Oetker Sahnesteif*
1 TL *Zucker*
Kiwischeiben
Orangenfilets
25 g *fein gehackte Pistazien*

Zubereitungszeit: 60 Minuten,
ohne Kühl- und Abkühlzeit
Backzeit: 40–45 Minuten

1. Den Backofen vorheizen.
Ober-/Unterhitze: etwa 200 °C
Heißluft: etwa 180 °C

2. Für den Knetteig Mehl mit Backpulver mischen und in eine Rührschüssel geben. Zucker, Ei und Butter hinzufügen. Zutaten mit Handrührgerät mit Knethaken zunächst kurz auf niedrigster, dann auf höchster Stufe gut durcharbeiten.

3. Anschließend den Teig auf der leicht bemehlten Arbeitsfläche kurz verkneten. Sollte er kleben, ihn in Frischhaltefolie gewickelt eine Zeit lang kalt stellen. Den Teig auf einem Springformboden (Ø 26 cm, gefettet) ausrollen und mehrmals mit einer Gabel einstechen. Den Springformrand darumlegen. Die Form auf dem Rost in den vorgeheizten Backofen schieben und den Boden **etwa 15 Minuten backen.**

4. Den Boden sofort vom Springformboden lösen, aber darauf auf einem Kuchenrost erkalten lassen. Erkalteten Boden auf eine Tortenplatte legen, einen Tortenring oder den gesäuberten Springformrand darumstellen.

5. Die Backofentemperatur **um 20 °C auf Ober-/ Unterhitze etwa 180 °C, Heißluft etwa 160 °C vermindern.**

6. Für den Biskuitteig Eier mit Handrührgerät mit Rührbesen auf höchster Stufe in 1 Minute schaumig schlagen. Zucker mit Vanillin-Zucker mischen, in 1 Minute einstreuen, dann noch etwa 2 Minuten weiterschlagen.

7. Mehl mit Backpulver mischen, auf die Eiercreme geben und kurz auf niedrigster Stufe unterrühren. Teig in eine Springform (Ø etwa 26 cm, Boden gefettet, mit Backpapier belegt) geben und glatt streichen. Die Form auf dem Rost in den vorgeheizten Backofen schieben und den Boden **25–30 Minuten backen.**

8. Den Boden aus der Form lösen, auf einen mit Backpapier belegten Kuchenrost stürzen und erkalten lassen. Anschließend mitgebackenes Backpapier abziehen und den Boden einmal waagerecht durchschneiden.

9. Für Füllung I Tortenguss mit Zucker und Apfelsaft nach Packungsanleitung zubereiten. Beeren unterrühren (evtl. einige Beeren zum Garnieren beiseitelegen). Die Masse auf dem Knetteigboden verteilen, dabei 1 cm am Rand frei lassen. Masse mit dem unteren Biskuitboden bedecken und in den Kühlschrank stellen.

10. Für Füllung II die Ananasscheiben auf einem Sieb abtropfen lassen, dabei den Saft auffangen und 200 ml abmessen, evtl. mit Wasser ergänzen. Ananasscheiben in Stücke schneiden (3 Scheiben beiseitelegen). Gelatine nach Packungsanleitung einweichen. Quark mit Ananas-, Zitronensaft und Zucker verrühren. Gelatine leicht ausdrücken und in einem kleinen Topf bei schwacher Hitze unter Rühren auflösen. Aufgelöste Gelatine zunächst mit etwa 4 Esslöffeln von der Quarkmasse verrühren, dann die Mischung unter die restliche Quarkmasse rühren. Masse in den Kühlschrank stellen. Sobald die Masse beginnt dicklich zu werden, Sahne steif schlagen und unterheben.

11. Die Hälfte der Quarkmasse auf dem Biskuitboden verstreichen. Ananasstücke auf der Quarkmasse verteilen und mit dem zweiten Biskuitboden bedecken. Den Boden mit der restlichen Quarkmasse bestreichen und die Torte 3–4 Stunden in den Kühlschrank stellen. Anschließend den Tortenring oder Springformrand lösen und entfernen.

12. Sahne mit Sahnesteif und Zucker steif schlagen. Tortenrand mit der Sahne bestreichen. Torte kurz vor dem Servieren mit Kiwi- und Orangenscheiben, Pistazien, den beiseitegelegten, in Stücke geschnittenen Ananas und den restlichen Beeren garnieren.

Panna-Cotta-Torte | Raffiniert

Insgesamt:
E: 70 g, F: 318 g, Kh: 356 g, kJ: 19129, kcal: 4566

Für den Knetteig:
>   150 g *Weizenmehl*
> ½ gestr. TL *Dr. Oetker Backin*
>   50 g *abgezogene, gemahlene Mandeln*
>   50 g *Zucker*
>   2 Pck. *Dr. Oetker Vanillin-Zucker*
>   1 *Ei (Größe M)*
>   50 g *Butter oder Margarine*

Für den Belag:
>   3 Blatt *weiße Gelatine*
>   250 g *Erdbeeren*
>   20 g *Zucker*

Für die Füllung:
>   7 Blatt *weiße Gelatine*
>   750 g *Schlagsahne*
>   *Schale von*
>   ½ *Bio-Zitrone (unbehandelt,*
>   *ungewachst)*
>   1 Stange *Zimt*
>   100 g *Zucker*
>   2 Pck. *Dr. Oetker Bourbon-*
>   *Vanille-Zucker*

Zum Garnieren:
>   *Minzeblätter*

Zubereitungszeit: 45 Minuten,
ohne Kühl- und Abkühlzeit
Backzeit: etwa 15 Minuten

1. Den Backofen vorheizen.
Ober-/Unterhitze: etwa 180 °C
Heißluft: etwa 160 °C

2. Für den Teig Mehl mit Backpulver mischen und in eine Rührschüssel geben. Restliche Zutaten hinzufügen und mit Handrührgerät mit Knethaken zunächst kurz auf niedrigster, dann auf höchster Stufe gut durcharbeiten. Anschließend den Teig auf der leicht bemehlten Arbeitsfläche kurz verkneten. Sollte er kle-

ben, ihn in Frischhaltefolie gewickelt eine Zeit lang kalt stellen.

3. Zwei Drittel des Teiges auf einem Springformboden (Ø 26 cm gefettet) ausrollen und mehrfach mit einer Gabel einstechen. Springformrand darumstellen. Den restlichen Teig zu einer Rolle formen, als Rand auf den Boden legen und so an die Form drücken, dass ein 3 cm hoher Rand entsteht. Die Form auf dem Rost in den vorgeheizten Backofen schieben und den Boden **etwa 15 Minuten backen.**

4. Springformrand lösen, den Boden vom Springformboden lösen, aber darauf auf einem Kuchenrost erkalten lassen. Anschließend den Boden auf eine Tortenplatte legen.

5. Für den Belag Gelatine nach Packungsanleitung einweichen. Erdbeeren abspülen, abtropfen lassen, entstielen und mit dem Zucker pürieren. Die Gelatine leicht ausdrücken und in einem kleinen Topf bei schwacher Hitze unter Rühren auflösen. Aufgelöste Gelatine mit dem Erdbeerpüree verrühren. Zwei Drittel der Erdbeermasse auf dem Tortenboden verstreichen und den Boden in den Kühlschrank stellen. Restliche Erdbeermasse beiseitestellen (nicht kalt stellen).

6. Für die Füllung Gelatine nach Packungsanleitung einweichen. Sahne mit Zitronenschale, Zimt und Zucker in einem Topf zum Kochen bringen und unter Rühren 2–3 Minuten leicht kochen lassen. Topf von der Kochstelle nehmen, Gelatine leicht ausdrücken und mit dem Vanille-Zucker unter die Sahne rühren, bis sie gelöst ist.

7. Zitronenschale und Zimt entfernen und die Sahnemasse erkalten lassen, dabei gelegentlich umrühren. Die kalte, aber noch flüssige Sahnemasse vorsichtig auf dem Tortenboden verteilen. Die Torte 2–3 Stunden in den Kühlschrank stellen.

8. Die Torte mit Minze garnieren und das restliche Erdbeerpüree (evtl. nochmals kurz erwärmen und abkühlen lassen, falls es zu fest geworden ist) als Kleckse auf die Tortenoberfläche an die Minze geben. Die Torte nochmals etwa 30 Minuten in den Kühlschrank stellen.

Papageienkuchen | Einfach

Insgesamt:
E: 75 g, F: 194 g, Kh: 602 g, kJ: 19132, kcal: 4570

Für den Rührteig:
- 200 g Butter oder Margarine
- 250 g Zucker
- 4 Eier (Größe M)
- 2 EL Milch
- 250 g Weizenmehl
- 3 gestr. TL Dr. Oetker Backin
- 1 Pck. (15 g) Saucenpulver Vanille-Geschmack (zum Kochen)
- 1 Beutel aus 1 Pck. Götterspeise Himbeer-Geschmack
- 1 Beutel aus 1 Pck. Götterspeise Waldmeister-Geschmack

Für die Glasur:
- 150 g gesiebter Puderzucker
- 2–3 EL Zitronensaft
- etwas rote Speisefarbe

Zubereitungszeit: 30 Minuten, ohne Abkühlzeit
Backzeit: 50–60 Minuten

1. Den Backofen vorheizen.
Ober-/Unterhitze: etwa 180 °C
Heißluft: etwa 160 °C

2. Für den Teig Butter oder Margarine mit Handrührgerät mit Rührbesen auf höchster Stufe geschmeidig rühren. Nach und nach Zucker unterrühren. So lange rühren, bis eine gebundene Masse entstanden ist. Eier nach und nach unterrühren (jedes Ei etwa ½ Minute). Zuletzt Milch unterrühren.

3. Mehl mit Backpulver mischen und in 2 Portionen auf mittlerer Stufe kurz unterrühren. Den Rührteig in 3 gleich große Teile teilen und eine Teigportion mit Saucenpulver, die zweite mit dem roten und die dritte mit dem grünen Götterspeisepulver verrühren.

4. Dann die Teigdrittel nach Farben getrennt in eine Kastenform (25 x 11 cm, gefettet, gemehlt) schichten und jeweils glatt streichen. Eine Gabel spiralförmig durch die Teigschichten ziehen (wie bei einem Marmorkuchen). Die Form auf dem Rost in den vorgeheizten Backofen schieben und den Kuchen **50–60 Minuten backen.**

5. Den Kuchen etwa 10 Minuten in der Form stehen lassen, dann auf einen Kuchenrost stürzen, erkalten lassen und den Kuchen wieder umdrehen.

6. Für die Glasur Puderzucker mit Zitronensaft glatt rühren (2 Esslöffel der Glasur beiseitestellen) und den Kuchen damit bestreichen, dabei nach Belieben den Bruch frei lassen.

7. Die beiseitegestellte Glasur mit Speisefarbe einfärben, in ein Pergamentpapiertütchen füllen, eine kleine Spitze abschneiden und den Kuchen damit verzieren.

Paradiestorte | Einfach – schnell zubereitet

Insgesamt:
E: 53 g, F: 300 g, Kh: 456 g, kJ: 20124, kcal: 4805

    1 Biskuit-Obstboden (Ø 26 cm)
1 Pck.
(100 g) Waffelröllchen mit Vollmilch-Schokolade

Für die Creme:
1 ½ Pck. Paradiescreme Vanille-Geschmack (Dessertpulver)
400 g Schmand (Sauerrahm)
500 g Schlagsahne

Für den Belag:
500 g Erdbeeren

Für den Guss:
1 Pck. Tortenguss, klar
1 EL Zucker
250 ml (¼ l) Wasser

geschabte Vollmilch- oder Zartbitter-Schokolade

Zubereitungszeit: 20 Minuten, ohne Kühlzeit

1. Den Obstboden auf eine Tortenplatte legen. Die Waffelröllchen innen an den Tortenrand legen.

2. Für die Creme Dessertpulver nach Packungsanleitung, aber mit den hier angegebenen Mengen Schmand und Sahne zubereiten. Die Creme auf den Obstboden geben und verstreichen, dabei die Waffelröllchen nicht vollständig bedecken. Die Torte etwa 1 Stunde in den Kühlschrank stellen.

3. Für den Belag Erdbeeren abspülen, abtropfen lassen und entstielen. Die Erdbeeren halbieren und kuppelförmig auf der fest gewordenen Creme verteilen.

4. Für den Guss Tortengusspulver mit Zucker und Wasser nach Packungsanleitung zubereiten. Die Erdbeeren mithilfe eines Löffels damit überziehen und den Guss fest werden lassen. Zum Garnieren die Torte mit geschabter Schokolade bestreuen.

Tipp: Anstelle der Erdbeeren können auch gemischte Beerenfrüchte (frisch oder TK) verwendet werden. TK-Früchte unaufgetaut auf der Creme verteilen und sofort mit dem Guss überziehen.

Pflaumenkuchen mit zwei Böden
Raffiniert

Insgesamt:
E: 60 g, F: 260 g, Kh: 640 g, kJ: 21460, kcal: 5140

Für den Knetteig:
- 225 g Weizenmehl
- 60 g Zucker
- 1 Pck. Dr. Oetker Vanillin-Zucker
- 150 g Butter oder Margarine

Für den Belag:
- 1 ½ kg Pflaumen

Für den Rührteig:
- 125 g Butter oder Margarine
- 125 g Zucker
- 1 Pck. Dr. Oetker Vanillin-Zucker
- 3 Eier (Größe M)
- 75 g Weizenmehl
- 50 g Speisestärke
- 1 gestr. TL Dr. Oetker Backin

Zum Bestreuen:
- 50 g Zucker
- ½ gestr. TL Zimt

Zubereitungszeit: 60 Minuten, ohne Kühlzeit
Backzeit: etwa 52 Minuten

1. Den Backofen vorheizen.
Ober-/Unterhitze: etwa 200 °C
Heißluft: etwa 180 °C

2. Für den Knetteig Mehl in eine Rührschüssel geben. Restliche Zutaten hinzufügen und mit Handrührgerät mit Knethaken zunächst kurz auf niedrigster, dann auf höchster Stufe gut durcharbeiten. Anschließend den Teig auf der leicht bemehlten Arbeitsfläche kurz verkneten und zu einer Rolle formen. Sollte er kleben, ihn in Frischhaltefolie gewickelt eine Zeit lang kalt stellen.

3. Den Teig auf einem Backblech (30 x 40 cm, gefettet) ausrollen und mit einer Gabel mehrmals einstechen. Das Backblech in den vorgeheizten Backofen schieben und den Boden **etwa 12 Minuten vorbacken.**

4. Das Backblech auf einen Kuchenrost stellen und das Gebäck darauf etwas abkühlen lassen.

5. Für den Belag Pflaumen abspülen, abtropfen lassen, halbieren und entsteinen.

6. Für den Rührteig die Butter oder Margarine mit Handrührgerät mit Rührbesen auf höchster Stufe geschmeidig rühren. Nach und nach Zucker und Vanillin-Zucker unterrühren. So lange rühren, bis eine gebundene Masse entstanden ist. Eier nach und nach unterrühren (jedes Ei etwa ½ Minute).

7. Mehl mit Speisestärke und Backpulver mischen und in 2 Portionen kurz auf mittlerer Stufe unterrühren. Den Rührteig auf dem Knetteigboden verstreichen. Die Pflaumen in Reihen auf dem Rührteig verteilen. Das Backblech wieder in den heißen Backofen schieben und den Kuchen bei gleicher Backofeneinstellung in **etwa 40 Minuten fertig backen.**

8. Das Backblech auf einen Kuchenrost stellen, dann Zucker und Zimt vermischen, den Kuchen damit bestreuen und erkalten lassen.

Pflaumenmuskuchen mit Schmand | Beliebt – für Kinder

Insgesamt:
E: 67 g, F: 459 g, Kh: 759 g, kJ: 31393, kcal: 7415

Für den Teig:
- 4 Eier (Größe M)
- 225 g Zucker
- 1 Pck. Dr. Oetker Vanillin-Zucker
- 125 ml (⅛ l) Speiseöl, z. B. Sonnenblumenöl
- 150 ml Orangenlimonade
- 250 g Weizenmehl
- 3 gestr. TL Dr. Oetker Backin

Für den Belag:
- 1 Glas Pflaumenmus (450 g)
- 500 g Schlagsahne
- 3 Pck. Dr. Oetker Sahnesteif
- 3 Pck. Dr. Oetker Vanillin-Zucker
- 600 g Schmand (Sauerrahm)

Zum Bestreuen:
- Zimt-Zucker-Gemisch

Zubereitungszeit: 30 Minuten, ohne Abkühlzeit
Backzeit: etwa 25 Minuten

1. Den Backofen vorheizen.
Ober-/Unterhitze: etwa 180 °C
Heißluft: etwa 160 °C

2. Für den Teig Eier, Zucker und Vanillin-Zucker mit Handrührgerät mit Rührbesen auf höchster Stufe in etwa 1 Minute schaumig schlagen. Öl und Orangenlimonade unterrühren.

3. Mehl mit Backpulver mischen und in 2 Portionen auf mittlerer Stufe kurz unterrühren. Einen Backrahmen auf ein Backblech (30 x 40 cm, gefettet) stellen und den Teig darin verstreichen. Das Backblech in den vorgeheizten Backofen schieben und den Boden **etwa 25 Minuten backen.**

4. Das Backblech auf einen Kuchenrost stellen und den Kuchen darauf erkalten lassen.

5. Für den Belag das Pflaumenmus gleichmäßig auf dem Kuchen verstreichen. Sahne mit Sahnesteif und Vanillin-Zucker steif schlagen. Den Schmand in einer Schüssel verrühren und die Sahne unterheben.

6. Die Schmandcreme auf dem Pflaumenmus verstreichen, mithilfe einer Gabel verzieren und mit dem Zimt-Zucker-Gemisch bestreuen. Den Kuchen bis zum Servieren in den Kühlschrank stellen. Dann den Backrahmen vorsichtig lösen und entfernen.

Pharisäer-Torte | Mit Alkohol

Insgesamt:
E: 86 g, F: 318 g, Kh: 494 g, kJ: 22428, kcal: 5353

Zum Vorbereiten:

2 Pck.	Gala Pudding-Pulver Sahne-Geschmack
100 g	Zucker
5 Pck.	
(je 10 g)	Instant-Cappuccino-Pulver
400 ml	Milch
300 g	Schlagsahne

Für den Biskuitteig:

4	Eier (Größe M)
65 g	Zucker
1 Pck.	Dr. Oetker Vanillin-Zucker
1 Pck.	Dr. Oetker Finesse Geriebene Zitronenschale
1 Prise	Salz
100 g	Weizenmehl
1 Msp.	Dr. Oetker Backin
50 g	gemahlene Haselnusskerne

Zum Tränken und Belegen:

2 EL	Rum
6	Ritter Rum Knusperstücke

Für die Füllung:

300 g	Schlagsahne
1 Pck.	Dr. Oetker Vanillin-Zucker
1 Pck.	Dr. Oetker Sahnesteif
50 ml	Rum

Zum Garnieren und Bestäuben:

2–3	Ritter Rum Knusperstücke
	Kakaopulver

Zubereitungszeit: 50 Minuten, ohne Abkühlzeit
Backzeit: etwa 15 Minuten

1. Zum Vorbereiten zunächst aus Pudding-Pulver nach Packungsanleitung, aber mit 100 g Zucker, 50 g Cappuccino-Pulver, 400 ml Milch und 300 g Sahne einen Pudding zubereiten. Pudding in eine Schüssel geben und Frischhaltefolie direkt auf den heißen Pudding legen, damit sich keine Haut bildet. Pudding erkalten lassen.

2. Den Backofen vorheizen.
Ober-/Unterhitze: etwa 200 °C
Heißluft: etwa 180 °C

3. Für den Teig Eier mit Handrührgerät mit Rührbesen auf höchster Stufe in 1 Minute schaumig schlagen. Dann Zucker, Vanillin-Zucker, Zitronenschale und Salz mischen, in 1 Minute einstreuen und noch etwa 2 Minuten weiterschlagen.

4. Mehl mit Backpulver mischen, auf die Eiercreme geben und kurz auf niedrigster Stufe unterrühren. Zuletzt kurz die Haselnusskerne unterheben. Den Teig in eine Springform (Ø 26 cm, Boden gefettet, mit Backpapier belegt) füllen und glatt streichen. Die Form auf dem Rost in den vorgeheizten Backofen schieben und den Boden sofort **etwa 15 Minuten backen.**

5. Den Boden auf einen mit Backpapier belegten Kuchenrost stürzen und erkalten lassen. Anschließend mitgebackenes Backpapier vorsichtig abziehen und den Boden einmal waagerecht durchschneiden.

6. Den unteren Boden auf eine Tortenplatte legen, einen Tortenring oder einen Springformrand darumstellen und den Boden mit Rum tränken. Anschließend 6 Ritter Rum Knusperstücke klein schneiden und darauf verteilen.

7. Für die Füllung Sahne mit Vanillin-Zucker und Sahnesteif steif schlagen. Die Hälfte der Sahne in einen Spritzbeutel mit großer Sterntülle füllen. Den kalten Pudding mit Handrührgerät mit Rührbesen cremig rühren, Rum und die restliche steif geschlagene Sahne vorsichtig unterrühren. Die Füllung auf dem unteren Boden glatt streichen.

8. Den oberen Boden in 16 Stücke teilen und auf die Torte legen. Mit der Sahne aus dem Spritzbeutel Kringel auf die Stücke spritzen. Ritter Rum Knusperstücke in Scheiben schneiden und auf die Sahnekringel legen. Vor dem Servieren Tortenring oder Springformrand lösen und entfernen, danach die Torte mit Kakao bestäuben.

Pikkolo-Torte | Mit Alkohol – für Gäste

Insgesamt:
E: 72 g, F: 317 g, Kh: 427 g, kJ: 21386, kcal: 5112

Für den All-in-Teig:
150 g *Weizenmehl*
3 gestr. TL *Dr. Oetker Backin*
150 g *Zucker*
1 Pck. *Dr. Oetker Vanillin-Zucker*
3 *Eier (Größe M)*
150 g *weiche Butter
oder Margarine*

Für die Füllung:
1 *Beutel*
aus 1 Pck. *Götterspeise
Zitronen-Geschmack*
75 g *Zucker*
1 *Pikkolo
(200 ml) heller, trockener Sekt*
200 g *vorbereitete Honigmelone*
300 g *Joghurt*
300 g *Schlagsahne*

Zum Garnieren und Verzieren:
75 g *Zartbitter-Kuvertüre*
200 g *Schlagsahne*
1 Pck. *Dr. Oetker Sahnesteif*
1 Pck. *Dr. Oetker Vanillin-Zucker*

Zubereitungszeit: 30 Minuten,
ohne Abkühl- und Kühlzeit
Backzeit: etwa 25 Minuten

1. Den Backofen vorheizen.
Ober-/Unterhitze: etwa 180 °C
Heißluft: etwa 160 °C

2. Für den Teig Mehl mit Backpulver in einer Rührschüssel mischen. Restliche Zutaten hinzufügen und alles mit Handrührgerät mit Rührbesen zunächst kurz auf niedrigster, dann auf höchster Stufe in etwa 2 Minuten zu einem Teig verarbeiten.

3. Teig in eine Springform (Ø 26 cm, Boden gefettet, mit Backpapier belegt) füllen und glatt streichen. Die

Form auf dem Rost in den vorgeheizten Backofen schieben und den Boden **etwa 25 Minuten backen.**

4. Boden aus der Form lösen, auf einen mit Backpapier belegten Kuchenrost stürzen und erkalten lassen. Anschließend mitgebackenes Backpapier abziehen und den Boden einmal waagerecht durchschneiden.

5. Für die Füllung Götterspeise mit Zucker und Sekt nach Packungsanleitung zubereiten. Flüssigkeit abkühlen lassen. Melone in feine Würfel schneiden und in einem Sieb gut abtropfen lassen.

6. Joghurt in eine Schüssel geben, Götterspeiseflüssigkeit unterrühren und die Masse in den Kühlschrank stellen. Sobald die Masse beginnt dicklich zu werden, Sahne steif schlagen und unterheben.

7. Den unteren Boden auf eine Tortenplatte legen und einen Tortenring darumstellen. Knapp ein Drittel der Joghurtmasse abnehmen und unter die restliche Masse die Melonenwürfel heben. Melonen-Joghurt-Creme auf dem unteren Boden verstreichen und den oberen Boden auflegen. Restliche Joghurtcreme darauf verstreichen und die Torte 2–3 Stunden in den Kühlschrank stellen.

8. Zum Garnieren inzwischen Kuvertüre in einem Topf im Wasserbad bei schwacher Hitze unter Rühren schmelzen lassen, in ein Papiertütchen füllen und einige Sektgläser auf Backpapier spritzen. Die Sektgläser fest werden lassen (evtl. in den Kühlschrank stellen).

9. Zum Verzieren Sahne mit Sahnesteif und Vanillin-Zucker steif schlagen. Tortenring lösen, entfernen und den Rand rundherum mit etwas von der Sahne bestreichen.

10. Die restliche Sahne mithilfe eines Teelöffels als Wölkchen auf die Tortenoberfläche setzen und mit den Kuvertüre-Sektgläsern belegen.

Tipps: Die Torte kann auch mit rotem Sekt, Himbeergötterspeise und Himbeeren zubereitet werden. Anstelle der Melone schmeckt auch Mango.

Popcorntorte, turboschnell
Für Kinder

Insgesamt:
E: 34 g, F: 61 g, Kh: 174 g, kJ: 5979, kcal: 1528

Für den Boden:
50 g Popcorn
100 g Vollmilch-Schokolade

Für den Belag:
1 Pck. Mousse au Chocolat (Dessertpulver)
250 ml (¼ l) Milch

Zum Garnieren:
25 g Popcorn
50 g Vollmilch-Schokolade

Zubereitungszeit: etwa 20 Minuten, ohne Kühlzeit

1. Für den Boden das Popcorn in einen Gefrierbeutel geben, ihn verschließen und das Popcorn mit einer Teigrolle grob zerbröseln. Popcornbrösel in eine Rührschüssel geben. Schokolade zerkleinern und in einem kleinen Topf im Wasserbad bei schwacher Hitze schmelzen lassen. Geschmolzene Schokolade zu den Popcornbröseln geben und gut verrühren.

2. Einen Springformrand (Ø 22 cm) auf eine mit Tortenspitze oder Backpapier belegte Tortenplatte stellen. Die Bröselmasse hineingeben und mit einem Löffel gut zu einem Boden andrücken.

3. Für den Belag aus Dessertpulver und Milch nach Packungsanleitung eine Creme zubereiten. Die Creme auf den Popcornboden geben und verstreichen.

4. Popcorn auf die Creme häufen und leicht andrücken. Schokolade im Wasserbad wie unter Punkt 1 schmelzen lassen und mit einem kleinen Löffel über das Popcorn sprenkeln. Die Torte etwa 2 Stunden in den Kühlschrank stellen, dann den Springformrand lösen, entfernen und die Torte servieren.

Tipps: Die Torte lässt sich am besten mit einem elektrischen Messer schneiden. Nach Belieben 100 ml der Milch für das Dessert durch Orangensaft ersetzen und zusätzlich 1 Dose Mandarinen (Abtropfgewicht 175 g) unter die Mousse heben.

Popcorn-Zitronenquark-Torte
Schnell zubereitet

Insgesamt:
E: 108 g, F: 165 g, Kh: 236 g, kJ: 12487, kcal: 2984

Für den Boden:
- 150 g Zartbitter-Schokolade
- 75 g Popcorn

Für den Belag:
- 8 Blatt weiße Gelatine
- 500 g Magerquark
- 150 g fettarmer Joghurt (1,5 % Fett)
- 50 g Zucker
- Saft von 2 Zitronen
- abgeriebene Schale von 1 Bio-Zitrone (unbehandelt, ungewachst)
- 200 g Schlagsahne

Zum Verzieren:
- 100 g Schlagsahne
- 50 g Zartbitter-Schokolade

Zubereitungszeit: 25 Minuten, ohne Kühlzeit

1. Für den Boden Schokolade grob zerkleinern und in einem kleinen Topf im Wasserbad bei schwacher Hitze unter Rühren schmelzen lassen. 12 Stück Popcorn beiseitelegen, den Rest grob hacken und mit der Schokolade verrühren. Einen Springformrand (Ø 26 cm) auf eine mit Tortenspitze oder Backpapier belegte Tortenplatte stellen. Die Popcornmasse darin verteilen, mithilfe eines Löffels gut zu einem Boden andrücken und den Boden in den Kühlschrank stellen.

2. Für den Belag Gelatine nach Packungsanleitung einweichen. Quark, Joghurt, Zucker, Zitronensaft und -schale verrühren. Die Gelatine leicht ausdrücken und in einem kleinen Topf bei schwacher Hitze unter Rühren auflösen. Aufgelöste Gelatine erst mit etwa 4 Esslöffeln von der Quark-Joghurt-Masse verrühren, dann die Mischung unter die restliche Quark-Joghurt-Masse rühren, die Masse in den Kühlschrank stellen.

3. Sobald die Masse beginnt dicklich zu werden, Sahne steif schlagen und unterrühren. Die Quarkcreme auf den Boden geben, glatt streichen und etwa 1 Stunde in den Kühlschrank stellen.

4. Zum Verzieren Springformrand lösen und entfernen. Sahne steif schlagen, in einen Spritzbeutel mit Sterntülle geben und Tuffs auf die Torte spritzen.

5. Schokolade wie unter Punkt 1 schmelzen, beiseitegelegtes Popcorn halb hineintauchen, auf Backpapier legen und Schokolade fest werden lassen. Popcorn auf die Sahnetuffs setzen. Restliche Schokolade in ein Papiertütchen oder einen kleinen Gefrierbeutel geben, eine kleine Ecke abschneiden und die Torte damit verzieren.

Tipp: Sie können Popcorn auch selbst herstellen, indem Sie Popcorn-Mais in einer großen Pfanne mit etwas Öl bei fest geschlossenem Deckel erhitzen, bis die Maiskörner aufplatzen.

Prasseltorte | Einfach

Insgesamt:
E: 67 g, F: 244 g, Kh: 489 g, kJ: 19085, kcal: 4562

Für die Böden:
- 300 g TK-Blätterteig
- 1 Ei (Größe M)
- 1 EL Milch

Für die Streusel:
- 225 g Weizenmehl
- 75 g gesiebter Puderzucker
- 1 Pck. Dr. Oetker Vanillin-Zucker
- 150 g Butter oder Margarine
- 50 g abgezogene, gemahlene Mandeln

Für die Füllung:
- 400 g Schlagsahne
- 2 Pck. Dr. Oetker Sahnesteif
- 2 Pck. Dr. Oetker Vanillin-Zucker
- 6 EL Heidelbeerkonfitüre

Zum Bestäuben:
- Puderzucker

Zubereitungszeit: 30 Minuten, ohne Auftau-, Ruhe- und Kühlzeit
Backzeit: etwa 15 Minuten je Backblech

1. Blätterteigplatten nach Packungsanleitung auftauen lassen. Dann die Platten aufeinanderlegen und auf der leicht bemehlten Arbeitsfläche quadratisch ausrollen. Das Quadrat vierteln, jedes Viertel auf der leicht bemehlten Arbeitsfläche etwa 22 x 22 cm ausrollen und je eine runde Platte (Ø 22 cm) daraus schneiden. Die 4 runden Platten auf Backbleche (gefettet, mit Backpapier belegt) legen. Ei mit Milch verquirlen und die Platten damit bestreichen. Kurz ruhen lassen.

2. Den Backofen vorheizen.
Ober-/Unterhitze: etwa 200 °C
Heißluft: etwa 180 °C

3. Für die Streusel Mehl in eine Rührschüssel geben. Restliche Zutaten hinzugeben und mit Handrührgerät mit Rührbesen zunächst kurz auf niedrigster, dann auf höchster Stufe zu feinen Streuseln verarbeiten. Streusel gleichmäßig auf die Blätterteigplatten streuen und leicht andrücken. Backbleche nacheinander (bei Heißluft zusammen) in den vorgeheizten Backofen schieben. Jeden Boden **etwa 15 Minuten backen.**

4. Die Böden mit Backpapier von den Backblechen auf Kuchenroste ziehen und erkalten lassen.

5. Für die Füllung Sahne mit Sahnesteif und Vanillin-Zucker steif schlagen. Jeweils 2 Esslöffel Konfitüre vorsichtig auf 3 der Böden verteilen, dabei einen etwa 2 cm breiten Rand frei lassen. Ersten Boden mit Konfitüre auf eine Tortenplatte legen und ein Drittel der Sahne darauf verstreichen. Zweiten Boden mit Konfitüre darauflegen, vorsichtig andrücken und die Hälfte der restlichen Sahne darauf verteilen. Dritten Boden mit Konfitüre auflegen, leicht andrücken und restliche Sahne darauf verstreichen. Vierten Boden auflegen und leicht andrücken. Die Torte bis zum Servieren in den Kühlschrank stellen.

6. Prasseltorte vor dem Servieren mit Puderzucker bestäuben.

Tipps: Die Torte schmeckt am besten frisch. Sie lässt sich gut mit einem elektrischen Messer schneiden. Geben Sie ½ Teelöffel gemahlenen Zimt in die Streusel und verwenden Sie statt Heidelbeerkonfitüre Pflaumenmus.

Prosecco-Kuchen mit Feigen
Mit Alkohol – raffiniert

Insgesamt:
E: 135 g, F: 164 g, Kh: 751 g, kJ: 23271, kcal: 5555

Für den Knetteig:
- 300 g Weizenmehl
- 75 g Speisestärke
- 1 gestr. TL Dr. Oetker Backin
- 150 g Zucker
- 1 Pck. Dr. Oetker Vanillin-Zucker
- 150 g Butter oder Margarine
- 5 EL (60 ml) Prosecco

Für den Belag:
- 2 Dosen grüne Feigen (Abtropfgewicht je 210 g)
- 340 ml Prosecco
- 2 Pck. Dr. Oetker Pudding-Pulver Vanille-Geschmack

Für den Guss:
- 2 Pck. Saucenpulver Vanille-Geschmack (zum Kochen)
- 300 ml Prosecco
- 500 g Magerquark
- 4 Eier (Größe M)
- 75 g Zucker

Zubereitungszeit: 45 Minuten, ohne Kühlzeit
Backzeit: 40–45 Minuten

1. Den Backofen vorheizen.
Ober-/Unterhitze: etwa 200 °C
Heißluft: etwa 180 °C

2. Für den Teig Mehl mit Speisestärke und Backpulver in einer Rührschüssel mischen. Restliche Zutaten hinzufügen. Die Zutaten mit Handrührgerät mit Knethaken zunächst kurz auf niedrigster, dann auf höchster Stufe gut durcharbeiten.

3. Anschließend den Teig auf der leicht bemehlten Arbeitsfläche kurz verkneten. Sollte er kleben, ihn in Frischhaltefolie gewickelt eine Zeit lang kalt stellen. Den Teig auf einem Backblech (30 x 40 cm, gefettet) ausrollen und mehrmals mit einer Gabel einstechen. Das Backblech in den vorgeheizten Backofen schieben und den Boden **etwa 15 Minuten vorbacken.**

4. Für den Belag Feigen in einem Sieb gut abtropfen lassen, den Saft dabei auffangen. Die Feigen halbieren. Prosecco mit dem Feigensaft und evtl. Wasser auf 750 ml (¾ l) ergänzen.

5. Das Pudding-Pulver zunächst mit etwas von der Saft-Prosecco-Mischung anrühren. Restliche Saft-Prosecco-Mischung zum Kochen bringen. Angerührtes Pudding-Pulver einrühren und unter Rühren gut aufkochen lassen. Den Topf von der Kochstelle nehmen und die Feigen unterheben. Einen Backrahmen um den Boden stellen. Die Masse auf dem vorgebackenen Boden verteilen.

6. Für den Guss Saucenpulver mit etwas Prosecco anrühren, den restlichen Prosecco hinzufügen und unterrühren. Die Masse mit dem Quark glatt rühren. Eier mit Handrührgerät mit Rührbesen in 1 Minute schaumig rühren. Zucker nach und nach unterrühren und noch etwa 2 Minuten weiterrühren. Die Eiermasse vorsichtig mit der Quarkmasse verrühren. Den Guss auf den Feigen verteilen. Das Backblech wieder in den heißen Backofen schieben, Kuchen bei gleicher Backofeneinstellung in **25–30 Minuten fertig backen.**

7. Das Backblech auf einen Kuchenrost stellen und den Kuchen darauf erkalten lassen. Dann den Backrahmen vorsichtig lösen und entfernen.

Raffael-Torte | Einfach

Insgesamt:
E: 78 g, F: 465 g, Kh: 449 g, kJ: 26645, kcal: 6365

Für den Rührteig:
- 50 g Kokosraspel
- 125 g Butter oder Margarine
- 125 g Zucker
- 1 Pck. Dr. Oetker Vanillin-Zucker
- 4 Eigelb (Größe M)
- 100 g Weizenmehl
- 2 gestr. TL Dr. Oetker Backin
- 4 Eiweiß (Größe M)

Für den Belag:
- 75 g Aprikosenkonfitüre
- 1 Dose Aprikosenhälften (Abtropfgewicht 480 g)
- 18 Stück Kokos-Konfekt
- 600 g Schlagsahne
- 3 Pck. Dr. Oetker Sahnesteif
- 50 g Kokosraspel

Zubereitungszeit: 45 Minuten, ohne Abkühl- und Kühlzeit
Backzeit: etwa 30 Minuten

1. Für den Rührteig die Kokosraspel in einer Pfanne ohne Fett unter Rühren leicht bräunen und auf einem Teller erkalten lassen. Den Backofen vorheizen.
Ober-/Unterhitze: etwa 180 °C
Heißluft: etwa 160 °C

2. Die Butter oder Margarine mit Handrührgerät mit Rührbesen auf höchster Stufe geschmeidig rühren. Nach und nach Zucker und Vanillin-Zucker unterrühren. So lange rühren, bis eine gebundene Masse entstanden ist. Eigelb nach und nach unterrühren.

3. Mehl mit Backpulver mischen und abwechselnd mit den Kokosraspeln auf mittlerer Stufe kurz unterrühren. Eiweiß steif schlagen und unterheben. Den Teig in eine Springform (Ø 26 cm, Boden gefettet, mit Backpapier belegt) füllen und glatt streichen. Die Form auf dem Rost in den vorgeheizten Backofen schieben und den Boden **etwa 30 Minuten backen**.

4. Den Boden etwa 10 Minuten in der Form stehen lassen, dann aus der Form lösen, auf einen mit Backpapier belegten Kuchenrost stürzen und den Boden erkalten lassen. Anschließend mitgebackenes Backpapier entfernen und den Boden auf eine Tortenplatte legen.

5. Für den Belag Konfitüre erwärmen und auf den Tortenboden streichen. Aprikosen in einem Sieb abtropfen lassen. 3 Aprikosenhälften in Spalten schneiden und beiseitelegen, die restlichen auf der Konfitüre verteilen. Einen Tortenring oder den gesäuberten Springformrand um den Boden legen.

6. Sechs Stück Konfekt halbieren und zum Garnieren beiseitelegen, restliches Konfekt klein schneiden. Sahne mit Sahnesteif steif schlagen. Etwa 4 Esslöffel Sahne in einen Spritzbeutel mit Sterntülle füllen und in den Kühlschrank legen. Das klein geschnittene Konfekt unter die restliche Sahne heben und die Creme auf die Früchte streichen. Die Torte etwa 30 Minuten in den Kühlschrank stellen.

7. Den Tortenring oder Springformrand lösen und entfernen. Die Torte mit Sahnetuffs aus dem beiseitegelegten Spritzbeutel, Aprikosenspalten, beiseitegelegtem Konfekt und Kokosraspeln garnieren.

Tipp: Anstelle der Aprikosen können Sie auch Ananas verwenden.

Rahm-Apfelkuchen | Beliebt

Insgesamt:
E: 43 g, F: 228 g, Kh: 446 g, kJ: 17039, kcal: 4073

Für den Knetteig:
- 180 g Weizenmehl
- ½ gestr. TL Dr. Oetker Backin
- 75 g Zucker
- 1 Prise Salz
- 100 g Butter
- 1 Ei (Größe M)

Für den Belag:
- etwa 800 g Äpfel

Für den Guss:
- 1 Pck. Gala Pudding-Pulver Bourbon-Vanille
- 75 g Zucker
- 1 Pck. Dr. Oetker Finesse Geriebene Zitronenschale
- 400 g Schlagsahne
- 1 Ei (Größe M)

Zum Bestreichen:
- 2 EL Aprikosenkonfitüre
- 1 EL Wasser

Zubereitungzeit: 40 Minuten, ohne Kühlzeit
Backzeit: etwa 60 Minuten

1. Für den Teig Mehl mit Backpulver mischen und in eine Rührschüssel geben. Restliche Zutaten hinzufügen und mit Handrührgerät mit Knethaken zunächst kurz auf niedrigster, dann auf höchster Stufe gut durcharbeiten. Anschließend auf der leicht bemehlten Arbeitsfläche zu einem Teig verkneten. Sollte er kleben, ihn in Frischhaltefolie gewickelt eine Zeit lang kalt stellen.

2. Gut die Hälfte des Teiges auf einem Springformboden (Ø 26 cm, gefettet) ausrollen und den Springformrand darumstellen. Den Rest des Teiges zu einer Rolle formen, sie als Rand auf den Boden legen und so an die Form drücken, dass ein etwa 3 cm hoher Rand entsteht.

3. Den Backofen vorheizen.
Ober-/Unterhitze: etwa 180 °C
Heißluft: etwa 160 °C

4. Für den Belag Äpfel schälen, vierteln, die Kerngehäuse entfernen und die Oberfläche der Äpfel mit einem Messer leicht einschneiden. Apfelviertel auf dem Boden verteilen.

5. Für den Guss Pudding-Pulver mit Zucker und Zitronenschale mit einem Schneebesen verrühren. Nach und nach die Sahne hinzugießen und verrühren. Zuletzt das Ei unterrühren. Den Guss gleichmäßig über die Äpfel gießen. Die Form auf dem Rost im unteren Drittel in den vorgeheizten Backofen schieben und den Kuchen **etwa 60 Minuten backen.**

6. Zum Bestreichen die Form auf einen Kuchenrost stellen. Konfitüre durch ein Sieb streichen und mit dem Wasser in einem kleinen Topf unter Rühren aufkochen lassen. Den Rahm-Apfelkuchen sofort nach dem Backen damit bestreichen. Den Kuchen in der Form erkalten lassen. Vor dem Servieren Springformrand und -boden lösen, entfernen und den Kuchen auf eine Tortenplatte legen.

Tipp: Nach Belieben den Tortenrand mit Puderzucker bestäuben.

Rätsel-Blechkuchen mit Kirschen | Etwas aufwendiger

Insgesamt:
E: 131 g, F: 681 g, Kh: 523 g, kJ: 37976, kcal: 9073

Für die 1. Lage:
    300 g Butterkekse
    250 g Butter

Für die 2. Lage:
    500 g Doppelrahm-Frischkäse
    75 g gesiebter Puderzucker
    200 g Schlagsahne
    2 Pck. Dr. Oetker Sahnesteif

Für die 3. Lage:
    200 g gemahlene, geröstete Haselnusskerne

Für die 4. Lage:
    600 g Schlagsahne
    2 Pck. Dr. Oetker Vanillin-Zucker
    3 Pck. Dr. Oetker Sahnesteif

Für die 5. Lage:
    2 Gläser Sauerkirschen (Abtropfgewicht je 370 g)
    2 Pck. Tortenguss, rot
    500 ml (½ l) Sauerkirschsaft aus den Gläsern

Zubereitungszeit: 55 Minuten

1. Für die 1. Lage Butterkekse in einen Gefrierbeutel geben, ihn verschließen und die Butterkekse dann mit einer Teigrolle fein zerbröseln. Die Keksbrösel in eine Schüssel geben. Die Butter zerlassen, zu den Bröseln geben und gut verrühren. Die Bröselmasse auf einem Backblech (30 x 40 cm, gefettet) verteilen und mithilfe eines Löffels gut zu einem Boden andrücken. Einen Backrahmen darumstellen.

2. Für die 2. Lage Frischkäse mit Puderzucker verrühren. Sahne mit Sahnesteif steif schlagen und unter den Frischkäse heben. Die Frischkäsemasse auf dem Boden verteilen.

3. Für die 3. Lage die Nusskerne auf der zweiten Lage verteilen.

4. Für die 4. Lage Sahne mit Vanillin-Zucker und Sahnesteif steif schlagen, auf der dritten Lage verteilen und glatt streichen.

5. Für die 5. Lage Kirschen in einem Sieb gut abtropfen lassen, dabei den Saft auffangen und 500 ml (½ l) davon abmessen, evtl. mit Wasser ergänzen. Die Kirschen auf der vierten Lage verteilen. Einen Guss aus Tortengusspulver und Kirschsaft nach Packungsanleitung zubereiten und vorsichtig mithilfe eines Esslöffels auf den Kirschen verteilen.

6. Den Kuchen etwa 2 Stunden in den Kühlschrank stellen. Dann den Backrahmen lösen und entfernen.

Tipps: Kuchen maximal 1 Tag vor dem Verzehr zubereiten. Anstelle der Kirschen können auch Erdbeeren, Himbeeren oder Brombeeren verwendet werden.

Rätseltorte | Mit Alkohol – einfach

Insgesamt:
E: 88 g, F: 329 g, Kh: 450 g, kJ: 22231, kcal: 5307

    1 Lage
    von 1 hellen Wiener Boden
    (Ø 26 cm)

Für die Vanillecreme:
    4 Blatt weiße Gelatine
    1 Pck. Dr. Oetker Pudding-Pulver
    Vanille-Geschmack
    4 EL Zucker
    500 ml (½ l) Milch
    600 g Schlagsahne
    2–3 Pck. Dr. Oetker Sahnesteif

Zum Tränken:
    etwa 250 ml Milch
    2 EL Rum
    200 g Löffelbiskuits

Zum Verzieren und Garnieren:
    250 g Schlagsahne
    1 Pck. Dr. Oetker Sahnesteif
    1 EL gesiebter Puderzucker
    etwa 50 ml Eierlikör
    etwa 20 g gehackte Pistazienkerne

Zubereitungszeit: 30 Minuten, ohne Abkühl- und Kühlzeit

1. Den Biskuitboden auf eine Tortenplatte legen und einen Tortenring darumstellen.

2. Für die Vanillecreme Gelatine nach Packungsanleitung einweichen. Aus Pudding-Pulver, Zucker und Milch nach Packungsanleitung, aber mit 4 Esslöffeln Zucker einen Pudding zubereiten. Gelatine leicht ausdrücken und unter Rühren im heißen Pudding auflösen. Den Pudding erkalten lassen, dabei ab und zu umrühren.

3. Sahne mit Sahnesteif steif schlagen und unter den erkalteten Pudding heben. Ein Drittel der Vanillecreme auf dem Boden verstreichen.

4. Zum Tränken die Milch mit Rum verrühren und die Löffelbiskuits kurz darin wenden. Die Hälfte der getränkten Löffelbiskuits auf die Creme legen und mit der Hälfte der restlichen Creme bestreichen. Torte mit den restlichen Löffelbiskuits belegen und mit der restlichen Creme bestreichen. Die Torte etwa 2 Stunden in den Kühlschrank stellen.

5. Den Tortenring lösen und entfernen. Die Sahne mit Sahnesteif und Zucker steif schlagen, in einen Spritzbeutel mit Lochtülle füllen und die Torte damit verzieren. Die Tortenoberfläche mit Eierlikör verzieren und mit Pistazienkernen garnieren.

Tipps: Verwenden Sie für Kinder zum Tränken nur Milch und zum Verzieren der Torte statt Eierlikör Vanillesauce. Die restlichen 2 Lagen des Wiener Bodens für eine Torte einfrieren oder für ein Dessert verwenden.

Regenbogentorte | Für Gäste

Insgesamt:
E: 84 g, F: 356 g, Kh: 590 g, kJ: 25241, kcal: 6024

Für den Schüttelteig:

200 g	Weizenmehl
3 gestr. TL	Dr. Oetker Backin
125 g	Zucker
1 Pck.	Dr. Oetker Vanillin-Zucker
3	Eier (Größe M)
100 ml	Milch
100 g	Butter

Für die Füllung:

100 g	rote vorbereitete Früchte,
	z. B. Himbeeren, Erdbeeren,
	Johannisbeeren
100 g	gelbe vorbereitete Früchte,
	z. B. Aprikosen, Pfirsiche
100 g	grüne vorbereitete Früchte,
	z. B. Kiwis (aus der Dose),
	Weintrauben
500 g	Schlagsahne
1 Pck.	Käse-Sahne-Tortencreme
	(Cremepulver)
300 g	Joghurt
50 g	Zucker

Für den Belag:

250 g	Schlagsahne
1 Pck.	Dr. Oetker Vanillin-Zucker
je 100–150 g	rote, gelbe und grüne
	Früchte

Für den Guss:

1 Pck.	Tortenguss, klar
2 EL	Zucker
250 ml (¼ l)	Wasser

Zubereitungszeit: 45 Minuten,
ohne Abkühl- und Kühlzeit
Backzeit: etwa 25 Minuten

1. Den Backofen vorheizen.
Ober-/Unterhitze: etwa 180 °C
Heißluft: etwa 160 °C

2. Für den Teig das Mehl mit Backpulver in einer verschließbaren Schüssel (etwa 3 l) mit Zucker und Vanillin-Zucker mischen. Restliche Zutaten hinzufügen. Schüssel mit dem Deckel fest verschließen und mehrmals (insgesamt 15–30 Sekunden) kräftig schütteln, sodass alle Zutaten gut vermischt sind.

3. Alles mit einem Schneebesen oder Rührlöffel nochmals durchrühren, damit trockene Zutaten vom Rand mit untergerührt werden. Den Teig in eine Springform (Ø 26 cm, gefettet, gemehlt) füllen und glatt streichen. Die Form auf dem Rost in den vorgeheizten Backofen schieben und den Boden **etwa 25 Minuten backen.**

4. Form etwa 5 Minuten auf einen Kuchenrost stellen, dann Springformrand lösen. Den Boden auf einen mit Backpapier belegten Kuchenrost stürzen und erkalten lassen. Boden einmal waagerecht durchschneiden.

5. Rote, gelbe und grüne Früchte getrennt voneinander pürieren. Sahne steif schlagen. Tortencreme nach Packungsanleitung, aber nur mit Joghurt (ohne Wasser) zubereiten. Unter jedes Fruchtpüree zügig je 50 g der Joghurtmasse und 50 g geschlagene Sahne rühren. Restliche Sahne zügig mit der restlichen Joghurtmasse verrühren.

6. Unteren Boden auf eine Tortenplatte legen. Weiße Sahne-Joghurt-Creme in einen Spritzbeutel mit großer Lochtülle füllen und damit einen dicken, hohen Tuff in die Mitte und zwei dicke Ringe übereinander an den Rand des Bodens spritzen.

7. Frucht-Sahne-Massen voneinander getrennt in Gefrierbeutel füllen und je eine Ecke abschneiden. Die Fruchtmassen der Reihe nach als Ring auf den Boden spritzen (je Farbe ein Ring), oberen Boden auflegen und leicht andrücken. Rand etwas glatt streichen und die Torte etwa 3 Stunden in den Kühlschrank stellen.

8. Für den Belag Sahne mit Vanillin-Zucker steif schlagen und die Torte rundherum bestreichen. Obst putzen, waschen, in Scheiben oder Spalten schneiden und als Regenbogen auf die Oberfläche legen. Für den Guss Tortengusspulver nach Packungsanleitung mit Zucker und Wasser zubereiten. Das Obst mit einem Pinsel vorsichtig bestreichen.

Riesen-Schokokaramell-Schnitten | Raffiniert

Insgesamt:
E: 74 g, F: 375 g, Kh: 610 g, kJ: 26457, kcal: 6323

Zum Vorbereiten:
- 1 kg Schlagsahne
- 400 g Riesen Schokokaramell (von Storck)

Für den Biskuitteig:
- 4 Eier (Größe M)
- 2 EL heißes Wasser
- 125 g Zucker
- 1 Pck. Dr. Oetker Vanillin-Zucker
- 125 g Weizenmehl
- 25 g Speisestärke
- 15 g Kakaopulver
- 1 gestr. TL Dr. Oetker Backin

Für den Belag:
- 3 Pck. Dr. Oetker Sahnesteif
- evtl. Riesen Schokokaramell (von Storck)

Zubereitungszeit: 35 Minuten, ohne Kühlzeit
Backzeit: 12–15 Minuten

1. Zum Vorbereiten Sahne in einem Topf erhitzen. Riesen Schokokaramell in kleine Würfel schneiden, in die Sahne geben und bei schwacher Hitze unter Rühren auflösen. Die Karamellsahne in eine Rührschüssel geben und mit Frischhaltefolie zugedeckt über Nacht in den Kühlschrank stellen.

2. Den Backofen vorheizen.
Ober-/Unterhitze: etwa 200 °C
Heißluft: etwa 180 °C

3. Für den Teig Eier und Wasser mit Handrührgerät mit Rührbesen auf höchster Stufe in 1 Minute schaumig schlagen. Zucker und Vanillin-Zucker mischen, in 1 Minute einstreuen, dann noch etwa 2 Minuten weiterschlagen.

4. Das Mehl mit Speisestärke, Kakao und Backpulver mischen, die Hälfte davon auf die Eiercreme geben und kurz auf niedrigster Stufe unterrühren. Restliches Mehlgemisch auf die gleiche Weise unterarbeiten. Den Teig auf ein Backblech (30 x 40 cm, gefettet, gemehlt) geben und glatt streichen. Das Backblech in den vorgeheizten Backofen schieben und den Boden sofort
12–15 Minuten backen.

5. Das Backblech auf einen Kuchenrost stellen und den Boden darauf erkalten lassen. Einen Backrahmen darumstellen.

6. Für den Belag Karamellsahne in 2 Portionen mit je 1 ½ Päckchen Sahnesteif steif schlagen. Etwas von der Karamellsahne in einen Spritzbeutel mit Lochtülle geben und zum Verzieren beiseitelegen. Restliche Karamellsahne auf der Biskuitplatte verstreichen.

7. Beiseitegelegte Karamellsahne in Tuffs auf den Belag spritzen. Nach Belieben den Kuchen mit halbierten Riesen Schokokaramell verzieren. Zum Servieren den Backrahmen lösen und entfernen.

Tipps: Schnitten lassen sich ohne Schokokaramell-Garnierung gut portionsweise einfrieren. Schokokaramell-Schnitten maximal 1 Tag vor dem Verzehr zubereiten. Den Boden mit 4–5 Esslöffeln glatt gerührter Aprikosenkonfitüre bestreichen, bevor die Sahnemasse aufgestrichen wird.

Riesen-Torte | Für Kinder

Insgesamt:
E: 82 g, F: 392 g, Kh: 513 g, kJ: 24714, kcal: 5899

Zum Vorbereiten:
- 500 g Schlagsahne
- 150 g Riesen Schokokaramell (von Storck)

Für den Rührteig:
- 125 g Butter oder Margarine
- 100 g Zucker
- 1 Pck. Dr. Oetker Finesse Bourbon-Vanille-Aroma
- 4 Eier (Größe M)
- 175 g Weizenmehl
- 15 g Kakaopulver
- 2 gestr. TL Dr. Oetker Backin
- 2 EL Milch

Zum Bestreichen:
- 6 EL Johannisbeergelee

Für die Füllung:
- 2 Pck. Dr. Oetker Sahnesteif

Für den Guss und zum Garnieren:
- 150 g Zartbitter-Schokolade
- gut 1 EL Speiseöl, z. B. Sonnenblumenöl
- evtl. 6–8 Riesen Schokokaramell (von Storck)

Zubereitungszeit: 45 Minuten, ohne Kühlzeit
Backzeit: etwa 20 Minuten

1. Zum Vorbereiten Sahne in einem Topf erhitzen. Riesen Schokokaramell in kleine Würfel schneiden, in die Sahne geben und bei schwacher Hitze unter Rühren auflösen. Die Karamellsahne in eine Rührschüssel geben und mit Frischhaltefolie zugedeckt über Nacht in den Kühlschrank stellen.

2. Den Backofen vorheizen.
Ober-/Unterhitze: etwa 180 °C
Heißluft: etwa 160 °C

3. Für den Teig Butter oder Margarine mit Handrührgerät mit Rührbesen auf höchster Stufe geschmeidig rühren. Nach und nach Zucker und Aroma unterrühren. So lange rühren, bis eine gebundene Masse entstanden ist. Eier nach und nach unterrühren (jedes Ei etwa ½ Minute). Mehl mit Kakao und Backpulver mischen und in 2 Portionen abwechselnd mit der Milch auf mittlerer Stufe unterrühren. Einen Backrahmen (etwa 18 x 30 cm) auf ein Backblech (mit Backpapier belegt) stellen, Teig darin verteilen und glatt streichen. Das Backblech in den vorgeheizten Backofen schieben, den Boden **etwa 20 Minuten backen.**

4. Den Boden aus dem Backrahmen lösen, auf einen mit Backpapier belegten Kuchenrost stürzen und erkalten lassen. Anschließend mitgebackenes Backpapier abziehen und den Boden zweimal waagerecht durchschneiden. Den unteren Boden auf eine Tortenplatte legen und mit etwa 2 Esslöffeln des glatt gerührten Johannisbeergelees bestreichen.

5. Für die Füllung die vorbereitete Riesen-Sahne mit Sahnesteif steif schlagen und die Hälfte davon auf den unteren Boden streichen. Mittleren Boden auflegen, ebenfalls mit 2 Esslöffeln des Gelees bestreichen und die restliche Riesen-Sahne darauf verstreichen. Den oberen Boden darauflegen, leicht andrücken und die Torte etwa 1 Stunde in den Kühlschrank stellen.

6. Schokolade in Stücke brechen und mit dem Speiseöl in einem Topf im Wasserbad bei schwacher Hitze unter Rühren schmelzen lassen. Den Guss auf die Torte geben und so verstreichen, dass er am Rand in Nasen herunterläuft. Torte nach Belieben mit halbierten Riesen garnieren. Guss fest werden lassen. Torte bis zum Servieren in den Kühlschrank stellen.

Ritter-Rum-Torte
Beliebt – mit Alkohol

Insgesamt:
E: 57 g, F: 232 g, Kh: 230 g, kJ: 15216, kcal: 3637

Für den Rührteig:
- 75 g Butter oder Margarine
- 100 g Zucker
- 1 Pck. Dr. Oetker Vanillin-Zucker
- 1 Prise Salz
- 4 Eier (Größe M)
- 150 g Weizenmehl
- 3 gestr. TL Dr. Oetker Backin
- 1 EL Kakaopulver
- 2 EL Rum
- 4 Ritter Rum Knusperstücke

Für die Glasur:
- 150 g dunkle Kuchenglasur

Zum Garnieren:
- 8 Ritter Rum Knusperstücke

Zubereitungszeit: 20 Minuten, ohne Abkühlzeit
Backzeit: etwa 25 Minuten

1. Den Backofen vorheizen.
Ober-/Unterhitze: etwa 180 °C
Heißluft: etwa 160 °C

2. Für den Teig Butter oder Margarine mit Handrührgerät mit Rührbesen auf höchster Stufe geschmeidig rühren. Zucker, Vanillin-Zucker und Salz unterrühren. So lange rühren, bis eine gebundene Masse entstanden ist. Eier nach und nach unterrühren (jedes Ei etwa ½ Minute).

3. Mehl mit Backpulver und Kakaopulver mischen und auf mittlerer Stufe kurz unterrühren. Zuletzt den Rum unterrühren. Den Boden einer Springform (Ø 26 cm, gefettet) mit etwas Teig bestreichen.

4. Die Knusperstücke halbieren, gleichmäßig auf dem Teig verteilen und den restlichen Teig daraufgeben. Die Form auf dem Rost in den vorgeheizten Backofen schieben und den Boden **etwa 25 Minuten backen.**

5. Den Kuchen aus der Form lösen, auf einen mit Backpapier belegten Kuchenrost stürzen und erkalten lassen.

6. Kuchenglasur in einem Topf im Wasserbad bei schwacher Hitze geschmeidig rühren, dann mithilfe eines Messers auf dem Kuchen verstreichen.

7. Zum Garnieren die Knusperstücke diagonal durchschneiden und auf die noch feuchte Glasur setzen. Torte bis zum Servieren in den Kühlschrank stellen.

Ritter-Schnitten | Für Kinder

Insgesamt:
E: 130 g, F: 506 g, Kh: 589 g, kJ: 31020, kcal: 7411

Für den Rührteig:
- 150 g Ritter Sport Mini, z. B. Vollmilch (Schokoladentäfelchen)
- 75 g Schlagsahne
- 100 g Marzipan-Rohmasse
- 150 g Butter oder Margarine
- 75 g Zucker
- 4 Eier (Größe M)
- 275 g Weizenmehl
- 3 gestr. TL Dr. Oetker Backin

Für den Belag:
- 150 g Ritter Sport Mini, z. B. Vollmilch (Schokoladentäfelchen)

Für die Füllung:
- 6 Blatt weiße Gelatine
- 400 g Schlagsahne
- 250 g Joghurt
- 40 g Puderzucker
- 75 g gemahlene Haselnusskerne

Zubereitungszeit: 40 Minuten, ohne Kühlzeit
Backzeit: 15–20 Minuten

1. Für den Teig Schokolade in kleine Stücke brechen. Sahne in einem Topf erwärmen, Schokolade unter Rühren darin schmelzen und erkalten lassen.

2. Den Backofen vorheizen.
Ober-/Unterhitze: etwa 180 °C
Heißluft: etwa 160 °C

3. Das Marzipan sehr klein schneiden und mit Butter oder Margarine mit Handrührgerät mit Rührbesen auf höchster Stufe geschmeidig rühren. Nach und nach Zucker unterrühren. So lange rühren, bis eine gebundene Masse entstanden ist. Eier nach und nach unterrühren (jedes Ei etwa ½ Minute).

4. Mehl mit Backpulver mischen und in 2 Portionen auf mittlerer Stufe kurz unterrühren. Zuletzt noch die Schokoladensahne unterrühren. Den Teig auf ein Backblech (30 x 40 cm, gefettet) geben und glatt streichen. Das Backblech in den vorgeheizten Backofen schieben. Den Boden **15–20 Minuten backen.**

5. Für den Belag Schokoladentäfelchen in Würfel brechen. Sofort nach dem Backen Kuchenplatte vom Backblech lösen, auf einen mit Backpapier belegten Kuchenrost legen und senkrecht halbieren. Eine Hälfte in 18 Stücke schneiden, je 2 Schokostücke auf die noch heißen Stücke legen, etwas andrücken und die Kuchenhälften erkalten lassen.

6. Für die Füllung Gelatine nach Packungsanleitung einweichen. Sahne steif schlagen. 2 Esslöffel davon in einen Spritzbeutel mit Sterntülle füllen und zum Garnieren beiseitelegen. Gelatine leicht ausdrücken und in einem kleinen Topf bei schwacher Hitze unter Rühren auflösen. Aufgelöste Gelatine erst mit etwa 4 Esslöffeln von dem Joghurt verrühren, dann die Mischung mit dem Puderzucker unter den restlichen Joghurt rühren. Masse in den Kühlschrank stellen. Sobald die Joghurtmasse beginnt dicklich zu werden, Sahne unterheben. Haselnusskerne unter die Joghurtcreme rühren.

7. Die Joghurt-Nuss-Creme auf dem Boden verstreichen und mit den mit Schokostücken belegten Kuchenstücken bedecken. Die Oberfläche mit der beiseitegelegten Sahne verzieren und den Kuchen 1–2 Stunden in den Kühlschrank stellen.

Rote-Grütze-Torte | Fruchtig

Insgesamt:
E: 55 g, F: 291 g, Kh: 486 g, kJ: 20436, kcal: 4863

Für den Teig:
- 100 g Weizenmehl
- ½ Pck. Dr. Oetker Backin
- 75 g Zucker
- 1 Pck. Dr. Oetker Vanillin-Zucker
- 3 Eier (Größe M)
- 2 EL Speiseöl, z. B. Sonnenblumenöl
- 1 EL Weißweinessig

Für die Creme:
- 400 g Schmand (Sauerrahm)
- 150 g Extra-Gelierzucker (2:1)
- Saft von 1 Zitrone
- 500 g Schlagsahne
- 2 Pck. Dr. Oetker Sahnesteif

Für den Belag:
- 1 Becher (500 g) Rote Grütze (aus dem Kühlregal)
- 1 Pck. Tortenguss, klar
- 2 EL Wasser

Zubereitungszeit: 20 Minuten, ohne Abkühl- und Kühlzeit
Backzeit: 15–20 Minuten

1. Den Backofen vorheizen.
Ober-/Unterhitze: etwa 200 °C
Heißluft: etwa 180 °C

2. Für den Teig Mehl mit Backpulver mischen und in eine Rührschüssel geben. Restliche Zutaten hinzugeben und mit Handrührgerät mit Rührbesen zunächst kurz auf niedrigster, dann auf höchster Stufe in etwa 1 Minute zu einem Teig verarbeiten.

3. Den Teig in eine Springform (Ø 26 cm, gefettet, mit Backpapier belegt) geben und glatt streichen. Die Form auf dem Rost in den vorgeheizten Backofen schieben und den Boden **15–20 Minuten backen**.

4. Den Boden aus der Form lösen, auf einen mit Backpapier belegten Kuchenrost stürzen und erkalten lassen. Anschließend mitgebackenes Backpapier abziehen.

5. Den Boden auf eine Tortenplatte legen und einen Tortenring oder den gesäuberten Springformrand darumstellen.

6. Für die Creme Schmand mit Zucker und Zitronensaft gut verrühren. Sahne mit Sahnesteif steif schlagen und unterheben. Die Creme auf den Boden geben und verstreichen. Die Torte 2–3 Stunden in den Kühlschrank stellen.

7. Für den Belag Rote Grütze in einen Topf geben. Tortengusspulver mit Wasser verrühren, in die Grütze geben und einmal aufkochen lassen. Die Grützemasse etwas abkühlen lassen, dann auf die Torte geben und verstreichen. Die Torte nochmals 2–3 Stunden, am besten über Nacht in den Kühlschrank stellen. Vor dem Servieren Tortenring oder Springformrand lösen und entfernen.

Rotkäppchen-Torte
Einfach – mit Alkohol

Insgesamt:
E: 136 g, F: 363 g, Kh: 589 g, kJ: 26693, kcal: 6377

Zum Vorbereiten:
- 1 Glas Sauerkirschen (Abtropfgewicht 370 g)

Für den Rührteig:
- 175 g Butter oder Margarine
- 150 g Zucker
- 1 Pck. Dr. Oetker Vanillin-Zucker
- 3 Eier (Größe M)
- 200 g Weizenmehl
- 2 TL Dr. Oetker Backin
- 2–3 EL Nuss-Nougat-Creme

Für die Füllung:
- 500 g Magerquark
- 50 g Zucker
- 1 Pck. Dr. Oetker Vanillin-Zucker
- 500 g Schlagsahne
- 3 Pck. Dr. Oetker Sahnesteif

Für den Guss:
- 2 Pck. Tortenguss, rot
- 50 g Zucker
- 350 ml Kirschsaft aus dem Glas
- 50 ml Kirschwasser

- 100 g Schlagsahne

Zubereitungszeit: 45 Minuten, ohne Kühlzeit
Backzeit: etwa 30 Minuten

1. Zum Vorbereiten Sauerkirschen in einem Sieb abtropfen lassen, dabei den Saft auffangen und 350 ml davon für den Guss abmessen, evtl. mit Wasser ergänzen. Den Backofen vorheizen.
Ober-/Unterhitze: etwa 180 °C
Heißluft: etwa 160 °C

2. Für den Rührteig Butter oder Margarine mit Handrührgerät mit Rührbesen auf höchster Stufe geschmeidig rühren. Nach und nach Zucker und Vanillin-Zucker unterrühren. So lange rühren, bis eine gebundene Masse entstanden ist. Eier nach und nach unterrühren (jedes Ei etwa ½ Minute).

3. Mehl mit Backpulver mischen und auf mittlerer Stufe kurz unterrühren. Die Hälfte des Teiges in eine Springform (Ø 28 cm, Boden gefettet) geben und glatt streichen. Unter den restlichen Teig die Nuss-Nougat-Creme rühren und auf dem hellen Teig verstreichen.

4. Die Kirschen auf dem Teig verteilen (einige zum Verzieren beiseitelegen). Die Form auf dem Rost in den vorgeheizten Backofen schieben und den Boden **etwa 30 Minuten backen.**

5. Den Tortenboden aus der Form lösen, auf einem mit Backpapier belegten Kuchenrost abkühlen lassen. Den Boden auf eine Tortenplatte legen.

6. Für die Füllung Quark, Zucker und Vanillin-Zucker verrühren. Sahne mit Sahnesteif steif schlagen und unter den Quark heben. Einen Tortenring oder den gesäuberten Springformrand um den Boden legen. Die Quarkmasse auf dem Boden verstreichen und die Torte etwa 3 Stunden in den Kühlschrank stellen.

7. Für den Guss aus Tortengusspulver, Zucker und dem abgemessenen Saft nach Packungsanleitung einen Guss zubereiten, kurz abkühlen lassen und auf der Quarkmasse verteilen. Die Torte etwa 14 Stunden in den Kühlschrank stellen, dann den Tortenring oder Springformrand lösen und entfernen.

8. Sahne steif schlagen und in einen Spritzbeutel mit Sterntülle geben. Die Torte mit Sahnetuffs und den beiseitegelegten Kirschen verzieren.

Rotweinkuchen | Einfach – mit Alkohol

Insgesamt:
E: 100 g, F: 340 g, Kh: 400 g, kJ: 21480, kcal: 5120

Für den Rührteig:
- 250 g Butter oder Margarine
- 125 g Zucker
- 1 Pck. Dr. Oetker Vanillin-Zucker
- 1 Prise Salz
- 4 Eier (Größe M)
- 2 EL Rum
- 250 g Weizenmehl
- 3 TL Kakaopulver
- 1–2 gestr. TL gemahlener Zimt
- 3 gestr. TL Dr. Oetker Backin
- 150 g Raspelschokolade
- 100 g gehackte Mandeln
- 125 ml (1/8 l) Rotwein

Zubereitungszeit: 25 Minuten
Backzeit: etwa 70 Minuten

1. Den Backofen vorheizen.
Ober-/Unterhitze: etwa 180 °C
Heißluft: etwa 160 °C

2. Für den Rührteig die Butter oder Margarine mit Handrührgerät mit Rührbesen auf höchster Stufe geschmeidig rühren. Nach und nach Zucker, Vanillin-Zucker und Salz unterrühren. So lange rühren, bis eine gebundene Masse entstanden ist. Eier nach und nach unterrühren (jedes Ei etwa ½ Minute). Rum hinzufügen und kurz unterrühren.

3. Das Mehl mit Kakaopulver, Zimt und Backpulver mischen und abwechselnd mit Raspelschokolade, Mandeln und Rotwein in 2 Portionen auf mittlerer Stufe unterrühren. Den Teig in eine Kastenform (25 x 11 cm, gefettet, gemehlt) füllen und glatt streichen. Die Form auf dem Rost in den vorgeheizten Backofen schieben und den Kuchen **etwa 70 Minuten backen.**

4. Den Kuchen etwa 10 Minuten in der Form stehen lassen, dann aus der Form lösen und auf einem Kuchenrost erkalten lassen.

Rotweinschnitten
Für Gäste – mit Alkohol

Insgesamt:
E: 80 g, F: 420 g, Kh: 1080 g, kJ: 36020, kcal: 8560

Für den All-in-Teig:
- 200 g Weizenmehl
- 3 gestr. TL Dr. Oetker Backin
- 50 g Speisestärke
- 250 g Zucker
- 1 Pck. Dr. Oetker Vanillin-Zucker
- 250 g weiche Butter oder Margarine
- 5 Eier (Größe M)
- 75 g Raspelschokolade

Für den Belag:
- 2 Pck. Rotweincreme (Dessertpulver)
- 500 g Schlagsahne
- 3 Pck. Dr. Oetker Sahnesteif

Zum Verzieren und Garnieren:
- 500 g Schlagsahne
- 2 Pck. Dr. Oetker Sahnesteif
- 25 g Raspelschokolade

Zubereitungszeit: 35 Minuten, ohne Kühlzeit
Backzeit: etwa 25 Minuten

1. Den Backofen vorheizen.
Ober-/Unterhitze: etwa 180 °C
Heißluft: etwa 160 °C

2. Für den Teig Mehl mit Backpulver in einer Rührschüssel mischen. Restliche Zutaten hinzufügen und alles mit Handrührgerät mit Rührbesen erst kurz auf niedrigster, dann auf höchster Stufe in etwa 2 Minuten zu einem Teig verarbeiten. Raspelschokolade kurz unterrühren.

3. Einen Backrahmen auf ein Backblech (30 x 40 cm, gefettet) stellen. Den Teig hineingeben und verstreichen. Das Backblech in den vorgeheizten Backofen schieben und den Boden **etwa 25 Minuten backen.**

4. Boden mit dem Backrahmen auf dem Backblech auf einen Kuchenrost stellen und erkalten lassen.

5. Für den Belag Dessertpulver mit Rotwein aus der Packung nach Packungsanleitung, aber mit insgesamt 500 g Sahne, die mit Sahnesteif aufgeschlagen wurde, zubereiten. Die Rotweincreme auf dem Boden verstreichen und etwa 2 Stunden in den Kühlschrank stellen.

6. Zum Verzieren den Backrahmen mithilfe eines Messers lösen und entfernen. Sahne mit Sahnesteif steif schlagen, ein Drittel der Sahne in einen Spritzbeutel (mit Stern- oder Streifentülle) geben und beiseitelegen. Die restliche Sahne vorsichtig dünn auf der Rotweincreme verstreichen. Den Kuchen in Schnitten teilen. Die Schnitten dekorativ mit der Sahne verzieren und mit Raspelschokolade garnieren.

Abwandlung: Fruchtiger schmecken die Rotweinschnitten mit 250 g halbierten, entkernten, dunklen Weintrauben in der Sahnemasse. Oder sie legen die halbierten Trauben auf die festgewordene Creme und überziehen sie mit Tortenguss (2 Päckchen Tortenguss, klar mit 400 ml rotem Traubensaft zubereitet).

Sägespänekuchen | Einfach

Insgesamt:
E: 81 g, F: 579 g, Kh: 607 g, kJ: 33248, kcal: 7937

Für den All-in-Teig:
- 150 g Weizenmehl
- 50 g Speisestärke
- 15 g Kakaopulver
- 4 gestr. TL Dr. Oetker Backin
- 200 g Zucker
- 1 Pck. Dr. Oetker Vanillin-Zucker
- 1 Prise Salz
- 4 Eier (Größe M)
- 200 g weiche Butter oder Margarine
- 2–3 EL Milch

Für die Buttercreme:
- 1 Pck. Dr. Oetker Pudding-Pulver Vanille-Geschmack
- 500 ml (½ l) Milch
- 75 g Zucker
- 200 g weiche Butter

Für den Belag:
- 75 g Butter
- 100 g Zucker
- 200 g Kokosraspel

Zubereitungszeit: 45 Minuten, ohne Abkühlzeit
Backzeit: etwa 20 Minuten

1. Den Backofen vorheizen.
Ober-/Unterhitze: etwa 180 °C
Heißluft: etwa 160 °C

2. Für den Teig Mehl mit Speisestärke, Kakao und Backpulver mischen und in eine Rührschüssel geben. Restliche Zutaten hinzufügen und mit Handrührgerät mit Rührbesen zunächst kurz auf niedrigster, dann auf höchster Stufe in etwa 2 Minuten zu einem Teig verarbeiten.

3. Den Teig auf ein Backblech (30 x 40 cm, gefettet) geben und glatt streichen. Das Backblech in den vorgeheizten Backofen schieben und den Boden **etwa 20 Minuten backen**.

4. Das Backblech auf einen Kuchenrost stellen und den Boden darauf erkalten lassen.

5. Für die Buttercreme einen Pudding nach Packungsanleitung aus Pudding-Pulver und Milch, aber nur mit 75 g Zucker zubereiten und sofort in eine Schüssel geben. Frischhaltefolie direkt auf den Pudding geben, damit sich keine Haut bildet, und den Pudding bei Zimmertemperatur erkalten lassen.

6. Butter mit Handrührgerät mit Rührbesen geschmeidig rühren, anschließend den Pudding esslöffelweise unterrühren. Dabei darauf achten, dass Pudding und Butter Zimmertemperatur haben, da die Creme sonst gerinnt. Die Buttercreme auf den Kuchen geben, glatt streichen und fest werden lassen.

7. Für den Belag „Sägespäne" zubereiten. Dazu Butter in einem Topf zerlassen. Zucker und Kokosraspel hinzufügen und unter Rühren leicht bräunen. „Sägespäne" etwas abkühlen lassen und gleichmäßig auf die Buttercreme streuen, evtl. leicht andrücken.

Tipp: Ohne „Sägespäne" lässt sich der Kuchen gut einfrieren.

Saure-Sahne-Schnitten, fruchtig
Beliebt

Insgesamt:
E: 99 g, F: 386 g, Kh: 702 g, kJ: 28779, kcal: 6883

Für den Schüttelteig:
- 300 g Weizenmehl
- 3 gestr. TL Dr. Oetker Backin
- 200 g Zucker
- 1 Pck. Dr. Oetker Vanillin-Zucker
- 1 Pck. Dr. Oetker Finesse Geriebene Zitronenschale
- 4 Eier (Größe M)
- 150 ml Speiseöl, z. B. Rapsöl
- 150 ml Mineralwasser

Für die Saure-Sahne-Creme:
- 6 Blatt weiße Gelatine
- 450 g saure Sahne
- 50 g Zucker
- 500 g Schlagsahne

Für den Belag:
- 1 kg vorbereitetes Beerenobst, z. B. Him-, Brom-, Heidel- und rote Johannisbeeren
- einige Minzeblätter
- 2 Pck. Tortenguss, klar
- 2 EL Zucker
- 500 ml (½ l) Flüssigkeit (Apfelsaft und/oder Wein)

Zubereitungszeit: 35 Minuten, ohne Kühlzeit
Backzeit: etwa 20 Minuten

1. Den Backofen vorheizen.
Ober-/Unterhitze: etwa 180 °C
Heißluft: etwa 160 °C

2. Für den Teig Mehl mit Backpulver in einer verschließbare Schüssel (etwa 3 l) mit Zucker, Vanillin-Zucker und Zitronenschale mischen. Eier, Öl und Mineralwasser hinzufügen und die Schüssel mit dem Deckel fest verschließen. Schüssel mehrmals kräftig schütteln (insgesamt 15–30 Minuten), sodass alle Zutaten gut vermischt sind.

3. Alles mit einem Schneebesen oder Rührlöffel nochmals sorgfältig durchrühren, damit trockene Zutaten vom Rand mit untergerührt werden. Den Teig auf ein Backblech (30 x 40 cm, gefettet, gemehlt) geben und glatt streichen. Das Backblech in den vorgeheizten Backofen schieben und den Boden **etwa 20 Minuten backen.**

4. Boden auf dem Backblech auf einem Kuchenrost erkalten lassen und anschließend einen Backrahmen darumstellen.

5. Für die Saure-Sahne-Creme die Gelatine nach Packungsanleitung einweichen. Saure Sahne und Zucker verrühren. Gelatine leicht ausdrücken und in einem kleinen Topf bei schwacher Hitze unter Rühren auflösen. Aufgelöste Gelatine zunächst mit etwa 4 Esslöffeln von der Saure-Sahne-Masse verrühren, dann die Mischung unter die restliche Saure-Sahne-Masse rühren. Masse in den Kühlschrank stellen. Sobald die Masse beginnt dicklich zu werden, Sahne steif schlagen und unterheben. Saure-Sahne-Creme auf dem erkalteten Gebäck verstreichen und den Kuchen etwa 2 Stunden in den Kühlschrank stellen.

6. Für den Belag vorbereitetes Obst auf dem Kuchen verteilen und danach einige Minzeblätter darauflegen. Aus Tortengusspulver, Zucker und Flüssigkeit nach Packungsanleitung einen Guss zubereiten. Guss kurz abkühlen lassen, auf den Früchten verteilen und im Kühlschrank fest werden lassen.

Schachbrettkuchen, beschwipst

Mit Alkohol

Insgesamt:
E: 72 g, F: 166 g, Kh: 454 g, kJ: 16841, kcal: 4022

Für den Teig:
- 4 Eier (Größe M)
- 125 g Zucker
- 1 Pck. Dr. Oetker Vanillin-Zucker
- 125 g zerlassene, abgekühlte Butter
- 125 ml (1/8 l) Eierlikör
- 225 g Weizenmehl
- 2 gestr. TL Dr. Oetker Backin
- 75 g Zartbitter-Raspelschokolade
- 10 g Kakaopulver
- 1 EL Milch

Für die Glasur:
- 75 g Puderzucker
- 4 EL Eierlikör

Zubereitungszeit: 20 Minuten
Backzeit: 35–40 Minuten

1. Den Backofen vorheizen.
Ober-/Unterhitze: etwa 180 °C
Heißluft: etwa 160 °C

2. Für den Teig Eier, Zucker und Vanillin-Zucker mit Handrührgerät mit Rührbesen auf höchster Stufe in 4 Minuten schaumig schlagen. Butter und Eierlikör unterrühren. Mehl mit Backpulver mischen und in 2 Portionen auf mittlerer Stufe unterrühren. Die Hälfte des Teiges in eine Springform (Ø 26 cm, Boden gefettet) geben und glatt streichen.

3. Raspelschokolade, Kakao und Milch unter den restlichen Teig rühren. Den dunklen Teig in einen Spritzbeutel mit großer, glatter Tülle füllen und ein Schachbrettmuster, d. h. je 4 Längs- und Querstreifen, auf den hellen Teig spritzen. Die Form auf dem Rost in den vorgeheizten Backofen schieben und den Kuchen **35–40 Minuten backen.**

4. Den Kuchen aus der Form lösen, auf einen mit Backpapier belegten Kuchenrost stürzen, umdrehen.

5. Für die Glasur Puderzucker sieben, mit dem Eierlikör verrühren und auf dem noch warmen Kuchen verstreichen. Den Kuchen vollständig erkalten lassen.

Schmand-Kirsch-Kuchen | Fruchtig

Insgesamt:
E: 91 g, F: 264 g, Kh: 737 g, kJ: 24646, kcal: 5882

Für den Rührteig:
- 250 g Butter oder Margarine
- 200 g Zucker
- 4 Eier (Größe M)
- 250 g Weizenmehl
- 3 gestr. TL Dr. Oetker Backin

Für den Belag:
- 2 Gläser Sauerkirschen (Abtropfgewicht je 370 g)
- 750 ml (¾ l) Milch
- 2 Pck. Dr. Oetker Pudding-Pulver Vanille-Geschmack
- 100 g Zucker
- 600 g Schmand (Sauerrahm)

Für den Guss:
- 2 Pck. Tortenguss, rot
- 20 g Zucker
- 500 ml (½ l) Sauerkirschsaft aus den Gläsern

Zubereitungszeit: 40 Minuten, ohne Abkühlzeit
Backzeit: etwa 55 Minuten

1. Den Backofen vorheizen.
Ober-/Unterhitze: etwa 180 °C
Heißluft: etwa 160 °C

2. Für den Teig Butter oder Margarine mit Handrührgerät mit Rührbesen auf höchster Stufe geschmeidig rühren. Nach und nach Zucker unterrühren. So lange rühren, bis eine gebundene Masse entstanden ist. Eier nach und nach unterrühren (jedes Ei etwa ½ Minute). Mehl mit Backpulver mischen und in 2 Portionen auf mittlerer Stufe kurz unterrühren.

3. Den Teig auf ein Backblech (30 x 40 cm, gefettet) geben und verstreichen. Das Backblech in den vorgeheizten Backofen schieben und **etwa 30 Minuten backen.**

4. Das Backblech auf einen Kuchenrost stellen und den Boden darauf etwas abkühlen lassen.

5. Für den Belag Sauerkirschen in einem Sieb gut abtropfen lassen, den Saft dabei auffangen und 500 ml (½ l) für den Guss abmessen, evtl. mit etwas Wasser ergänzen. Einen Backrahmen um den vorgebackenen Boden stellen. Die Sauerkirschen gleichmäßig auf dem Boden verteilen.

6. Aus Milch, Pudding-Pulver und Zucker einen Pudding nach Packungsanleitung, aber mit den hier angegebenen Zutaten kochen. Schmand unter den heißen Pudding rühren.

7. Die Pudding-Schmand-Masse auf den Kirschen verstreichen. Das Backblech wieder in den heißen Backofen schieben und den Kuchen bei gleicher Backofeneinstellung in **etwa 25 Minuten fertig backen.** Den Backofen abschalten und den Kuchen noch etwa 10 Minuten im leicht geöffneten Backofen stehen lassen. Backblech auf einen Kuchenrost stellen und den Kuchen erkalten lassen.

8. Für den Guss aus Tortengusspulver, Zucker und dem abgemessenen Sauerkirschsaft nach Packungsanleitung einen Guss zubereiten. Den Guss vorsichtig auf der Puddingmasse verteilen und erkalten lassen. Zum Servieren den Backrahmen vorsichtig lösen und entfernen.

Schmandtorte | Beliebt

Insgesamt:
E: 49 g, F: 169 g, Kh: 447 g, kJ: 14887, kcal: 3552

Für den Knetteig:
175 g Weizenmehl
1 Msp. Dr. Oetker Backin
60 g Zucker
1 Pck. Dr. Oetker Vanillin-Zucker
1 Ei (Größe M)
100 g Butter oder Margarine

Für den Belag:
1 Pck. Dr. Oetker Pudding-Pulver
Vanille-Geschmack
60 g Zucker
400 ml Milch
250 g Schmand (Sauerrahm)
2 Dosen Mandarinen
(Abtropfgewicht je 175 g)

Für den Guss:
1 Pck. Tortenguss, klar
2 EL Zucker
250 ml ($1/4$ l) Mandarinensaft
aus den Dosen

Zum Bestäuben:
etwas Puderzucker

Zubereitungszeit: 40 Minuten,
ohne Kühl- und Abkühlzeit
Backzeit: 70–80 Minuten

1. Den Backofen vorheizen.
Ober-/Unterhitze: etwa 200 °C
Heißluft: etwa 180 °C

2. Für den Knetteig Mehl mit Backpulver mischen und in eine Rührschüssel geben. Restliche Zutaten hinzugeben und mit Handrührgerät mit Knethaken zunächst kurz auf niedrigster, dann auf höchster Stufe gut durcharbeiten.

3. Anschließend den Teig auf einer leicht bemehlten Arbeitsfläche kurz verkneten. Sollte er kleben, ihn in

Frischhaltefolie gewickelt eine Zeitlang kalt stellen. Zwei Drittel des Teiges auf einem Springformboden (Ø 26 cm, gefettet) ausrollen und mehrmals mit einer Gabel einstechen. Springformrand darumstellen. Die Form auf dem Rost in den vorgeheizten Backofen schieben und **etwa 10 Minuten vorbacken.**

4. Den Boden in der Form auf einen Kuchenrost stellen und erkalten lassen.

5. Für den Belag aus Pudding-Pulver, Zucker und Milch nach Packungsanleitung, aber nur mit 400 ml Milch einen Pudding zubereiten. Pudding unter gelegentlichem Umrühren etwas abkühlen lassen. Schmand unterrühren.

6. Mandarinen in einem Sieb abtropfen lassen, dabei den Saft auffangen und 250 ml ($1/4$ l) für den Guss abmessen, evtl. mit Wasser ergänzen.

7. Die Backofentemperatur **um 20 °C auf Ober-/Unterhitze etwa 180 °C, Heißluft etwa 160 °C vermindern.**

8. Den restlichen Teig zu einer Rolle formen, als Rand auf den Boden legen und so an die Form drücken, dass ein etwa 3 cm hoher Rand entsteht. Die Puddingcreme in die Form geben, glatt streichen und mit den abgetropften Mandarinen belegen. Die Form auf dem Rost in den Backofen schieben und die Torte in **50–60 Minuten fertig backen.**

9. Die Form etwa 5 Minuten auf einem Kuchenrost stehen lassen. Dann die Torte vorsichtig aus der Form lösen und auf einem mit Backpapier belegten Kuchenrost erkalten lassen.

10. Für den Guss aus Tortengusspulver, Zucker und dem abgemessenen Mandarinensaft nach Packungsanleitung einen Guss zubereiten. Guss auf dem Gebäck verteilen und etwa 30 Minuten in den Kühlschrank stellen.

11. Vor dem Servieren den Kuchen mit etwas Puderzucker bestäuben.

Tipp: Statt Schmand Crème fraîche verwenden.

Schneeballkuchen | Raffiniert

Insgesamt:
E: 103 g, F: 460 g, Kh: 724 g, kJ: 32204, kcal: 7698

Für den Biskuitteig:

4	Eier (Größe M)
3 EL	heißes Wasser
150 g	Zucker
150 g	Weizenmehl
25 g	Speisestärke
1 gestr. TL	Dr. Oetker Backin

Für den Belag:

10 Blatt	weiße Gelatine
2 große	
Dosen	Mandarinen (Abtropfgewicht je 420 g)
150 ml	Mandarinensaft aus den Dosen
80 g	Zucker
2 Pck.	Dr. Oetker Vanillin-Zucker
1 Pck.	Instant-Getränkepulver Orangen-Geschmack (100 g für 750 ml)
600 g	Schmand (Sauerrahm)
400 g	Schlagsahne

Für die Schneebälle:

4 Blatt	weiße Gelatine
400 g	Schlagsahne
50 g	Zucker
1 EL	Kaffee- oder Kakaopulver

Zubereitungszeit: 90 Minuten, ohne Abkühl- und Kühlzeit
Backzeit: etwa 12 Minuten

1. Den Backofen vorheizen.
Ober-/Unterhitze: etwa 180 °C
Heißluft: etwa 160 °C

2. Für den Teig Eier und Wasser mit Handrührgerät mit Rührbesen auf höchster Stufe in 1 Minute schaumig schlagen. Zucker in 1 Minute einstreuen, dann noch etwa 2 Minuten weiterschlagen.

3. Mehl mit Speisestärke und Backpulver mischen, die Hälfte davon auf die Eiercreme geben und kurz auf niedrigster Stufe unterrühren. Restliches Mehlgemisch auf die gleiche Weise unterarbeiten.

4. Einen Backrahmen auf ein Backblech (30 x 40 cm, gefettet, gemehlt) stellen, den Teig auf dem Backblech verteilen und glatt streichen. Das Backblech in den vorgeheizten Backofen schieben und den Boden **etwa 12 Minuten backen.**

5. Das Backblech auf einen Kuchenrost stellen, die Biskuitplatte darauf erkalten lassen.

6. Für den Belag Gelatine nach Packungsanleitung einweichen. Mandarinen in einem Sieb abtropfen lassen, dabei den Saft auffangen und 150 ml davon abmessen, evtl. mit Wasser ergänzen. Mandarinensaft, Zucker, Vanillin-Zucker, Getränkepulver und Schmand verrühren.

7. Gelatine leicht ausdrücken und in einem kleinen Topf unter Rühren auflösen. Die aufgelöste Gelatine erst mit etwa 4 Esslöffeln von der Schmandmasse verrühren, dann die Mischung unter die restliche Schmandmasse rühren. Sobald die Masse beginnt dicklich zu werden, Sahne steif schlagen und mit den Mandarinen unterheben. Mandarinencreme auf der Biskuitplatte verstreichen und im Kühlschrank fest werden lassen. 36 Stücke markieren. Den Backrahmen vorsichtig lösen und entfernen.

8. Für die Schneebälle Gelatine nach Packungsanleitung einweichen und wie unter Punkt 7 auflösen. Sahne fast steif schlagen. Zucker kurz unterrühren. Die lauwarme, aufgelöste Gelatine unter Rühren auf einmal in die Sahne geben und die Sahne vollkommen steif schlagen.

9. Sahnemasse etwas fest werden lassen, aber nur so fest, dass noch mithilfe eines Eisportionierers (oder von 2 Esslöffeln) 36 Kugeln geformt werden können. Jeweils 1 Kugel auf ein Kuchenstück setzen und im Kühlschrank fest werden lassen. Mit Kaffee- oder Kakaopulver bestäuben.

Abwandlung: Statt der Mandarinen können auch fein gewürfelte Pfirsiche oder Aprikosen verwendet werden.

Schneeflöckchentorte | Für Kinder

Insgesamt:
E: 83 g, F: 320 g, Kh: 522 g, kJ: 22421, kcal: 5351

Für den Biskuitteig:
   2 Eier (Größe M)
  2–3 EL heißes Wasser
   100 g Zucker
 1 Pck. Dr. Oetker Vanillin-Zucker
   75 g Weizenmehl
   50 g Speisestärke
1 gestr. TL Dr. Oetker Backin

Für die Vanille-Kokos-Creme:
1 ½ Pck. Dr. Oetker Pudding-Pulver
     Vanille-Geschmack
   75 g Zucker
500 ml (½ l) Milch
   200 g Butter
 1 Dose Aprikosenhälften
   (Abtropfgewicht 480 g)
   250 g Magerquark
   150 g Kokosraspel

Zum Bestreichen:
  2 EL Aprikosenkonfitüre

Für den Belag:
  50 g halbierte Cocktailkirschen
   (aus dem Glas)

 etwa 25 g Kokosrapel

Zubereitungszeit: 45 Minuten, ohne Abkühl- und Kühlzeit
Backzeit: 20–25 Minuten

1. Den Backofen vorheizen.
Ober-/Unterhitze: etwa 180 °C
Heißluft: etwa 160 °C

2. Für den Biskuitteig Eier und Wasser mit Handrührgerät mit Rührbesen auf höchster Stufe in 1 Minute schaumig schlagen. Den Zucker und Vanillin-Zucker mischen, in 1 Minute einstreuen, dann noch etwa 2 Minuten weiterschlagen.

3. Mehl mit Speisestärke und Backpulver mischen, auf die Eiercreme geben und auf niedrigster Stufe kurz unterrühren. Den Biskuitteig in eine Springform (Ø 28 cm, Boden gefettet, mit Backpapier belegt) füllen und glatt streichen. Die Form sofort auf dem Rost in den vorgeheizten Backofen schieben und den Boden **20–25 Minuten backen.**

4. Den Boden aus der Form lösen, auf einen mit Backpapier belegten Kuchenrost stürzen und erkalten lassen. Mitgebackenes Backpapier abziehen.

5. Für die Vanille-Kokos-Creme aus Pudding-Pulver, Zucker und Milch einen Pudding nach Packungsanleitung, aber mit den hier angegebenen Zutaten zubereiten. Butter unterrühren und den Pudding abkühlen lassen, dabei ab und zu umrühren.

6. Für den Belag Aprikosen in einem Sieb abtropfen lassen und mit Küchenpapier trocken tupfen. Einige Aprikosen zum Garnieren beiseitelegen.

7. Quark und Kokosraspel unter den Pudding rühren. Den Biskuitboden mit Aprikosenkonfitüre bestreichen. Einen Tortenring oder den gesäuberten Springformrand um den Boden stellen.

8. In jede Vertiefung der Aprikosen eine Kirschhälfte geben und die gefüllten Aprikosen mit der Schnittfläche nach unten gleichmäßig auf dem Biskuitboden verteilen. Die Vanille-Kokos-Creme in Wellen daraufstreichen und die Torte etwa 2 Stunden in den Kühlschrank stellen. Den Tortenring oder Springformrand lösen und entfernen.

9. Die Tortenoberfläche mit Kokosraspeln bestreuen. Die beiseitegelegten Aprikosen in Kokosraspeln wälzen und die Torte damit garnieren.

Schneeweißchen-und-Rosenrot-Torte | Für Kinder

Insgesamt:
E: 88 g, F: 337 g, Kh: 562 g, kJ: 24335, kcal: 5813

Für den Rührteig:

200 g	Butter oder Margarine
200 g	Zucker
4	Eier (Größe M)
200 g	Weizenmehl
3 gestr. TL	Dr. Oetker Backin
4 EL (50 ml)	Milch
1 Beutel	
aus 1 Pck.	Götterspeise Himbeer-Geschmack

Für die Füllung und den Belag:

2–3 EL	Wasser
6 Blatt	weiße Gelatine
500 g	Kefir oder Dickmilch
100 g	Zucker
	Saft von
1	Zitrone
400 g	Schlagsahne

Zum Garnieren:

150 g	vorbereitete Himbeeren
1 Pck.	Tortenguss, klar
20 g	Zucker
200 ml	Wasser

Zubereitungszeit: 35 Minuten, ohne Kühlzeit
Backzeit: etwa 35 Minuten

1. Den Backofen vorheizen.
Ober-/Unterhitze: etwa 180 °C
Heißluft: etwa 160 °C

2. Für den Teig Butter oder Margarine mit Handrührgerät mit Rührbesen geschmeidig rühren. Nach und nach Zucker unterrühren. So lange rühren, bis eine gebundene Masse entstanden ist. Eier unterrühren (jedes Ei etwa ½ Minute).

3. Mehl mit Backpulver mischen und in 2 Portionen abwechselnd mit der Milch auf mittlerer Stufe unterrühren. Knapp zwei Drittel des Teiges in einer

Springform (Ø 26 cm, gefettet, mit Backpapier belegt) verstreichen. Vom Götterspeisepulver 1 gestrichenen Esslöffel für den Belag abnehmen und beiseitestellen. Restliches Pulver unter die übrigen Teig rühren. Roten Teig in einen Gefrierbeutel geben, eine kleine Ecke abschneiden und den Teig tupfenweise in den hellen Teig spritzen. Teig nicht mehr glatt streichen. Die Form auf dem Rost in den vorgeheizten Backofen schieben und den Boden **etwa 35 Minuten backen.**

4. Den Boden aus der Form lösen, auf einen mit Backpapier belegten Kuchenrost stürzen und erkalten lassen. Mitgebackenes Backpapier abziehen und den Boden einmal waagerecht durchschneiden.

5. Beiseitegestelltes Götterspeisepulver mit 2–3 Esslöffeln Wasser, aber ohne Zucker anrühren, auflösen, erkalten lassen. Nicht in den Kühlschrank stellen.

6. Für Füllung und Belag Gelatine nach Packungsanleitung einweichen. Kefir, Zucker und Zitronensaft in einer Schüssel gut verrühren. Gelatine leicht ausdrücken und in einem kleinen Topf bei schwacher Hitze unter Rühren auflösen. Aufgelöste Gelatine zunächst mit etwa 4 Esslöffeln von der Kefirmasse verrühren, dann die Mischung unter die restliche Kefirmasse rühren und die Masse in den Kühlschrank stellen. Sobald die Masse beginnt dicklich zu werden, Sahne steif schlagen und unterheben.

7. Unteren Boden auf eine Tortenplatte legen und einen Tortenring darumstellen. Zwei Drittel der Kefircreme einfüllen, mit dem oberen Boden bedecken und mit restlicher Kefircreme (2–3 Esslöffel abnehmen und beiseitestellen) bestreichen. Die erkaltete, aber noch flüssige Götterspeise mit den beiseitegestellten Esslöffeln Kefircreme verrühren, in Häufchen auf der Tortenoberfläche verteilen und mit einer Gabel leicht durch die weiße Creme ziehen. Die Torte dann etwa 2 Stunden in den Kühlschrank stellen.

8. Zum Garnieren Himbeeren in die Mitte der Torte häufen. Aus Tortengusspulver, Zucker und Wasser nach Packungsanleitung einen Guss zubereiten und mithilfe eines Löffels auf die Himbeeren geben. Den Guss fest werden lassen, dann den Tortenring lösen und entfernen.

Schneewittchen-Torte

Für Kinder – dauert etwas länger

Insgesamt:
E: 98 g, F: 275 g, Kh: 553 g, kJ: 21940, kcal: 5245

Für den Biskuitteig:
>   3 Eier (Größe M)
>   1 Eigelb (Größe M)
>   3 EL Orangensaft
>   125 g Zucker
>   60 g Weizenmehl
>   20 g Speisestärke
> 1 gestr. TL Dr. Oetker Backin
>
>   20 g Kakaopulver

Für den Knetteig:
>   150 g Weizenmehl
>   50 g Zucker
>   100 g Butter

Für die Füllung:
>   6 Blatt rote Gelatine
>   500 g Erdbeerjoghurt
>   50 g Zucker
>   200 g Schlagsahne
>   200 g Erdbeeren

Zum Bestreichen, Verzieren und Garnieren:
>   200 g Schlagsahne
>   1 Pck. Dr. Oetker Vanillin-Zucker
>   50 g Zartbitter-Kuvertüre
>   200 g Erdbeeren

Zubereitungszeit: 80 Minuten,
ohne Abkühl- und Kühlzeit
Backzeit: etwa 20 Minuten

1. Den Backofen vorheizen.
Ober-/Unterhitze: etwa 200 °C
Heißluft: etwa 180 °C

2. Für den Biskuitteig Eier, Eigelb und Orangensaft mit Handrührgerät mit Rührbesen auf höchster Stufe in 1 Minute schaumig schlagen. Zucker in 1 Minute einstreuen und noch etwa 2 Minuten weiterschlagen.

Mehl mit Speisestärke und Backpulver mischen, auf die Eiercreme geben und auf mittlerer Stufe kurz unterrühren.

3. Die Hälfte des Teiges auf eine Backblechhälfte (30 x 40 cm, gefettet mit Backpapier belegt) streichen, sodass ein Rechteck (20 x 30 cm) entsteht. Unter den restlichen Teig kurz den Kakao rühren und auf die andere Backblechhälfte streichen. Das Backblech in den vorgeheizten Backofen schieben und den Boden **etwa 10 Minuten backen.**

4. Die Biskuitplatte sofort vom Rand lösen, auf Backpapier stürzen und erkalten lassen. Anschließend mitgebackenes Backpapier abziehen.

5. Für den Knetteig Mehl in eine Rührschüssel geben. Restliche Zutaten hinzufügen und mit Handrührgerät mit Knethaken zunächst kurz auf niedrigster, dann auf höchster Stufe gut durcharbeiten. Anschließend den Teig auf der leicht bemehlten Arbeitsfläche kurz verkneten. Den Teig auf dem Boden einer Springform (Ø 26 cm, gefettet) ausrollen und mehrmals mit einer Gabel einstechen. Den Springformrand darumstellen. Die Form auf dem Rost in den heißen Backofen schieben und bei gleicher Backofeneinstellung **etwa 10 Minuten backen.**

6. Den Knetteigboden vom Springformboden lösen, aber darauf auf einem Kuchenrost erkalten lassen.

7. Für die Füllung Gelatine nach Packungsanleitung einweichen. Joghurt mit Zucker verrühren. Gelatine leicht ausdrücken und in einem kleinen Topf bei schwacher Hitze unter Rühren auflösen. Aufgelöste Gelatine zunächst mit etwa 4 Esslöffeln von der Joghurtmasse verrühren, dann die Mischung unter die restliche Joghurtmasse rühren. Die Joghurtmasse in den Kühlschrank stellen. Sobald die Masse beginnt dicklich zu werden, Sahne steif schlagen und unterheben. Erdbeeren abspülen, trocken tupfen, entstielen und in feine Würfel schneiden. Erdbeerwürfel ebenfalls unterheben.

8. Knetteigboden auf eine Tortenplatte legen und mit 2 Esslöffeln der Erdbeercreme bestreichen. Restliche Creme gleichmäßig auf die Biskuitplatte streichen.

Platte von der kurzen Seite her in 5 cm breite Streifen schneiden. Ersten Streifen zur Schnecke aufrollen und in die Mitte des Knetteigbodens stellen. Mit der anderen Farbe beginnend den nächsten Streifen darumlegen. Die restlichen Streifen genauso darumlegen, leicht andrücken und die Torte etwa 2 Stunden in den Kühlschrank stellen.

9. Zum Bestreichen Sahne mit Vanillin-Zucker steif schlagen und die Torte rundherum damit bestreichen. Zum Verzieren Kuvertüre grob hacken, in einem Topf im Wasserbad bei schwacher Hitze unter Rühren schmelzen lassen und die Torte damit besprenkeln. Zum Garnieren Erdbeeren abspülen, trocken tupfen, entstielen, halbieren und auf die Torte setzen.

Schogetten-Schnitten | Für Kinder

Insgesamt:
E: 105, F: 536 g, Kh: 673 g, kJ: 33522, kcal: 7997

Für den All-in-Teig:
- 100 g Trumpf Schogetten Joghurt-Erdbeer
- 160 g Weizenmehl
- 40 g Speisestärke
- 2 gestr. TL Dr. Oetker Backin
- 200 g Zucker
- 1 Pck. Dr. Oetker Vanillin-Zucker
- 180 g weiche Butter oder Margarine
- 4 Eier (Größe M)

Für den Belag:
- 1 kg Erdbeeren
- 600 g Schlagsahne
- 1 Pck. Erdbeer-Sahne-Tortencreme (Cremepulver)
- 200 ml Wasser
- 250 g Mascarpone (ital. Frischkäse)

Zum Garnieren:
- 16 Trumpf Schogetten Joghurt-Erdbeer

Zubereitungszeit: 45 Minuten, ohne Kühlzeit
Backzeit: etwa 20 Minuten

1. Den Backofen vorheizen.
Ober-/Unterhitze: etwa 180 °C
Heißluft: etwa 160 °C

2. Für den Teig Trumpf Schogetten in einem Topf im Wasserbad bei schwacher Hitze unter Rühren schmelzen lassen. Mehl mit Speisestärke und Backpulver in einer Rührschüssel mischen. Restliche Zutaten hinzufügen und alles mit Handrührgerät mit Rührbesen erst kurz auf niedrigster, dann auf höchster Stufe in etwa 2 Minuten zu einem Teig verarbeiten.

3. Den Teig auf ein Backblech (30 x 40 cm, gefettet, mit Backpapier belegt) geben und verstreichen. Das Backblech in den vorgeheizten Backofen schieben und den Boden **etwa 20 Minuten backen**.

4. Den Boden auf Backpapier auf die Arbeitsfläche stürzen und erkalten lassen. Anschließend mitgebackenes Backpapier entfernen, den Boden auf ein Backblech legen und einen Backrahmen darumstellen.

5. Für den Belag Erdbeeren abspülen, trocken tupfen und entstielen. Einige Erdbeeren zum Garnieren beiseitelegen, restliche Erdbeeren fein würfeln. Sahne steif schlagen, 3 Esslöffel davon abnehmen und in einem Spritzbeutel mit großer Lochtülle in den Kühlschrank legen.

6. Tortencremepulver in eine Rührschüssel geben, Wasser hinzufügen und mit einem Schneebesen etwa ½ Minute gut verrühren. Mascarpone mit Handrührgerät mit Rührbesen gut unterrühren. Etwa 4 Esslöffel von der geschlagenen Sahne unterrühren, dann die restliche Sahne unterheben. Die Erdbeerstücke ebenfalls unterheben. Die Creme auf dem Boden verstreichen und den Boden etwa 2 Stunden in den Kühlschrank stellen.

7. Vor dem Servieren den Backrahmen lösen und entfernen. Beiseitegelegte Erdbeeren in dicke Scheiben schneiden. Das Gebäck in 4 Längsstreifen schneiden und die Streifen in jeweils etwa 8 Dreiecke schneiden. Jedes Dreieck mit einem kleinen Sahnetuff aus dem beiseitegelegten Spritzbeutel verzieren und mit Erdbeerscheiben und halbierten Trumpf Schogetten garnieren.

Schokokeksschnitten | Beliebt

Insgesamt:
E: 136 g, F: 538 g, Kh: 1012 g, kJ: 40323, kcal: 9628

Für den All-in-Teig:
- 150 g Weizenmehl
- 1 Pck. Dr. Oetker Backin
- 125 g Zucker
- 1 Pck. Dr. Oetker Vanillin-Zucker
- 5 Eier (Größe M)
- 4 EL Speiseöl, z. B. Sonnenblumenöl
- 2 EL Speiseessig

Für den Belag:
- 2 Dosen Mandarinen (Abtropfgewicht je 420 g)
- 4 Blatt weiße Gelatine
- 2 Pck. Dr. Oetker Pudding-Pulver Vanille-Geschmack
- 100 g Zucker
- 375 ml (³/₈ l) Mandarinensaft aus den Dosen
- 500 ml (½ l) Milch

- 1 kg Schlagsahne
- 3 Pck. Dr. Oetker Vanillin-Zucker
- 3 Pck. Dr. Oetker Sahnesteif
- 2–3 EL Zitronensaft
- 36 Butterkekse mit Schokoladenguss

Zubereitungszeit: 50 Minuten, ohne Kühlzeit
Backzeit: etwa 15 Minuten

1. Den Backofen vorheizen.
Ober-/Unterhitze: etwa 180 °C
Heißluft: etwa 160 °C

2. Für den Teig Mehl mit Backpulver in einer Rührschüssel mischen. Restliche Zutaten hinzufügen und alles mit Handrührgerät mit Rührbesen erst kurz auf niedrigster, dann auf höchster Stufe zu einem Teig verarbeiten.

3. Backrahmen auf ein Backblech (30 x 40 cm, gefettet) stellen, den Teig auf das Backblech geben und verstreichen. Das Backblech in den vorgeheizten Backofen schieben und den Boden **etwa 15 Minuten backen.**

4. Das Backblech auf einen Kuchenrost stellen und den Boden erkalten lassen.

5. Für den Belag Mandarinen in einem Sieb abtropfen lassen, dabei den Saft auffangen und 375 ml (³/₈ l) davon abmessen, evtl. mit Wasser ergänzen. Gelatine nach Packungsanleitung einweichen. Pudding-Pulver mit Zucker und etwas von dem Saft anrühren. Milch mit dem restlichen Saft in einem Topf zum Kochen bringen, angerührtes Pudding-Pulver einrühren und alles unter Rühren gut aufkochen lassen. Gelatine leicht ausdrücken und darin unter Rühren auflösen. Pudding lauwarm abkühlen lassen.

6. Die Mandarinen gleichmäßig auf dem Boden verteilen (einige zum Garnieren beiseitestellen). Den Pudding lauwarm darübergeben, glatt streichen und etwa 2 Stunden in den Kühlschrank stellen.

7. Sahne mit Vanillin-Zucker, Sahnesteif und Zitronensaft steif schlagen und gut die Hälfte auf der Puddingmasse verstreichen (den Rest zum Verzieren beiseitestellen). Butterkekse mit der Schokoladenseite nach oben darauf verteilen. Die Kuchenstücke mit Sahne verzieren und mit Mandarinen garnieren. Backrahmen vorsichtig mithilfe eines Messers lösen und entfernen.

Schoko-Kirsch-Tupfentorte

Einfach

Insgesamt:
E: 126 g, F: 233 g, Kh: 510 g, kJ: 20312, kcal: 4851

Für den Knetteig:

        150 g Weizenmehl
        100 g Zucker
        ½ TL gemahlener Zimt
        100 g Butter
        2–3 EL Wasser
        100 g abgezogene,
                gemahlene Mandeln

Für die Füllung und zum Garnieren:

        1 Glas Kaiserkirschen
                (Abtropfgewicht 370 g)
        500 g Magerquark
        100 g Zucker
        1 Pck. Dr. Oetker Bourbon-Vanille-
                Zucker
        2 Eier (Größe M)
        1 Pck. Dr. Oetker Pudding-Pulver
                Schokoladen-Geschmack

Zum Verzieren und Garnieren:

        250 g Schlagsahne
        2 Pck. Dr. Oetker Sahnesteif
        1 Pck. Dr. Oetker Vanillin-Zucker
        2–4 EL Raspelschokolade

Zubereitungszeit: 40 Minuten,
ohne Abkühl- und Kühlzeit
Backzeit: etwa 50 Minuten

1. Für den Knetteig Mehl in eine Rührschüssel geben.
Zucker, Zimt, Butter, Wasser und Mandeln hinzufü-
gen. Die Zutaten mit Handrührgerät mit Knethaken
zunächst kurz auf niedrigster, dann auf höchster
Stufe gut durcharbeiten. Teig auf der leicht bemehlten
Arbeitsfläche kurz verkneten. Sollte er kleben, ihn in
Frischhaltefolie gewickelt eine Zeit lang kalt stellen.

2. Den Backofen vorheizen.
Ober-/Unterhitze: etwa 180 °C
Heißluft: etwa 160 °C

3. Zwei Drittel des Teiges auf einem Springformboden
(Ø 26 cm, gefettet) ausrollen, den Springformrand
darumlegen. Den restlichen Teig zu einer Rolle formen, sie als Rand auf den Teigboden legen und so
an die Form drücken, dass ein etwa 4 cm hoher
Rand entsteht. Den Boden mehrmals mit einer Gabel
einstechen.

4. Für die Füllung Kaiserkirschen in einem Sieb gut
abtropfen lassen. Quark mit Zucker, Vanille-Zucker,
Eiern und Pudding-Pulver verrühren. Die Hälfte der
Kirschen unterheben, die restlichen Kirschen zum
Garnieren beiseitestellen. Die Masse in die Form ge-
ben und glatt streichen.

5. Die Form auf dem Rost in den vorgeheizten Backofen schieben und den Kuchen **etwa 50 Minuten
backen.**

6. Den Tortenrand vorsichtig mit einem Messer lösen,
aber die Torte in der Form auf einem Kuchenrost erkalten lassen. Die erkaltete Torte auf eine Tortenplatte
setzen.

7. Die beiseitegestellten Kirschen halbieren. Sahne
mit Sahnesteif und Vanillin-Zucker steif schlagen und
in einen Spritzbeutel mit Lochtülle füllen. Abwechselnd
je eine halbe Kirsche und einen Sahnetupfen auf die
Tortenoberfläche geben.

8. Die Torte mit Raspelschokolade bestreuen und bis
zum Servieren in den Kühlschrank stellen.

Abwandlung: Sie können die Torte auch mit einer
Füllung auf kaltem Wege zubereiten. Dazu den Boden
ohne die Füllung backen (dann Hülsenfrüchte zum
Blindbacken einfüllen) und den Boden erkalten lassen.
4 Blatt weiße Gelatine nach Packungsanleitung einweichen. Aus 1 Päckchen Dr. Oetker Pudding-Pulver
Schokoladen-Geschmack, 60 g Zucker und 500 ml
(½ l) Milch nach Packungsanleitung einen Pudding
kochen. Gelatine leicht ausdrücken und unter Rühren
in dem heißen Pudding auflösen. Den Pudding erkalten lassen. Die Hälfte der abgetropften Kirschen und
200 g steif geschlagene Schlagsahne unterheben und
die Masse in den Boden füllen. Die Torte verzieren
und garnieren wie unter Punkt 7 angegeben.

Schoko-Kokos-Bienenstich ▌

Mit Alkohol

Insgesamt:
E: 113 g, F: 803 g, Kh: 750 g, kJ: 46258,
kcal: 11055

Für den Rührteig:

125 g *Kokosraspel*
250 g *Butter oder Margarine*
150 g *Zucker*
2 Pck. *Dr. Oetker Vanillin-Zucker*
4 *Eigelb (Größe M)*
200 g *Weizenmehl*
2 gestr. TL *Dr. Oetker Backin*
4 EL *Amaretto*
(Mandellikör)
4 *Eiweiß (Größe M)*
200 g *Zartbitter-Raspelschokolade*

Für den Belag:

200 g *Kokosraspel*
100 g *Schlagsahne*
100 g *Butter*
70 g *flüssiger Honig*
2 EL *Zucker*

Für die Füllung:

1 Dose *Aprikosenhälften*
(Abtropfgewicht 480 g)
4 *reife Bananen*
2 EL *Zitronensaft*
600 g *Schlagsahne*
3 Pck. *Dr. Oetker Sahnesteif*
2 Pck. *Dr. Oetker Vanillin-Zucker*

Zubereitungszeit: 70 Minuten, ohne Abkühlzeit
Backzeit: etwa 30 Minuten

1. Für den Teig Kokosraspel in einer Pfanne ohne Fett leicht bräunen, dann auf einem Teller erkalten lassen.

2. Butter oder Margarine mit Handrührgerät mit Rührbesen auf höchster Stufe geschmeidig rühren. Nach und nach Zucker und Vanillin-Zucker unterrühren. Das Ganze so lange rühren, bis eine gebundene Masse entstanden ist.

3. Den Backofen vorheizen.
Ober-/Unterhitze: etwa 200 °C
Heißluft: etwa 180 °C

4. Eigelb nach und nach unterrühren. Mehl mit Backpulver mischen und abwechselnd in 2 Portionen mit den Kokosraspeln und dem Likör auf mittlerer Stufe unterrühren.

5. Eiweiß steif schlagen und mit der Zartbitter-Raspelschokolade vorsichtig unterheben. Den Teig in eine Fettpfanne (30 x 40 cm, gefettet) geben und glatt streichen. Die Fettpfanne in den vorgeheizten Backofen schieben und den Boden **etwa 20 Minuten vorbacken.**

6. Die Fettpfanne auf einen Kuchenrost stellen und den Boden darauf etwas abkühlen lassen.

7. Für den Belag Kokosraspel in einer Pfanne ohne Fett leicht bräunen und dann auf einen Teller geben. Sahne, Butter, Honig und Zucker in einem Topf unter Rühren aufkochen. Kokosraspel unterrühren. Die Masse als Häufchen auf den vorgebackenen Boden geben und vorsichtig glatt streichen. Die Fettpfanne in den heißen Backofen schieben und den Kuchen bei gleicher Backofeneinstellung in **etwa 10 Minuten fertig backen.**

8. Die Fettpfanne auf einen Kuchenrost stellen. Den Gebäckboden darauf erkalten lassen.

9. Für die Füllung Aprikosenhälften in einem Sieb gut abtropfen lassen. Bananen schälen, waagerecht halbieren und mit Zitronensaft beträufeln. Gebäckboden vierteln und vorsichtig vom Backblech lösen. Jede Gebäckplatte einmal waagerecht durchschneiden. 4 der Gebäckstücke (oberen Boden) in je 6 Rechtecke schneiden.

10. Sahne mit Sahnesteif und Vanillin-Zucker steif schlagen. 4 Gebäckstücke (unteren Boden) mit etwas von der Sahne bestreichen, mit Aprikosen- und Bananenhälften belegen. Restliche Sahne darauf verstreichen. Die oberen Gebäckrechtecke darauflegen, etwas andrücken und das Gebäck in Schnitten (in Größe der oberen Gebäckrechtecke) schneiden.

Schokokusstorte | Für Kinder

Insgesamt:
E: 104 g, F: 457 g, Kh: 824 g, kJ: 33855, kcal: 8039

Zum Vorbereiten:
> 300 g TK-Himbeeren

Für den Rührteig:
> 150 g Butter oder Margarine
> 150 g Zucker
> 1 Pck. Dr. Oetker Vanillin-Zucker
> 3 Eier (Größe M)
> 150 g Weizenmehl
> 1 gestr. TL Dr. Oetker Backin

Für den Belag:
> 6 Blatt weiße Gelatine
> 100 g Zucker
> 2 Pck. Dr. Oetker Vanillin-Zucker
> abgeriebene Schale
> und Saft von
> 1 Bio-Zitrone (unbehandelt, ungewachst)
> 600 g Schlagsahne
> 100 g Butterkekse
> 100 g gehobelte Haselnusskerne

Zum Garnieren und Verzieren:
> 16–18 Mini Schokoküsse
> einige Weingummi in Tier-
> und Obstform

Zubereitungszeit: 50 Minuten,
ohne Abkühl- und Kühlzeit
Backzeit: etwa 20 Minuten

1. Zum Vorbereiten Himbeeren auftauen lassen.

2. Den Backofen vorheizen.
Ober-/Unterhitze: etwa 180 °C
Heißluft: etwa 160 °C

3. Für den Rührteig die Butter oder Margarine mit Handrührgerät mit Rührbesen auf höchster Stufe geschmeidig rühren. Nach und nach Zucker und Vanillin-Zucker unterrühren. So lange rühren, bis eine gebun-dene Masse entstanden ist. Eier nach und nach unter-rühren (jedes Ei etwa ½ Minute).

4. Mehl mit Backpulver mischen und auf mittlerer Stufe kurz unterrühren. Den Teig in eine Obstboden-form (Ø 28 cm, gefettet, gemehlt) füllen und glatt streichen. Die Form auf dem Rost in den vorgeheizten Backofen schieben und den Boden **etwa 20 Minuten backen.**

5. Den Tortenboden auf einen mit Backpapier be-legten Kuchenrost stürzen und erkalten lassen.

6. Für den Belag Gelatine nach Packungsanleitung einweichen. Himbeeren pürieren und mit Zucker, Vanillin-Zucker, Zitronenschale und -saft verrühren. Gelatine leicht ausdrücken und in einem kleinen Topf bei schwacher Hitze unter Rühren auflösen. Aufgelöste Gelatine zunächst mit etwas von der Himbeermasse verrühren, dann die Mischung unter die restliche Himbeermasse rühren und anschließend in den Kühl-schrank stellen.

7. Eine runde Form oder Schüssel (Ø etwas kleiner als der Tortenboden) mit Frischhaltefolie auslegen. Ein Drittel der Sahne steif schlagen. Butterkekse in einen Gefrierbeutel geben, ihn verschließen und die Kekse mit einer Teigrolle fein zerbröseln. Brösel mit den Haselnusskernen unter die Sahne heben.

8. Sobald die Himbeermasse beginnt dicklich zu wer-den, das Sahnegemisch unterheben. Die Masse in die ausgelegte Form oder Schüssel geben und etwa 5 Stunden in den Kühlschrank stellen.

9. Die Sahnemasse vorsichtig vom Schüsselrand lö-sen. Die Masse auf den Tortenboden stürzen und die Frischhaltefolie entfernen. Die Schokoküsse vorsichtig rundherum auf die Creme setzen.

10. Restliche Sahne steif schlagen, in einen Spritz-beutel mit Sterntülle füllen und Sahnetuffs zwischen die Schokoküsse auf die Tortenoberfläche spritzen. Die Torte mit dem Weingummi garnieren.

Tipp: Schneller geht es, wenn Sie einen fertig gekauften Biskuitboden für Obsttorten verwenden.

Schokokusstorte mit Mandarinen | Für Gäste

Insgesamt:
E: 104 g, F: 263 g, Kh: 646 g, kJ: 23410, kcal: 5556

Für den Biskuitteig:
- 4 Eier (Größe M)
- 4 EL heißes Wasser
- 175 g Zucker
- 1 Pck. Dr. Oetker Vanillin-Zucker
- 150 g Weizenmehl
- 50 g Speisestärke
- 2 TL Dr. Oetker Backin

Für die Füllung:
- 2 Dosen Mandarinen (Abtropfgewicht je 175 g)
- 3 Blatt weiße Gelatine
- 12 Schokoküsse
- 250 g Speisequark (40 % Fett)
- 1 TL Zitronensaft
- 25 g Zucker
- 150 g saure Sahne
- 500 g Schlagsahne
- 3 Pck. Dr. Oetker Sahnesteif

Zum Verzieren:
- einige Zitronenmelisseblättchen

Zubereitungszeit: 45 Minuten, ohne Kühlzeit
Backzeit: 25–30 Minuten

1. Den Backofen vorheizen.
Ober-/Unterhitze: etwa 180 °C
Heißluft: etwa 160 °C

2. Für den Biskuitteig Eier und Wasser mit Handrührgerät mit Rührbesen auf höchster Stufe in 1 Minute schaumig schlagen. Zucker mit Vanillin-Zucker mischen, in 1 Minute einstreuen, danach noch etwa 2 Minuten weiterschlagen.

3. Mehl mit Speisestärke und Backpulver mischen, die Hälfte davon auf die Eiercreme geben und auf niedrigster Stufe kurz unterrühren. Restliches Mehlgemisch auf die gleiche Weise unterarbeiten.

4. Den Teig in eine Springform (Ø 28 cm, Boden gefettet, mit Backpapier belegt) füllen und glatt streichen. Die Form auf dem Rost in den vorgeheizten Backofen schieben und den Boden **25–30 Minuten backen.**

5. Den Tortenboden aus der Form lösen, auf einen mit Backpapier belegten Kuchenrost stürzen und den Boden erkalten lassen. Anschließend mitgebackenes Backpapier abziehen und den Boden einmal waagerecht durchschneiden.

6. Für die Füllung Mandarinen in einem Sieb gut abtropfen lassen. Einige Mandarinen zum Garnieren beiseitelegen, die restlichen Mandarinen auf dem unteren Boden verteilen.

7. Gelatine nach Packungsanleitung einweichen. Die Waffeln der Schokoküsse vorsichtig abtrennen, halbieren oder vierteln und zum Garnieren beiseitelegen. Die Schaummasse mit Quark, Zitronensaft, Zucker und saurer Sahne verrühren. Gelatine leicht ausdrücken und in einem kleinen Topf bei schwacher Hitze unter Rühren auflösen. Aufgelöste Gelatine zunächst mit etwa 4 Esslöffeln von der Quarkmasse verrühren, dann die Mischung unter die restliche Quarkmasse rühren. Sobald die Masse beginnt dicklich zu werden, Sahne mit Sahnesteif steif schlagen und portionsweise unter die Quarkmasse heben.

8. Zwei Drittel der Quarkcreme gleichmäßig auf den Mandarinen verstreichen und den oberen Boden daraufsetzen. Mit der restlichen Quarkcreme Tortenoberfläche und -rand bestreichen. Die Torte etwa 1 Stunde in den Kühlschrank stellen.

9. Die Torte mit beiseitegelegten Schokokusswaffeln, Mandarinen und nach Belieben mit Zitronenmelisse garnieren.

Schokoladeneier-Kranz | Für Kinder

Insgesamt:
E: 68 g, F: 323 g, Kh: 496 g, kJ: 22220, kcal: 5307

Für den Rührteig:
- 100 g Butter oder Margarine
- 150 g Zucker
- 1 Pck. Dr. Oetker Vanillin-Zucker
- 3 Eier (Größe M)
- 150 g Weizenmehl
- 50 g Speisestärke
- 1 gestr. TL Dr. Oetker Backin

Für die Füllung:
- 1 Pck. Dr. Oetker Pudding-Pulver Vanille-Geschmack
- 50 g Zucker
- 500 ml (½ l) Milch
- 8 Schokoladeneier-Hälften
- 200 g Butter

Zum Garnieren und Verzieren:
- 6 Schokoladeneier-Hälften
- geriebene Schokolade

Zubereitungszeit: 45 Minuten, ohne Abkühlzeit
Backzeit: 35–40 Minuten

1. Den Backofen vorheizen.
Ober-/Unterhitze: etwa 180 °C
Heißluft: etwa 160 °C

2. Für den Teig Butter oder Margarine mit Handrührgerät mit Rührbesen auf höchster Stufe geschmeidig rühren. Nach und nach Zucker und Vanillin-Zucker unterrühren. So lange rühren, bis eine gebundene Masse entstanden ist. Eier nach und nach unterrühren (jedes Ei etwa ½ Minute).

3. Mehl mit Speisestärke und Backpulver mischen und auf mittlerer Stufe kurz unterrühren. Den Teig in eine Kranzform (Ø 20 cm, gefettet) geben und glatt streichen. Die Form auf dem Rost in den vorgeheizten Backofen schieben und den Kuchen **35–40 Minuten backen**.

4. Den Kranz etwa 10 Minuten in der Form stehen lassen, dann auf einen Kuchenrost stürzen und erkalten lassen. Anschließend Kranz zweimal waagerecht durchschneiden.

5. Für die Füllung aus Pudding-Pulver, Zucker und Milch nach Packungsanleitung einen Pudding zubereiten. Schokoladeneier-Hälften fein zerkleinern und in dem heißen Pudding auflösen. Pudding sofort mit Frischhaltefolie bedecken und erkalten lassen.

6. Butter geschmeidig rühren und den Pudding esslöffelweise unterrühren. 2 Esslöffel der Creme in einen Spritzbeutel mit Lochtülle füllen und beiseitelegen. Mit der restlichen Creme den Kranz füllen und bestreichen.

7. Zum Garnieren und Verzieren den Kranz mit der beiseitegelegten Buttercreme aus dem Spritzbeutel verzieren, mit den Schokoladeneier-Hälften belegen und mit geriebener Schokolade bestreuen.

Schoko-Tränchenkuchen | Beliebt

Insgesamt:
E: 208 g, F: 311 g, Kh: 778 g, kJ: 28363, kcal: 6773

Für den Knetteig:
- 275 g Weizenmehl
- 2 gestr. TL Dr. Oetker Backin
- 125 g Zucker
- 1 Prise Salz
- 4 Eigelb (Größe M)
- 150 g weiche Butter oder Margarine

Für den Belag:
- 100 g Vollmilch-Schokolade
- 100 g Butter
- 1 Dose Fruchtcocktail (Abtropfgewicht 500 g)
- 500 g Magerquark
- 500 g Speisequark (20 % Fett)
- 125 g Zucker
- 1 Pck. Dr. Oetker Vanillin-Zucker
- 1 Eigelb (Größe M)
- 1 Pck. Dr. Oetker Pudding-Pulver Schokoladen-Geschmack

Für das Baiser:
- 5 Eiweiß (Größe M)
- 150 g Zucker

Zubereitungszeit: 45 Minuten, ohne Abkühlzeit
Backzeit: etwa 50 Minuten

1. Für den Teig Mehl mit Backpulver mischen und in eine Rührschüssel geben. Restliche Zutaten hinzufügen und mit Handrührgerät mit Knethaken zunächst kurz auf niedrigster, dann auf höchster Stufe gut durcharbeiten. Anschließend den Teig auf der leicht bemehlten Arbeitsfläche kurz verkneten. Den Teig auf einem Backblech (30 x 40 cm, gefettet) ausrollen. Anschließend einen Backrahmen darumstellen und den Boden mehrmals mit einer Gabel einstechen.

2. Den Backofen vorheizen.
Ober-/Unterhitze: etwa 180 °C
Heißluft: etwa 160 °C

3. Für den Belag Schokolade in Stücke brechen, mit Butter in einem Topf im Wasserbad bei schwacher Hitze unter Rühren schmelzen und abkühlen lassen. Fruchtcocktail in einem Sieb gut abtropfen lassen. Quark mit Zucker, Vanillin-Zucker, Eigelb, Pudding-Pulver und der Schoko-Butter gut verrühren und den Fruchtcocktail unter die Quarkmasse heben. Die Masse auf dem Teigboden verteilen und glatt streichen. Das Backblech in den vorgeheizten Backofen schieben und den Kuchen **etwa 50 Minuten backen.**

4. Für das Baiser das Eiweiß mit Handrührgerät mit Rührbesen steif schlagen. Der Schnee muss so fest sein, dass ein Messerschnitt sichtbar bleibt. Zucker nach und nach unterschlagen. Eiweißmasse **etwa 15 Minuten vor Beendigung der Backzeit** auf der Quarkmasse verstreichen. Den Kuchen fertig backen und zum Erkalten auf einen Kuchenrost stellen. Zum Servieren Backrahmen lösen und entfernen.

Tipp: Statt Fruchtcocktail können auch Mandarinenfilets oder in Würfel geschnittene Aprikosenhälften aus der Dose verwendet werden.

S

Schokowaffel-Charlotte

Etwas aufwendiger

Insgesamt:
E: 88 g, F: 452 g, Kh: 550 g, kJ: 27782, kcal: 6634

Für den Rührteig:

125 g Butter oder Margarine
75 g Zucker
2 Eier (Größe M)
75 g Weizenmehl
1 gestr. TL Dr. Oetker Backin
1 Pck. Gala Pudding-Pulver
Bourbon-Vanille

Für den Rand:

15 Waffelschokoriegel

Für den Fruchtbelag:

5 Blatt weiße Gelatine
1 Dose Pfirsichhälften
(Abtropfgewicht 250 g)
1 Pck. Dr. Oetker Vanillin-Zucker

Für den Cremebelag:

8 Blatt weiße Gelatine
600 g Schlagsahne
75 g Nuss-Nougat
50 g Puderzucker
5 Waffelschokoriegel

Zubereitungszeit: 50 Minuten,
ohne Abkühl- und Kühlzeit
Backzeit: etwa 20 Minuten

1. Den Backofen vorheizen.
Ober-/Unterhitze: etwa 180 °C
Heißluft: etwa 160 °C

2. Für den Teig Butter oder Margarine mit Handrührgerät mit Rührbesen auf höchster Stufe geschmeidig rühren. Nach und nach Zucker unterrühren. So lange rühren, bis eine gebundene Masse entstanden ist. Eier nach und nach unterrühren (jedes Ei etwa ½ Minute).

3. Mehl mit Backpulver und Pudding-Pulver mischen und auf mittlerer Stufe kurz unterrühren. Den Teig in

eine Springform (Ø 26 cm, gefettet, mit Backpapier belegt) füllen und glatt streichen. Die Form auf dem Rost in den vorgeheizten Backofen schieben und den Boden **etwa 20 Minuten backen.**

4. Den Boden auf einen mit Backpapier belegten Kuchenrost stürzen und erkalten lassen. Anschließend mitgebackenes Backpapier abziehen, den Boden auf eine Tortenplatte legen und einen Tortenring oder den gesäuberten Springformrand darumstellen.

5. Für den Rand Waffelschokoriegel mit einem scharfen Messer exakt halbieren und mit der flachen Seite nach innen in den Rand stellen.

6. Für den Fruchtbelag Gelatine nach Packungsanleitung einweichen. Pfirsiche mit Saft pürieren und Vanillin-Zucker unterrühren. Gelatine leicht ausdrücken und in einem kleinen Topf bei schwacher Hitze unter Rühren auflösen.

7. Aufgelöste Gelatine zuerst mit etwa 4 Esslöffeln von dem Pfirsichpüree verrühren, dann die Mischung unter das restliche Püree rühren. Sobald die Masse beginnt dicklich zu werden, sie auf den Tortenboden geben und glatt streichen. Den Boden in den Kühlschrank stellen.

8. Für den Cremebelag Gelatine nach Packungsanleitung einweichen. Sahne steif schlagen. Nougat nach Packungsanleitung auflösen. Gut 1 Teelöffel von dem aufgelösten Nougat in ein kleines Papiertütchen füllen und beiseitelegen.

9. Gelatine leicht ausdrücken, in dem warmen Nougat unter Rühren auflösen und leicht abkühlen lassen.

10. Nougatmasse mit dem gesiebten Puderzucker unter die Sahne rühren. Die 5 Waffelschokoriegel in kleine Stücke schneiden und ebenfalls unterheben. Die Nougatsahne leicht kuppelförmig auf das Pfirsichpüree streichen.

11. Die Torte mit dem beiseitegelegten Nougat verzieren und 2–3 Stunden in den Kühlschrank stellen. Anschließend den Tortenring oder Springformrand lösen und entfernen.

255

Schwimmbadtorte | Für Kinder

Insgesamt:
E: 69 g, F: 222 g, Kh: 482 g, kJ: 18154, kcal: 4340

Für den Biskuitteig:

2 Eier (Größe M)
2 EL heißes Wasser
80 g Zucker
1 Pck. Dr. Oetker Vanillin-Zucker
80 g Weizenmehl
1/2 gestr. TL Dr. Oetker Backin

Für den Rührteig:

50 g Butter
50 g Zucker
1 Pck. Dr. Oetker Vanillin-Zucker
2 Eigelb (Größe M)
70 g Weizenmehl
1 Msp. Dr. Oetker Backin

Für den Belag:

2 Eiweiß (Größe M)
100 g Zucker
50 g gehackte Mandeln

Für die Füllung:

1 Dose Ananasstücke
(Abtropfgewicht 255 g)
1 Pck. Dr. Oetker Pudding-Pulver
Vanille-Geschmack
400 ml Ananassaft aus der Dose,
mit Apfelsaft ergänzt
400 g Schlagsahne
1 Pck. Dr. Oetker Sahnesteif
1 TL Zucker

Zubereitungszeit: 45 Minuten, ohne Kühlzeit
Backzeit: 60–65 Minuten

1. Den Backofen vorheizen.
Ober-/Unterhitze: etwa 180 °C
Heißluft: etwa 160 °C

2. Für den Biskuitteig Eier und Wasser mit Handrührgerät mit Rührbesen auf höchster Stufe in 1 Minute schaumig schlagen. Zucker mit Vanillin-Zucker mi-

schen, in 1 Minute einstreuen, dann noch etwa 2 Minuten weiterschlagen.

3. Mehl mit Backpulver mischen, auf die Eiercreme geben und auf niedrigster Stufe kurz unterrühren. Den Teig in eine Springform (Ø 26 cm, Boden gefettet, mit Backpapier belegt) füllen und glatt streichen. Die Form sofort auf dem Rost in den vorgeheizten Backofen schieben und den Boden **25–30 Minuten backen.**

4. Den Boden aus der Form lösen, auf einen mit Backpapier belegten Kuchenrost stürzen und erkalten lassen. Mitgebackenes Backpapier abziehen.

5. Für den Rührteig Butter mit Handrührgerät mit Rührbesen auf höchster Stufe geschmeidig rühren. Zucker und Vanillin-Zucker unterrühren. So lange rühren, bis eine gebundene Masse entstanden ist. Eigelb nach und nach unterrühren.

6. Mehl mit Backpulver mischen und auf mittlerer Stufe kurz unterrühren. Den Teig in eine Springform (Ø 26 cm, Boden gefettet) füllen und glatt streichen.

7. Für den Belag Eiweiß steif schlagen. Zucker nach und nach unterschlagen. Die Masse auf dem Rührteigboden verstreichen und mit Mandeln bestreuen. Die Form auf dem Rost in den Backofen schieben und den Boden bei gleicher Backofeneinstellung **etwa 35 Minuten backen.**

8. Den Boden aus der Form lösen, sofort in 16 Stücke schneiden und auf einem mit Backpapier belegten Kuchenrost erkalten lassen.

9. Für die Füllung Ananas in einem Sieb abtropfen lassen. Dabei den Saft auffangen und mit Apfelsaft auf 400 ml ergänzen. Aus Pudding-Pulver und Saft nach Packungsanleitung, aber mit den hier angegebenen Zutaten einen Pudding kochen. Ananasstücke unterheben. Die Puddingmasse auf den Biskuitboden streichen und erkalten lassen.

10. Sahne mit Sahnesteif und Zucker steif schlagen. Die Sahne auf die erkaltete Puddingmasse streichen und mit dem geschnittenen Rührteigboden bedecken. Torte bis zum Servieren in den Kühlschrank stellen.

Sekttorte | Mit Alkohol – für Gäste

Insgesamt:
E: 61 g, F: 270 g, Kh: 631 g, kJ: 23205, kcal: 5545

Für den Streuselteig:
- 100 g *Weizenmehl*
- 100 g *Zucker*
- 1 Pck. *Dr. Oetker Vanillin-Zucker*
- 100 g *Butter oder*
- *Margarine*

Für den Biskuitteig:
- 2 *Eier (Größe M)*
- 2 EL *heißes Wasser*
- 100 g *Zucker*
- 1 Pck. *Dr. Oetker Vanillin-Zucker*
- 1 Pck. *Dr. Oetker Finesse*
- *Geriebene Zitronenschale*
- 75 g *Weizenmehl*
- 50 g *Speisestärke*
- 1 gestr. TL *Dr. Oetker Backin*

Zum Bestreichen:
- 3 EL *Aprikosenkonfitüre*

Für die Füllung:
- 500 g *grüne, kernlose Weintrauben*
- 6 Blatt *weiße Gelatine*
- 1 Becher
- *(125 g) Crème double*
- 70 g *Zucker*
- 1 Pck. *Dr. Oetker Vanillin-Zucker*
- 250 ml (¼ l) *Sekt*
- 250 g *Schlagsahne*

Zum Verzieren und Garnieren:
- 125 g *Schlagsahne*
- ½ Pck. *Dr. Oetker Sahnesteif*
- ½ Pck. *Dr. Oetker Vanillin-Zucker*
- *etwas weiße, geschabte Kuvertüre*
- *etwas aufgelöste Vollmilch-Kuvertüre*
- 1 EL *Sekt*

Zubereitungszeit: 70 Minuten,
ohne Abkühl- und Kühlzeit
Backzeit: 35–50 Minuten

1. Den Backofen vorheizen.
Ober-/Unterhitze: etwa 180 °C
Heißluft: etwa 160 °C

2. Für den Streuselteig Mehl in eine Rührschüssel geben, mit Zucker und Vanillin-Zucker mischen und Butter oder Margarine hinzufügen. Die Zutaten mit Handrührgerät mit Rührbesen zunächst kurz auf niedrigster, dann auf höchster Stufe zu Streuseln von gewünschter Größe verarbeiten.

3. Die Streusel in eine Springform (Ø 26 cm, Boden gefettet) geben und leicht zu einem Boden andrücken. Die Form auf dem Rost in den vorgeheizten Backofen schieben und den Boden **15–20 Minuten backen.**

4. Den Streuselboden aus der Form lösen, auf einen mit Backpapier belegten Kuchenrost stürzen und erkalten lassen.

5. Für den Biskuitteig Eier und Wasser mit Handrührgerät mit Rührbesen auf höchster Stufe in 1 Minute schaumig schlagen. Zucker, Vanillin-Zucker und Zitronenschale mischen, in 1 Minute einstreuen, dann noch etwa 2 Minuten weiterschlagen.

6. Mehl mit Speisestärke und Backpulver mischen, auf die Eiercreme geben und kurz auf niedrigster Stufe unterrühren. Den Teig in eine Springform (Ø 26 cm, Boden gefettet, mit Backpapier belegt) geben und glatt streichen. Die Form auf dem Rost in den heißen Backofen schieben und den Boden bei gleicher Backofeneinstellung **20–30 Minuten backen.**

7. Den Biskuitboden aus der Form lösen, auf einen mit Backpapier belegten Kuchenrost stürzen und erkalten lassen. Anschließend mitgebackenes Backpapier abziehen und den Boden einmal waagerecht durchschneiden. Die Mitte des oberen Bodens so ausstechen, dass ein Kranz entsteht (Ø etwa 11 cm).

8. Den Streuselboden auf eine mit Tortenspitze oder Backpapier belegte Tortenplatte legen und mit der durch ein Sieb gestrichenen Konfitüre bestreichen. Den unteren Biskuitboden darauflegen. Einen Tortenring oder den gesäuberten Springformrand darumstellen.

9. Für die Füllung Weintrauben abspülen und trocken tupfen. 400 g von den Weintrauben halbieren.

10. Gelatine nach Packungsanleitung einweichen. Crème double, Zucker, Vanillin-Zucker und Sekt gut verrühren. Gelatine leicht ausdrücken und in einem kleinen Topf bei schwacher Hitze unter Rühren auflösen. Aufgelöste Gelatine erst mit etwa 4 Esslöffeln von der Sektmasse verrühren, dann die Mischung unter die restliche Sektmasse rühren. Die Masse in den Kühlschrank stellen. Sobald die Masse beginnt dicklich zu werden, Sahne steif schlagen und unterheben.

11. Die Hälfte der Sektcreme auf dem Biskuitboden verstreichen, die Weintraubenhälften darauf verteilen und mit dem Biskuitbodenkranz bedecken. Die Tortenoberfläche mit der restlichen Sektcreme bestreichen. Die Torte etwa 1 Stunde in den Kühlschrank stellen. Den Tortenring oder Springformrand mithilfe eines Messers vorsichtig lösen und entfernen.

12. Zum Verzieren Sahne mit Sahnesteif und Vanillin-Zucker steif schlagen. Den Tortenrand damit bestreichen und mit geschabter, weißer Kuvertüre bestreuen.

13. Die Torte mit den restlichen Weintrauben garnieren. Dafür einen Teil der Weintrauben auf Holzspieße stecken. Die ausgestochene Gebäckplatte zerbröseln, mit Kuvertüre und Sekt verkneten. Einen Sektkorken daraus formen und nach Belieben ein Silberbändchen darumlegen.

Tipp: Anstelle von Crème double die Füllung mit insgesamt 450 g steif geschlagener Sahne zubereiten.

Selterskuchen | Für Kinder

Insgesamt:
E: 63 g, F: 180 g, Kh: 790 g, kJ: 21483, kcal: 5131

1 Tasse = etwa 150 ml

Für den Schüttelteig:
- 3 Tassen Weizenmehl (je 100 g)
- 3 gestr. TL Dr. Oetker Backin
- 2 Tassen Zucker (je 150 g)
- 1 Pck. Dr. Oetker Finesse Geriebene Zitronenschale oder
- 1 Pck. Dr. Oetker Finesse Orangenschalen-Aroma
- 4 Eier (Größe M)
- 1 Tasse Speiseöl, z. B. Sonnenblumenöl (150 ml)
- 1 Tasse Selters, Apfel- oder Orangensaft (150 ml)

Für den Guss:
- 250 g Puderzucker
- 3–4 EL Apfel- oder Orangensaft
- gelbe und rote Speisefarbe

Zubereitungszeit: 20 Minuten, ohne Abkühlzeit
Backzeit: etwa 20 Minuten

1. Den Backofen vorheizen.
Ober-/Unterhitze: etwa 180 °C
Heißluft: etwa 160 °C

2. Für den Teig Mehl mit Backpulver in einer verschließbaren Schüssel (etwa 3 l) mit Zucker, Zitronenschale oder Aroma mischen. Eier, Öl und Selters, Apfel- oder Orangensaft hinzufügen und Schüssel mit dem Deckel fest verschließen. Schüssel mehrmals kräftig schütteln (insgesamt 15–30 Sekunden), sodass alle Zutaten gut vermischt sind. Alles mit einem Schneebesen oder Rührlöffel nochmals sorgfältig durchrühren, damit trockene Zutaten vom Rand mit untergerührt werden.

3. Teig auf ein Backblech (30 x 40 cm, gefettet, gemehlt) geben und glatt streichen. Das Backblech in den vorgeheizten Backofen schieben und den Kuchen **etwa 20 Minuten backen.**

4. Das Backblech auf einen Kuchenrost stellen und den Kuchen darauf erkalten lassen.

5. Für den Guss Puderzucker in eine Rührschüssel sieben, mit Apfel- oder Orangensaft zu einem dickflüssigen Guss verrühren. Ein Drittel des Gusses in 3 Portionen teilen und mit Speisefarbe rot, gelb und orange einfärben. Den farbigen Guss getrennt in kleine Gefrierbeutel füllen. Den Kuchen mit dem restlichen weißen Guss überziehen. Von den Gefrierbeuteln jeweils eine kleine Spitze abschneiden und abwechselnd Linien auf den noch feuchten, weißen Guss spritzen. Mit einem Holzstäbchen abwechselnd von oben nach unten und von unten nach oben durch den Guss ziehen, sodass geschwungene Linien entstehen. Den Guss fest werden lassen.

Sieben-Zutaten-Torte | Einfach

Insgesamt:
E: 69 g, F: 479 g, Kh: 352 g, kJ: 25249, kcal: 6031

Für den Knetteig:
- 200 g Weizenmehl
- 75 g Zucker
- 200 g Butter oder Margarine
- 200 g Doppelrahm-Frischkäse

Für die Füllung:
- 500 g Pflaumen (Zwetschen)
- 250 g Mascarpone (ital. Frischkäse)
- 50 g Zucker
- 400 g Schlagsahne

Zum Garnieren:
- evtl. weiße Kuvertüre

Zubereitungszeit: 45 Minuten, ohne Ruhe- und Kühlzeit
Backzeit: etwa 15 Minuten je Boden

1. Für den Teig Mehl in eine Rührschüssel geben, restliche Zutaten zufügen und mit Handrührgerät mit Knethaken zunächst kurz auf niedrigster, dann auf höchster Stufe gut durcharbeiten. Anschließend den Teig auf der leicht bemehlten Arbeitsfläche kurz verkneten. Sollte er kleben, ihn in Frischhaltefolie gewickelt eine Zeit lang kalt stellen.

2. Den Backofen vorheizen.
Ober-/Unterhitze: etwa 200 °C
Heißluft: etwa 180 °C

3. Aus dem Teig 3 Böden backen, dafür den Teig dritteln. Ein Drittel des Teiges auf dem Boden einer Springform (Ø 26 cm, gefettet) ausrollen und mehrmals mit einer Gabel einstechen. Den Boden in den Kühlschrank stellen und etwa 15 Minuten ruhen lassen. Anschließend den Boden auf dem Springformboden ohne Springformrand auf dem Rost in den vorgeheizten Backofen schieben und den Boden **etwa 15 Minuten backen.**

4. In der Zwischenzeit die beiden anderen Teigdrittel in Größe der Springform ausrollen, auf mit Backpapier belegte Backbleche legen und ebenfalls in den Kühlschrank stellen. Anschließend die Böden nacheinander (bei Heißluft zusammen) bei gleicher Backofeneinstellung **etwa 15 Minuten backen.** Die Böden sofort vom Springformboden oder vom Backblech lösen, aber darauf auf einem Kuchenrost erkalten lassen.

5. Für die Füllung Pflaumen abspülen, trocken reiben, entsteinen und einige schöne halbe Früchte zum Garnieren beiseitelegen. Restliche Pflaumen in kleine Stücke schneiden. Mascarpone mit Zucker verrühren, Sahne steif schlagen und vorsichtig unterheben.

6. Einen Boden auf eine Tortenplatte legen, mit einem Drittel der Mascarponecreme bestreichen, mit der Hälfte der Pflaumen belegen und den zweiten Boden auflegen. Die Hälfte der restlichen Creme darauf verstreichen und die restlichen Pflaumen darauf verteilen. Den letzten Boden auflegen.

7. Restliche Creme in einen Spritzbeutel mit Lochtülle füllen, die Oberfläche dekorativ damit verzieren und mit den beiseitegelegten Pflaumen garnieren. Nach Belieben Kuvertüre mit einem scharfen Messer vom Block abschaben und die Späne auf die Pflaumen streuen.

Smarties-Frischkäse-Torte
Für Kinder

Insgesamt:
E: 98 g, F: 272 g, Kh: 467 g, kJ: 19821, kcal: 4726

Zum Vorbereiten:
175 g Smarties® (Schokolinsen)

Für den Rührteig:
100 g Butter oder Margarine
75 g Zucker
1 Pck. Dr. Oetker Vanillin-Zucker
2 Eier (Größe M)
125 g Weizenmehl
1 gestr. TL Dr. Oetker Backin

Für den Belag:
1 Beutel
aus 1 Pck. Götterspeise
Himbeer-Geschmack
150 ml Apfelsaft
75 g Zucker
150 g TK-Himbeeren
200 g Doppelrahm-Frischkäse
125 g Magerquark
250 g Schlagsahne

Zum Bestreichen und Garnieren:
30 g Puderzucker
1 TL Apfelsaft
einige Smarties® mini (Schokolinsen)

Zubereitungszeit: 60 Minuten, ohne Abkühl- und Kühlzeit
Backzeit: etwa 20 Minuten

1. Zum Vorbereiten Schokolinsen in einen Gefrierbeutel geben, ihn verschließen und die Schokolinsen mit einer Teigrolle grob zerkleinern. Den Backofen vorheizen.
Ober-/Unterhitze: etwa 180 °C
Heißluft: etwa 160 °C

2. Für den Teig Butter oder Margarine mit Handrührgerät mit Rührbesen auf höchster Stufe geschmeidig rühren. Nach und nach Zucker und Vanillin-Zucker unterrühren. So lange rühren, bis eine gebundene Masse entstanden ist.

3. Die Eier nach und nach unterrühren (jedes Ei etwa ½ Minute). Das Mehl mit Backpulver mischen und auf mittlerer Stufe kurz unterrühren. Zuletzt 75 g der zerkleinerten Schokolinsen unterrühren. Den Teig in eine Springform (Ø 26 cm, Boden gefettet) geben und glatt streichen. Die Form auf dem Rost in den vorgeheizten Backofen schieben und den Boden **etwa 20 Minuten backen.**

4. Den Boden aus der Form lösen, auf einen mit Backpapier belegten Kuchenrost stürzen und erkalten lassen.

5. Für den Belag die Götterspeise mit Apfelsaft und Zucker nach Packungsanleitung anrühren und auflösen. Gefrorene Himbeeren unterheben und abkühlen lassen. Den Frischkäse mit Quark und den restlichen Schokolinsenstücken verrühren und die Götterspeisemasse dazugeben. Danach Sahne steif schlagen und unterheben.

6. Tortenboden auf eine Tortenplatte legen. Mit einem Melonenausstecher etwa 1 cm vom Tortenrand entfernt rundherum 12 Kugeln ausstechen und beiseitelegen. Einen Tortenring um den Boden stellen, die Götterspeisecreme daraufgeben und glatt streichen. Rand der Torte rundherum mit den Kuchenkugeln belegen und leicht eindrücken. Torte 2–3 Stunden in den Kühlschrank stellen.

7. Tortenring lösen und entfernen. Aus Puderzucker und Apfelsaft einen Guss zubereiten, die Kuchenkugeln damit bestreichen und mit Schokolinsen garnieren.

® Société des Produits Nestlé S.A.

Snickers-Rolle | Beliebt

Insgesamt:
E: 92 g, F: 237 g, Kh: 310 g, kJ: 15493, kcal: 3706

Für den Biskuitteig:
- 5 Eier (Größe M)
- 2 EL heißes Wasser
- 75 g Zucker
- 1 Pck. Dr. Oetker Vanillin-Zucker
- 50 g Weizenmehl
- 20 g Speisestärke
- 1 Msp. Dr. Oetker Backin
- 1 gestr. EL Kakaopulver
- 1 TL Zucker
- 1 EL Milch

Für die Füllung:
- 1 Pck. Dr. Oetker Pudding-Pulver Vanille-Geschmack
- 400 ml Milch
- 1 EL Zucker
- 2 Riegel Snickers® (je 57 g)
- 100 g weiche Butter
- 100–125 g Erdnusscreme (creamy)

Zum Garnieren:
- 1 Riegel Snickers® (57 g)

Zubereitungszeit: 40 Minuten, ohne Abkühl- und Kühlzeit
Backzeit: etwa 10 Minuten

1. Den Backofen vorheizen.
Ober-/Unterhitze: etwa 200 °C
Heißluft: etwa 180 °C

2. Für den Teig Eier und Wasser mit Handrührgerät mit Rührbesen auf höchster Stufe in 1 Minute schaumig schlagen. Zucker und Vanillin-Zucker mischen, in 1 Minute einstreuen, dann noch etwa 2 Minuten weiterschlagen. Mehl mit Speisestärke und Backpulver mischen, auf die Eiercreme geben und kurz auf niedrigster Stufe unterrühren.

3. Danach die Hälfte des Teiges vorsichtig mit etwas Zwischenraum in 3 breiten Streifen auf ein Backblech (30 x 40 cm, mit Backpapier belegt) gießen. Kakao mit Zucker und Milch verrühren und unter den restlichen Teig rühren. Den dunklen Teig in die Zwischenräume des hellen Teiges gießen. Das Backblech in den vorgeheizten Backofen schieben und den Boden **etwa 10 Minuten backen.**

4. Die Biskuitplatte vom Backblechrand lösen, auf ein mit Zucker bestreutes Backpapier stürzen und mitgebackenes Backpapier abziehen. Die Biskuitplatte von der längeren Seite aus mit dem Backpapier aufrollen und erkalten lassen.

5. Für die Füllung aus Pudding-Pulver, aber mit den hier angegebenen Mengen Milch und Zucker einen Pudding zubereiten. Pudding von der Kochstelle nehmen, Snickers® in kleine Würfel schneiden und unterrühren. Die Masse erkalten lassen, dabei gelegentlich umrühren.

6. Butter mit Erdnusscreme (beides Zimmertemperatur) cremig rühren und den Pudding esslöffelweise dazugeben. Dabei darauf achten, dass Butter, Erdnusscreme und Pudding Zimmertemperatur haben, da die Creme sonst gerinnt.

7. Die Biskuitrolle auseinanderrollen, 2–3 Esslöffel der Puddingcreme in einen Spritzbeutel mit kleiner Lochtülle geben, die restliche Creme auf der Biskuitplatte verstreichen und die Platte wieder aufrollen. Die Rolle kurz in den Kühlschrank stellen.

8. Die Rolle mit der restlichen Creme aus dem Spritzbeutel verzieren und mit einem in Scheiben geschnittenen Snickers®-Riegel garnieren.

® Registered trademark of MARS.

Soft-Cake-Torte | Raffiniert

Insgesamt:
E: 78 g, F: 201 g, Kh: 413 g, kJ: 16284, kcal: 3892

Für den Biskuitteig:
>2 Eier (Größe M)
>2 EL heißes Wasser
>100 g Zucker
>1 Pck. Dr. Oetker Vanillin-Zucker
>50 g Weizenmehl
>50 g Speisestärke
>1 gestr. TL Dr. Oetker Backin

Für die Füllung:
>1 Pck. Tortenguss, klar
>20 g Zucker
>200 ml Orangensaft
>50 g Orangenmarmelade

Für den Belag:
>6 Blatt weiße Gelatine
>250 g Speisequark
>50 g Schmand (Sauerrahm)
>75 g Zucker
>500 g Schlagsahne
>8–10 Griesson Soft Cakes
>(Eiergebäck mit
>Orangenfruchtfüllung
>und Schokolade)

Für den Guss:
>100 g Zartbitter-Schokolade
>125 g Schlagsahne

Zum Verzieren und Garnieren:
>125 g Schlagsahne
>6 Griesson Soft Cakes (Eiergebäck
>mit Orangenfruchtfüllung und
>Schokolade)

Zubereitungszeit: 60 Minuten, ohne Kühlzeit
Backzeit: etwa 25 Minuten

1. Den Backofen vorheizen.
Ober-/Unterhitze: etwa 180 °C
Heißluft: etwa 160 °C

2. Für den Biskuitteig Eier und Wasser mit Handrührgerät mit Rührbesen auf höchster Stufe in 1 Minute schaumig schlagen. Danach Zucker mit Vanillin-Zucker mischen, in 1 Minute einstreuen, dann noch etwa 2 Minuten weiterschlagen.

3. Mehl mit Speisestärke und Backpulver mischen, auf die Eiercreme geben und auf niedrigster Stufe kurz unterrühren. Den Biskuitteig in eine Springform (Ø 26 cm, Boden gefettet, mit Backpapier belegt) füllen und glatt streichen. Die Form auf dem Rost in den vorgeheizten Backofen schieben und den Boden sofort **etwa 25 Minuten backen.**

4. Den Boden aus der Form lösen, auf einen mit Backpapier belegten Kuchenrost stürzen und mitgebackenes Backpapier abziehen. Boden erkalten lassen, dann einmal waagerecht durchschneiden. Den unteren Boden auf eine mit Tortenspitze oder Backpapier belegte Tortenplatte legen und einen Tortenring darumstellen.

5. Für die Füllung Tortenguss nach Packungsanleitung, aber mit den hier angegebenen Zutaten zubereiten und die Orangenmarmelade unterrühren. Den Guss etwas abkühlen lassen, dann von der Mitte aus gleichmäßig auf dem unteren Boden verteilen. Den oberen Boden darauflegen und etwas andrücken.

6. Für den Belag Gelatine nach Packungsanleitung einweichen. Quark mit Schmand und Zucker verrühren. Die Gelatine leicht ausdrücken und in einem kleinen Topf bei schwacher Hitze unter Rühren auflösen. Aufgelöste Gelatine zunächst mit etwa 4 Esslöffeln von der Quarkmasse verrühren, dann die Mischung unter die restliche Quarkmasse rühren und die Masse in den Kühlschrank stellen.

7. Sobald die Masse beginnt dicklich zu werden, Sahne steif schlagen und unterheben. Die Hälfte der Quarkcreme auf dem Boden verstreichen.

8. Einen Kreis aus Soft Cakes mit der Schokoladenseite nach unten etwa 1 cm vom Rand entfernt darauflegen. Die restliche Quarkcreme daraufgeben und glatt streichen. Die Torte in den Kühlschrank stellen und fest werden lassen.

9. Für den Guss Schokolade grob zerkleinern und in einem kleinen Topf im Wasserbad bei schwacher Hitze unter Rühren schmelzen lassen. Die Sahne nach und nach unterrühren. Den Guss auf die Tortenoberfläche geben und verstreichen. Die Torte anschließend nochmals in den Kühlschrank stellen, bis der Guss fest geworden ist.

10. Tortenring lösen und entfernen. Sahne steif schlagen und in einen Spritzbeutel mit Sterntülle füllen. Die Torte mit Sahnetuffs verzieren. Soft Cakes halbieren und die Torte mit den Hälften garnieren.

Tipp: Die Soft Cakes in dem Belag mit Orangensaft oder Grand Marnier (Orangenlikör) beträufeln.

Spaghetti-Kuchen | Raffiniert

Insgesamt:
E: 140 g, F: 426 g, Kh: 473 g, kJ: 27235, kcal: 6505

Für den Biskuitteig:
- 4 Eier (Größe M)
- 3–4 EL heißes Wasser
- 125 g Zucker
- 1 Pck. Dr. Oetker Vanillin-Zucker
- 125 g Weizenmehl
- 25 g Speisestärke
- 1 gestr. TL Dr. Oetker Backin

Für den Belag:
- 1 Pck. Käse-Sahne-Tortencreme (Cremepulver)
- 200 ml Wasser
- 500 g Schlagsahne
- 500 g Speisequark

Für die „Spaghetti":
- 600 g Schlagsahne
- 100 g Instant-Getränkepulver Multivitamin-Geschmack
- 1 Pck. Käse-Sahne-Tortencreme (Cremepulver)
- 200 ml Wasser

Für das Erdbeerpüree:
- 500 g Erdbeeren
- 2 Pck. (je 20 g) Dekorzucker aus der Käse-Sahne-Tortencreme-Packung

Zubereitungszeit: 60 Minuten, ohne Abkühl- und Kühlzeit
Backzeit: 10–12 Minuten

1. Den Backofen vorheizen.
Ober-/Unterhitze: etwa 200 °C
Heißluft: etwa 180 °C

2. Für den Teig Eier und Wasser mit Handrührgerät mit Rührbesen auf höchster Stufe in 1 Minute schaumig schlagen. Zucker mit Vanillin-Zucker mischen, in 1 Minute einstreuen, dann noch etwa 2 Minuten weiterschlagen. Mehl mit Speisestärke und Backpulver mischen, die Hälfte davon auf die Eiercreme geben und auf niedrigster Stufe kurz unterrühren. Restliches Mehlgemisch auf gleiche Weise unterarbeiten.

3. Den Teig auf einem Backblech (30 x 40 cm, gefettet, gemehlt) verteilen und glatt streichen. Backblech in den vorgeheizten Backofen schieben und den Boden sofort **10–12 Minuten backen.**

4. Das Backblech auf einen Kuchenrost stellen und den Boden darauf erkalten lassen.

5. Für den Belag das Cremepulver nach Packungsanleitung, aber mit den hier angegebenen Zutaten zubereiten. Einen Backrahmen um die Biskuitplatte stellen. Die Tortencreme auf dem Boden verteilen, glatt streichen und im Kühlschrank fest werden lassen.

6. Für die „Spaghetti" die Sahne steif schlagen. Das Getränkepulver mit dem Cremepulver verrühren. Wasser hinzufügen und mit einem Schneebesen ½ Minute verrühren. Dann die geschlagene Sahne unterheben.

7. Die Sahnemasse in eine Kartoffel- oder Spätzlepresse geben und wie Spaghettinester auf die Käsemasse drücken.

8. Für das Erdbeerpüree die Erdbeeren abspülen, trocken tupfen und entstielen. Erdbeeren mit dem Dekorzucker pürieren. Kurz vor dem Servieren das Erdbeerpüree mithilfe eines Esslöffels auf den „Spaghetti" verteilen. Das restliche Erdbeerpüree dazu servieren.

Tipps: Ohne Erdbeerpüree ist der Kuchen gefriergeeignet. Statt der Erdbeeren schmecken auch Himbeeren sehr gut.

Spaghetti-Torte | Schnell zubereitet

Insgesamt:
E: 122 g, F: 444 g, Kh: 349 g, kJ: 25492, kcal: 6094

Für den All-in-Teig:
- 125 g Weizenmehl
- 2 gestr. TL Dr. Oetker Backin
- 125 g Zucker
- 1 Pck. Dr. Oetker Vanillin-Zucker
- 3 Eier (Größe M)
- 125 g weiche Butter oder Margarine

Für den Belag und die „Spaghetti":
- 250 g Erdbeeren
- 3 Blatt weiße Gelatine
- 600 g Doppelrahm-Frischkäse
- Saft von 1 Zitrone
- 25 g Zucker
- 2 Pck. Dr. Oetker Vanillin-Zucker
- 400 g Schlagsahne

Für die Erdbeersauce:
- 100 g Erdbeeren
- 25 g Puderzucker

etwas weiße Schokolade

Zubereitungszeit: 25 Minuten, ohne Kühlzeit
Backzeit: etwa 20 Minuten

1. Den Backofen vorheizen.
Ober-/Unterhitze: etwa 180 °C
Heißluft: etwa 160 °C

2. Für den Teig Mehl mit Backpulver in einer Rührschüssel mischen. Restliche Zutaten hinzufügen und alles mit Handrührgerät mit Rührbesen erst kurz auf niedrigster, dann auf höchster Stufe in etwa 2 Minuten zu einem Teig verarbeiten. Teig in eine Obstbodenform (Ø 26 cm, gefettet, gemehlt) füllen und glatt streichen. Die Form auf dem Rost in den vorgeheizten Backofen schieben und **etwa 20 Minuten backen.**

3. Den Boden etwa 5 Minuten in der Form stehen lassen, dann auf einen mit Backpapier belegten Kuchenrost stürzen und erkalten lassen.

4. Für den Belag und die „Spaghetti" Erdbeeren abspülen, trocken tupfen, entstielen, evtl. halbieren und auf dem Tortenboden verteilen.

5. Die Gelatine nach Packungsanleitung einweichen. Frischkäse, Zitronensaft, Zucker und Vanillin-Zucker in einer Schüssel verrühren. Gelatine leicht ausdrücken und in einem kleinen Topf bei schwacher Hitze unter Rühren auflösen. Aufgelöste Gelatine zunächst mit etwas von der Frischkäsemasse verrühren, dann die Mischung unter die restliche Frischkäsemasse rühren. Sahne steif schlagen und unterheben.

6. Die Hälfte der Frischkäsecreme auf den Erdbeeren verstreichen. Restliche Frischkäsecreme in eine Kartoffelpresse geben und als „Spaghetti" auf die Oberfläche drücken. Die Torte etwa 1 Stunde in den Kühlschrank stellen.

7. Für die Sauce Erdbeeren abspülen, trocken tupfen, entstielen und mit Puderzucker pürieren. Erdbeerpüree als Sauce auf den Spaghetti verteilen, mit geraspelter weißer Schokolade bestreuen und die Torte servieren.

Tipp: Wenn es schnell gehen soll, einfach einen gekauften Obstboden verwenden.

Spiegeleierkuchen | Einfach

Insgesamt:
E: 102 g, F: 325 g, Kh: 829 g, kJ: 28618, kcal: 6832

Für den Belag:
- 2 Pck. Dr. Oetker Pudding-Pulver Vanille-Geschmack
- 80 g Zucker
- 750 ml (¾ l) Milch
- 1 Dose Aprikosenhälften (Abtropfgewicht 480 g)
- 2 Becher (je 250 g) Crème fraîche

Für den Rührteig:
- 150 g Butter oder Margarine
- 150 g Zucker
- 1 Pck. Dr. Oetker Vanillin-Zucker
- 1 Prise Salz
- 3 Eier (Größe M)
- 300 g Weizenmehl
- 2 gestr. TL Dr. Oetker Backin
- 2 EL Milch

Für den Guss:
- 2 Pck. Tortenguss, klar
- 50 g Zucker
- 500 ml (½ l) Aprikosensaft aus der Dose

Zubereitungszeit: 30 Minuten, ohne Abkühlzeit
Backzeit: etwa 30 Minuten

1. Für den Belag aus dem Pudding-Pulver, Zucker und Milch nach Packungsanleitung, aber nur mit 750 ml (¾ l) Milch einen Pudding kochen. Den Pudding etwas abkühlen lassen, dabei gelegentlich durchrühren.

2. Den Backofen vorheizen.
Ober-/Unterhitze: etwa 180 °C
Heißluft: etwa 160 °C

3. Aprikosen in einem Sieb abtropfen lassen, dabei den Saft auffangen und 500 ml (½ l) davon abmessen, evtl. mit Wasser ergänzen. Crème fraîche unter den erkalteten Pudding rühren.

4. Für den Teig Butter oder Margarine mit Handrührgerät mit Rührbesen auf höchster Stufe geschmeidig rühren. Nach und nach Zucker, Vanillin-Zucker und Salz unterrühren. So lange rühren, bis eine gebundene Masse entstanden ist. Eier nach und nach unterrühren (jedes Ei etwa ½ Minute). Mehl mit Backpulver mischen und in 2 Portionen abwechselnd mit der Milch auf mittlerer Stufe kurz unterrühren. Einen Backrahmen auf ein Backblech (30 x 40 cm, gefettet) stellen. Den Teig hineingeben und glatt streichen.

5. Die Puddingmasse gleichmäßig auf dem Teig verstreichen. Die Aprikosen mit der Wölbung nach oben auf dem Pudding verteilen. Das Backblech in den vorgeheizten Backofen schieben und den Kuchen **etwa 30 Minuten backen.**

6. Den Kuchen auf dem Backblech auf einen Kuchenrost stellen und erkalten lassen.

7. Für den Guss aus Tortengusspulver, Zucker und dem abgemessenen Aprikosensaft nach Packungsanleitung einen Guss zubereiten. Den Guss zügig auf dem Belag verteilen und fest werden lassen. Zum Servieren den Backrahmen vorsichtig mithilfe eines Messers entfernen.

Stachelbeer-Käsetorte | Einfach

Insgesamt:
E: 126 g, F: 339 g, Kh: 432 g, kJ: 22192, kcal: 5299

Für den Knetteig:
- 200 g Weizenmehl
- 75 g Zucker
- 1 Pck. Dr. Oetker Bourbon-Vanille-Zucker
- 100 g Butter oder Margarine
- 2 EL Wasser
- 1 EL Weizenmehl

Für den Belag:
- 250 g Stachelbeeren
- 400 g Doppelrahm-Frischkäse
- 250 g Magerquark
- 100 g Schlagsahne
- 2 Eier (Größe M)
- 1 Pck. Saucenpulver Vanille-Geschmack (zum Kochen)
- 100 g Zucker
- 1 Pck. Dr. Oetker Vanillin-Zucker
- Saft von
- 1 kleinen Zitrone

Zum Verzieren und Garnieren:
- 200 g Schlagsahne
- 25 g weiße Kuvertüre
- 25 g Zartbitter-Kuvertüre
- einige Stachelbeeren

Zubereitungszeit: 30 Minuten, ohne Kühlzeit
Backzeit: etwa 65 Minuten

1. Den Backofen vorheizen.
Ober-/Unterhitze: etwa 180 °C
Heißluft: etwa 160 °C

2. Für den Teig Mehl in eine Rührschüssel geben. Zucker, Vanille-Zucker, Butter oder Margarine und Wasser hinzufügen und mit Handrührgerät mit Knethaken zunächst kurz auf niedrigster, dann auf höchster Stufe gut durcharbeiten. Teig auf der leicht bemehlten Arbeitsfläche kurz verkneten. Sollte er kleben, ihn in Frischhaltefolie gewickelt eine Zeit lang kalt stellen.

3. Gut zwei Drittel des Teiges auf dem Boden einer Springform (Ø 26 cm, gefettet) ausrollen und mehrmals mit einer Gabel einstechen. Den Springformrand darumstellen. Unter den restlichen Knetteig das Mehl kneten und eine Rolle formen. Diese als Rand auf den Boden legen und so andrücken, dass ein etwa 3 cm hoher Rand entsteht. Die Form auf dem Rost in den vorgeheizten Backofen schieben und den Boden **etwa 15 Minuten vorbacken.**

4. Die Form auf einen Kuchenrost stellen und den Boden etwas abkühlen lassen.

5. Für den Belag Stachelbeeren abspülen und trocken tupfen. Alle anderen Zutaten in eine Rührschüssel geben und mit Handrührgerät mit Rührbesen gut verrühren. Die Hälfte der Käsecreme in die Form füllen, glatt streichen und mit den Stachelbeeren belegen. Die restliche Käsecreme darauf verstreichen. Die Form auf dem Rost in den heißen Backofen schieben und die Torte bei gleicher Backofeneinstellung in **etwa 50 Minuten fertig backen.**

6. Die Torte in der Form auf einem Kuchenrost erkalten lassen, anschließend aus der Form lösen und auf eine Tortenplatte setzen. Zum Verzieren Sahne steif schlagen und in der Mitte der Torte leicht wellenartig verstreichen.

7. Die Kuvertüre grob hacken und getrennt jeweils in einem kleinen Topf im Wasserbad bei schwacher Hitze unter Rühren schmelzen lassen. Kuvertüre jeweils in einen kleinen Gefrierbeutel füllen. Von dem Gefrierbeutel mit der weißen Schokolade eine kleine Ecke abschneiden und Spiralen auf ein Backpapier spritzen. Die Kuvertüre etwas fest werden lassen.

8. Dann von dem Gefrierbeutel mit der dunklen Kuvertüre eine kleine Ecke abschneiden, Spiralen auf die weiße Kuvertüre spritzen und fest werden lassen. Den Kuchen mit abgespülten, trocken getupften Stachelbeeren und mit den Spiralen garnieren.

Tipps: Die Käsetorte schmeckt auch mit anderen Früchten, z. B. Aprikosen oder Kirschen. Anstelle von Frischkäse können Sie auch nur Magerquark, Ricotta oder Mascarpone verwenden.

Stracciatella-Schoko-Torte
Raffiniert

Insgesamt:
E: 43 g, F: 281 g, Kh: 275 g, kJ: 16172, kcal: 3863

Für den Boden:
- 150 g Löffelbiskuits
- 100 g Butter

Für die Schokocreme:
- 1 Pck. Saucenpulver Schokoladen-Geschmack (ohne Kochen)
- 75 ml Milch
- 200 g Vanillejoghurt

Für die Stracciatella-Creme:
- 500 g Schlagsahne
- 2 Pck. Dr. Oetker Sahnesteif
- 1 TL Zucker
- 70 g Zartbittter-Raspelschokolade

- 10 g Zartbitter-Raspelschokolade

Zubereitungszeit: 25 Minuten, ohne Kühlzeit

1. Löffelbiskuits in einen Gefrierbeutel geben, ihn verschließen und die Löffelbiskuits mit einer Teigrolle fein zerbröseln. Brösel in eine Rührschüssel geben.

2. Butter in einem Topf zerlassen, zu den Bröseln geben und gut mit den Bröseln verrühren. Einen Springformrand (Ø 26 cm) auf eine mit Tortenspitze oder Backpapier belegte Tortenplatte stellen. Die Bröselmasse darin verteilen und mithilfe eines Löffels gut zu einem Boden andrücken. Den Boden in den Kühlschrank stellen.

3. Dann für die Schokocreme Saucenpulver nach Packungsanleitung, aber nur mit 75 ml Milch und 200 g Joghurt zubereiten. Die Joghurtmasse kuppelförmig in die Mitte des Tortenbodens setzen, dabei rundherum einen etwa 2 cm breiten Rand frei lassen. Den Boden wieder in den Kühlschrank stellen.

4. Für die Stracciatella-Creme Sahne mit Sahnesteif und Zucker steif schlagen. Raspelschokolade unterheben. Stracciatella-Creme vorsichtig auf der Schokocreme und dem frei gelassenen Rand verstreichen. Die Torte etwa 2 Stunden in den Kühlschrank stellen.

5. Springformrand mithilfe eines Messers lösen und entfernen. Die Torte vor dem Servieren mit Raspelschokolade bestreuen.

Tipp: Die Torte schmeckt fruchtig, wenn Sie je ½ Teelöffel Finesse Natürliches Orangenschalen-Aroma unter die Schoko- und Stracciatella-Creme rühren.

Stricknadeltorte | Mit Alkohol

Insgesamt:
E: 92 g, F: 383 g, Kh: 559 g, kJ: 26658, kcal: 6370

Für den Rührteig:
- 250 g Butter oder Margarine
- 250 g Zucker
- 1 Pck. Dr. Oetker Vanillin-Zucker
- 3–4 Tropfen Butter-Vanille-Aroma
- 6 Eier (Größe M)
- 250 g Weizenmehl
- 2 ½ gestr. TL Dr. Oetker Backin

Zum Tränken:
- 3 EL Zucker
- 2 EL Kakaopulver
- 250 ml (¼ l) kalter Kaffee
- 1 EL Rum

Für die Eierlikörsahne:
- 400 g Schlagsahne
- 2 Pck. Dr. Oetker Sahnesteif
- 2 TL Zucker
- 5 EL Eierlikör

Kakaopulver
Raspelschokolade

Zubereitungszeit: 30 Minuten, ohne Abkühl-, Durchzieh- und Kühlzeit
Backzeit: 30–35 Minuten

1. Den Backofen vorheizen.
Ober-/Unterhitze: etwa 180 °C
Heißluft: etwa 160 °C

2. Für den Teig Butter oder Margarine mit Handrührgerät mit Rührbesen auf höchster Stufe geschmeidig rühren. Nach und nach Zucker, Vanillin-Zucker und Aroma unterrühren. So lange rühren, bis eine gebundene Masse entstanden ist. Eier nach und nach unterrühren (jedes Ei etwa ½ Minute).

3. Mehl mit Backpulver mischen und in 2 Portionen auf mittlerer Stufe kurz unterrühren. Den Teig in eine Springform (Ø 28 cm, Boden gefettet) füllen und glatt streichen. Die Form auf dem Rost in den vorgeheizten Backofen schieben und den Kuchen **30–35 Minuten backen.**

4. Die Form auf einen Kuchenrost stellen. Sofort nach dem Backen in die Oberfläche des Bodens mit einer dicken Stricknadel beliebig viele Löcher einstechen. Den Kuchenrand von der Form lösen, Springformrand aber nicht entfernen und den Kuchen erkalten lassen.

5. Zum Tränken Zucker mit dem gesiebten Kakao mischen und nach und nach mit Kaffee und Rum verrühren. Den Kuchen mit einem großen Pinsel oder einem Esslöffel nach und nach mit der gesamten Flüssigkeit tränken. Den Kuchen über mehrere Stunden (am besten über Nacht) durchziehen lassen.

6. Für die Eierlikörsahne die Sahne mit 1 Päckchen Sahnesteif und Zucker sehr steif schlagen. Restliches Sahnesteif mit dem Eierlikör verrühren und vorsichtig unter die Sahne heben. Die Eierlikörsahne in den Kühlschrank stellen.

7. Kurz vor dem Verzehr Eierlikörsahne auf dem Kuchen verstreichen und mit Kakao und Schokolade verzieren.

Tiramisu-Torte mit Erdbeeren I

Fruchtig – mit Alkohol

Insgesamt:
E: 94 g, F: 390 g, Kh: 377 g, kJ: 23029, kcal: 5496

Für den Biskuitteig:
4 Eier (Größe M)
4 EL heißes Wasser
120 g Zucker
1 Pck. Dr. Oetker Vanillin-Zucker
2 gestr. TL Instant-Kaffeepulver
100 g Weizenmehl
25 g Speisestärke
1 gestr. TL Dr. Oetker Backin

Zum Bestreuen:
etwas Zucker

Für die Füllung:
6 Blatt weiße Gelatine
4 Eigelb (Größe M)
80 g Zucker
500 g Mascarpone
(ital. Frischkäse)
150 g Erdbeeren

Zum Beträufeln:
2 EL Amaretto (Mandellikör)

Zum Bestreichen und Verzieren:
400 g Schlagsahne
2 Pck. Dr. Oetker Sahnesteif
1–2 EL Kakaopulver

Zubereitungszeit: 50 Minuten, ohne Kühlzeit
Backzeit: etwa 12 Minuten

1. Den Backofen vorheizen.
Ober-/Unterhitze: etwa 200 °C
Heißluft: etwa 180 °C

2. Für den Teig Eier und Wasser mit Handrührgerät mit Rührbesen auf höchster Stufe in 1 Minute schaumig schlagen. Zucker und Vanillin-Zucker mischen, in 1 Minute einstreuen, dann noch etwa 2 Minuten weiterschlagen. Kaffeepulver kurz unterrühren.

3. Mehl mit Speisestärke und Backpulver mischen, auf die Eiercreme geben und kurz auf niedrigster Stufe unterrühren. Den Biskuitteig auf ein Backblech (30 x 40 cm, gefettet, mit Backpapier belegt) geben und verstreichen. Das Backblech in den vorgeheizten Backofen schieben und den Boden **etwa 12 Minuten backen.**

4. Die Biskuitplatte sofort nach dem Backen vom Rand lösen, auf ein mit Zucker bestreutes Stück Backpapier stürzen und mit dem Backpapier erkalten lassen. Anschließend mitgebackenes Backpapier vorsichtig abziehen.

5. Für die Füllung Gelatine nach Packungsanleitung einweichen. Eigelb und Zucker in einer Edelstahlschüssel im Wasserbad mit Handrührgerät mit Rührbesen auf höchster Stufe etwa 5 Minuten schaumig schlagen. Schüssel aus dem Wasserbad nehmen. Gelatine leicht ausdrücken und unter Rühren in der heißen Eiermasse auflösen. Mascarpone esslöffelweise unterrühren und die Creme in den Kühlschrank stellen.

6. Erdbeeren abspülen, trocken tupfen, entstielen und in kleine Würfel schneiden. Sobald die Mascarponecreme beginnt dicklich zu werden, die Erdbeerwürfel unterheben.

7. Biskuitplatte mit Amaretto beträufeln, Mascarponecreme darauf verstreichen und die Creme noch etwas anziehen lassen.

8. Anschließend die bestrichene Biskuitplatte der Länge nach in 6 Streifen (etwa 5 cm breit) schneiden. 1 Streifen zu einer Schnecke aufrollen und auf eine Tortenplatte stellen. Die restlichen Streifen darumlegen, dabei leicht andrücken. Torte 2–3 Stunden in den Kühlschrank stellen.

9. Zum Bestreichen und Verzieren die Schlagsahne mit Sahnesteif steif schlagen. Ein Drittel der Sahne in einen Spritzbeutel mit Lochtülle füllen. Tortenrand und -oberfläche mit der restlichen Sahne bestreichen. Die Tortenoberfläche mit der Sahne aus dem Spritzbeutel verzieren und die Torte in den Kühlschrank stellen. Vor dem Servieren die Torte mit Kakao bestäuben.

Toblerone Torte | Beliebt – mit Alkohol

Insgesamt:
E: 66 g, F: 285 g, Kh: 585 g, kJ: 22394, kcal: 5338

Für das Baiser:
> 1 Eiweiß (Größe M)
> 3 EL Zucker
> 1 Msp. gemahlener Zimt

Für den Rührteig:
> 100 g Butter oder Margarine
> 150 g Zucker
> 1 Pck. Dr. Oetker Vanillin-Zucker
> 2 Eier (Größe M)
> 1 Eigelb (Größe M)
> 125 g Weizenmehl
> 50 g Speisestärke
> 2 gestr. TL Dr. Oetker Backin
> 2 EL Amaretto (Mandellikör)

Zum Bestreuen und Tränken:
> 25 g gehobelte Mandeln
> 2 EL Amaretto (Mandellikör)

Für die Füllung:
> 2 Pck. Galetta Schokoladen-
> Geschmack (Pudding-
> Pulver ohne Kochen)
> 400 g Schlagsahne
> 200 ml Milch
> 3 EL Amaretto (Mandellikör)
> 70 g Toblerone® Milchschokolade

Zum Garnieren:
> 30 g Toblerone® Milchschokolade
> Puderzucker

Zubereitungszeit: 50 Minuten, ohne Abkühlzeit
Backzeit: etwa 50 Minuten

1. Für das Baiser Eiweiß mit Handrührgerät mit Rührbesen auf höchster Stufe steif schlagen. Der Eischnee muss so fest sein, dass ein Messerschnitt sichtbar bleibt. Nach und nach Zucker und Zimt kurz unterschlagen. Eischnee in einen Spritzbeutel mit Lochtülle (Ø etwa 8 mm) füllen.

2. Den Backofen vorheizen.
Ober-/Unterhitze: etwa 160 °C
Heißluft: etwa 140 °C

3. Für den Teig Butter oder Margarine mit Handrührgerät mit Rührbesen auf höchster Stufe geschmeidig rühren. Nach und nach Zucker und Vanillin-Zucker unterrühren. So lange rühren, bis eine gebundene Masse entstanden ist. Eier und Eigelb nach und nach unterrühren (jedes Ei und Eigelb etwa ½ Minute).

4. Mehl mit Speisestärke und Backpulver mischen und abwechselnd mit Amaretto auf mittlerer Stufe kurz unterrühren. Den Rührteig in eine Springform (Ø 26 cm, Boden gefettet) füllen und glatt streichen. Das Baiser in Tupfen auf den Teig spritzen und mit Mandeln bestreuen. Die Form auf dem Rost in den vorgeheizten Backofen schieben und den Boden **etwa 50 Minuten backen.**

5. Nach dem Backen Springformrand lösen und entfernen, Boden vom Springformboden lösen, aber darauf auf einem Kuchenrost erkalten lassen. Anschließend den Boden einmal waagerecht durchschneiden. Den unteren Boden auf eine Tortenplatte legen und einen Tortenring oder den gesäuberten Springformrand (Rand mit Backpapier auslegen) darumstellen. Den unteren Boden mit Amaretto tränken.

6. Für die Füllung Pudding-Pulver nach Packungsanleitung, aber mit 400 g Sahne und 200 ml Milch zubereiten. Anschließend den Amaretto unterrühren. Schokolade hacken, unterheben und die Creme auf den unteren Boden streichen. Den zweiten Boden mit dem Baiser darauflegen.

7. Zum Garnieren Tortenring oder Springformrand vorsichtig mit einem Messer lösen und entfernen. Schokolade in Scheiben schneiden, auf der Tortenoberfläche verteilen und den Rand mit Puderzucker bestäuben. Die Torte kann sofort serviert werden.

Tipp: Für die alkoholfreie Variante tauschen Sie den Amaretto in der Füllung gegen Milch aus. Der Boden muss nicht getränkt werden.

® Société des Produits Nestlé S.A.

Toffifee-Torte | Raffiniert

Insgesamt:
E: 72 g, F: 275 g, Kh: 318 g, kJ: 17428, kcal: 4164

Für den Biskuitteig:

100 g	Löffelbiskuits
100 g	gemahlene Haselnuss-
	kerne
3	Eiweiß (Größe M)
150 g	Zucker
3	Eigelb (Größe M)
25 g	Weizenmehl
1 gestr. TL	Dr. Oetker Backin

Für die Füllung:

5 Blatt	weiße Gelatine
10 Stück	Toffifee
500 g	Schlagsahne
1 geh. EL	Kakaogetränkepulver

Zum Bestreichen:

1 EL	Zucker
2 EL	Wasser
1 geh. EL	Aprikosenkonfitüre

Zum Garnieren:

14	Toffifee

Zubereitungszeit: 50 Minuten, ohne Abkühlzeit
Backzeit: 25–30 Minuten

1. Für den Teig Löffelbiskuits in einen Gefrierbeutel geben, ihn verschließen und die Löffelbiskuits mit einer Teigrolle fein zerbröseln. Haselnusskerne in einer Pfanne ohne Fett leicht bräunen und auf einem Teller erkalten lassen.

2. Den Backofen vorheizen.
Ober-/Unterhitze: etwa 180 °C
Heißluft: etwa 160 °C

3. Eiweiß mit der Hälfte des Zuckers steif schlagen. Eigelb mit dem restlichen Zucker mit Handrührgerät mit Rührbesen etwa 4 Minuten cremig schlagen. Das steif geschlagene Eiweiß daraufgeben und vorsichtig unterheben.

4. Mehl mit Backpulver mischen, mit Löffelbiskuitbröseln und Haselnusskernen hinzufügen und vorsichtig unterheben.

5. Den Biskuitteig in eine Springform (Ø 24 cm, Boden gefettet, mit Backpapier belegt) geben und glatt streichen. Die Form auf dem Rost in den vorgeheizten Backofen schieben und den Boden sofort **25–30 Minuten backen.**

6. Den Boden aus der Form lösen, auf einen mit Backpapier belegten Kuchenrost stürzen und erkalten lassen. Anschließend mitgebackenes Backpapier abziehen und den erkalteten Boden einmal waagerecht durchschneiden. Den unteren Boden auf eine Tortenplatte legen.

7. Für die Füllung Gelatine nach Packungsanleitung einweichen. Toffifee fein hacken. Gelatine leicht ausdrücken und in einem kleinen Topf bei schwacher Hitze unter Rühren auflösen. Die Sahne fast steif schlagen. Lauwarme, gelöste Gelatine unter Rühren auf einmal hinzufügen und die Sahne vollkommen steif schlagen.

8. Unter die Hälfte der Sahne die gehackten Toffifee rühren, die andere Hälfte mit dem Kakaogetränkepulver verrühren. Die Schokoladensahne in einen Spritzbeutel mit Sterntülle füllen.

9. Auf den unteren Boden mit der Schokoladensahne außen einen etwa 3 cm breiten Ring spritzen, die restliche Schokoladensahne zum Verzieren beiseitelegen. Die Mitte des Bodens mit gut drei Viertel der Toffifee-Sahne bestreichen, den oberen Boden auflegen und leicht andrücken.

10. Zucker mit Wasser unter Rühren zum Kochen bringen, bis sich der Zucker gelöst hat. Konfitüre durch ein Sieb streichen und hinzufügen. So lange unter Rühren kochen lassen, bis die Masse anfängt dicklich zu werden. Den oberen Boden damit bestreichen.

11. In die Mitte der Tortenoberfläche einen Kreis aus der restlichen Toffifee-Sahne streichen. Die Torte mit der beiseitegelegten Schokoladensahne verzieren und mit Toffifee garnieren.

Toffifee-Zopf | Beliebt

Insgesamt:
E: 106 g, F: 210 g, Kh: 549 g, kJ: 19006, kcal: 4536

Für die Füllung:
- 1 Pck. Dr. Oetker Pudding-Pulver Schokoladen-Geschmack
- 375 ml (3/8 l) Milch
- 125 g Nuss-Nougat-Creme

Für den Hefeteig:
- 375 g Weizenmehl
- 1 Pck. Hefeteig Garant
- 70 g Zucker
- 1 Pck. Dr. Oetker Vanillin-Zucker
- 100 ml Milch
- 50 g weiche Butter
- 2 Eier (Größe M)
- 1 Eiweiß (Größe M)

Zum Bestreuen und Bestreichen:
- 100 g gehobelte Haselnusskerne
- 10 Toffifee
- 1 Eigelb (Größe M)
- 2 EL Milch

Puderzucker

Zubereitungszeit: 40 Minuten, ohne Abkühl- und Ruhezeit
Backzeit: etwa 40 Minuten

1. Für die Füllung Pudding-Pulver nach Packungsanleitung, aber mit der hier angegebenen Menge Milch und ohne Zucker zubereiten. Nuss-Nougat-Creme in den heißen Pudding rühren und den Pudding erkalten lassen, dabei gelegentlich umrühren.

2. Für den Teig Mehl in eine Rührschüssel geben und mit Hefeteig Garant vermischen. Restliche Zutaten dazugeben und mit Handrührgerät mit Knethaken zunächst kurz auf niedrigster, dann auf höchster Stufe in etwa 2 Minuten zu einem glatten Teig verarbeiten.

3. Den Teig auf der leicht bemehlten Arbeitsfläche zu einem Rechteck (etwa 30 x 40 cm) ausrollen, den erkalteten Pudding darauf verstreichen, dabei am Rand 1 cm frei lassen. Pudding mit Nusskernen bestreuen. Toffifee klein hacken und ebenfalls daraufstreuen.

4. Die Teigplatte von der längeren Seite aus aufrollen und der Länge nach einmal senkrecht durchschneiden. Beide Hälften mit der Schnittfläche nach oben umeinander flechten, sodass ein Zopf entsteht. Den Zopf auf ein Backblech (mit Backpapier belegt) legen und die Enden etwas einschlagen. Eigelb mit Milch verrühren, den Zopf damit bestreichen und etwa 15 Minuten ruhen lassen.

5. Inzwischen den Backofen vorheizen.
Ober-/Unterhitze: etwa 180 °C
Heißluft: etwa 160 °C

6. Das Backblech in den vorgeheizten Backofen schieben und den Zopf **etwa 40 Minuten backen.**

7. Den Zopf mit dem Backpapier vom Backblech auf einen Kuchenrost ziehen und erkalten lassen. Vor dem Servieren den Zopf mit Puderzucker bestäuben.

Tränchentorte | Beliebt

Insgesamt:
E: 118 g, F: 176 g, Kh: 574 g, kJ: 18810, kcal: 4491

Für den Knetteig:
- 150 g Weizenmehl
- 1 gestr. TL Dr. Oetker Backin
- 75 g Zucker
- 1 Pck. Dr. Oetker Vanillin-Zucker
- 1 Ei (Größe M)
- 50 g Butter

Für den Belag:
- 1 Dose Mandarinen (Abtropfgewicht 175 g)
- 500 g Magerquark
- 150 g Zucker
- 1 Pck. Dr. Oetker Vanillin-Zucker
- 3 Eigelb (Größe M)
- 1 Pck. Dr. Oetker Pudding-Pulver Vanille-Geschmack
- 100 ml Speiseöl, z. B. Sonnenblumenöl
- 3 TL Zitronensaft
- 250 ml (¼ l) Milch

Für die Baisermasse:
- 3 Eiweiß (Größe M)
- 100 g feinkörniger Zucker

Zubereitungszeit: 50 Minuten, ohne Kühlzeit
Backzeit: etwa 70 Minuten

1. Für den Teig Mehl mit Backpulver mischen und in eine Rührschüssel geben. Restliche Zutaten hinzufügen und mit Handrührgerät mit Knethaken zunächst kurz auf niedrigster, dann auf höchster Stufe gut durcharbeiten.

2. Anschließend den Teig auf der leicht bemehlten Arbeitsfläche kurz verkneten. Sollte er kleben, ihn in Frischhaltefolie gewickelt eine Zeit lang kalt stellen. Zwei Drittel des Teiges auf dem Boden einer Springform (Ø 26 cm, gefettet) ausrollen und mehrmals mit einer Gabel einstechen. Den Springformrand um den Boden legen. Den Rest des Teiges zu einer Rolle formen, sie als Rand auf den Boden legen und so an die Form drücken, dass ein etwa 3 cm hoher Rand entsteht.

3. Den Backofen vorheizen.
Ober-/Unterhitze: etwa 180 °C
Heißluft: etwa 160 °C

4. Für den Belag Mandarinen in einem Sieb gut abtropfen lassen. Quark, Zucker, Vanillin-Zucker, Eigelb, Pudding-Pulver, Öl, Zitronensaft und Milch verrühren. Die abgetropften Mandarinen unter die Quarkmasse heben, in die Springform füllen und glatt streichen. Die Form auf dem Rost in den vorgeheizten Backofen schieben und die Torte **etwa 60 Minuten backen.**

5. Für die Baisermasse Eiweiß mit Handrührgerät mit Rührbesen auf höchster Stufe steif schlagen. Der Schnee muss so fest sein, dass ein Messerschnitt sichtbar bleibt. Nach und nach Zucker unterschlagen. Die Torte nach Beendigung der Backzeit aus dem Backofen nehmen, die Baisermasse darauf verstreichen und die Torte auf der oberen Einschubleiste bei gleicher Backofeneinstellung noch **etwa 10 Minuten backen,** bis die Baisermasse Farbe angenommen hat.

6. Die Torte aus der Form lösen und auf einem Kuchenrost erkalten lassen. Die „Tränchen" bilden sich erst, wenn die Torte richtig ausgekühlt ist.

Tutti-Frutti-Torte | Einfach – fruchtig

Insgesamt:
E: 38 g, F: 185 g, Kh: 384 g, kJ: 14813, kcal: 3536

Zum Vorbereiten:
1 Dose Ananasscheiben
(Abtropfgewicht 245 g)

Für den Boden:
200 g Kokoskekse
100 g Butter oder Margarine

Für die Füllung:
1 Banane
1 Orange
375 ml (³/₈ l) Multivitaminsaft
1 Pck. Dr. Oetker Pudding-Pulver
Vanille-Geschmack
20 g Zucker

Für den Joghurtbelag:
3 Blatt weiße Gelatine
250 g Ananas- oder Maracujajoghurt
200 g Schlagsahne
1 Pck. Dr. Oetker Vanillin-Zucker

Zum Garnieren:
1 Banane
1 Karambole (Sternfrucht)
1 Orange
1 Kumquat (Miniorange)
1 Pck. Tortenguss, klar
200 ml Ananassaft aus der Dose

Zubereitungszeit: 45 Minuten,
ohne Kühl- und Abkühlzeit

1. Zum Vorbereiten Ananasstücke in einem Sieb abtropfen lassen, den Saft dabei auffangen und 200 ml zum Garnieren abmessen, evtl. mit Wasser ergänzen. Von den Ananasscheiben 100 g für die Füllung und 100 g zum Garnieren abwiegen und beiseitestellen.

2. Für den Boden Kokoskekse in einen Gefrierbeutel geben, ihn verschließen und die Kekse mit einer Teigrolle fein zerbröseln. Keksbrösel in eine Schüssel geben. Butter oder Margarine zerlassen, zu den Keksbröseln geben und gut verrühren. Einen Springformrand (Ø 26 cm) auf eine mit Tortenspitze oder Backpapier belegte Tortenplatte stellen. Die Bröselmasse darin verteilen und mithilfe eines Löffels gut zu einem Boden andrücken. Den Boden in den Kühlschrank stellen.

3. Für die Füllung Banane und Orange schälen. Banane, Orange und Ananas fein würfeln. Aus Saft, Pudding-Pulver und Zucker nach Packungsanleitung einen Pudding zubereiten. Obstwürfel unterheben und nochmals kurz aufkochen lassen. Pudding leicht abkühlen lassen, dann auf dem Boden verteilen und erkalten lassen.

4. Für den Joghurtbelag Gelatine nach Packungsanleitung einweichen. Gelatine leicht ausdrücken und in einem kleinen Topf bei schwacher Hitze unter Rühren auflösen. Aufgelöste Gelatine erst mit etwa 4 Esslöffeln von dem Joghurt verrühren, dann die Mischung unter den restlichen Joghurt rühren und in den Kühlschrank stellen.

5. Sobald die Masse beginnt dicklich zu werden, Sahne mit Vanillin-Zucker steif schlagen und unterheben. Joghurtcreme auf dem erkalteten Pudding verstreichen und die Torte 2–3 Stunden in den Kühlschrank stellen.

6. Zum Garnieren den Springformrand lösen, entfernen und die Torte auf eine Tortenplatte setzen. Die Früchte schälen. Banane und Karambole in Scheiben, Ananas in Würfel schneiden. Orange filetieren und Kumquat in Scheiben schneiden. Die Tortenoberfläche üppig mit den Früchten belegen.

7. Einen Guss aus Tortengusspulver und dem abgemessenen Ananassaft nach Packungsanleitung zubereiten. Mithilfe eines Pinsels die Früchte mit dem Guss bestreichen.

Tipps: Die Torte kann bereits am Vortag zubereitet werden. Die Oberfläche kann zusätzlich auch mit Kokosgebäck garniert werden. Außer den genannten Früchten können natürlich auch Mango oder Melone eingesetzt werden.

T

Twix-Schnitten | Schnell zubereitet

Insgesamt:
E: 64 g, F: 324 g, Kh: 517 g, kJ: 21960, kcal: 5243

Für den Rührteig:

2 Pck.	*Twix® (je 58 g, Schoko-Keks-Riegel)*
150 g	*Butter oder Margarine*
75 g	*Zucker*
1 Pck.	*Dr. Oetker Vanillin-Zucker*
1 Prise	*Salz*
3	*Eier (Größe M)*
150 g	*Weizenmehl*
3 gestr. TL	*Dr. Oetker Backin*

Für den Belag:

1 Pck.	*Dr. Oetker Pudding-Pulver Vanille-Geschmack*
375 ml (³/₈ l)	*Milch*
75 g	*Zucker*
125 g	*Butter*

Zum Bestreichen:

2 EL *Johannisbeergelee*

Zum Garnieren:

evtl. 16 *Twix® Miniatures*

Zubereitungszeit: 35 Minuten, ohne Abkühl- und Kühlzeit
Backzeit: etwa 20 Minuten

1. Den Backofen vorheizen.
Ober-/Unterhitze: etwa 180 °C
Heißluft: etwa 160 °C

2. Für den Teig Twix®-Riegel in kleine Stücke schneiden. Butter oder Margarine mit Handrührgerät mit Rührbesen auf höchster Stufe geschmeidig rühren. Nach und nach Zucker, Vanillin-Zucker und Salz unterrühren. So lange rühren, bis eine gebundene Masse entstanden ist.

3. Eier nach und nach unterrühren (jedes Ei etwa ½ Minute). Mehl mit Backpulver mischen und auf mittlerer Stufe kurz unterrühren. Zuletzt die Twix®-

Stückchen unterheben. Einen Backrahmen (etwa 20 x 25 cm) auf ein Backblech (mit Backpapier belegt) stellen, den Teig hineingeben und glatt streichen.

4. Das Backblech in den vorgeheizten Backofen schieben und den Boden **etwa 20 Minuten backen.**

5. Den Boden aus dem Backrahmen lösen, auf einen mit Backpapier belegten Kuchenrost stürzen und den Boden erkalten lassen.

6. Anschließend mitgebackenes Backpapier abziehen und den Boden einmal waagerecht durchschneiden.

7. Für den Belag das Pudding-Pulver mit 3 Esslöffeln von der Milch anrühren. Zucker in einem Topf leicht bräunen (karamellisieren) lassen, mit der restlichen Milch ablöschen und zum Kochen bringen. Milch von der Kochstelle nehmen, Pudding-Pulver einrühren und alles einmal unter Rühren gut aufkochen lassen.

8. Den heißen Pudding in eine Schüssel umfüllen. Butter in kleine Stücke schneiden und darauflegen, aber nicht verrühren. Die Schüssel mit Frischhaltefolie zudecken und den Pudding erkalten lassen.

9. Die untere Bodenhälfte auf eine Tortenplatte legen und mit 1 Esslöffel Gelee bestreichen.

10. Den erkalteten Pudding mit Handrührgerät mit Rührbesen cremig aufschlagen und die Hälfte davon in einen Spritzbeutel mit Sterntülle füllen. Die restliche Creme auf dem unteren Boden verstreichen, oberen Boden auflegen und das restliche Johannisbeergelee daraufstreichen.

11. Die Tortenoberfläche in 16 Streifen einteilen und mit der Creme aus dem Spritzbeutel verzieren. Die Torte etwa 1 Stunde in den Kühlschrank stellen und vor dem Servieren nach Belieben mit Twix® Miniatures garnieren.

Tipp: Nach Belieben den unteren Boden mit Mandarinen aus der Dose (Abtropfgewicht 235 g) belegen.

® Registered trademark of MARS.

Valentins-Schnittchen
Zum Verschenken

Insgesamt:
E: 202 g, F: 495 g, Kh: 1014 g, kJ: 39390, kcal: 9040

Für den Knetteig:
- 300 g Weizenmehl
- 50 g Speisestärke
- 1 gestr. TL Dr. Oetker Backin
- 150 g Zucker
- 1 Pck. Dr. Oetker Vanillin-Zucker
- 1 Prise Salz
- 150 g Butter oder Margarine
- 2 Eier (Größe M)

- 1 Glas Sauerkirschkonfitüre (225 g)
- 250 g Löffelbiskuits

Für die Füllung:
- 12 Blatt weiße Gelatine
- 400 g Mascarpone (ital. Frischkäse)
- 500 g Magerquark
- Saft von 1 Zitrone
- 175 g Zucker
- 500 g Schlagsahne

- 4 EL Kakaopulver
- 3 Pck. (je 10 g) lösliches Marzipan-Cappuccino-Pulver
- einige Weingummiherzen

Zubereitungszeit: 45 Minuten, ohne Kühlzeit
Backzeit: etwa 15 Minuten

1. Den Backofen vorheizen.
Ober-/Unterhitze: etwa 200 °C
Heißluft: etwa 180 °C

2. Für den Teig Mehl mit Speisestärke und Backpulver mischen und in eine Rührschüssel geben. Restliche Zutaten hinzugeben und mit Handrührgerät mit Knethaken zunächst kurz auf niedrigster, dann auf höchster Stufe gut durcharbeiten. Anschließend den Teig auf der leicht bemehlten Arbeitsfläche kurz verkneten.

Sollte er kleben, ihn in Frischhaltefolie gewickelt eine Zeit lang kalt stellen.

3. Den Teig auf einem Backblech (30 x 40 cm, gefettet) ausrollen und mehrmals mit einer Gabel einstechen. Das Backblech in den vorgeheizten Backofen schieben und den Boden **etwa 15 Minuten backen.**

4. Backblech auf einen Kuchenrost stellen, Boden erkalten lassen. Mit der Konfitüre bestreichen. Die Hälfte der Löffelbiskuits mit etwas Abstand darauf verteilen. Einen Backrahmen darumstellen.

5. Für die Füllung Gelatine nach Packungsanleitung einweichen. Mascarpone mit Quark, Zitronensaft und Zucker verrühren. Gelatine leicht ausdrücken und in einem kleinen Topf bei schwacher Hitze unter Rühren auflösen. Aufgelöste Gelatine erst mit etwa 4 Esslöffeln von der Mascarponemasse verrühren, dann die Mischung unter die restliche Mascarponemasse rühren. Mascarponemasse in den Kühlschrank stellen.

6. Sobald die Masse beginnt dicklich zu werden, Sahne steif schlagen und unterheben. Die Hälfte der Mascarponecreme auf den Löffelbiskuits verstreichen. Eine weitere Schicht Löffelbiskuits darauf verteilen. Restliche Creme daraufgeben und glatt streichen. Kuchen etwa 4 Stunden in den Kühlschrank stellen.

7. Zum Verzieren und Garnieren Backrahmen lösen und entfernen. Kakao mit Marzipan-Cappuccino-Pulver mischen und eine dicke Schicht auf den Kuchen sieben. Mit Weingummiherzen garnieren.

Vanilletorte Olé | Schnell zubereitet

Insgesamt:
E: 98 g, F: 204 g, Kh: 657 g, kJ: 21118, kcal: 5045

Für den Rührteig:
- 100 g Butter oder Margarine
- 100 g Marzipan-Rohmasse
- 5 Eigelb (Größe M)
- 150 g Zucker
- 1 Pck. Dr. Oetker Bourbon-Vanille-Zucker
- 5 Eiweiß (Größe M)
- 1 Prise Salz
- 100 g Weizenmehl
- 100 g Speisestärke
- 1 gestr. TL Dr. Oetker Backin
- 50 g grob geraspelte Zartbitter-Schokolade
- 30 g gehackte Mandeln
- 30 g gewürfeltes Zitronat (Succade)

Für den Guss:
- 3 EL Aprikosenkonfitüre
- 300 g Zartbitter-Kuvertüre

  weiße Kuvertüre
  Schokoladen-Ornamente

Zubereitungszeit: 35 Minuten, ohne Abkühlzeit
Backzeit: etwa 45 Minuten

1. Den Backofen vorheizen.
Ober-/Unterhitze: etwa 180 °C
Heißluft: etwa 160 °C

2. Für den Teig Butter oder Margarine zerlassen und abkühlen lassen. Marzipan in kleine Stücke schneiden und mit Eigelb mit Handrührgerät mit Rührbesen auf höchster Stufe geschmeidig rühren. Nach und nach Zucker und Vanille-Zucker unterrühren. So lange rühren, bis sich der Zucker aufgelöst hat.

3. Dann Eiweiß und Salz steif schlagen und unter die Marzipanmasse heben. Mehl mit Speisestärke und Backpulver mischen und in 2 Portionen auf niedrigster Stufe unterrühren.

4. Die Butter langsam hinzugeben und mit Schokolade, Mandeln und Zitronat unterrühren. Den Teig in eine Tarteform (Ø 26 cm, mit 3–4 cm hohem Rand, gefettet, mit Mandeln ausgestreut) geben und glatt streichen. Die Form auf dem Rost in den vorgeheizten Backofen schieben und den Kuchen **etwa 45 Minuten backen.**

5. Den Kuchen etwa 10 Minuten in der Form stehen lassen, dann auf einen mit Backpapier belegten Kuchenrost stürzen und erkalten lassen.

6. Für den Guss Konfitüre unter Rühren erhitzen, die Torte wieder umdrehen und vollständig damit bestreichen. Konfitüre fest werden lassen.

7. Die Kuvertüre grob zerkleinern und in einem kleinen Topf im Wasserbad bei schwacher Hitze unter Rühren schmelzen lassen. Kuvertüre etwas abkühlen lassen, die Torte gleichmäßig damit überziehen und den Guss fest werden lassen.

8. Zum Verzieren und Garnieren weiße Kuvertüre wie unter Punkt 7 schmelzen. Die Torte damit und mit den Schokoladen-Ornamenten garnieren.

Tipps: Sie können die Vanilletorte auch in einer Springform backen. Die Vanilletorte bleibt im Kühlschrank gut in Alufolie verpackt mehrere Tage frisch.

Waffelröllchen-Himbeer-Torte

Fruchtig

Insgesamt:
E: 57 g, F: 342 g, Kh: 532 g, kJ: 23977, kcal: 5728

Für den Knetteig:

    150 g Weizenmehl
     50 g Zucker
    1 Pck. Dr. Oetker Bourbon-
            Vanille-Zucker
    100 g Butter oder Margarine

Für die Füllung:

    500 ml (½ l) Fruchtmilch Himbeer-
                  Geschmack (aus dem Kühlregal)
    1 Beutel
    aus 1 Pck. Götterspeise Himbeer-Geschmack
         50 g Zucker
        250 g Mascarpone (ital. Frischkäse)
        200 g Schlagsahne
        250 g Schokoladen-Waffelröllchen

Für den Belag:

    1 Beutel
    aus 1 Pck. Götterspeise Himbeer-Geschmack
         25 g Zucker
        250 g Himbeeren

Zum Verzieren und Garnieren:

    etwas Schlagsahne
    etwas Zitronenmelisse

Zubereitungszeit: 50 Minuten, ohne Kühlzeit
Backzeit: etwa 15 Minuten

1. Den Backofen vorheizen.
Ober-/Unterhitze: etwa 200 °C
Heißluft: etwa 180 °C

2. Für den Teig Mehl in eine Rührschüssel geben. Restliche Zutaten hinzufügen und mit Handrührgerät mit Knethaken zunächst kurz auf niedrigster, dann auf höchster Stufe gut durcharbeiten. Anschließend den Teig auf der leicht bemehlten Arbeitsfläche kurz verkneten. Sollte er kleben, ihn in Frischhaltefolie gewickelt eine Zeit lang kalt stellen.

3. Teig auf einem Springformboden (Ø 26 cm, gefettet) ausrollen, den Springformrand darumstellen und Teig mehrmals mit einer Gabel einstechen. Die Form auf dem Rost in den vorgeheizten Backofen schieben und den Boden **etwa 15 Minuten backen.**

4. Springformrand entfernen und den Boden sofort vom Springformboden lösen, aber darauf auf einem Kuchenrost erkalten lassen.

5. Für die Füllung von der Himbeermilch 300 ml abnehmen, restliche 200 ml für den Belag beiseitestellen. Götterspeise mit etwas von der großen Menge Himbeermilch anrühren. Zucker hinzufügen und unter Rühren erwärmen, bis alles gelöst ist. Götterspeisemasse etwas abkühlen lassen.

6. Mascarpone in eine Schüssel geben, mit der restlichen Himbeermilch für die Füllung glatt rühren und die Götterspeisemasse unterrühren. Die Masse in den Kühlschrank stellen. Sobald die Masse beginnt dicklich zu werden, Sahne steif schlagen und unterheben.

7. Den Tortenboden auf eine Tortenplatte legen, einen Tortenring darumstellen und die Waffelröllchen mit der Schokoladenseite nach oben rundherum an den Rand stellen. Himbeermasse vorsichtig einfüllen, sodass die Waffelröllchen stehen bleiben (evtl. vorher ein wenig Masse auf dem Boden verteilen, sodass die Waffelröllchen besser stehen bleiben). Die Torte etwa 2 Stunden in den Kühlschrank stellen.

8. Für den Belag Götterspeise mit restlicher Himbeermilch (200 ml) und dem Zucker verrühren und unter Rühren erwärmen, bis alles gelöst ist. Die Himbeeren verlesen, evtl. abspülen und trocken tupfen. Die Hälfte davon pürieren, evtl. durch ein Sieb streichen und unter die Götterspeisemasse rühren (restliche Himbeeren zum Garnieren beiseitestellen). Masse vorsichtig auf der Himbeermasse verstreichen und die Waffelröllchen-Himbeer-Torte nochmals etwa 1 Stunde in den Kühlschrank stellen.

9. Vor dem Servieren Tortenring lösen und entfernen. Die Torte mit geschlagener Sahne verzieren und mit den restlichen Himbeeren und Zitronenmelisse garnieren.

Waffelröllchentorte mit Eierlikör

Dauert etwas länger – mit Alkohol

Insgesamt:
E: 70 g, F: 593 g, Kh: 469 g, kJ: 32270, kcal: 7951

Für den Boden:
- 150 g Löffelbiskuits
- 70 g Zwieback
- 125 g Butter

Für den Rand:
- 200–300 g Waffelröllchen mit Zartbitter-Schokolade

Für die Füllung:
- 9 Blatt weiße Gelatine
- 250 g Butter
- 150 g gesiebter Puderzucker
- 2 Pck. Dr. Oetker Vanillin-Zucker
- 3 Eigelb (Größe M)
- 100 ml Eierlikör
- 600 g Schlagsahne

- 2 EL Raspelschokolade

Zubereitungszeit: 60 Minuten, ohne Kühlzeit

1. Für den Boden Löffelbiskuits und Zwieback in einen Gefrierbeutel geben, ihn verschließen und beide Zutaten mit einer Teigrolle fein zerbröseln. Keksbrösel in eine Schüssel geben.

2. Butter in einem Topf zerlassen, zu den Bröseln geben und gut verrühren. Einen Springformrand (Ø 26 cm) auf eine mit Tortenspitze oder Backpapier belegte Tortenplatte stellen. Die Bröselmasse darin verteilen und mithilfe eines Löffels gut zu einem Boden andrücken.

3. Für den Rand die Waffelröllchen mit der Schokoladenseite nach oben an den Rand der Springform stellen und leicht in die Löffelbiskuitmasse drücken. Den Boden etwa 15 Minuten in den Kühlschrank stellen.

4. Für die Füllung Gelatine nach Packungsanleitung einweichen. Butter mit Handrührgerät mit Rührbesen auf höchster Stufe geschmeidig rühren. Puderzucker, Vanillin-Zucker, Eigelb und Eierlikör unterrühren. Die Gelatine leicht ausdrücken und in einem kleinen Topf bei schwacher Hitze unter Rühren auflösen. Aufgelöste Gelatine mit etwa 4 Esslöffeln von der Eierlikörmasse verrühren, dann die Mischung unter die restliche Eierlikörmasse rühren und die Masse in den Kühlschrank stellen.

5. Sobald die Masse beginnt dicklich zu werden, Sahne steif schlagen und unterheben. Die Füllung in die Form auf den Boden geben und verstreichen. Die Torte etwa 2 Stunden in den Kühlschrank stellen.

6. Vor den Servieren den Springformrand und das Backpapier entfernen. Die Torte auf eine Tortenplatte geben und mit Raspelschokolade bestreuen.

Wattekuchen, gefüllt | Beliebt

Insgesamt:
E: 119 g, F: 377 g, Kh: 725 g, kJ: 28335, kcal: 6765

Für den Biskuitteig:
- 5 Eier (Größe M)
- 250 g Zucker
- 1 Pck. Dr. Oetker Vanillin-Zucker
- 250 g Weizenmehl
- 1 Pck. Dr. Oetker Backin

Für die Füllung:
- 1 Pck. Dr. Oetker Pudding-Pulver Schokoladen-Geschmack
- 1–2 EL Zucker
- 500 ml (½ l) Milch
- 100 g Butter

Für den Belag:
- 150 g Butter
- 200 g Zucker
- 200 g gehobelte Mandeln

Zubereitungszeit: 40 Minuten, ohne Abkühlzeit
Backzeit: etwa 20 Minuten

1. Den Backofen vorheizen.
Ober-/Unterhitze: etwa 200 °C
Heißluft: etwa 180 °C

2. Für den Teig Eier mit Handrührgerät mit Rührbesen auf höchster Stufe in 1 Minute schaumig schlagen. Zucker und Vanillin-Zucker mischen, in 1 Minute einstreuen, dann noch etwa 2 Minuten weiterschlagen.

3. Mehl mit Backpulver mischen, die Hälfte davon auf die Eiercreme geben und auf niedrigster Stufe kurz unterrühren. Restliches Mehlgemisch auf die gleiche Weise unterarbeiten. Einen Backrahmen auf ein Backblech (30 x 40 cm, gefettet, gemehlt) stellen, den Teig einfüllen und vorsichtig verstreichen. Das Backblech in den vorgeheizten Backofen schieben und dann die Biskuitplatte **etwa 20 Minuten backen.**

4. Für die Füllung in der Zwischenzeit aus Pudding-Pulver, Zucker und Milch nach Packungsanleitung, aber mit den angegebenen Zutaten einen Pudding zubereiten. Die Butter in den noch heißen Pudding rühren.

5. Das Backblech auf einen Kuchenrost stellen. Den Boden sofort nach dem Backen vorsichtig mithilfe eines Löffels mit dem Pudding bestreichen. Boden und Pudding erkalten lassen.

6. Für den Belag Butter mit Zucker in einer Pfanne schmelzen lassen, Mandeln hinzufügen und unter Rühren goldgelb rösten. Die Mandelmasse vorsichtig auf den Pudding geben und verteilen. Die Masse erkalten lassen und den Kuchen in Stücke schneiden.

Tipps: Statt gehobelter Mandeln können auch gehackte Mandeln oder Kokosraspel verwendet werden. Statt eines Backblechs kann man auch eine Fettpfanne verwenden, dann kann auf den Backrahmen verzichtet werden.

Wattekuchen, kunterbunt
Einfach – für Kinder

Insgesamt:
E: 87 g, F: 233 g, Kh: 596 g, kJ: 20266, kcal: 4839

1 Tasse = 200 ml

Für den All-in-Teig:
- 1 Tasse Weizenmehl (300 g)
- 1 Tasse Kakaogetränkepulver (100 g)
- 1 Pck. Dr. Oetker Backin
- 1 Tasse Zucker (200 g)
- 1 Pck. Dr. Oetker Vanillin-Zucker
- 3 Eier (Größe M)
- 1 ½ Tassen Buttermilch (300 ml)

Für den Belag:
- 3 Tassen Schlagsahne (600 g)
- 2 Pck. Dr. Oetker Sahnesteif
- 2 leicht geh. EL Kakaogetränkepulver

dunkles Kakaopulver
einige Schokolinsen

Zubereitungszeit: 30 Minuten, ohne Abkühlzeit
Backzeit: etwa 15 Minuten

1. Den Backofen vorheizen.
Ober-/Unterhitze: etwa 180 °C
Heißluft: etwa 160 °C

2. Für den Teig Mehl mit Kakaogetränkepulver und Backpulver in einer Rührschüssel mischen. Restliche Zutaten hinzufügen und alles mit Handrührgerät mit Rührbesen erst kurz auf niedrigster, dann auf höchster Stufe in etwa 2 Minuten zu einem Teig verarbeiten.

3. Einen Backrahmen auf ein Backblech (30 x 40 cm, gefettet) stellen, den Teig einfüllen und glatt streichen. Das Backblech anschließend in den vorgeheizten Backofen schieben und den Boden **etwa 15 Minuten backen.**

4. Den Backrahmen lösen und entfernen. Das Gebäck auf dem Backblech auf einem Kuchenrost erkalten lassen.

5. Für den Belag Sahne mit Sahnesteif und Kakaogetränkepulver steif schlagen. Die Kakaosahne gleichmäßig auf dem Boden verstreichen und mithilfe einer Gabel Muster in die Sahne ziehen.

6. Zum Garnieren kurz vor dem Servieren Kakaopulver in kleinen Tupfen auf die Oberfläche stäuben und die Schokolinsen auf die Kakaotupfen legen.

Weihnachtstorte | Beliebt

Insgesamt:
E: 119 g, F: 419 g, Kh: 460 g, kJ: 26157, kcal: 6251

Für den Boden:
- 250 g Gewürzspekulatius
- 100 g Butter oder Margarine

Für die Creme:
- 8 Blatt weiße Gelatine
- 500 g Mascarpone (ital. Frischkäse)
- 500 g Magerquark
- 4 EL Honig
- 1–2 EL gemahlener Zimt
- 150 g Zucker
- 250 g Schlagsahne

Zum Bestäuben:
- 1 EL Kakaopulver

Zubereitungszeit: 40 Minuten, ohne Kühlzeit

1. Für den Boden Spekulatius in einen Gefrierbeutel geben, ihn verschließen und die Spekulatius mit einer Teigrolle fein zerbröseln. Brösel in eine Schüssel geben.

2. Butter oder Margarine zerlassen, zu den Bröseln geben und gut verrühren. Einen Springformrand oder Tortenring (Ø 28 cm) auf eine mit Tortenspitze oder Backpapier belegte Tortenplatte stellen. Die Spekulatiusmasse darin verteilen und mithilfe eines Löffels gut zu einem Boden andrücken. Boden in den Kühlschrank stellen.

3. Für die Creme Gelatine nach Packungsanleitung einweichen. Mascarpone, Quark, Honig, Zimt und Zucker verrühren. Die Gelatine leicht ausdrücken und in einem kleinen Topf bei schwacher Hitze unter Rühren auflösen. Aufgelöste Gelatine erst mit etwa 4 Esslöffeln von der Mascarponemasse verrühren, dann die Mischung unter die restliche Mascarponemasse rühren. Sobald die Masse beginnt dicklich zu werden, Sahne steif schlagen und unterheben.

4. Creme auf dem Boden verteilen, glatt streichen. Die Torte 2–3 Stunden in den Kühlschrank stellen. Vor dem Servieren Springformrand oder Tortenring lösen und entfernen. Die Torte mit Kakao bestäuben.

Tipp: Sie können die Torte auch zusätzlich vor dem Servieren mit steif geschlagener Sahne verzieren, mit zerbröselten Baiserschalen bestreuen und erst dann mit Kakao bestäuben **(Foto)**.

Weißweinröllchen

Für Gäste – mit Alkohol

Insgesamt:
E: 45 g, F: 114 g, Kh: 2?9 g, kJ: 9015, kcal: 2149

Für den Biskuitteig:
- 3 Eier (Größe M)
- 1 Eigelb (Größe M)
- 50 g Zucker
- 1 Pck. Dr. Oetker Vanillin-Zucker
- 60 g Weizenmehl
- 1 Msp. Dr. Oetker Backin

Für die Füllung:
- 1 Pck. Paradiescreme Zitronen-Geschmack (Dessertpulver)
- 100 ml Weißwein
- 125 g Schlagsahne

Für den Guss:
- 100 g Vollmilch-Schokolade
- 1 EL Speiseöl, z. B. Sonnenblumenöl

Zubereitungszeit: 45 Minuten, ohne Abkühl- und Gefrierzeit
Backzeit: 8–10 Minuten

1. Den Backofen vorheizen.
Ober-/Unterhitze: etwa 200 °C
Heißluft: etwa 180 °C

2. Für den Teig Eier und Eigelb mit Handrührgerät mit Rührbesen auf höchster Stufe in 1 Minute schaumig schlagen. Zucker und Vanillin-Zucker mischen, in 1 Minute einstreuen, dann noch etwa 2 Minuten weiterschlagen.

3. Mehl mit Backpulver mischen, auf die Eiercreme geben und kurz auf niedrigster Stufe unterrühren. Den Teig auf ein Backblech (30 x 40 cm, gefettet, mit Backpapier belegt) geben und glatt streichen. Das Backblech in den vorgeheizten Backofen schieben und den Boden sofort **8–10 Minuten backen**.

4. Die Biskuitplatte sofort auf die Arbeitsfläche stürzen. Mitgebackenes Backpapier mit Wasser bestreichen und vorsichtig, aber schnell abziehen. Biskuitplatte erkalten lassen.

5. Für die Füllung Paradiescreme nach Packungsanleitung, aber mit Wein und Sahne zubereiten. Die Biskuitplatte der Länge nach halbieren und jede Hälfte mit der Weißwein-Creme bestreichen (an den Längsseiten jeweils 2 cm frei lassen). Jeden Biskuitstreifen von der langen Seite aus zu einer Rolle aufrollen und gut in Frischhaltefolie verpackt etwa 2 Stunden in das Gefrierfach legen.

6. Für den Guss die Schokolade in Stücke brechen, mit dem Öl in einem kleinen Topf im Wasserbad bei schwacher Hitze unter Rühren schmelzen lassen. Die Biskuitrollen in Scheiben schneiden.

7. Röllchen bis zur Hälfte in den Guss tauchen oder damit bestreichen. Die Röllchen mit der restlichen Kuvertüre besprenkeln und den Guss fest werden lassen.

Wellenschnitten | Mit Alkohol

Insgesamt:
E: 74 g, F: 422 g, Kh: 372 g, kJ: 23499, kcal: 5614

Für den Rührteig:
    200 g Butter oder Margarine
    150 g Zucker
    1 Pck. Dr. Oetker Vanillin-Zucker
    1 Prise Salz
    4 Eier (Größe M)
    200 g Weizenmehl
    4 EL Kakaopulver
    2 gestr. TL Dr. Oetker Backin
    3 EL Milch

Für die Trüffelcreme:
    200 g weiche Butter
    2 EL Kakaopulver
    1 frisches Eigelb (Größe M)
    1 Pck. Dr. Oetker Bourbon-Vanille-Zucker
    ½ Fl. Rum-Aroma
    100 g Vollmilch-Schokolade

    Kakaopulver

Zubereitungszeit: 30 Minuten, ohne Kühlzeit
Backzeit: etwa 20 Minuten

1. Den Backofen vorheizen.
Ober-/Unterhitze: etwa 180 °C
Heißluft: etwa 160 °C

2. Für den Teig Butter oder Margarine mit Handrührgerät mit Rührbesen auf höchster Stufe geschmeidig rühren. Nach und nach Zucker, Vanillin-Zucker und Salz unterrühren. So lange rühren, bis eine gebundene Masse entstanden ist.

3. Eier nach und nach unterrühren (jedes Ei etwa ½ Minute). Mehl mit Kakao und Backpulver mischen und in 2 Portionen abwechselnd mit der Milch auf mittlerer Stufe unterrühren. Den Teig auf ein Backblech (30 x 40 cm, gefettet) geben und glatt streichen. Das Backblech in den vorgeheizten Backofen schieben und den Boden **etwa 20 Minuten backen**.

4. Das Backblech auf einen Kuchenrost stellen und den Kuchen darauf erkalten lassen.

5. Für die Trüffelcreme die Butter mit Handrührgerät mit Rührbesen schaumig rühren. Gesiebten Kakao, Eigelb, Vanille-Zucker und Rum-Aroma unterrühren. Schokolade in Stücke brechen und in einem kleinen Topf im Wasserbad bei schwacher Hitze unter Rühren schmelzen und etwas abkühlen lassen.

6. Schokolade vorsichtig mit einem Teigschaber unter die Buttermasse ziehen. Die Creme auf dem Boden verstreichen und etwas fest werden lassen. Mit einem Tortenkamm oder einer Gabel Wellen in die Oberfläche ziehen und den Kuchen in den Kühlschrank stellen.

7. Vor dem Servieren den Kuchen mit Kakao bestäuben und in Schnitten oder Rauten von gewünschter Größe schneiden.

Hinweis: Für die Füllung nur ganz frische Eier verwenden, die nicht älter als 5 Tage sind (Legedatum beachten!).

Wilhelm-Tell-Torte

Beliebt – dauert etwas länger

Insgesamt:
E: 65 g, F: 301 g, Kh: 796 g, kJ: 25947, kcal: 6189

Für den Rührteig:

175 g	Butter oder Margarine
150 g	Zucker
1 Pck.	Dr. Oetker Vanillin-Zucker
3	Eier (Größe M)
150 g	Weizenmehl
25 g	Speisestärke
½ gestr. TL	Dr. Oetker Backin

Für die Füllung:

8 Blatt	weiße Gelatine
1 l	Apfelsaft
100 g	Zucker
2 Pck.	Dr. Oetker Pudding-Pulver Vanille-Geschmack
2 Gläser	stückiges Apfelmus (Einwaage je 370 g, Apfelkompott)

Zum Verzieren und Garnieren:

400 g	Schlagsahne
30 g	Zucker
2 Pck.	Dr. Oetker Sahnesteif
50 g	Haselnuss-Krokant
einige	Mini-Äpfel (Kirschäpfel, aus der Dose)

Zubereitungszeit: 70 Minuten, ohne Abkühl- und Kühlzeit
Backzeit: etwa 15 Minuten je Boden

1. Den Backofen vorheizen.
Ober-/Unterhitze: etwa 180 °C
Heißluft: etwa 160 °C

2. Für den Teig Butter oder Margarine mit Handrührgerät mit Rührbesen auf höchster Stufe geschmeidig rühren. Nach und nach Zucker und Vanillin-Zucker unterrühren. So lange rühren, bis eine gebundene Masse entstanden ist.

3. Eier nach und nach unterrühren (jedes Ei etwa ½ Minute). Mehl mit Speisestärke und Backpulver mischen und auf mittlerer Stufe kurz unterrühren.

4. Aus dem Teig nacheinander 3 Böden backen. Dazu jeweils ein Drittel des Teiges gleichmäßig auf einem Springformboden (Ø 26 cm, gefettet) verstreichen und einen Springformrand darumlegen. Die Form auf dem Rost in den vorgeheizten Backofen schieben und die Böden nacheinander (bei Heißluft zusammen) jeweils **etwa 15 Minuten backen.**

5. Die Böden nach dem Backen vom Springformrand und -boden lösen und auf einem Kuchenrost erkalten lassen.

6. Für die Füllung Gelatine nach Packungsanleitung einweichen. Aus Apfelsaft, Zucker und Pudding-Pulver nach Packungsanleitung einen Pudding zubereiten. Gelatine leicht ausdrücken und im heißen Pudding unter Rühren auflösen. Apfelmus unterrühren und die Füllung in den Kühlschrank stellen, bis sie beginnt dicklich zu werden.

7. Einen Boden auf eine Tortenplatte legen und einen Tortenring oder den gesäuberten Springformrand darumlegen. Die Hälfte der Puddingmasse auf dem Boden verstreichen. Den zweiten Boden auflegen und mit der restlichen Puddingmasse bestreichen. Den dritten Boden auflegen und leicht andrücken. Die Torte mindestens 3 Stunden (am besten über Nacht) in den Kühlschrank stellen.

8. Zum Verzieren und Garnieren den Tortenring oder Springformrand lösen und entfernen. Die Sahne mit Zucker und Sahnesteif steif schlagen. Den Rand der Torte dünn und die Oberfläche dicker mit der Sahne bestreichen. Dann mit einem Löffelstiel Vertiefungen in die Sahne drücken. Die Torte mit etwas Krokant bestreuen und anschließend noch einige Mini-Äpfel auf die Oberfläche legen.

Tipps: Der Teig lässt sich besser auf dem Springformboden verteilen, wenn der Springformboden vor dem nächsten Bestreichen etwas abkühlt. Sie können die Füllung auch gut mit 750 ml (¾ l) Apfelsaft und 250 ml (¼ l) Weißwein zubereiten.

Wodka-Lemon-Kuchen

Mit Alkohol – für Gäste

Insgesamt:
E: 113 g, F: 349 g, Kh: 681 g, kJ: 29440, kcal: 7039

Für den Knetteig:
        250 g Weizenmehl
        100 g Zucker
        125 g Butter oder Margarine
          2 EL Wodka

Für den Brandteig:
 250 ml (1/4 l) Wasser
        50 g Butter oder Margarine
       150 g Weizenmehl
        50 g Speisestärke
       4–5 Eier (Größe M)

Zum Bestreichen:
      4–5 EL Apfel-, Quitten- oder
               Johannisbeergelee

Für den Belag:
      6 Blatt weiße Gelatine
       250 g Mascarpone (ital. Frischkäse)
        75 ml Wodka
        75 ml Bitter Lemon
       100 g Zucker
       200 g Schlagsahne
       300 g kernlose, grüne Weintrauben

Zum Bestäuben:
      1–2 EL Puderzucker

Zubereitungszeit: 60 Minuten, ohne Kühlzeit
Backzeit: 30–35 Minuten

1. Den Backofen vorheizen.
Ober-/Unterhitze: etwa 200 °C
Heißluft: etwa 180 °C

2. Für den Knetteig Mehl in eine Rührschüssel geben. Restliche Zutaten hinzufügen und mit Handrührgerät mit Knethaken zunächst kurz auf niedrigster, dann auf höchster Stufe gut durcharbeiten. Anschließend den Teig auf der leicht bemehlten Arbeitsfläche kurz

verkneten. Sollte er kleben, ihn in Frischhaltefolie gewickelt eine Zeit lang kalt stellen. Den Teig auf einem Backblech (30 x 40 cm, gefettet) ausrollen und mehrmals mit einer Gabel einstechen. Das Backblech in den vorgeheizten Backofen schieben und den Boden **10–15 Minuten backen.**

3. Den Boden vom Backblech lösen, aber darauf auf einem Kuchenrost erkalten lassen.

4. Für den Brandteig Wasser mit Butter oder Margarine am besten in einem Stieltopf zum Kochen bringen. Mehl mit Speisestärke mischen, auf einmal in die von der Kochstelle genommene Flüssigkeit schütten. Teig zu einem glatten Kloß rühren und unter Rühren etwa 1 Minute erhitzen.

5. Den heißen Kloß sofort in eine Rührschüssel geben. Nach und nach Eier mit Handrührgerät mit Knethaken auf höchster Stufe unterarbeiten. Die Eiermenge hängt von der Beschaffenheit des Teiges ab, er muss stark glänzen und so von einem Löffel abreißen, dass lange Spitzen hängen bleiben.

6. Den Brandteig auf ein Backblech (30 x 40 cm, gefettet, gemehlt) streichen. Das Backblech in den heißen Backofen schieben und bei gleicher Backofeneinstellung **etwa 20 Minuten backen.**

7. Das Gebäck sofort vom Backblech lösen und auf einem Kuchenrost erkalten lassen. Knetteigboden mit Gelee bestreichen, Brandteigboden darauflegen.

8. Für den Belag Gelatine nach Packungsanleitung einweichen. Mascarpone mit Wodka, Bitter Lemon und Zucker in einer Rührschüssel verrühren. Gelatine leicht ausdrücken und in einem kleinen Topf bei schwacher Hitze unter Rühren auflösen. Aufgelöste Gelatine zunächst mit etwa 4 Esslöffeln von der Wodka-Lemon-Mischung verrühren, dann die Mischung unter die restliche Wodka-Lemon-Mischung rühren. Sobald die Masse beginnt dicklich zu werden, Sahne steif schlagen und unterheben.

9. Weintrauben abspülen, trocken tupfen und evtl. halbieren. Wodka-Lemon-Creme in die Mulden der Brandteigplatte streichen und die Weintrauben da-

rauf verteilen. Den Kuchen etwa 2 Stunden in den Kühlschrank stellen und kurz vor dem Servieren mit etwas Puderzucker bestäuben.

Tipps: Der Kuchen schmeckt frisch am besten. Für eine alkoholfreie Variante kann der Wodka im Teig und Belag durch Bitter Lemon ersetzt werden.

Zabaione-Torte | Für Gäste – mit Alkohol

Insgesamt:
E: 93 g, F: 250 g, Kh: 546 g, kJ: 20643, kcal: 4927

Für den Biskuitteig (2 Böden):
- 4 Eier (Größe M)
- 100 g Zucker
- 2 Pck. Dr. Oetker Vanillin-Zucker
- 100 g Weizenmehl
- 60 g Speisestärke
- 2 gestr. TL Dr. Oetker Backin

Zum Bestreichen und Bestreuen:
- 250 g Vollmilch-Schokolade

Für die Füllung:
- 5 Blatt weiße Gelatine
- 1 frisches Ei (Größe M)
- 2 frische Eigelb (Größe M)
- 150 g Zucker
- 150 ml Marsalawein
- 400 g Schlagsahne

Zubereitungszeit: 50 Minuten, ohne Kühlzeit
Backzeit: etwa 25 Minuten je Boden

1. Den Backofen vorheizen.
Ober-/Unterhitze: etwa 180 °C
Heißluft: etwa 160 °C

2. Für den Teig Eier mit Handrührgerät mit Rührbesen auf höchster Stufe in 1 Minute schaumig schlagen. Zucker und Vanillin-Zucker mischen, in 1 Minute einstreuen, dann noch etwa 2 Minuten weiterschlagen.

3. Mehl mit Speisestärke und Backpulver mischen, die Hälfte davon auf die Eiercreme geben und kurz auf niedrigster Stufe unterrühren. Restliches Mehlgemisch auf die gleiche Weise unterarbeiten. Den Teig in 2 Springformen (je Ø 26 cm, Boden gefettet, mit Backpapier belegt) füllen und glatt streichen. Die Formen nacheinander (bei Heißluft zusammen) auf dem Rost in den vorgeheizten Backofen schieben und jeden Boden **etwa 25 Minuten backen.**

4. Die Böden aus den Formen lösen, auf je einen mit Backpapier belegten Kuchenrost stürzen und erkalten lassen. Mitgebackenes Backpapier abziehen.

5. Zum Bestreichen und Bestreuen 100 g von der Schokolade in Stücke brechen und in einem kleinen Topf im Wasserbad bei schwacher Hitze unter Rühren schmelzen lassen. Die Böden damit bestreichen. Restliche Schokolade klein hacken (etwas zum Verzieren beiseitelegen). Die Böden sofort damit bestreuen. Schokolade fest werden lassen. Einen Boden auf eine Tortenplatte legen, einen Tortenring oder den gesäuberten Springformrand darumstellen.

6. Für die Füllung Gelatine nach Packungsanleitung einweichen. Ei mit Eigelb, Zucker und Marsalawein in einer Rührschüssel im heißen Wasserbad mit Handrührgerät mit Rührbesen etwa 5 Minuten aufschlagen. Gelatine leicht ausdrücken und unter Rühren in der Weinmasse auflösen. Schüssel aus dem Wasserbad nehmen, die Masse unter Schlagen erkalten lassen.

7. Sobald die Weinmasse beginnt dicklich zu werden, Sahne steif schlagen und unterheben. Die Hälfte der Weincreme auf dem unteren Boden verstreichen. Den oberen Boden darauflegen und leicht andrücken. Restliche Weincreme auf den oberen Boden geben und glatt streichen. Mit der beiseitegelegten, gehackten Schokolade bestreuen. Die Torte 2–3 Stunden in den Kühlschrank stellen.

8. Tortenring oder Springformrand vorsichtig mithilfe eines Messers lösen, entfernen und die Torte servieren.

Zarewitsch-Torte | Raffiniert – mit Alkohol

Insgesamt:
E: 78 g, F: 378 g, Kh: 298 g, kJ: 22101, kcal: 5281

Für den Rührteig:
- 100 g Zartbitter-Schokolade
- 120 g Butter oder Margarine
- 150 g Zucker
- 1 Pck. Dr. Oetker Vanillin-Zucker
- 3 Eier (Größe M)
- 50 g Weizenmehl
- 1 gestr. TL Dr. Oetker Backin
- 130 g gemahlene Mandeln
- 1 EL kalter, starker Kaffee

Zum Tränken:
- 125 ml (1/8 l) Weißwein
- 3 EL brauner Rum

Für den Belag:
- 500 g Schlagsahne
- 2 Pck. Dr. Oetker Sahnesteif
- 1 EL Zucker
- 1 EL gesiebtes Kakaopulver
- 1 EL kalter, starker Kaffee

Zum Bestäuben:
- 1 TL Kakaopulver

Zubereitungszeit: 40 Minuten, ohne Kühlzeit
Backzeit: etwa 35 Minuten

1. Den Backofen vorheizen.
Ober-/Unterhitze: etwa 180 °C
Heißluft: etwa 160 °C

2. Für den Teig die Schokolade in kleine Stücke brechen und in einem kleinen Topf im Wasserbad bei schwacher Hitze unter Rühren schmelzen lassen. Die Butter oder Margarine mit Handrührgerät mit Rührbesen auf höchster Stufe geschmeidig rühren. Nach und nach Zucker und Vanillin-Zucker unterrühren. So lange rühren, bis eine gebundene Masse entstanden ist. Eier nach und nach unterrühren (jedes Ei etwa 1/2 Minute). Geschmolzene Schokolade unter die Fett-Eier-Masse rühren.

3. Mehl mit Backpulver mischen und auf mittlerer Stufe kurz unterrühren. Zuletzt Mandeln und Kaffee unterrühren. Den Teig in eine Springform (Ø 26 cm, Boden gefettet) füllen und glatt streichen. Die Form auf dem Rost in den vorgeheizten Backofen schieben und den Boden **etwa 35 Minuten backen.**

4. Den Boden aus der Form lösen und auf einen mit Backpapier belegten Kuchenrost stürzen. Weißwein mit Rum mischen und den noch heißen Boden damit tränken. Dann den Boden erkalten lassen.

5. Für den Belag die Hälfte der Sahne mit 1 Päckchen Sahnesteif steif schlagen und auf dem Boden verstreichen.

6. Die restliche Sahne mit Zucker, restlichem Sahnesteif und Kakao steif schlagen, den Kaffee unterrühren und die Sahnemasse in einen Spritzbeutel mit großer Lochtülle füllen. Die Torte mit großen und kleinen Sahnetuffs verzieren. Vor dem Servieren mit Kakao bestäuben.

303

Zaubertorte | Für Gäste

Insgesamt:
E: 61 g, F: 268 g, Kh: 257 g, kJ: 15742, kcal: 3762

Für den Biskuitteig:

50 g	abgezogene, gemahlene Mandeln
2	Eier (Größe M)
2 EL	heißes Wasser
75 g	Zucker
1 Pck.	Dr. Oetker Vanillin-Zucker
75 g	Weizenmehl
½ gestr. TL	Dr. Oetker Backin
50 g	geriebene Zartbitter-Schokolade

Für die Füllung:

1 Pck.	gemahlene Gelatine, weiß
4 EL	kaltes Wasser
	abgeriebene Schale von
½	Bio-Orange (unbehandelt, ungewachst)
150 ml	Orangensaft
25 g	Zucker
50 g	Zartbitter-Schokolade
500 g	Schlagsahne

Zum Verzieren und Bestreuen:

100 g	Schlagsahne
30 g	geriebene Zartbitter-Schokolade

Zubereitungszeit: 40 Minuten,
ohne Abkühl- und Kühlzeit
Backzeit: etwa 25 Minuten

1. Den Backofen vorheizen.
Ober-/Unterhitze: etwa 180 °C
Heißluft: etwa 160 °C

2. Für den Teig Mandeln in einer Pfanne ohne Fett leicht bräunen, dann auf einen Teller geben und etwas abkühlen lassen. Eier und Wasser mit Handrührgerät mit Rührbesen auf höchster Stufe in 1 Minute schaumig schlagen. Zucker mit Vanillin-Zucker mischen, in 1 Minute einstreuen, dann noch etwa 2 Minuten weiterschlagen.

3. Das Mehl mit Backpulver, Mandeln und Schokolade mischen, die Hälfte davon auf die Eiercreme geben und kurz auf niedrigster Stufe unterrühren. Restliches Mehlgemisch auf die gleiche Weise unterarbeiten. Den Teig in eine Springform (Ø 22 cm, Boden gefettet, mit Backpapier belegt) füllen und glatt streichen.

4. Die Form auf dem Rost in den vorgeheizten Backofen schieben und den Boden sofort **etwa 25 Minuten backen.**

5. Den Boden aus der Form lösen, auf einen Kuchenrost stürzen und erkalten lassen. Anschließend mitgebackenes Backpapier abziehen und den Boden einmal waagerecht durchschneiden. Den unteren Boden auf eine Tortenplatte legen und einen Tortenring oder den gesäuberten Springformrand darumlegen.

6. Für die Füllung Gelatine mit Wasser in einem kleinen Topf anrühren und nach Packungsanleitung quellen lassen. Die Gelatine dann unter Rühren erwärmen, bis sie gelöst ist. Die Hälfte davon mit Orangenschale, Orangensaft und Zucker verrühren und in den Kühlschrank stellen.

7. Schokolade in einem kleinen Topf im Wasserbad bei schwacher Hitze unter Rühren schmelzen und abkühlen lassen. Sahne steif schlagen und etwa zwei Drittel der Orangensaft-Gelatine-Mischung unterrühren. Orangensahne (2–3 Esslöffel zum Verzieren beiseitestellen) auf dem Boden verstreichen.

8. Unter die restliche Sahne die abgekühlte Schokolade und die restliche Gelatine rühren. Die Schokoladensahne in einen Spritzbeutel mit Gebäckfülltülle geben und unregelmäßig tupfenweise in die Orangensahne spritzen.

9. Den oberen Boden darauflegen, leicht andrücken und mit der beiseitegestellten Orangensahne bestreichen und verzieren. Die Torte 2–3 Stunden in den Kühlschrank stellen, damit die Füllung fest wird.

10. Tortenring oder Springformrand vorsichtig lösen und entfernen. Sahne steif schlagen und den Rand der Torte damit verzieren. Die Torte mit der Schokolade bestreuen.

Zebrakuchen | Raffiniert

Insgesamt:
E: 82 g, F: 288 g, Kh: 688 g, kJ: 24460, kcal: 5842

Für den Teig:
- 5 Eigelb (Größe M)
- 250 g Zucker
- 1 Pck. Dr. Oetker Vanillin-Zucker
- ½ Fl. Butter-Vanille-Aroma
- 125 ml (⅛ l) lauwarmes Wasser
- 250 ml (¼ l) Speiseöl, z. B. Sonnenblumenöl
- 375 g Weizenmehl
- 1 Pck. Dr. Oetker Backin
- 5 Eiweiß (Größe M)
- 2 EL gesiebtes Kakaopulver

Für den Guss:
- 150 g gesiebter Puderzucker
- 2 EL Zitronensaft
- 3–4 EL Wasser

Zubereitungszeit: 25 Minuten, ohne Abkühlzeit
Backzeit: 50–60 Minuten

1. Den Backofen vorheizen.
Ober-/Unterhitze: etwa 180 °C
Heißluft: etwa 160 °C

2. Für den Teig Eigelb, Zucker und Vanillin-Zucker mit Handrührgerät mit Rührbesen schaumig rühren. Aroma, Wasser und Öl unterrühren.

3. Mehl und Backpulver mischen und in 2 Portionen kurz unterrühren. Eiweiß steif schlagen und unterheben. Den Teig halbieren und unter eine Hälfte des Teiges den Kakao rühren.

4. Für das Zebramuster zunächst 2 Esslöffel des hellen Teiges in die Mitte einer Springform (Ø 26 cm, Boden gefettet, mit Semmelbröseln bestreut) geben (nicht verteilen!). Auf den hellen Teig 2 Esslöffel von dem dunklen Teig geben (nicht daneben).

5. Den Vorgang wiederholen, bis der Teig aufgebraucht ist. Den Teig nicht glatt streichen.

6. Form auf dem Rost in den vorgeheizten Backofen schieben und den Kuchen **50–60 Minuten backen.**

7. Zebrakuchen aus der Form lösen und auf einem Kuchenrost erkalten lassen.

8. Für den Guss Puderzucker, Zitronensaft und so viel Wasser verrühren, dass ein dünnflüssiger Guss entsteht. Den erkalteten Kuchen damit überziehen und fest werden lassen.

Zebra-Orangen-Kuchen
Mit Alkohol – fruchtig

Insgesamt:
E: 106 g, F: 461 g, Kh: 681 g, kJ: 32237, kcal: 7704

Für den Rührteig:
- 300 g Butter oder Margarine
- 300 g Zucker
- 6 Eier (Größe M)
- 300 g Weizenmehl
- 2 gestr. TL Dr. Oetker Backin
- 1 gestr. EL Kakaopulver
- 1 EL Milch

Für die Füllung:
- 4 Blatt weiße Gelatine
- 1 Pck. Dr. Oetker Pudding-Pulver Vanille-Geschmack
- 300 ml Blutorangensaft
- 50 g Zucker
- 75 ml Cointreau (Orangenlikör)
- 500 g Schlagsahne

Zum Verzieren:
- 50 g Zartbitter-Schokolade

Zubereitungszeit: 40 Minuten, ohne Kühlzeit
Backzeit: etwa 50 Minuten

1. Den Backofen vorheizen.
Ober-/Unterhitze: etwa 180 °C
Heißluft: etwa 160 °C

2. Für den Teig Butter oder Margarine mit Handrührgerät mit Rührbesen auf höchster Stufe geschmeidig rühren. Nach und nach Zucker unterrühren. So lange rühren, bis eine gebundene Masse entstanden ist.

3. Eier nach und nach unterrühren (jedes Ei etwa ½ Minute). Das Mehl mit Backpulver mischen und in 2 Portionen auf mittlerer Stufe kurz unterrühren. Unter die Hälfte des Teiges Kakao und Milch rühren. Den hellen Teig in eine Springform (Ø 22 cm, Boden gefettet) füllen und glatt streichen. Die Form auf dem Rost in den vorgeheizten Backofen schieben und den Boden **etwa 25 Minuten backen.**

4. Den Boden auf einen mit Backpapier belegten Kuchenrost stürzen und erkalten lassen. Inzwischen Springform säubern, Boden fetten und den dunklen Teig einfüllen. Die Form auf dem Rost in den heißen Backofen schieben und den dunklen Boden bei gleicher Backofeneinstellung **etwa 25 Minuten backen.** Boden ebenfalls auf einen mit Backpapier belegten Kuchenrost stürzen und erkalten lassen.

5. Für die Füllung Gelatine nach Packungsanleitung einweichen. Pudding-Pulver nach Packungsanleitung, aber mit Saft statt Milch zubereiten. Ausgedrückte Gelatine im heißen Pudding unter Rühren auflösen. Während des Erkaltens Cointreau unterrühren und den Pudding gelegentlich umrühren. Die Sahne steif schlagen und zwei Drittel davon unter den erkalteten Pudding heben. Pudding und restliche Sahne in den Kühlschrank stellen.

6. Beide Böden einmal waagerecht durchschneiden. Einen dunklen Boden auf eine Tortenplatte legen und mit einem Drittel der Creme bestreichen, einen hellen Boden auflegen, mit der Hälfte der restlichen Creme bestreichen, wieder einen dunklen Boden auflegen und mit der restlichen Creme bestreichen. Letzten hellen Boden auflegen, die Torte mit der beiseitegestellten Sahne bestreichen und 1–2 Stunden in den Kühlschrank stellen.

7. Zum Verzieren Schokolade in Stücke brechen und in einem Topf im Wasserbad bei schwacher Hitze unter Rühren schmelzen lassen. Die Oberfläche und den Rand der Torte mit der Schokolade besprenkeln.

Zebrarolle mit Erdbeeren | Fruchtig

Insgesamt:
E: 63 g, F: 227 g, Kh: 396 g, kJ: 16283, kcal: 3888

Für den Biskuitteig:
- 3 Eier (Größe M)
- 1 Eigelb (Größe M)
- 150 g Zucker
- 1 Pck. Dr. Oetker Vanillin-Zucker
- 100 g Weizenmehl
- 25 g Speisestärke
- 1 gestr. TL Dr. Oetker Backin
- 20 g gesiebtes Kakaopulver
- 1 EL Wasser

Für die Füllung:
- 250 g Erdbeeren
- 200 g Erdbeerjoghurt
- 600 g Schlagsahne
- 50 g Zucker
- 2 Pck. Dr. Oetker Sahnesteif

Zum Garnieren:
- einige frische Erdbeeren
- Zitronenmelisse

Zubereitungszeit: 40 Minuten, ohne Kühlzeit
Backzeit: 8–10 Minuten

1. Den Backofen vorheizen.
Ober-/Unterhitze: etwa 200 °C
Heißluft: etwa 180 °C

2. Für den Teig Eier und Eigelb mit Handrührgerät mit Rührbesen auf höchster Stufe in 1 Minute schaumig schlagen. Zucker und Vanillin-Zucker mischen, in 1 Minute einstreuen und noch 2 Minuten weiterschlagen. Mehl mit Speisestärke und Backpulver mischen, auf die Eiercreme geben und auf mittlerer Stufe kurz unterrühren.

3. Dann gut zwei Drittel des Teiges auf ein Backblech (30 x 40 cm, gefettet, mit Backpapier belegt) geben und verstreichen. Unter den restlichen Teig kurz Kakao und Wasser rühren. Teig in einen Gefrierbeutel geben, eine nicht zu kleine Ecke abschneiden und diagonale

Streifen auf den hellen Teig spritzen. Das Backblech in den vorgeheizten Backofen schieben und den Boden **8–10 Minuten backen.**

4. Biskuitplatte sofort nach dem Backen auf ein mit Zucker bestreutes Backpapier stürzen und mit dem Backpapier erkalten lassen.

5. Für die Füllung Erdbeeren abspülen, trocken tupfen, entstielen und in Stücke schneiden. Mitgebackenes Backpapier von der Biskuitplatte abziehen und Erdbeerjoghurt darauf verstreichen. Sahne mit Zucker und dem Sahnesteif steif schlagen, etwas davon zum Garnieren in einen Spritzbeutel geben und in den Kühlschrank legen. Erdbeerstücke unter die restliche Sahne heben und die Creme auf der Biskuitplatte verstreichen. Die Biskuitplatte von der längeren Seite aus aufrollen. Die Rolle 2–3 Stunden in den Kühlschrank stellen.

6. Kurz vor dem Servieren die Rolle mit der Sahne aus dem Spritzbeutel verzieren und mit Erdbeeren und Zitronenmelisse garnieren.

Tipps: Die Rolle schmeckt auch mit Himbeeren oder Brombeeren, dann sollten Sie allerdings auch die entsprechende Joghurtsorte verwenden. Sie kann am Vortag zubereitet werden.

Zitronen-Butterkeks-Kuchen
Für Kinder – fruchtig

Insgesamt:
E: 98 g, F: 414 g, Kh: 818 g, kJ: 31556, kcal: 7542

Für den Rührteig:
- 200 g Butter oder Margarine
- 200 g Zucker
- 1 Pck. Dr. Oetker Vanillin-Zucker
- 4 Eier (Größe M)
- 250 g Weizenmehl
- 1/2 Pck. Dr. Oetker Backin
- Saft von 1 1/2 Zitronen

Für den Belag:
- 1 Pck. Dr. Oetker Pudding-Pulver Vanille-Geschmack
- 40 g Zucker
- 500 ml (1/2 l) Milch
- 500 g Schlagsahne
- 30 Butterkekse

Für den Guss:
- 200 g Puderzucker
- 2 EL Wasser
- 3–4 EL Zitronensaft

Zubereitungszeit: 35 Minuten, ohne Abkühl- und Kühlzeit
Backzeit: etwa 30 Minuten

1. Den Backofen vorheizen.
Ober-/Unterhitze: etwa 200 °C
Heißluft: etwa 180 °C

2. Für den Teig Butter oder Margarine mit Handrührgerät mit Rührbesen auf höchster Stufe geschmeidig rühren. Nach und nach Zucker und Vanillin-Zucker unterrühren. So lange rühren, bis eine gebundene Masse entstanden ist. Eier nach und nach unterrühren (jedes Ei etwa 1/2 Minute).

3. Mehl mit Backpulver mischen und in 2 Portionen abwechselnd mit Zitronensaft auf mittlerer Stufe kurz unterrühren. Den Teig auf ein Backblech (30 x 40 cm, gefettet) geben und glatt streichen. Das Backblech in den vorgeheizten Backofen schieben und den Boden **etwa 30 Minuten backen.**

4. Für den Belag aus Pudding-Pulver, Zucker und Milch nach Packungsanleitung einen Pudding zubereiten. Pudding auf dem noch warmen Kuchen verstreichen. Boden und Pudding auf dem Backblech erkalten lassen.

5. Dann Sahne steif schlagen, auf dem Pudding verstreichen und die Oberfläche mit den Butterkeksen belegen.

6. Für den Guss Puderzucker mit Wasser und Zitronensaft verrühren. Den Guss auf den Butterkeksen verteilen. Den Kuchen mindestens 4 Stunden im Kühlschrank durchziehen lassen.

Tipp: Nach Belieben den Kuchen mit Weingummi-Bären verzieren.

Zitronenjoghurtkuchen | Erfrischend

Insgesamt:
E: 196 g, F: 347 g, Kh: 349 g, kJ: 27023, kcal: 6460

Für den Rührteig:
- 200 g Butter oder Margarine
- 200 g Zucker
- 1 Pck. Dr. Oetker Vanillin-Zucker
- 1 Pck. Dr. Oetker Finesse Geriebene Zitronenschale
- 4 Eier (Größe M)
- 150 g Weizenmehl
- 50 g Speisestärke
- 3 gestr. TL Dr. Oetker Backin
- 200 g Zitronenjoghurt

Für den Belag:
- 8 Blatt weiße Gelatine
- 800 g Zitronenjoghurt
- 75 g Zucker
- 400 g Schlagsahne

Zum Garnieren und Verzieren:
- 1 Zitrone
- 75 ml Zitronensaft
- ½ Pck. Saucenpulver Vanille-Geschmack (ohne Kochen)
- 50 g Zartbitter-Kuvertüre

Zubereitungszeit: 25 Minuten, ohne Kühlzeit
Backzeit: etwa 20 Minuten

1. Den Backofen vorheizen.
Ober-/Unterhitze: etwa 180 °C
Heißluft: etwa 160 °C

2. Für den Teig Butter oder Margarine mit Handrührgerät mit Rührbesen geschmeidig rühren. Nach und nach Zucker, Vanillin-Zucker und Zitronenschale unterrühren. So lange rühren, bis eine gebundene Masse entstanden ist. Eier nach und nach unterrühren (jedes Ei etwa ½ Minute).

3. Mehl mit Speisestärke und Backpulver mischen und in 2 Portionen kurz auf mittlerer Stufe unterrühren. Zum Schluss Joghurt kurz unterrühren. Einen Backrahmen auf ein Backblech (30 x 40 cm, gefettet, gemehlt) stellen, den Teig auf das Backblech geben und glatt streichen. Das Backblech in den vorgeheizten Backofen schieben und den Boden **etwa 20 Minuten backen**.

4. Das Backblech auf einen Kuchenrost stellen und den Boden mit Backrahmen darauf erkalten lassen.

5. Für den Belag Gelatine nach Packungsanleitung einweichen. Joghurt mit Zucker in einer Schüssel gut verrühren. Gelatine leicht ausdrücken und in einem kleinen Topf bei schwacher Hitze unter Rühren auflösen. Aufgelöste Gelatine erst mit etwa 4 Esslöffeln von der Joghurtmasse verrühren, dann die Mischung unter die restliche Joghurtmasse rühren. Masse in den Kühlschrank stellen. Sobald die Masse beginnt dicklich zu werden, Sahne steif schlagen und unterheben. Joghurtcreme auf dem Boden verstreichen und den Kuchen 2–3 Stunden in den Kühlschrank stellen.

6. Zum Garnieren Zitrone so schälen, dass die weiße Haut vollständig mitentfernt wird. Zitrone in dünne Scheiben schneiden und dekorativ auf der Oberfläche verteilen. Zitronensaft mit Saucenpulver zu einer dicklichen Masse verrühren, in einen kleinen Gefrierbeutel oder ein Papiertütchen füllen, eine kleine Ecke abschneiden und den Kuchen damit verzieren.

7. Kuvertüre in einem kleinen Topf im Wasserbad bei schwacher Hitze unter Rühren schmelzen lassen. Kuvertüre ebenfalls in einen kleinen Gefrierbeutel oder ein Papiertütchen füllen, eine kleine Ecke abschneiden und den Kuchen damit besprenkeln. Vor dem Servieren Backrahmen lösen und entfernen.

Zitronen-Kokos-Kuchen | Für Kinder

Insgesamt:
E: 129 g, F: 476 g, Kh: 708 g, kJ: 32332, kcal: 7716

Für den Biskuitteig:
- 4 Eier (Größe M)
- 125 g Zucker
- 1 Pck. Dr. Oetker Vanillin-Zucker
- etwas gemahlener Zimt
- 125 g Weizenmehl
- 1 geh. EL Kakaopulver
- 1 gestr. TL Dr. Oetker Backin
- 100 g geröstete Kokosraspel

Für den Belag:
- 600 g Doppelrahm-Frischkäse
- 2 Pck. Dr. Oetker Pudding-Pulver Vanille-Geschmack
- 200 g Zucker
- 375 ml (3/8 l) Wasser
- 125 ml (1/8 l) Zitronensaft
- 500 g Schlagsahne
- 2 Pck. Dr. Oetker Sahnesteif

Für den Guss:
- 2 Pck. Dr. Oetker Pudding-Pulver Vanille-Geschmack
- 100 g Zucker
- 500 ml (1/2 l) Wasser
- 200 ml Zitronensaft
- 50 g Kokosraspel

Zubereitungszeit: 60 Minuten, ohne Kühlzeit
Backzeit: etwa 10 Minuten

1. Den Backofen vorheizen.
Ober-/Unterhitze: etwa 200 °C
Heißluft: etwa 180 °C

2. Für den Teig Eier mit Handrührgerät mit Rührbesen auf höchster Stufe in 1 Minute schaumig schlagen. Zucker, Vanillin-Zucker und Zimt mischen, in 1 Minute einstreuen, dann noch etwa 2 Minuten weiterschlagen.

3. Mehl mit Kakao und Backpulver mischen, auf die Eiercreme geben und kurz auf niedrigster Stufe unterrühren. Zuletzt Kokosraspel unterheben. Einen Backrahmen auf ein Backblech (30 x 40 cm, gefettet) stellen, den Teig auf das Backblech geben und glatt streichen. Das Backblech in den vorgeheizten Backofen schieben und den Boden **etwa 10 Minuten backen.**

4. Das Backblech auf einen Kuchenrost stellen und die Biskuitplatte erkalten lassen.

5. Für den Belag Frischkäse in eine Schüssel geben. Pudding-Pulver mit Zucker in einem kleinen Topf verrühren, mit Wasser anrühren und unter Rühren gut aufkochen lassen. Topf von der Kochstelle nehmen und Zitronensaft unterrühren. Die Masse sofort mit dem Frischkäse verrühren und erkalten lassen. Sahne mit Sahnesteif steif schlagen und unterheben. Die Masse auf der Biskuitplatte verstreichen und im Kühlschrank fest werden lassen.

6. Für den Guss aus Pudding-Pulver, Zucker und Wasser nach Packungsanleitung einen Pudding zubereiten. Den Topf von der Kochstelle nehmen und Zitronensaft unterrühren. Pudding etwas abkühlen lassen, dann auf dem Belag verteilen und im Kühlschrank fest werden lassen. Nach Belieben mit Kokosraspeln bestreuen. Vor dem Servieren den Backrahmen lösen und entfernen.

Tipp: 250 g Sahne mit 1 Päckchen Sahnesteif und 2 Esslöffeln Zitronensaft steif schlagen, in einen Spritzbeutel mit Lochtülle geben und den Kuchen nach Belieben verzieren.

Zitronen-Mallow-Schnitten

Raffiniert – ohne zu backen

Insgesamt:
E: 35 g, F: 266 g, Kh: 372 g, kJ: 17281, kcal: 4129

Für den Boden:
- 40 g geschälte Sesamsamen
- 150 g Butterkekse
- 150 g Butter

Für den Zitronenbelag:
- 150 ml Zitronensaft
- 120 g Zucker
- 20 g Speisestärke
- 70 g Butter

Für die Creme:
- 6 Blatt weiße Gelatine
- 100 ml Zitronensaft
- 1 TL Dr. Oetker Finesse Geriebene Zitronenschale
- 100 ml Wasser
- 120 g Zucker
- 1 Pck. Dr. Oetker Sahnesteif

Für den Guss:
- 1–2 EL Maracujanektar
- 1 geh. EL Puderzucker
- 50 g Butter

Zubereitungszeit: 50 Minuten, ohne Abkühl- und Kühlzeit

1. Zum Vorbereiten einen Backrahmen (etwa 25 x 25 cm) fetten und auf eine mit Backpapier belegte Tortenplatte stellen. Für den Boden Sesam in einer Pfanne ohne Fett leicht bräunen und auf einem Teller erkalten lassen.

2. Butterkekse in einen Gefrierbeutel geben, ihn fest verschließen und die Kekse mit einer Teigrolle fein zerbröseln. Keksbrösel mit Sesam in einer Rührschüssel mischen.

3. Butter in einem Topf zerlassen, zu der Brösel-Sesam-Mischung geben und gut verrühren. Die

Masse in den Backrahmen geben und mithilfe eines Löffels gut zu einem Boden andrücken. Boden in den Kühlschrank stellen.

4. Für den Zitronenbelag Zitronensaft mit Zucker und Speisestärke verrühren. Butter in einem kleinen Topf zerlassen. Zitronensaft-Mischung unterrühren, unter Rühren aufkochen, dann etwa 5 Minuten abkühlen lassen. Die Zitronenbelag auf den fest gewordenen Boden streichen, in den Kühlschrank stellen und ebenfalls fest werden lassen.

5. Für die Creme Gelatine nach Packungsanleitung einweichen. Zitronensaft mit Zitronenschale und Wasser in einem kleinen Topf erhitzen. Die Gelatine leicht ausdrücken, unter Rühren darin auflösen und die Flüssigkeit etwas abkühlen lassen.

6. Zucker und Sahnesteif in einer Rührschüssel mischen. Nach und nach die Zitronen-Gelatine-Flüssigkeit mit Handrührgerät mit Rührbesen auf höchster Stufe unterrühren. Etwa 2 Minuten weiterschlagen, bis eine weiße, schaumige Creme entstanden ist. Creme etwa 5 Minuten in den Kühlschrank stellen.

7. Anschließend wieder 1–2 Minuten aufschlagen. Diesen Vorgang noch zweimal wiederholen, bis die Creme halb fest ist. Die Creme auf dem Zitronenbelag verstreichen, im Kühlschrank fest werden lassen.

8. Für den Guss Nektar und Puderzucker in einem kleinen Topf erhitzen. Butter in kleinen Stücken mit einem Schneebesen darunterschlagen. Den Guss in den Kühlschrank stellen.

9. Sobald der Guss beginnt dicklich zu werden, ihn in einen Gefrierbeutel füllen und eine kleine Ecke abschneiden. Den Guss in Streifen auf die Creme sprenkeln und den Guss fest werden lassen.

10. Nach Belieben den Kuchen in Quadrate (etwa 5 x 5 cm) schneiden und bis zum Servieren in den Kühlschrank stellen.

Tipp: Statt Butterkekse schmecken auch Löffelbiskuits für den Boden sehr lecker.

Register

Für Gäste

Aida-Torte	8
Amarettini-Torte	10
Amicelli-Kirsch-Torte	12
Aprikosen-Kokoskonfekt-Torte	22
Aranca-Mandarinen-Torte	24
Arme-Ritter-Torte	25
Baileys-Baiser-Torte	26
Baileys-Torte	28
Batida-de-Côco-Kuchen	30
Blondes Blech	36
Bounty-Torte	39
Cappuccino-Joghurt-Torte	42
Champagnertorte	46
Choco Crossies Torte	48
Cinderella-Torte	52
Daim Walnusstorte	58
Doppeldeckertorte mit Himbeeren	64
Eierlikörtorte	66
Erna-Sack-Torte	79
Fanta Limetten-Torte	83
Fanta Stachelbeer-Torte	87
Fanta Torte	88
Feuerwehrkuchen	91
Frau-Holle-Torte	93
Frischkäsetorte	95
Fruchtflieger	100
Fruchtpüreetorte	101
Galetta-Erdbeer-Torte	105
Gib-mir-die-Kugel-Torte mit Kirschen	109
Gloria-Torte	110
Hannchen-Jensen-Torte	115
Herrenkuchen „Shaker Maker"	117
Herzchen-Rolle	118
Herzchen-Torte	121
Himbeer-CocoCabana-Torte	122
Himmel-und-Hölle-Torte	124
Joggertorte	129
Kapuzinertorte	132
Kir-Royal-Torte	134
Kleiner-Feigling-Torte	137
Knoppers-Torte	139
Kratertorte	140
Küsschen-Torte	143
Latte-Macchiato-Torte	147
Lila Schokoladentorte	149
Mars-Birnen-Torte	151
Maulwurfshügel, beerig	154
Maulwurftorte	158
Mikado-Torte	160
Milky-Way-Kirschrolle	163
Milky-Way-Mango-Torte	164
Milky-Way-Torte	166
Mini-Dickmann's-Galetta-Torte	169
Mini-Dickmann's-Kranz	170
Mini-Dickmann's-Torte	171
Miniwindbeutel-Himbeertorte	173
Miniwindbeuteltorte	174
Mitropa-Kuchen	175
Mokka-Eierlikör-Eistorte	177
Mousse-au-Cappuccino-Torte	178
Mozart-Torte	181
Nuss-Nougat-Creme-Torte	185
Nuss-Nougat-Kuchen mit Pfirsichen	186
Nuss-Pudding-Torte	189
Orangen-Brösel-Torte	193
Orangen-Schmand-Torte	195
Ozeankuchen	197
Panama-Spezial	198

Register

Panna-Cotta-Torte 200
Pharisäer-Torte 207
Pikkolo-Torte 208
Popcorn-Zitronenquark-Torte 211
Prasseltorte 212
Raffael-Torte 214
Rahm-Apfelkuchen 215
Rätsel-Blechkuchen mit Kirschen 216
Rätseltorte 217
Regenbogentorte 219
Ritter-Rum-Torte 222
Rote-Grütze-Torte 224
Rotweinschnitten 227
Schachbrettkuchen, beschwipst 230
Schmandtorte 232
Schneeballkuchen 235
Schneeflöckchentorte 236
Schneeweißchen-und-Rosenrot-Torte 239
Schneewittchen-Torte 240
Schoko-Kirsch-Tupfentorte 244
Schokokusstorte mit Mandarinen 251
Schokowaffel-Charlotte 255
Sekttorte 258
Sieben-Zutaten-Torte 261
Soft-Cake-Torte 266
Stachelbeer-Käsetorte 273
Stracciatella-Schoko-Torte 274
Stricknadeltorte 275
Tiramisu-Torte mit Erdbeeren 276
Toblerone Torte 279
Toffifee-Torte 280
Toffifee-Zopf 282
Tränchentorte 283
Tutti-Frutti-Torte 284
Waffelröllchen-Himbeer-Torte 290

Waffelröllchentorte mit Eierlikör 292
Weihnachtstorte 295
Weißweinröllchen 296
Wilhelm-Tell-Torte 299
Wodka-Lemon-Kuchen 300
Zabaione-Torte 302
Zarewitsch-Torte 303
Zaubertorte 304
Zebra-Orangen-Kuchen 307

Ohne zu backen

Baileys-Espresso-Schnitten 27
Cornflakes-Beeren-Torte 56
Crème-fraîche-Torte 57
Doppelkekstorte 65
Eierlikör-Trüffel-Torte 67
Erdbeer-Cappuccino-Torte 70
Erdbeer-Knuspertorte 73
Erdbeer-Tiramisu-Torte 74
Frischkäsetorte 95
Frischkäsetorte mit Kirschen 97
Fruchtpüreetorte 101
Fruttina-Sekt-Torte 102
Fruttinatorte 103
Hobbits-Milchreis-Torte 126
Joghurt-Knusper-Torte 130
Marshmallow-Erdbeer-Torte 152
Miniwindbeutel-Cassis-Torte 172
Mousse-au-Cappuccino-Torte 178
Paradiestorte 203
Popcorntorte, turboschnel 210
Popcorn-Zitronenquark-Torte 211
Rätsel-Blechkuchen mit Kirschen 216

Register

Rätseltorte 217	Mauerschnitten 153
Stracciatella-Schoko-Torte 274	Maulwurfshügel, beerig 154
Tutti-Frutti-Torte 284	Maxi-Schnecke 159
Waffelröllchentorte mit Eierlikör 292	Mini-Dickmann's-Galetta-Torte 169
Weihnachtstorte 295	Mini-Dickmann's-Kranz 170
Zitronen-Mallow-Schnitten 312	Mini-Dickmann's-Torte 171
	Miniwindbeutel-Himbeertorte 173
	Miniwindbeuteltorte 174

Für Kinder

	Nippon-Saft-Schnitten 182
	Papageienkuchen 202
Apfelschorletorte 18	Paradiestorte 203
Banana-Split-Torte 29	Pflaumenmuskuchen mit Schmand 205
Blubberkuchen 37	Popcorntorte, turboschnell 210
Choco Crossies Torte 48	Rahm-Apfelkuchen 215
Chocolate Chip-Kuchen, gefüllt 51	Riesen-Schokokaramell-Schnitten 220
Cinderella-Torte 52	Riesen-Torte 221
Erdbeer-Joghurtriegel-Torte 71	Ritter-Schnitten 223
Erdbeer-Käfer-Torte 72	Rote-Grütze-Torte 224
Erfrischungsstäbchen-Torte 76	Schmandtorte 232
Fanta Fantastisch-Schnitten 80	Schneeflöckchentorte 236
Fliesenkuchen 92	Schneeweißchen-und-Rosenrot-Torte 239
Froschkönig-Rolle 98	Schneewittchen-Torte 240
Fruttinatorte 103	Schogetten-Schnitten 242
Gewittertorte 106	Schokokeksschnitten 243
Gib-mir-die-Kugel-Torte mit Kirschen 109	Schokokusstorte 248
Götterspeise-Frischkäse-Kuchen 112	Schokoladeneier-Kranz 252
Happy-Banana-Torte 116	Schwimmbadtorte 256
Hobbits-Milchreis-Torte 126	Selterskuchen 260
Holzfällerschnitten 127	Smarties-Frischkäse-Torte 262
Kitkat-Kuchen 136	Spaghetti-Kuchen 268
Knoppers-Torte 139	Wattekuchen, kunterbunt 294
Lachende Multivitamine 144	Zebrakuchen 306
Lila Schokoladentorte 149	Zebrarolle mit Erdbeeren 308
Mars-Birnen-Torte 151	Zitronen-Butterkeks-Kuchen 309
Marshmallow-Erdbeer-Torte 152	Zitronen-Kokos-Kuchen 311

Register

Einfach und schnell zubereitet

Abwieger	6
Apfelschnitten	17
Baileys-Espresso-Schnitten	27
Bounty-Aprikosen-Tarte	38
Cappuccino-Tupfen-Torte	45
Coca-Cola Kuchen	54
Cornflakes-Beeren-Torte	56
Crème-fraîche-Torte	57
Doppeldeckertorte mit Himbeeren	64
Erdbeer-Knuspertorte	73
Erdbeer-Tiramisu-Torte	74
Erdnussrolle „Mr. Tom"	75
Fanta Schnitten mit Pfirsichschmand	84
Fanta Schnitten mit Roter Grütze	85
Faule-Weiber-Kuchen	90
Frau-Holle-Torte	93
Fruchtpüreetorte	101
Galetta-Bienenstich	104
Jelly-Belly-Kuchen	128
Lavakuchen	148
Mousse-au-Cappuccino-Torte	178
Orangen-Blitztorte	190
Ovomaltine-Kuchen	196
Papageienkuchen	202
Paradiestorte	203
Popcorn-Zitronenquark-Torte	211
Prasseltorte	212
Raffael-Torte	214
Rahm-Apfelkuchen	215
Rätseltorte	217
Rotkäppchen-Torte	225
Rotweinkuchen	226
Sägespänekuchen	228

Schoko-Kirsch-Tupfentorte	244
Sieben-Zutaten-Torte	261
Spaghetti-Torte	270
Spiegeleierkuchen	271
Stachelbeer-Käsetorte	273
Tutti-Frutti-Torte	284
Twix-Schnitten	287
Vanilletorte Olé	289
Wattekuchen, kunterbunt	294
Zebrakuchen	306

Mit Alkohol

After-Eight-Rolle	7
Aida-Torte	8
Amarettini-Torte	10
Ameisenkuchen vom Blech	11
Amrumer Wattwurmkuchen	15
Baileys-Baiser-Torte	26
Baileys-Espresso-Schnitten	27
Baileys-Torte	28
Batida-de-Côco-Kuchen	30
Bellini-Rolle	33
Berliner Luft mit Dickmilch	34
Blondes Blech	36
Champagnertorte	46
CocoCabana-Torte	55
Diplomatentorte	59
Donauwellen, beschwipst	61
Doppelkekstorte	65
Eierlikörtorte	66
Eierlikör-Trüffel-Torte	67
Eierlikörwellen	68
Erna-Sack-Torte	79

Register

Frischkäsetorte mit Kirschen	97
Fruttina-Sekt-Torte	102
Gloria-Torte	110
Himbeer-Merci-Schnitten	123
Himmel-und-Hölle-Torte	124
Kapuzinertorte	132
Kir-Royal-Torte	134
Kleiner-Feigling-Torte	137
Mandeltorte „Venezia"	150
Mikado-Torte	160
Miniwindbeutel-Cassis-Torte	172
Mokka-Eierlikör-Eistorte	177
Mozart-Torte	181
Ozeankuchen	197
Pharisäer-Torte	207
Pikkolo-Torte	208
Prosecco-Kuchen mit Feigen	213
Rätseltorte	217
Ritter-Rum-Torte	222
Rotkäppchen-Torte	225
Rotweinkuchen	226
Rotweinschnitten	227
Schachbrettkuchen, beschwipst	230
Schoko-Kokos-Bienenstch	247
Sekttorte	258
Stricknadeltorte	275
Tiramisu-Torte mit Erdbeeren	276
Toblerone Torte	279
Waffelröllchentorte mit Eierlikör	292
Weißweinröllchen	296
Wellenschnitten	297
Wodka-Lemon-Kuchen	300
Zabaione-Torte	302
Zarewitsch-Torte	303
Zebra-Orangen-Kuchen	307

Blechkuchen

Ameisenkuchen vom Blech	11
Amrumer Wattwurmkuchen	15
Apfelschnitten	17
Aprikosen-Joghurt-Schnitten	21
Baileys-Espresso-Schnitten	27
Berliner Luft mit Dickmilch	34
Blondes Blech	36
Blubberkuchen	37
Briketts à la Mamma	40
Butterkekskuchen mit Stachelbeeren	41
Coca-Cola Kuchen	54
CocoCabana-Torte	55
Diplomatentorte	59
Donauwellen, beschwipst	61
Donauwellen, saure	62
Eierlikörwellen	68
Erfrischungsstäbchen-Torte	76
Fanta Fantastisch-Schnitten	80
Fanta Schnitten mit Pfirsichschmand	84
Fanta Schnitten mit Roter Grütze	85
Fliesenkuchen	92
Fress-mich-dumm-Kuchen	94
Galetta-Bienenstich	104
Gewittertorte	106
Götterspeise-Frischkäse-Kuchen	112
Happy-Banana-Torte	116
Himbeer-Merci-Schnitten	123
Holzfällerschnitten	127
Johannisbeer-Blätterteig-Schnitten	131
Lachende Multivitamine	144
Lambada-Schnitten	145
Lavakuchen	148
Mandeltorte „Venezia"	150

Register

Mauerschnitten 153
Maulwurfshügel vom Blech. 157
Nippon-Saft-Schnitten 182
Orangen-Blitztorte 190
Ovomaltine-Kuchen 196
Pflaumenkuchen mit zwei Böden. 204
Pflaumenmuskuchen mit Schmand 205
Prosecco-Kuchen mit Feigen 213
Rätsel-Blechkuchen mit Kirschen 216
Riesen-Schokokaramell-Schnitten 220
Ritter-Schnitten 223
Rotweinschnitten 227
Sägespänekuchen 228
Saure-Sahne-Schnitten, fruchtig 229
Schmand-Kirsch-Kuchen 231
Schneeballkuchen 235
Schogetten-Schnitten. 242
Schokokeksschnitten 243
Schoko-Kokos-Bienenstich 247
Schoko-Tränchenkuchen 253
Selterskuchen 260
Spaghetti-Kuchen 268
Spiegeleierkuchen 271
Twix-Schnitten. 287
Valentins-Schnittchen 288
Wattekuchen, gefüllt 293
Wattekuchen, kunterbunt 294
Wellenschnitten. 297
Zitronen-Butterkeks-Kuchen 309
Zitronenjoghurtkuchen 310
Zitronen-Kokos-Kuchen 311
Zitronen-Mallow-Schnitten 312

Rollen

After-Eight-Rolle 7
Bellini-Rolle. 33
Erdnussrolle „Mr. Tom". 75
Froschkönig-Rolle 98
Goldmarie-Cappuccino-Rolle. 111
Herzchen-Rolle 118
Milky-Way-Kirschrolle 163
Snickers-Rolle. 265
Zebrarolle mit Erdbeeren 308

Kastenkuchen

Abwieger 6
Batida-de-Côco-Kuchen 30
Chocolate Chip-Kuchen, gefüllt 51
Herrenkuchen „Shaker Maker" 117
Jelly-Belly-Kuchen 128
Kitkat-Kuchen 136
Ozeankuchen 197
Papageienkuchen 202
Rotweinkuchen 226

Für Fragen, Vorschläge oder Anregungen steht Ihnen der Verbraucherservice der Dr. Oetker Versuchsküche Telefon: 00800 71 72 73 74 Mo.–Fr. 8:00–18:00 Uhr, Sa. 9:00–15:00 Uhr (gebührenfrei in Deutschland) oder die Mitarbeiter des Dr. Oetker Verlages Telefon: +49 (0) 521 520651 Mo.-Fr. 9:00–15:00 Uhr zur Verfügung.

Oder schreiben Sie uns:
Dr. Oetker Verlag KG, Am Bach 11, 33602 Bielefeld oder besuchen Sie uns im Internet unter www.oetker-verlag.de oder www.oetker.de.

Umwelthinweis	Dieses Buch und der Einband wurden auf chlorfrei gebleichtem Papier gedruckt. Die Einschrumpffolie – zum Schutz vor Verschmutzung – ist aus umweltfreundlichem und recyclingfähigem PE-Material.
Copyright	© 2009 by Dr. Oetker Verlag KG, Bielefeld
Redaktion	Carola Reich, Ina Scholz
Lektorat	no:vum, Susanne Noll, Leinfelden-Echterdingen
Rezeptberatung	Eike Upmeier-Lorenz, Hamburg
Innenfotos	Fotostudio Diercks, Hamburg (S. 7, 13, 16, 19, 23, 29, 35–37, 40, 41, 50, 55, 57, 63, 71, 72, 74, 84, 85, 92, 101, 104, 105, 113, 117, 122, 128, 131, 148, 152, 155, 156, 170, 172, 174, 180, 188, 196, 205–210, 212, 213, 216, 218, 220, 222, 227–229, 231, 234, 238, 242, 243, 246, 254, 259, 269, 270, 277, 285, 286, 291, 297, 307, 310–313)
	Ulli Hartmann, Halle/Westf. (S. 5, 10, 31, 38, 78, 107, 126, 130, 136, 149, 153, 165, 201, 221, 223, 245, 253, 263, 264, 274, 293)
	Ulrich Kopp, Sindelfingen (S. 204)
	Christiane Krüger, Hamburg (S. 28, 44, 47, 59, 66, 90, 93, 120, 125, 141, 175, 187, 197, 199, 214, 215, 217, 225, 233, 237, 249, 250, 257, 260, 271, 275, 306)
	Bernd Lippert (S. 64, 100, 114)
	Axel Struwe, Bielefeld (S. 32, 60, 70, 75, 82, 99, 102, 111, 119, 129, 138, 146, 159, 162, 168, 173, 183, 261, 272, 278, 282, 294, 298, 301, 308)
	Brigitte Wegner, Bielefeld (S. 6, 9, 11, 14, 20, 24–27, 39, 43, 49, 53, 54, 56, 58, 65, 67, 69, 73, 77, 81, 86, 89, 91, 94, 96, 103, 108, 110, 116, 123, 127, 133, 135, 137, 142, 144, 145, 150, 151, 158, 161, 167, 171, 176, 179, 184, 191–194, 202, 203, 211, 224, 226, 230, 241, 252, 267, 281, 283, 288, 289, 292, 295, 296, 302, 303, 305, 309)
	Bernd Wohlgemuth, Hamburg (S. 95)
Nährwertberechnungen	Nutri Service, Hennef
Grafisches Konzept und Gestaltung	MDH Haselhorst, Bielefeld
Titelgestaltung	kontur:design GmbH, Bielefeld
Satz und Layout	MDH Haselhorst, Bielefeld
Druck und Bindung	Mohn media Mohndruck GmbH, Gütersloh

Wir danken für die freundliche Unterstützung

Bahlsen, Hannover	Kraft Foods, Bremen
Waldemar Behn, Eckernförde	Ludwig Schokolade, Bergisch-Gladbach
Coca-Cola, Berlin	MARS, Viersen
DIAGEO Deutschland, Rüdesheim/Rhein	Nestlé, Frankfurt
Genuport, Norderstedt	PICO Food, Tamm
Griesson - de Beukelaer, Polch	Alfred Ritter, Waldenbruch
Henkell & Söhnlein, Wiesbaden	Starkfried, Norderstedt
Hosta, Stimpfach	August Storck, Berlin

Die Autoren haben dieses Buch nach bestem Wissen und Gewissen erarbeitet. Alle Rezepte, Tipps und Ratschläge sind mit Sorgfalt ausgewählt und geprüft. Eine Haftung des Verlages und seiner Beauftragten für alle erdenklichen Schäden an Personen, Sach- und Vermögensgegenständen ist ausgeschlossen.

Nachdruck und Vervielfältigung (z. B. durch Datenträger aller Art) sowie Verbreitung jeglicher Art, auch auszugsweise, ist nur mit ausdrücklicher Genehmigung und Quellenangabe gestattet.

ISBN: 978-3-7670-0521-1